Schwerpunkte Hartmann (Hrsg.) · Hausarbeit im Staatsrecht

Hausarbeit im Staatsrecht

Musterlösungen und Gestaltungsrichtlinien für das Grundstudium

begründet von

Dr. Bodo Pieroth
em. Professor an der Westfälischen Wilhelms-Universität Münster

herausgegeben von

Dr. Bernd J. Hartmann, LL.M. (Virginia)
Professor an der Universität Osnabrück

bearbeitet von

Priv.-Doz. Dr. Tristan Barczak, LL.M., Westfälische Wilhelms-Universität Münster; Dr. Christoph Enders, Professor an der Universität Leipzig; Dr. Bernd J. Hartmann, LL.M. (Virginia), Professor an der Universität Osnabrück; Dipl.-Jur. Stefan Jansen, Universität Osnabrück; Dr. Thorsten Kingreen, Professor an der Universität Regensburg; Jan Niklas Klein, Referent beim Bundeszentralamt für Steuern, Bonn; Dr. Jan Henrik Klement, Professor an der Universität Mannheim; Dipl.-Jur. Annchristin Knoth, LL.B., Universität Mannheim; Dr. Thorsten Ingo Schmidt, Professor an der Universität Potsdam; Dr. Henning Tappe, Professor an der Universität Trier; Dipl.-Jur. Tobias Welzel, Universität Osnabrück; Dr. Fabian Wittreck, Professor an der Westfälischen Wilhelms-Universität Münster

4., völlig neu bearbeitete Auflage

C.F. Müller

Bibliografische Information der Deutschen Nationalbibliothek
Die Deutsche Nationalbibliothek verzeichnet diese Publikation in der Deutschen Nationalbibliografie; detaillierte bibliografische Daten sind im Internet über <http://dnb.d-nb.de> abrufbar.

ISBN 978-3-8114-4807-0

E-Mail: kundenservice@cfmueller.de
Telefon: +49 89 2183 7923
Telefax: +49 89 2183 7620

www.cfmueller.de
www.cfmueller-campus.de

Satz: Gottemeyer, Rot
Druck: CPI Books GmbH, Leck

Vorwort

Die Autoren und der Herausgeber freuen sich, die vierte Auflage der „Hausarbeit im Staatsrecht“ vorlegen zu können. In der Zwischenzeit haben sich Veränderungen ergeben: Zum einen haben *Bodo Pieroth*, der dieses Buch für die erste Auflage 2008 konzipiert und bis zuletzt (mit)herausgegeben hat, sowie *Christoph Görisch*, Mitherausgeber der dritten Auflage 2015, die Herausgeberschaft mit dieser Auflage vertrauensvoll in meine Hände gelegt. Zum anderen sind für die neue Auflage neue Autoren hinzugetreten. Ich freue mich über die Mitwirkung von *Christoph Enders*, *Stefan Jansen*, *Jan Henrik Klement*, *Annchristin Knoth*, *Thorsten Ingo Schmidt* und *Fabian Wittreck* sehr. Sie haben neue Hausarbeiten mit wiederum prüfungsrelevanten Themen eingebracht. Über die Hälfte der bisher in diesem Buch versammelten Hausarbeiten wurden ersetzt. Selbstverständlich sind auch alle anderen Kapitel auf den neuesten Stand gebracht worden.

Die vorgelegten Fallbearbeitungen haben wir regelmäßig in der universitären Praxis erprobt, vor allem als Anfängerhausarbeit nach dem zweiten Semester, aber auch, leicht abgewandelt, als Examensklausur. Die dabei gewonnenen Erfahrungen (einschließlich des einen oder anderen von den Studierenden beigetragenen Gesichtspunkts) sind für diese Veröffentlichung verwertet worden. Sieht man von der fachlichen Vertiefung ab, die allein durch das Studium der Rechtsprechung und der Literatur während der mehrwöchigen Bearbeitungszeit für eine Hausarbeit gewonnen werden kann, taugen alle Fälle auch zur Vorbereitung auf eine staatsrechtliche Klausur in der Ersten Juristischen Prüfung.

Meine Mitarbeiterinnen und Mitarbeiter am Lehrstuhl, bei diesem Projekt vor allem *Henning Schaaf*, haben mich tatkräftig unterstützt. Allen in diesem Vorwort Genannten gilt mein herzlicher Dank für ihren Einsatz für dieses Buch. Anregung und Kritik sind uns weiterhin willkommen. Sie erreichen uns am besten unter ls-hartmann@uni-osnabrueck.de.

Osnabrück, November 2019 *Bernd J. Hartmann*

Aus dem Vorwort zur ersten Auflage (2008)

Die juristische Falllösung ist die zentrale Herausforderung des Jurastudiums. Ist es für einen Studienanfänger schon nicht einfach, die Welt des Rechts mit ihren komplexen Regelungen und Institutionen, spezifischen Argumentationsweisen und Denkfiguren, voraussetzungsvollen Dogmen und Theorien überhaupt zu verstehen, wird von ihm für fast alle zu erbringenden Leistungsnachweise von Anfang an nicht nur der Beweis des Verständnisses in Form der Wissensreproduktion verlangt, sondern darüber hinaus die eigenständige produktive und kreative Fortentwicklung des Gelernten im Hinblick auf einen immer neuen und immer anderen Sachverhalt. Da genau darin auch die Arbeit des fertigen Juristen besteht, ist der Anfang des Jurastudiums wie der Sprung des Nichtschwimmers in tiefes Wasser.

Damit der Jura-Anfänger nicht ertrinkt, gibt es für ihn seit eh und je Anleitungen zur Falllösung, Bücher zur Technik der Fallbearbeitung und Sammlungen von Fällen mit Lösungen auf allen Rechtsgebieten. Die juristischen Fakultäten reagieren auf das Problem mit Übungen, Arbeitsgemeinschaften und besonderen Lehrveranstaltungen zur Methodik der Fallbearbeitung. Heutzutage dürften auch die meisten Vorlesungen für Anfänger die systematische Darstellung eines Rechtsgebiets mit der Einübung der Umsetzung der abstrakten Aussagen in konkrete Fälle verbinden und den Übungsfall zum wichtigen Bestandteil der Vorlesung machen.

Solche Übungsfälle bleiben aber notwendig skizzenhaft und rudimentär. Die Anleitungsbücher und Fallsammlungen gehen darüber hinaus und bieten vollständig ausformulierte Falllösungen. Allerdings zielen die meisten von ihnen auf Klausuren ab. Das ist verständlich, nicht nur weil der Großteil der Leistungsnachweise an der Universität und regelmäßig mehr als die Hälfte der Anforderungen in der Ersten Juristischen Prüfung aus Klausuren bestehen, sondern auch weil die Klausurlösung am Anfang des Schreibens einer Hausarbeit stehen sollte (vgl. unten S. 4). Nach diesem Anfang muss bei einer Hausarbeit aber noch viel mehr kommen – und das ist in den meisten Anleitungsbüchern und Fallsammlungen kein Thema mehr.

Genau da hilft dieses Buch. Die Hausarbeit, die einen schwierigen Fall unter umfassender Auswertung von Rechtsprechung und Literatur und eingehender Begründung gutachtlich, d.h. unter Berücksichtigung aller vom Sachverhalt und den einschlägigen Rechtsnormen aufgeworfenen Fragen, zu lösen aufgibt, wird zwar heute seltener als früher in der Ersten Juristischen Prüfung verlangt. Aber vor allem im Grund- oder Pflichtfachstudium hat sie auch nach der letzten Reform der Juristenausbildung in den Jahren 2002/2003 ihren festen Platz. Nach den Studienordnungen der meisten juristischen Fakultäten in Deutschland wird eine Anfängerhausarbeit im Öffentlichen Recht nach dem zweiten Semester angeboten. Da zu diesem Zeitpunkt noch kein Verwaltungsrecht gelehrt und gelernt wurde, kann nur das Staatsrecht Gegenstand der Hausarbeit sein. So erklärt sich die thematische Begrenzung dieses Buches.

Wie eine Hausarbeit im Staatsrecht am Ende aussehen soll, erkennt man am besten an einer vollständigen Musterlösung. Neun solcher Musterlösungen aus dem gesamten prüfungsrelevanten Stoff des Staatsrechts einschließlich wichtiger Verfahrensarten des Verfassungsprozessrechts bilden daher den Hauptinhalt dieses Buchs. Es beginnt mit einer Einführung in das Schreiben der Hausarbeit, die neben einer Zusammenfassung der allgemein für die Falllösung zu gebenden Ratschläge sich auf die besonderen Anforderungen der Hausarbeit konzentriert. Auch gute Gedanken sind auf eine passende Präsentation angewiesen. Daher unterbreitet dieses Buch in einem zweiten Abschnitt Richtlinien für die formale Gestaltung der Hausarbeit.

Bodo Pieroth

Inhaltsverzeichnis

Einführung in das Schreiben der Hausarbeit

von Bernd J. Hartmann

Die **Aufgabe**, die Sie im Rahmen der Hausarbeit zu bewältigen haben, ist einfach beschrieben: Beantworten Sie die Fallfrage gutachtlich! Die Hausarbeit unterscheidet sich insoweit nicht von der Klausur. Die Ihnen aus Vorlesung, Arbeitsgemeinschaft und Klausurvorbereitung bekannten Anforderungen an Aufbau, Stil und Sprache gelten also auch hier. Sie sollen an dieser Stelle nicht komplett wiederholt werden. Der folgende Abschnitt A. fasst aber einige wichtige Vorgaben als Merkposten zusammen, bevor ein eigenes Kapitel Hinweise zu „Sprache und Stil" zusammenträgt. 1

Im Unterschied zur Klausur sind Sie bei der Bearbeitung von Hausarbeiten nicht auf Sachverhalt, Gesetz und eigenes Wissen beschränkt. Im Gegenteil: Es ist gerade Sinn der Hausarbeit, dass Sie außerdem **Rechtsprechung und Literatur auswerten**. Aus diesem Umstand folgen hausarbeitliche Besonderheiten, zum einen für die Erarbeitung der Falllösung, die unter B. behandelt werden, zum anderen für die Einarbeitung der Quellen, was Gegenstand eines eigenen, folgenden Kapitels „Gestaltungsrichtlinien" ist. Hausarbeiten zielen noch stärker als Klausuren auf die Darstellung und Entscheidung von Meinungsstreitigkeiten. Zum Ende dieser Einleitung unter C. sollen daher einige der dabei auftretenden Fragen Beachtung finden. 2

A. Leitgedanken zur Fallbearbeitung

Literatur: *Dirk Heckmann*, Die Zwischenprüfung im Öffentlichen Recht, 2. Aufl., München 2015, S. 1–8 (methodische Grundlagen der Klausurbearbeitung im Öffentlichen Recht); *Holger Niehaus*, Einleitung, in: Wilfried Schlüter/Holger Niehaus/Ulrich Jan Schröder (Hrsg.), Examensklausurenkurs im Zivil-, Straf- und Öffentlichen Recht, 2. Aufl., Heidelberg 2015; *Brian Valerius*, Einführung in den 3

Gutachtenstil. 15 Klausuren zum Bürgerlichen Recht, Strafrecht und Öffentlichen Recht, 4. Aufl., Berlin 2017, S. 7–61 (zu Gutachtenstil und Klausurlösung).

I. Sachverhalt

4 Den Sachverhalt müssen Sie richtig und **vollständig erfassen**. Das versteht sich, weil Sie den gestellten und keinen anderen Sachverhalt bearbeiten sollen. Die mitgeteilten Angaben dürfen Sie daher weder in Frage stellen noch verändern (keine sog. „Sachverhaltsquetsche"). In komplizierten Fällen erscheint es ratsam, für sich selbst – nicht als Teil der Niederschrift – eine Übersicht der Beteiligten oder einen Zeitstrahl der Ereignisse zu fertigen. Unterscheiden Sie Tatsachenangaben und Rechtsansichten! An Tatsachenangaben sind Sie gebunden, die Rechtsansichten zu beurteilen, ist dagegen gerade Ihre Aufgabe. Behalten Sie alle Informationen, die der Aufgabensteller Ihnen mitteilt, im Auge: Grundsätzlich enthält ein Sachverhalt nur, was für die Lösung von Bedeutung ist. Ausnahmen können sich ergeben, wenn mehrere Lösungswege gangbar sind (so dass nicht jede Information für jede Lösung wichtig wird) oder wenn der Aufgabensteller Dinge der Anschaulichkeit halber ausschmückt (colorandi causa). Daraus folgt: Während der Bearbeitung der Aufgabe muss Ihr Blick nicht nur ständig zwischen Lebenssachverhalt und Rechtsnorm „hin- und herwandern", wie *Engisch* es beschrieben hat[1], sondern weiter zum Rechtsgutachten und wieder zurück zum Sachverhalt. Wenn Sie es anschaulich mögen, können Sie das den „Panoramablick" juristischen Arbeitens nennen.

II. Fallfrage

5 Das **korrekte Verständnis der Fallfrage(n)** ist zentral. Das versteht sich, weil Sie die gestellte und keine andere Fallfrage beantworten sollen. Allgemein gehaltene Fragen („Wie ist die Rechtslage?") sind aufgrund der im Sachverhalt mitgeteilten Tatsachen und der dort ggf. vorgetragenen Rechtsansichten zu konkretisieren. Stellt der Aufgabentext keine Frage ausdrücklich, ist ebenfalls ein Gutachten zur Rechtslage verlangt. Enthält die Aufgabe mehrere Fallfragen, empfiehlt es sich, sie in der gestellten Reihenfolge zu beantworten.

6 Ihr Gutachten darf *nicht weniger* behandeln als das, wonach gefragt ist. Sie schreiben ein Rechtsgutachten, kein Urteil. Erörtern Sie daher alle **relevanten Probleme**, d.h. alle nach der (Interpretation der) Fallfrage in Betracht kommenden Gesichtspunkte. Welche Gesichtspunkte in Betracht kommen, ist bisweilen schwierig abzuschätzen. Auch Prüfer können in dieser Frage verschiedener Ansicht sein. Es ist Teil der Prüfungsleistung, dass Sie sich hier festlegen. Auf die im Sachverhalt vorgetragenen Rechtsansichten müssen Sie jedenfalls eingehen. Ihr Gutachten darf auch *nicht mehr* behandeln als das, wonach gefragt ist. Rechtsprobleme, die der Sachverhalt nahelegen mag, ohne dass nach ihnen gefragt ist, bleiben zwingend außen vor. Es handelt sich regelmäßig um eine Ausgrenzung, die der Aufgabensteller bewusst vorgenommen hat, damit die Lösung nicht zu lang oder zu schwierig wird.

1 *Karl Engisch*, Logische Studien zur Gesetzesanwendung, 3. Aufl., Heidelberg 1963, S. 14 f.

III. Darstellung

Vermeiden Sie unbedingt Wiederholungen! Behandeln Sie eine Frage an der Stelle, wo sie sich das erste Mal stellt. Wo sie ein zweites Mal relevant wird, **verweisen** Sie nach oben. Nach unten dürfen Sie nicht verweisen. **7**

Schreiben Sie Ihr Gutachten klar, knapp und konsequent! Setzen Sie die richtigen Schwerpunkte: Unproblematisches handeln Sie kurz ab (ggf. sogar im Feststellungsstil, ein Beispiel folgt unten in Rn. 18)[2], Problematisches länger. Bei der Entscheidung von Streitfragen gliedern Sie Ihre **Erörterung nach Argumenten**, nicht nach Autor(ität)en. Sie beginnen in jedem Fall mit dem Wortlaut der Norm (grammatische Auslegung), den Sie, soweit es darauf ankommt, auch wörtlich zitieren müssen. Auf diese Weise bringen Sie zum Ausdruck, dass Sie die so wichtige „Normtextorientierung des juristischen Arbeitens"[3] beherzigen. Wenn eine Definition, und sei sie seit jeher „herrschend", gemessen am Wortlaut der Norm erklärungsbedürftig klingt, dann geben Sie diese Erklärung, und sei sie nur kurz. Warum zum Beispiel die „freie Entfaltung der Persönlichkeit" in Art. 2 Abs. 1 GG die Allgemeine Handlungsfreiheit schützt (und nicht etwa die „Freiheit der Person" aus Art. 2 Abs. 2 Satz 2 GG), versteht sich nicht von selbst. Es bedarf der Begründung, warum auch die Berufswahl (und nicht nur die Berufsausübung) unter dem Vorbehalt des Art. 12 Abs. 1 Satz 2 GG steht, usw. Auf die grammatischen folgen meist die systematischen Argumente. Die genetischen (= entstehungsgeschichtlichen) sollten vor den historischen (= dogmengeschichtlichen) Gesichtspunkten stehen. Falls die Argumente übereinstimmen, bedarf es – entgegen gelegentlichem Rat – der methodisch fragwürdigen teleologischen Auslegung nicht mehr[4]. **8/9**

B. Besonderheiten der Hausarbeit

Literatur: *Thomas M. J. Möllers*, Juristische Arbeitstechnik und wissenschaftliches Arbeiten. Klausur, Hausarbeit, Seminararbeit, Studienarbeit, Staatsexamen, Dissertation, 9. Aufl., München 2018; *Roland Schimmel*, Juristische Klausuren und Hausarbeiten richtig formulieren, 13. Aufl., Köln 2018; *Gunther Schwerdtfeger/Angela Schwerdtfeger*, Öffentliches Recht in der Fallbearbeitung, 15. Aufl., München 2018, S. 333–336 (zu den Formalia); *Peter J. Tettinger/Thomas Mann*, Einführung in die juristische Arbeitstechnik. Klausuren – Haus- und Seminararbeiten – Dissertationen, 5. Aufl., München 2015, S. 166–190. **10**

2 Vertiefend *Otto Lagodny/Marco Mansdörfer/Holm Putzke*, ZJS 2014, S. 157 ff.; ebenso *Hannes Beyerbach*, JA 2014, S. 813 (816); eindeutig auch OVG Münster, NWVBl 2010, S. 238 (238): „Im Gutachten müssen eindeutige Fragen und Nebensächlichkeiten nicht im Gutachtenstil abgehandelt werden".

3 *Werner Frotscher/Bodo Pieroth*, Verfassungsgeschichte, 13. Aufl., München 2014, Rn. 16 (dort hervorgehoben).

4 Zur teleologischen Auslegung *Hans-Martin Pawlowski*, Einführung in die Juristische Methodenlehre, 2. Aufl., Heidelberg 2000, Rn. 163a; zur Kritik *Rolf Herzberg*, JuS 2005, S. 1 (6 ff.); *Friedrich Müller/Ralph Christensen*, Juristische Methodik, Bd. I: Grundlegung für die Arbeitsmethoden der Rechtspraxis, 11. Aufl., Berlin 2013, Rn. 364; *Horst Schlehofer*, JuS 1992, S. 572 (576).

I. Lösungsskizze

11 Die erste Besonderheit, die bei der Lösung einer Hausarbeit auftritt, ist keine: Wie bei der Klausur empfiehlt es sich dringend, zunächst eine Lösungsskizze zu fertigen. Dafür sollten Sie nur auf den Sachverhalt, das Gesetz und **im Kopf vorhandenes Wissen** zurückgreifen. Lesen Sie den Sachverhalt so oft wie nötig, um ihn vollständig zu verinnerlichen.[5] Schon bei der ersten Lektüre sollten Sie sich die Einfälle, die Sie haben, notieren. Es ist stets leichter, eine Notiz zu streichen, als später jede Idee zu erinnern. Gliedern Sie dann eine erste Lösung, wie Sie es aus der Klausur gewohnt sind: als Skizze aus Stichworten. Je nach der Komplexität der Aufgabe und dem Maß Ihres vorhandenen Wissens kann es sehr wohl sein, dass Sie den ganzen Tag damit verbringen werden. Schon in diesem Stadium Literatur hinzuzuziehen, erscheint wenig ratsam. Die geschliffenen Gedanken, die Sie finden werden, mögen Sie voreingenommen machen und Ihr eigenes Denken hemmen. So besteht die Gefahr, dass Sie, bildlich gesprochen, Scheuklappen aufsetzen und Ihre Lösungsskizze allein anhand der vorgefundenen Gesichtspunkte gestalten. Die Lösungsskizze hat nicht nur inhaltliche, sondern auch planerische Bedeutung. Ihr Zeitmanagement kann nur gelingen, wenn Sie wissen, wo Sie Schwerpunkte setzen möchten.

II. Problemsammlung

12 In einem zweiten Schritt konsultieren Sie die einschlägigen **Lehrbücher**. Sie beginnen mit dem Buch, das Sie zur Vor- und Nachbereitung der Vorlesung ohnehin durchgearbeitet haben, und lesen dort alle Passagen, die Ihren Sachverhalt betreffen, genau. Während Sie Ihr Wissen auf diese Weise aktualisieren und vertiefen, schreiben Sie Ihre Gliederung fort: Möglicherweise hatten Sie bestimmte Zusammenhänge nicht vollständig in Erinnerung, fallen Ihnen bei der Lehrbuchlektüre neue Streitigkeiten auf oder erweisen sich Fragen bei näherem Hinsehen doch nicht als problematisch. Passen Sie die Lösungsskizze Ihrem Erkenntnisfortschritt an! Es genügt, ein Problem stichwortartig festzuhalten, ergänzt um einen Verweis auf jene Stelle im Lehrbuch, die das Problem behandelt. Anschließend konsultieren Sie die übrigen gängigen Lehrbücher, das aktuellste zuerst, veraltete gar nicht.

13 Vervollständigen Sie Ihre Problemsammlung, indem Sie mit den einschlägigen **Kommentaren** verfahren wie für die Lehrbücher beschrieben. Die Kommentare ziehen Sie erst jetzt heran, weil Lehrbücher die Strukturen und Zusammenhänge in den Vordergrund stellen, die Sie zuerst verinnerlichen müssen. Kommentare dagegen verzeichnen und bewerten auch Einzelfälle und ihre Entscheidungen, die Sie nun besser in den größeren Zusammenhang einordnen können. Schließlich sollten Sie noch die elektronischen **Datenbanken** (z.B. beck-online, juris) befragen. So stoßen Sie auch auf aktuelle Veröffentlichungen, welche die Lehrbücher und Kommentare noch nicht berücksichtigen konnten.

5 Vertiefend zur Sachverhaltsanalyse *Valerius*, Einführung in den Gutachtenstil, S. 49 ff.

Gratulation! Sie sind an einem wichtigen Zwischenziel Ihrer Lösung angelangt: Sie haben alle relevanten Probleme, insbesondere die ausschlaggebenden Meinungsstreitigkeiten, beieinander und damit zugleich jene **„Weichenstellungen“** identifiziert, an denen Sie sich entscheiden müssen. 14

III. Streitentscheid

Für welche Ansicht Sie sich entscheiden, hängt allein von der Güte der Argumente ab. Daher folgt der Problemsammlung die **Argumentensammlung**. Dazu kehren Sie zu den Lehrbuch- und Kommentarstellen, die Sie sich notiert haben, zurück und konsultieren erst jetzt die dort nachgewiesenen Entscheidungen der Gerichte und Stellungnahmen der Lehre. Bei den meisten Streitigkeiten dürfte es genügen, Lehrbücher, Kommentare, Rechtsprechung und Aufsätze heranzuziehen. Anders als manche Studierende meinen, ist es in der Hausarbeit nicht stets erforderlich, auch Dissertationen, Habilitationen und andere Monographien auszuwerten. 15

Für den Streitentscheid spielt es keine Rolle, welchen Rang (welche Autorität) die Person oder die Institution, die ein Argument vorträgt, genießt. Für Übungsarbeiten an der Universität zählt das Bundesverfassungsgericht genauso viel wie jede Literaturstimme. Sie müssen auch nicht Ihrem Professor folgen. Sie dürfen sich nicht deshalb für eine Ansicht entscheiden, weil Sie so Folgeprobleme vermeiden oder aufwerfen. Falls es sich um Folgeprobleme handelt, nach denen gefragt ist, müssen Sie diese Probleme ohnehin behandeln, gegebenenfalls hilfsgutachtlich. Ein **Hilfsgutachten** ist schon bei Klausuren nicht anrüchig[6]. Bei Hausarbeiten gilt dies erst recht, weil hier regelmäßig eine Mehrzahl von Rechtsfragen gesteigerter Schwierigkeit Gegenstand ist. Der gelegentlich erteilte Rat, Hilfsgutachten zu vermeiden, trifft nur insoweit zu, als dass die Ersteller des Sachverhalts ein Hilfsgutachten in ihren eigenen Lösungshinweisen selten von vornherein vorsehen, sondern einen Lösungsweg befürworten dürften, der ohne Hilfsgutachten auskommt. Weil es in Universitätsprüfungen aber nicht um das Ergebnis (der Lösungsskizze) geht, sondern die Qualität Ihrer Argumentation im Vordergrund steht, kann ich Ihnen nur raten, lieber ein gut begründetes Hilfsgutachten einzureichen als eine schlecht begründete Ausarbeitung ohne Hilfsgutachten. 16

Nachdem Sie Ihre Gliederung mit den Argumenten angereichert und entsprechend Ihren Streitentscheiden fortentwickelt haben, lohnt es sich, den Sachverhalt ein weiteres Mal genau zu lesen. Dabei sollten Sie sich für jede Tatsache und jede Rechtsansicht in Erinnerung rufen, an welcher Stelle Ihrer Lösung diese Information aufscheint (**Konkordanz**). Dass relevante Informationen aus dem Sachverhalt in Ihrer Bearbeitung fehlen, darf grundsätzlich nicht sein (oben Rn. 4). 17

6 Strenger *Friedrich E. Schnapp*, Wann und warum fertigt man ein Hilfsgutachten?, JuS 1998, S. 420 ff.

C. Darstellung von Meinungsstreitigkeiten

I. Grundfall

18 Ausgangspunkt ist der **Syllogismus**, wie Sie ihn für Tatbestandsmerkmale verwenden, deren Bedeutung unstreitig und selbstverständlich ist. In diesem Fall nennen Sie das Tatbestandsmerkmal und seine Definition, subsumieren den Sachverhalt und halten als Ergebnis fest, dass das Tatbestandsmerkmal erfüllt ist (im Schema unten in Rn. 21 ist das die Konstellation A). Bei einfachen Subsumtionen können Sie diesen Dreischritt auf eine Apposition verkürzen: „B, ein Deutscher, müsste einen Beruf ausüben." Sollte die Subsumtion schwierig sein oder sollten Sie (Konstellation B) die Definition erst herleiten müssen, wachsen Ihre Ausführungen entsprechend im Umfang. Am anspruchsvollsten ist die Darstellung, wenn die Definition (heute noch) umstritten ist. Dann haben Sie zwei Möglichkeiten, die Meinungsstreitigkeit darzustellen: die eine eher sachverhalts-, die andere eher rechtsfragenbezogen.

II. Sachverhaltsbezogene Darstellung

19 Die Anleitungen zur Technik der Falllösung enthalten regelmäßig den Hinweis, dass Sie Stellung **nur** zu solchen **Streitfragen** nehmen sollen, die für die **Entscheidung des Falls erheblich** sind[7]. Dieser Hinweis legt den sachverhaltsbezogenen Aufbau nahe. Dabei gehen Sie wie folgt vor: Sie nennen das Tatbestandsmerkmal, um das es geht, und weisen darauf hin, dass gestritten werde, wie dieses Merkmal zu definieren sei. Anschließend nennen Sie die Definition der ersten Ansicht, subsumieren den Sachverhalt unter diese Definition und halten das Ergebnis fest. Ebenso verfahren Sie mit der zweiten Ansicht. Kommen beide Meinungen zum selben Ergebnis, stellen Sie fest, dass ein Streitentscheid entbehrlich ist (Konstellation C des Schemas in Rn. 21). Kommen die beiden Meinungen zu verschiedenen Ergebnissen, müssen Sie den Streit entscheiden (Konstellation D). Dazu legen Sie das Tatbestandsmerkmal wie gewohnt (grammatisch, systematisch, genetisch, historisch und – zur Not – auch teleologisch, siehe oben Rn. 8/9) aus. So gegliedert erscheinen die Argumente, die Sie gesammelt haben, ggf. ergänzt um eigene Gedanken. Aus Ihrer Auslegung folgt, wie der Streit zu entscheiden ist. Steht Ihr Ergebnis fest, dürfen Sie die Subsumtion von oben nicht wiederholen. Es genügt, wenn Sie mit dem Hinweis schließen, welcher Ansicht nach alledem zu folgen sei und dass das Tatbestandsmerkmal deshalb (nicht) vorliege.

20 Konkurrieren nicht nur zwei, sondern **mehrere Ansichten** um das richtige Verständnis des Tatbestandsmerkmals, nehmen Sie die weiteren Ansichten nach der Darstellung der zweiten Meinung auf, jeweils wieder nur Definition, Subsumtion und Ergebnis. Sie brauchen den Streit auch dann nur insoweit zu entscheiden, wie die Meinungen zu unterschiedlichen Ergebnissen kommen. Soweit Meinungen zum selben Ergebnis führen, bleibt also auch hier offen, welche Rechtsansicht zutrifft.

---

7 *Hermann Butzer/Volker Epping*, Arbeitstechnik im Öffentlichen Recht, 3. Aufl., Stuttgart u.a. 2006, S. 75; *Niehaus*, in: Schlüter/Niehaus/Schröder (Hrsg.), Examensklausurenkurs, 2. Aufl., Heidelberg 2015, S. 1 (13 f.).

Schema sachverhaltsbezogener Darstellung 21

I. Einleitungssatz (Prüfprogramm)

II. Obersatz (Voraussetzung)

III. Untersatz (Definition und Subsumtion)

Unterscheide vier verschiedene Konstellationen:

<table>
<tr><th>A
Definition unstreitig und selbstverständlich</th><th>B
Definition unstreitig aber erklärungsbedürftig</th><th>C
Definition streitig, Streit im Fall unerheblich</th><th>D
Definition streitig, Streit im Fall erheblich</th></tr>
<tr><td>1. Definition nennen</td><td>1. Tatbestandsmerkmal auslegen
2. Definition festhalten</td><td colspan="2">1. Definition der e.A. nennen + Fall subsumieren + Ergebnis festhalten
2. Definition der a.A. nennen + Fall subsumieren + Ergebnis festhalten</td></tr>
<tr><td>2. Fall subsumieren</td><td>3. Fall subsumieren</td><td>3. Streit unentschieden lassen, da Ergebnisse gleich.
Formulierung z.B.:
„Die verschiedenen Ansichten kommen vorliegend zum selben Ergebnis. Welcher Ansicht zu folgen ist, kann daher offen bleiben.</td><td>3. Streitentscheid durch Auslegung, da Ergebnisse unterschiedlich.
Formulierung z.B.:
„Welcher Ansicht zu folgen ist, ergibt die Auslegung des Tatbestandsmerkmals „X“. Der Wortlaut spricht ... Die Systematik ...“</td></tr>
</table>

IV. Schlusssatz

III. Rechtsfragenbezogene Darstellung

22 Der rechtsfragenbezogene Aufbau beginnt ebenfalls mit der Nennung des Tatbestandsmerkmals und dem Hinweis, dass umstritten sei, was dieses Merkmal bedeute. Anschließend nennen Sie aber nicht die konkurrierenden Definitionen und subsumieren auch nicht darunter. Vielmehr beginnen Sie sogleich mit der Auslegung der Norm. Auf diese Weise klären Sie zunächst abstrakt, d.h. ohne Bezug auf den konkreten, Ihnen gestellten Fall, **welche Rechtsansicht zutrifft**. Anschließend subsumieren Sie nur ein Mal, eben unter die eine, von Ihnen als zutreffend erkannte Auffassung. Konkurrieren mehr als zwei Auffassungen, verfahren Sie ebenso. Die Darstellung der Argumente erfolgt wie stets entlang des Auslegungskanons.

23 Der rechtsfragenbezogene Aufbau vermeidet die als „hölzern“[8] geltende Darstellung nach dem Muster: „1. Auffassung des BVerfG“/„2. Auffassung des BVerwG“/„3. Auffassung der Lehre“/„4. Streitentscheid“. Er erlaubt Ihnen, bei den **Sachargumenten** zu einem Rechtsproblem anzusetzen, zunächst mit eigenen Worten die abzulehnende Auffassung vorzutragen, dann die Gegenargumente zu formulieren und schließlich die zutreffende Auffassung samt ihrer Vorzüge vorzustellen. Bei mehr als zwei Auffassungen schildern Sie zunächst alle abzulehnenden Auffassungen. Die überzeugende Ansicht folgt wieder zuletzt.

IV. Vor- und Nachteile der beiden Darstellungsformen

24 Beide Darstellungsformen können in einem gewissen Sinn **„unökonomische“ Ausführungen** produzieren, d.h. Ausführungen zu Fragen, auf die es „im Ergebnis“ nicht ankommt. Bei der rechtsfragenbezogenen Darstellung kommt es vor, dass Sie – vielleicht unter hohem argumentativen Aufwand – Rechtsfragen entscheiden, obwohl die konkurrierenden Ansichten in Ihrem Fall zum selben Ergebnis kommen. Dass die Ansichten zum selben Ergebnis kommen, bemerken Sie dabei nicht einmal unbedingt; jedenfalls findet dieser Befund keinen Eingang in Ihre Darstellung.

25 Bei der sachverhaltsbezogenen Darstellung passiert es regelmäßig, dass Sie unter Rechtsansichten subsumieren, denen Sie nicht folgen werden. In der Regel ist eine Subsumtion unter eine gegebene Definition schneller vollbracht als die Entscheidung einer Streitigkeit, so dass die sachverhaltsbezogene Darstellung in dem beschriebenen Sinn insgesamt „ökonomischer“ erscheint als der rechtsfragenbezogene Aufbau. Andererseits steht bei einem zu Ausbildungszwecken erstatteten Gutachten die Arbeitsökonomie weniger im Vordergrund als bei der praktischen Arbeit, kommt es nicht auf das Ergebnis, sondern auf die Begründung an (siehe oben Rn. 16) und sollen Sie gerade vorführen, dass Sie **auf strittige Rechtsfragen eine Antwort finden** können.

---

8 *Friedrich Schoch*, Übungen im Öffentlichen Recht I, Berlin u.a. 2000, S. 91; in der Sache ebenso *Schwerdtfeger/Schwerdtfeger*, Öffentliches Recht, Rn. 838; *Tettinger/Mann*, Juristische Arbeitstechnik, S. 180.

Gestaltungsrichtlinien

von Bernd J. Hartmann

A. Allgemeines

1 Die folgenden Gestaltungsrichtlinien haben sich bewährt. Sie beruhen auf Empfehlungen, welche die Münsteraner Hochschullehrer des Öffentlichen Rechts für Seminararbeiten verabredet haben. Ergänzungen stammen aus den Anleitungen von *Butzer/Epping* und *Schoch*[1]. Soweit Ihr Dozent keine abweichenden Vorgaben macht – Gestaltungssind auch Geschmacksfragen[2] –, rate ich Ihnen daher dringend, die folgenden Hinweise zu beherzigen. Verstoßen Sie gegen Formvorgaben, ist der Prüfer berechtigt, **Punktabzüge** vorzunehmen[3].

2 Ihre Hausarbeit entsteht am Computer. Die Textverarbeitungsprogramme bieten zahlreiche Möglichkeiten, das Aussehen von Texten zu verändern. Wählen Sie eine **übersichtliche, einheitliche und sachliche Gestaltung**! Der Zeilenabstand beträgt 1,5 Zei-

---

1 *Hermann Butzer/Volker Epping*, Arbeitstechnik im Öffentlichen Recht, 3. Aufl., Stuttgart u.a. 2006; *Friedrich Schoch*, Übungen im Öffentlichen Recht I, Berlin u.a. 2000.

2 *Roland Schimmel*, Juristische Klausuren und Hausarbeiten richtig formulieren, 13. Aufl., München 2018, Rn. 477.

3 VGH München, NJW 1988, S. 2632 (2633).

len, die Schriftgröße 12pt, und der Zeichenabstand bleibt normal wie in diesem Text (also weder gesperrter noch gedrängter Druck). Die Blätter Ihrer Hausarbeit beschreiben Sie bitte nur einseitig. Jede Seite trägt eine (fortlaufende arabische) Seitenzahl, am besten unten rechts. Am Rand der Seite befindet sich ein Korrekturabstand von 7 cm, am besten – entgegen gelegentlichem Rat – rechts: Die meisten Korrekturkräfte sind Rechtshänder und können so Ihren Text, auf den sie sich beziehen, bei der Niederschrift der Korrekturbemerkung im Blick behalten. Vorzugswürdig ist, um „Flatterrand" zu vermeiden, der Blocksatz (mit Silbentrennung).

3 Die Hausarbeit besteht in dieser Reihenfolge aus folgenden **Abschnitten**:
1. Deckblatt
2. Gliederung
3. ggf. Abkürzungsverzeichnis
4. Sachverhalt
5. Gutachten
6. Unterschrift
7. Literaturverzeichnis

4 Das **Literaturverzeichnis** steht hier, abweichend von anderen Anleitungen, am Ende, weil es Ihre Ausarbeitung nur ergänzt und bloß bei Bedarf konsultiert wird. Eine Hausarbeit ist keine Fleißarbeit (jedenfalls nicht primär). Der hier vorgeschlagene Standort ist auch in rechtswissenschaftlichen Monografien üblich.

B. Deckblatt

5 Das Deckblatt sollte folgende Angaben enthalten:

Vorname Name Anschrift E-Mail-Adresse Studienfach Fachsemester Matrikelnummer	Ort, Datum der Abgabe
Titel der Lehrveranstaltung (z.B. Staatsrecht I) Semester (z.B. Wintersemester 2019/20) Dozent (z.B. Professor Dr. iur. Dr. rer. pol. Dr. h.c. mult. Vorname Name) Hausarbeit	

C. Gliederung

6 Die Gliederung offenbart die **Struktur Ihrer Argumentation**. Gehen Sie daher davon aus, dass der Korrektor mit der Gliederung mehr Zeit verbringen wird als mit jeder anderen Seite Ihrer Hausarbeit. Es mag Ihnen die Arbeit erleichtern, wenn Sie in Ihrem Textverarbeitungsprogramm die Ansicht so einstellen, dass Sie die Dokumentstruktur stets im Blick behalten. Weil die Gliederung zugleich als Inhaltsangabe dient, folgt

jedem Gliederungspunkt die Zahl jener Seite, auf der die Überschrift im Fließtext erscheint.

Die einzelnen Gliederungspunkte formulieren Sie als **knappe Überschriften**, nicht als vollständige Sätze, wörtliche Zitate oder direkte Fragen. Ihre Überschrift kennzeichnet den wesentlichen Inhalt der folgenden Passage schlagwortartig und präzise. Verwenden Sie die übliche alpha-numerische Klassifikation, auch wenn sie unstimmig ist (auf den Ebenen eins und zwei stehen Buchstaben vor Zahlen, auf den Ebenen drei und vier ist es umgekehrt): 7

A. ... (Teile) 8
 I. ... (Kapitel)
  1. ... (Abschnitt)
   a) ... (Unterabschnitt)
    aa) ... (Absatz)
    bb) ...
   b) ...
  2. ...
 II. ...
B.

Falls Ihnen mehrere Fragen gestellt sind, bilden diese eine eigene Gliederungsebene oberhalb der Ebene „A.", „B." usw. Im rechtswissenschaftlichen Gutachten darf, anders als in anderen Disziplinen, keine **Gliederungsebene** nur eine Einheit enthalten („Wer A sagt, muss auch B sagen."). Mehr als fünf oder sechs Gliederungsebenen sollten Sie für Ihre Hausarbeit nicht benötigen. Weitere Unterteilungen kommen ohne Gliederungspunkte und Zwischenüberschriften aus. Stattdessen heben Sie sie sprachlich hervor, durch Formulierungen wie „Einerseits ... Andererseits", „Zum Ersten ... Zum Zweiten ... Zum Dritten ..." usw. 9

D. Abkürzungsverzeichnis

Hausarbeiten benötigen nur dann ein Abkürzungsverzeichnis, wenn es ausdrücklich verlangt wird. Das ist **selten**. Die allgemein üblichen Abkürzungen, wie sie *Hildebert Kirchner*, Abkürzungsverzeichnis der Rechtssprache, 9. Aufl., Berlin 2018[4] verzeichnet, können Sie ohne Weiteres verwenden. 10

E. Sachverhalt

Butzer/Epping empfehlen, den Sachverhalt auch dann selbst abzuschreiben, wenn der Dozent ihn im Netz zum Download bereitgestellt hat. Das soll Ihnen helfen, den Text zu **verinnerlichen**[5]. 11

4 Krit. *Hartmann*, NJW 2014, S. 1076 (1076).
5 *Butzer/Epping*, Arbeitstechnik, S. 80.

F. Gutachten

I. Zitierweise

1. Quellen

12 Fremde Gedanken, Ideen und Ansichten müssen Sie als solche kennzeichnen: Sie wollen sich nicht mit **fremden Federn** schmücken. Der Umfang und das Ausmaß der Zitate hängen allein davon ab, welche Quellen Sie verarbeitet und verwendet haben. Diese Quellen müssen Sie zitieren.

13 Wörtliche Zitate sind, wenn überhaupt, allenfalls sparsam zu verwenden. Bei der Auseinandersetzung mit Streitigkeiten aus Rechtsprechung und Schrifttum erscheint es so gut wie immer vorzugswürdig, die Ansichten ihrer Substanz nach in **indirekter Rede** oder mit eigenen Worten wiederzugeben. Für ein direktes Zitat kommen nur besonders prägnante, möglichst kurze Wendungen in Frage, etwa

> Das Bundesverfassungsgericht, als „Hüter der Verfassung"[1] apostrophiert, ...

14 Schreiben Sie bitte nur auf, was Sie **selbst nachvollziehen** konnten. Ein verbreiteter Fehler ist es, fremde Aussagen im Vertrauen darauf zu kopieren, dass der kundige Korrektor die Passage schon richtig verstehen werde. Aber: Wenn Sie selbst nicht verstanden haben, was gemeint ist, verwickeln Sie sich allzu leicht in Widersprüche. Aus Widersprüchen folgt alles und nichts; als logische Fehler gehören sie zu den schwersten Entgleisungen, die Ihnen unterlaufen können.

15 Vorsicht: Ihre Zitate können **nur Rechtsauffassungen** belegen, nicht aber Subsumtionsergebnisse, weil die zitierte Quelle kaum genau den Sachverhalt betrifft, den Sie zu bearbeiten haben. Falsch ist daher:

> Das Urteil verletzt das allgemeine Persönlichkeitsrecht des S.[1]
> [1] BVerfGE 114, 339 (346).

16 Grundsätzlich ist die **Primärquelle** zu zitieren. Ein Sekundärzitat ist nur erlaubt, wenn die Primärquelle nicht verfügbar oder unzugänglich ist. Dann tritt zu dem Zitat der Primärquelle der Hinweis „zit. nach", samt Angabe der Sekundärquelle. Ausnahmslos unzulässig sind sog. Blindzitate: Sie müssen alle Quellen, die Sie zitieren, selbst eingesehen haben. Nur so können Sie sicher sein, dass dort auch steht, wofür die Quelle andernorts in Anspruch genommen wurde.[6]

2. Fußnoten

17 Die Fußnoten müssen denselben Seitenrand aufweisen wie der Rest der Seite. Sie können sich in der **Textgestaltung** durch einen Zwischenraum oder durch einen Fußnotentrennstrich vom Fließtext abheben, stehen in einer geringeren Schriftgröße von 10pt im einzeiligen Zeilenabstand und werden fortlaufend arabisch nummeriert.

---

6 Ein amüsantes Beispiel für die Verbreitung eines Fehlzitats liefert *Piekenbrock*, Jura 2015, S. 336 ff.

Die Fußnote beginnt mit einem Großbuchstaben (außer bei kleingeschriebenen Namensbestandteilen wie „von“) und endet mit einem Punkt. Enthält die Fußnote **mehrere Quellen**, sind diese jeweils mit einem Semikolon zu trennen. Dabei steht die Rechtsprechung vor der Literatur. Gerichte ordnen Sie absteigend hierarchisch, d.h. BVerfG vor BVerwG. Gerichte derselben Stufe ordnen sie aufsteigend alphabetisch, d.h. OVG Koblenz vor OVG Münster, aber OVG Nordrhein-Westfalen vor OVG Rheinland-Pfalz. Mehrere Entscheidungen desselben Gerichts nennen Sie am besten – der Praxis des Bundesverfassungsgerichts folgend – in chronologischer Reihenfolge, das älteste Judikat zuerst. Literaturnachweise nennen den Autor, bei mehreren Autoren wieder aufsteigend alphabetisch *(Achterberg vor Zippelius)* und bei mehreren Beiträgen eines Autors wieder aufsteigend chronologisch geordnet. Namen der Autoren sollten im Kursivdruck, Namen der Herausgeber und – abweichend vom Satzspiegel diverser Fachzeitschriften – Bezeichnungen der Gerichte dagegen im geraden Satz stehen. Haben Sie eine Aussage mit einer Norm belegt, ist ein weiterer Beleg aus Rechtsprechung oder Literatur überflüssig und damit falsch. Im folgenden Beispiel muss die Fußnote daher entfallen: 18

> Das Bundesverfassungsgericht ist gem. § 13 Nr. 8a, § 90 Abs. 1 BVerfGG, Art. 93 Abs. 1 Nr. 4a GG für die Entscheidung über Verfassungsbeschwerden zuständig.[1]
> [1] *Sodan/Ziekow*, Grundkurs Öffentliches Recht, § 51 Rn. 5.

3. Zitatform

Zitate dienen der Quellenangabe. Die Zitate in den Fußnoten einer Hausarbeit haben die Aufgabe, die **Aussagen** des Fließtextes zu **belegen**. Weiterführende Rechtsausführungen oder Sachaussagen sind in Hausarbeiten an dieser Stelle unangebracht. Sind sie wichtig, gehören sie in den Fließtext, sind sie unwichtig, in den Papierkorb. Selbstverständlichkeiten sind nicht nachzuweisen[7]. 19

Weil Ihre Arbeit über ein Literaturverzeichnis verfügt, verwenden Sie in den Fußnoten **Kurzbelege**: Zitierte Quellen erscheinen nur mit dem Nachnamen des Autors und der Zitatstelle. Bei Büchern können Sie ein Stichwort aus dem Buchtitel hinzunehmen. Bei mehreren Büchern desselben Autors müssen Sie dies sogar. Der (abgekürzte) Vorname erscheint nur, wenn Sie den Autor von anderen Autoren gleichen Namens unterscheiden müssen. Das Folgende gilt auch, wenn Sie den Kommentar, das Lehrbuch oder den Aufsatz in einer Datenbank gefunden haben. 20

Kommentare werden mit Bearbeiter, Herausgeber, abgekürztem Sachtitel, Vorschrift und Randnummer (hilfsweise Anmerkung) zitiert. 21

Beispiel:

> [1] *Höfling*, in: Sachs, GG, Art. 1 Rn. 1.

Lehrbücher und Monographien werden üblicherweise nach Verfassername und Randnummer (nur wo diese fehlen, tritt an ihre Stelle die Seitenzahl) zitiert; daneben ist die 22

7 In meinem Aufsatz NJW 2006, S. 1390 ff. hätte ich daher auf Fn. 1 besser verzichtet.

Angabe des Titels in Kurzfassung erwünscht. Gehen Randnummern über mehr als eine Seite, können Sie die Seite in Klammern ergänzen.

Beispiel:

[1] *Degenhart*, Staatsrecht I, Rn. 630 (S. 243).

Bei **Aufsätzen und Festschriftbeiträgen** nennen Sie den Verfasser, die Anfangsseite und die Zitatseite, in runde Klammern gesetzt (oder auch durch Komma oder Schrägstrich abgetrennt). Falls das Zitat auf der Anfangsseite steht, nennen Sie diese Seitenzahl also doppelt.

Beispiele:

[1] *Bryde*, FS von Arnim, S. 679 (685); *Jestaedt*, JuS 2004, S. 649 (649).

23 Auch bei **Online-Quellen** genügt, weil die Quelle im Literaturverzeichnis vorkommt, in der Fußnote der Kurzbeleg. Angegeben werden Nachname, abgekürzter Sachtitel und Rn. bzw., nachrangig, Seitenzahl.

[1] *Ziehm*, Absenkung europäischer Umweltstandards, S. 5.

Haben Institutionen einen Text veröffentlicht, steht deren Name in gerader Schrift.

[1] Deutsches Rotes Kreuz, Stellungnahme zum Entwurf eines Gesetzes zur Reform der Pflegeberufe, S. 12.

24 Bei **Entscheidungen** ersetzt die Bezeichnung des Gerichts den Namen des Verfassers. Bei Rechtsprechung, die auf Papier publiziert wurde, werden das Datum und das Aktenzeichen nicht mit angegeben. Ist eine Entscheidung in der amtlichen Sammlung veröffentlicht, zitieren Sie diese anstelle der Fachzeitschriften. Ist eine Entscheidung in einer Fachzeitschrift erschienen, zitieren Sie diese anstelle einer Online-Quelle (www.bverfg.de; beck-online, juris). In allen Fällen ist die Nennung der Randnummer gegenüber der Seitenzahl vorzugswürdig, weil die in Bezug genommene Textmenge kleiner ist und sich das Zitat auch in anderen Publikationsorganen überprüfen lässt.

Entscheidungen europäischer Gerichte zitieren Sie nach dem sogenannten ECLI (European Case Law Identifier). Zu nennen sind die Bezeichnung des Gerichts, die Art der Entscheidung, das Entscheidungsdatum, der Name der Rechtssache, Aktenzeichen, ECLI-Code und Randnummer.

Beispiele:

[1] BVerfGE 147, 364 (Rn. 50); BVerwG, NJW 2007, S. 140 (140); VG Münster, Urt. v. 03.06.2003 – 5 K 2956/99, Rn. 32, juris.
[2] EuGH, Urt. v. 12.04.2005, Schempp, C-403/03, EU:C:2005:446, Rn. 19.

25 **Auslassungen** in wörtlichen Zitaten werden durch drei in eckige Klammern gesetzte Punkte angezeigt: „[…]“. Bei Auslassungen zu Beginn und am Ende eines direkten Zi-

tats stehen diese Auslassungspunkte nicht; dies gilt auch, soweit ein Zitat unmittelbar in den eigenen Text eingebaut und dabei Anfang oder Ende des zitierten Satzes weggelassen werden. Textauszüge oder Verkürzungen dürfen nicht so gefasst sein, dass die Gefahr einer Verfälschung der Argumentation des zitierten Autors besteht.

Notwendige Zusätze oder grammatikalische **Ergänzungen**, die Sie dem zitierten Ori- 26
ginal beigeben möchten, stehen gleichfalls in eckigen Klammern. Eigene Hervorhebungen im Zitat (z.B. durch Kursivdruck) oder der Normaldruck von Passagen, die im Original hervorgehoben waren, müssen gekennzeichnet werden, am besten durch einen Hinweis in der Fußnote („dort ohne/mit/mit anderen Hervorhebungen"). Ansonsten ist in wörtlichen Zitaten buchstaben- und zeichengetreu zu zitieren, selbst wenn der zitierte Text Rechtschreibfehler oder eine veraltete Schreibweise aufweist. Um eine Zurechnung zu vermeiden, können Sie solche Stellen mit „[sic!]" oder „[!]" kennzeichnen. Das Nietzsche-Zitat aus der Einführung (Rn. 9) lässt sich also auch so wiedergeben:

> „Den Stil verbessern – das heißt [sic!] den Gedanken verbessern, und gar Nichts [sic!] weiter!"

4. Fußnotenzeichen

Die **Stellung** des Fußnotenzeichens hängt davon ab, auf welchen Teil des Satzes die 27
Quellenangabe sich bezieht. Fußnotenzeichen gehören unmittelbar hinter das Wort oder die Wortgruppe, dem/der es gilt, also noch vor ein Satzzeichen, das möglicherweise folgt. Nur wenn sich die Fußnote auf den ganzen Satz bezieht, steht die Fußnotennummer nach dem Satzzeichen. Daraus folgt auch, dass Sie keinen Absatz schreiben und am letzten Satz mit einer Fußnote versehen dürfen, die sich dann auf den gesamten Absatz beziehen soll.

Beispiel:

> ... wie schon der Staatsgerichtshof für das Deutsche Reich entschieden hat[1], ...
>
> aber
>
> So hat schon der Staatsgerichtshof entschieden.[1]

II. Unterschrift

Es ist üblich, dass Sie Ihr Rechtsgutachten mit der Versicherung beschließen, keine an- 28
deren als die angegebenen Hilfsmittel verwendet zu haben. Manche Prüfungsordnungen schreiben diese **Versicherung** sogar vor. In jedem Fall müssen Sie die Ausarbeitung eigenhändig unterschreiben, und zwar entweder mit Ihrem Namen oder, wenn der Leistungsnachweis anonym zu erbringen ist, mit Matrikelnummer oder Kennziffer.

G. Literaturverzeichnis

I. Hinweise zur Literaturverarbeitung

29 Lehrbücher und Kommentare sind in der jeweils **aktuellen Auflage** zu verwenden. Altauflagen müssen angegeben werden, wenn Sie sie für die Ausarbeitung benötigen, etwa weil Sie daraus eine Position übernehmen wollen, die in der Neuauflage nicht mehr vorkommt (wegen eines Bearbeiterwechsels oder aufgrund besserer Einsicht des Autors).

30 Skripten gelten als nicht zitierfähig, gleichgültig, ob sie von Repetitorien, Professoren oder deren Mitarbeitern stammen. Ich selbst wäre weniger streng: Bevor ich mich mit einem fremden, nur dort veröffentlichten Gedanken schmückte, würde ich das **Skript** lieber nennen. Die Frage hat kaum praktische Bedeutung, weil Skripte selten Originelles enthalten.

II. Hinweise zum Umgang mit Online-Quellen

31 Das Internet ist ein beliebter Ort für Recherchen.[8] Manche Informationen stehen nur dort zur Verfügung. Ein wissenschaftlicher Standard, wie aus Online-Quellen zu zitieren ist, hat sich erst in Teilen herausgebildet. Für die wissenschaftliche Arbeit ist die Nachprüfbarkeit der Quellen eine notwendige Bedingung. Texte im Netz sind jedoch, im Vergleich mit Texten in Büchern, schnell und einfach zu verändern, auszutauschen und zu löschen.[9] Die Qualität der Publikationen im Netz schwankt stark, und nicht immer ist der Autor ausgewiesen.[10] Auf Online-Quellen sollten Sie daher nur zurückgreifen, wenn die Information aus einer anerkannten Quelle stammt oder nur im Netz erhältlich ist. Die erwähnten Datenbanken (oben Rn. 23) können Sie daher genauso zitieren wie Online-Fachzeitschriften (z. B. ZJS) oder Abschriften klassischer Quellen (z.B. Google Scholar[11] oder Google Books[12]). Wikipedia, deren Artikel ein Kollektiv von Personen unter Pseudonym verfasst, gilt dagegen überwiegend als nicht zitierfähig.[13] Ich bin weniger streng und würde das Online-Lexikon in den soeben unter Rn. 30 beschriebenen Fällen zitieren.

III. Regeln zur Anfertigung des Literaturverzeichnisses

32 Das Literaturverzeichnis enthält **alle zitierten Quellen**. Nicht zur Literatur und damit nicht in das Literaturverzeichnis gehören Gesetze, Gesetzesmaterialien und Gerichtsentscheidungen. Die Quellen ordnen Sie **alphabetisch nach Namen**. Unzweckmäßig und daher überholt ist eine Unterteilung nach Gattungen (Kommentare vor Lehrbüchern

---

8 *Matthias Karmasin/Rainer Ribing*, Die Gestaltung wissenschaftlicher Arbeiten, 9. Aufl., Wien 2017, S. 99 f.

9 *Karmasin/Ribing*, Gestaltung wissenschaftlicher Arbeiten, S. 106.

10 *Tim Dornis/Florian Keßenich/Dominik Lemke*, Rechtswissenschaftliches Arbeiten, Tübingen 2019, S. 27.

11 *Karmasin/Ribing*, Gestaltung wissenschaftlicher Arbeiten, S. 102.

12 *Dornis/Keßenich/Lemke*, Rechtswissenschaftliches Arbeiten, S. 27.

13 Zu den Einwänden vgl. *Katharina Gräfin von Schlieffen*, in: dies./Jens Fischer (Hrsg.), Rechtsquelle Wikipedia? Praxis – Fiktionen – Standards, S. 1 (4), online unter https://www.fernuni-hagen.de/ls_schlieffen/download/rechtsquelle_wikipedia.pdf (Abfrage zuletzt am 31.05.2019).

etc.). Zitieren Sie mehrere Werke desselben Verfassers, ordnen Sie die Werke chronologisch, den ältesten Beitrag nennen Sie zuerst.

33 Die Verfasser sollten generell mit Vor- und Zunamen benannt werden. Unverzichtbar ist die Angabe des Vornamens im Fall von Verwechslungsgefahr. Insbesondere müssen Sie auf die korrekte Schreibweise der Namen achten (*Degenhart*, nicht: *Degenhardt*; *Schlink*, nicht: *Schlinck*). Titel und Berufsbezeichnungen lassen Sie außen vor, eben weil nur das Argument und nicht die Autorität seines Autors zählt. Bei mehr als drei Herausgebern (oder Bearbeitern) genügt es, den ersten Herausgeber (oder Bearbeiter) aufzuführen, versehen mit dem Zusatz „u.a.“. Die **Namen der Autoren**, nicht aber die der Herausgeber, sollten Sie durch die drucktechnische Gestaltung oder die Wahl der Schrift von den sonstigen Angaben abheben, am besten durch Kursivdruck. Den genauen Titel eines Werkes entnehmen Sie nicht dem Einband, sondern der Titelseite im Buch: Der Umschlag nennt bisweilen einen verkürzten Titel. Bei mehr als einem Erscheinungsort genügt es, den ersten Ort aufzuführen, gefolgt von dem Hinweis „u.a.“ (nicht: „usw.“). Enthält das Buch keine Ortsangabe, ist „o. O.“ (ohne Ort) zu vermerken. So machen Sie kenntlich, dass Sie die Ortsangabe zu übernehmen nicht vergessen haben.

34 Der **Titel des Werks** ist vollständig anzugeben. Untertitel sind entbehrlich, können aber bei Bedeutung für das Thema ergänzt werden, abgesetzt durch den (langen) Gedanken-, nicht durch den (kurzen) Bindestrich. Bei Lehrbüchern, Kommentaren und Monographien sind zudem die Angabe des Erscheinungsjahrs (hilfsweise „o. J.“) und – ab der zweiten – der Auflage erforderlich. Vor dem Erscheinungsjahr steht üblicherweise der Erscheinungsort.

Beispiel:

Ipsen, Jörn	Staatsrecht I – Staatsorganisationsrecht, 30. Aufl., München 2018

35 Umfasst ein Werk **mehrere Bände**, so sind nur die in der Arbeit benutzten anzugeben. Abweichungen in Titel, Auflage und/oder Erscheinungsjahr der Einzelbände sind ggf. kenntlich zu machen.

Beispiel:

Stern, Klaus	Das Staatsrecht der Bundesrepublik Deutschland Band I: Grundbegriffe und Grundlagen des Staatsrechts, Strukturprinzipien der Verfassung, 2. Aufl., München 1984 Band II: Staatsorgane, Staatsfunktionen, Finanz- und Haushaltsverfassung, Notstandsverfassung, München 1980

36 **Sammelwerke** enthalten Beiträge mehrerer Autoren. Hier nennt das Literaturverzeichnis nur den oder die Herausgeber bzw. Begründer mit dem Zusatz „Hrsg.“ (oder „Hg.“) bzw. „Begr.“, und zwar gerade, nicht kursiv gesetzt:

Sachs, Michael (Hrsg.)	Grundgesetz, 8. Aufl., München 2018

37 Bei **Loseblattsammlungen** ist als Zusatz „Loseblattsammlung“ oder „Loseblatt“ aufzunehmen; an die Stelle des Erscheinungsjahres tritt der aktuelle Stand des Gesamtwerks.

Der Stand der zitierten Bearbeitung kann jeweils in der einschlägigen Fußnote ergänzt werden.

38 Bei **Aufsätzen** in Zeitschriften, Festschriften und sonstigen Sammelwerken sowie bei Entscheidungsanmerkungen und Rezensionen werden Verfassername, ggf. Titel des Aufsatzes und Fundort angegeben. Tragen Beiträge keinen Titel (z.B. Anmerkungen oder Diskussionsbeiträge), setzen Sie in eckigen Klammern eine entsprechende Erläuterung hinzu. Zeitschriften werden dabei mit ihrer üblichen Abkürzung bezeichnet; zudem werden Jahrgang und Seitenzahl mitgeteilt. Stammt der Aufsatz aus einem Sammelwerk, so ist dieses mit allen Angaben (s.o.) zu kennzeichnen.

Beispiele:

Ehlers, Dirk	Die Weiterentwicklung des Staatshaftungsrechts durch das europäische Gemeinschaftsrecht, in: JZ 1990, S. 1089 ff.
Münch, Ingo von	Grundrechtsschutz gegen sich selbst, in: Rolf Stödter/Werner Thieme (Hrsg.), Hamburg – Deutschland – Europa, Festschrift für Hans Peter Ipsen, Tübingen 1977, S. 115 ff.
Pieroth, Bodo	[Diskussionsbeitrag], in: VVDStRL 51 (1992), S. 166

39 Nur **Dissertationen und Habilitationsschriften**, die keine ISBN tragen (weil sie nicht in einem Verlag erschienen sind), tragen den Zusatz „Diss." oder „Habil.". An die Stelle von Erscheinungsort und -jahr treten der Ort der Universität und das Jahr der Promotion/Habilitation.

Beispiele:

Dürig, Günter	Die konstanten Voraussetzungen des Begriffs „Öffentliches Interesse", Diss. München 1949
Herzog, Roman	Die Wesensmerkmale der Staatsorganisation in rechtstheoretischer und entwicklungsgeschichtlicher Sicht, Habil. München 1964

40 Bei **Online-Quellen** ist zu unterscheiden. Informationen aus den juristischen Fachdatenbanken können Sie nach den Regeln für ihre physischen Gegenstücke behandeln. Das gilt auch, wenn es sich um eine reine Online-Quelle handelt (z.B. die Beck Online-Kommentare). Ebenso verhält es sich mit Aufsätzen aus Online-Fachzeitschriften.

Bei allen anderen Online-Quellen sind, sofern vorhanden, Name, Vorname, Titel des Beitrags, Erscheinungsort und -datum, URL und das Datum des letzten Abrufs anzugeben. Fehlt eine der Angaben, machen Sie durch Ergänzungen wie o.J. (ohne Jahr) oder o.O. (ohne Ort) deutlich, dass Sie die Angabe nicht vergessen haben.

Ziehm, Cornelia	Absenkung europäischer Umweltschutzstandards als Folge der durch CETA beabsichtigten „regulatorischen Kooperation", Berlin 2016, https://www.bund.net/fileadmin/user_upload_bund/publikationen/ttip_und_ceta/ttip_und_ceta_umweltstandards_rechtsgutachten.pdf [Abruf zuletzt am 25.04.2019]

Bei Texten von Institutionen, bei denen die Autoren nicht preisgegeben werden, sondern allein die Institution den Text verantwortet, sind der Name der Institution, der Titel, Erscheinungsort und -datum anzugeben, bei Texten aus dem Internet folgen URL und Abrufdatum.

Deutsches Rotes Kreuz	Stellungnahme des Deutschen Roten Kreuzes zum Entwurf eines Gesetzes zur Reform der Pflegeberufe (Pflegeberufsgesetz), Berlin 2016, https://www.bundestag.de/resource/blob/423476/486ed239a870457f95ad585d7e379cb0/Deutsches-Rotes-Kreuz-e--V---DRK--data.pdf [Abruf zuletzt am 25.04.2019]

Muster und Beispiele für Ihr Literaturverzeichnis finden Sie bei *Butzer/Epping*, Arbeitstechnik, S. 84 f.; *Schoch*, Übungen, S. 161 ff., und *Gunther Schwerdtfeger/Angela Schwerdtfeger*, Öffentliches Recht in der Fallbearbeitung, 15. Aufl., München 2018, Rn. 841. Sie können sich auch an den Literaturverzeichnissen orientieren, welche die Bearbeitungen in diesem Buch enthalten. **41**

H. Formatvorlage

Der Verlag C.F. Müller stellt auf seiner Website *www.cfmueller.de/hausarbeit-staatsrecht* für ein gängiges Textverarbeitungsprogramm eine Formatvorlage, die den beschriebenen Anforderungen genügt, zum **kostenlosen Download** bereit. **42**

Sprache und Stil

von Bernd J. Hartmann und Tobias Welzel[*]

1 **Literatur:** *Hans Berg*, Stilschlamperei, in: NJW 1957, S. 1224 ff., 1791 ff.; *Hans Blasius*, Über das Schreiben in der Verwaltung, NWVBl. 2007, S. 165 ff.; *Jens-Uwe Franck*, Zur Verwendung des Konjunktivs für den Lösungsansatz im Gutachten, in: JuS 2004, S. 174 ff.; *Wolfgang Gast*, Juristische Rhetorik, 5. Aufl., Heidelberg 2015; *Tina Hildebrand*, Juristischer Gutachtenstil, 3. Aufl., Tübingen 2017; *Monika Hoffmann*, Deutsch fürs Jurastudium, 2. Aufl., Paderborn 2017; *Joachim Jahn*, Klares Deutsch für Juristen, in: JuS Magazin 2008, S. 6 ff.; *Hans Kudlich*, Sprache und Sprachwissenschaft in der juristischen Ausbildung, in: Ekkehard Felder/Friedemann Vogel (Hrsg.), Handbuch Sprache im Recht, 2017, S. 155 ff.; *Christine Mix*, Schreiben im Jurastudium, Stuttgart 2011; *Thomas M. J. Möllers*, Juristische Arbeitstechnik und wissenschaftliches Schreiben, 9. Aufl., München 2018; *Holm Putzke*, Juristische Arbeiten erfolgreich schreiben, 6. Aufl., München 2018; *Ludwig Reiners*, Stilkunst. Ein Lehrbuch deutscher Prosa, 2. Aufl., München 2004; *Willy Sanders*, Gutes Deutsch – Besseres Deutsch, 5. Aufl., Darmstadt 2009; *Roland Schimmel*, Juristische Klausuren und Hausarbeiten richtig formulieren, 13. Aufl., München 2018; *Friedrich E. Schnapp*, Stilfibel für Juristen, Münster 2004; *Egon Schneider*, Ein Wegweiser zum guten Deutsch in Prüfungsarbeiten, in: JZ 1955, S. 267 ff.; *Wolf Schneider*, Deutsch für Kenner, 10. Aufl., Hamburg 2017; *Tonio Walter*, Kleine Stilkunde für Juristen, 3. Aufl., München 2017; *Hendrik Wieduwilt*, Die Sprache des Gutachtens, in: JuS 2010, S. 288 ff.; *Gerhard Wolf*, Bemerkungen zum Gutachtenstil, in: JuS 1996, S. 30 ff.

* Die Autoren danken *Pascale Cancik*, *Oliver Dörr*, beide Osnabrück, und *Bodo Pieroth*, Münster, für wertvolle Hinweise zum Thema.

A. Bedeutung

2 Was für den Arzt das Skalpell, ist für den Juristen die Sprache.[1] So lautet ein oft verwendetes Bild, doch der Vergleich hinkt: Der Arzt hat neben seinem Skalpell noch andere Werkzeuge, um seine Arbeit zu verrichten, und der Mensch, nicht das Skalpell, ist der Gegenstand der ärztlichen Kunst. Der Gegenstand der Rechtswissenschaften, das Recht, ist dagegen notwendig in Sprache gefasst,[2] und Sprache ist auch das einzige Mittel, das der Jurist verwendet. Sich in der Sprache korrekt und im Stil angemessen auszudrücken, ist deshalb auch nicht etwa die Krone juristischen Schreibens, sondern dessen Grundvoraussetzung. Denn: Klarheit in der Sprache zwingt zur **Klarheit im Denken**.[3] Die entscheidende Einsicht *Nietzsches* lautet dementsprechend: „Den Stil verbessern – das heißt den Gedanken verbessern, und gar nichts weiter!"[4]

3 Guter Stil beginnt jenseits der Regeln der Grammatik und der Rechtschreibung.[5] Während diese Regeln selten Spielräume lassen, sind Regeln des Stils viel offener. Den einen Stil, der allen Schreibenden als Leitbild dienen könnte – ihn gibt es nicht. Dieses Kapitel nimmt daher auch nicht für sich in Anspruch, guten Stil zu lehren, erst recht wollen wir nicht von uns behaupten, vorbildlich zu schreiben. Unser Ziel ist viel bescheidener: Wir möchten Ihnen helfen, einfache Fehler zu vermeiden. Allgemeingültigkeit beanspruchen unsere Hinweise nicht, wir verstehen sie als Anregungen. Die Grundlage aller Anregungen, die wir Ihnen geben, ist zugleich die Grundlage aller Kommunikation: Verständlichkeit. Die Sprache ist das wichtigste Mittel (schriftlicher) Kommunikation, und der Kommunikation dient letztlich jede juristische Arbeit. Sei es später in der Praxis zwischen Verwaltung und Bürger, zwischen Anwalt und Mandant, Gericht und Partei oder heute im Studium zwischen Prüfer und Prüfling, stets wird über die Rechtslage kommuniziert. Ihr Ziel in der juristischen Hausarbeit ist damit das Ziel jedes juristischen Gutachtens: Sie wollen den Leser (in Ihrem Fall den Korrektor) von Ihrer Lösung überzeugen. Das setzt voraus, dass Ihr Leser Ihre Lösung nachvollziehen kann. Alle unsere Anregungen verfolgen daher dasselbe Ziel: dass Sie verständlicher schreiben, um Ihrem Leser das **Verständnis zu erleichtern** und ihn so überhaupt erst zu erreichen.

---

1 *Möllers*, Juristische Arbeitstechnik und wissenschaftliches Arbeiten, S. 74; *Putzke*, Juristische Arbeiten erfolgreich schreiben, S. 25. – Dieser Text verwendet der Einfachheit halber nur die männliche Form. Die weibliche Form ist selbstverständlich immer eingeschlossen.

2 Abgesehen etwa von einigen Vorschriften der StVO, die Bilder von Straßenschildern enthalten, oder Versammlungsgesetzen, welche die Bannmeile um ein Parlament auf Landkarten verzeichnen.

3 *Walter*, Kleine Stilkunde für Juristen, S. 25 f.; vgl. *Schlink*, Der Staat 58 (2019), S. 441 (442): „Klarheit und Genauigkeit".

4 Colli/Montinari (Hrsg.), Nietzsche, Sämtliche Werke, Band 2: Menschliches, Allzumenschliches I und II, 3. Aufl. 2009, S. 610.

5 *Schnapp*, Jura 2015, S. 130 (132).

B. Stilprobleme und ihre Vermeidung

I. Nominalstil

4 *„Im Verhältnis zum Geschäftsherrn ist aber die Ausübung der Aufsicht die Ausführung der Verrichtung, zu der der Ausführende bestellt ist.“*[6]

Diese Schreibweise heißt „Substantivitis“[7], wie eine Krankheit, und ist sogar als „Krebsschaden der […] Juristensprache“[8] gebrandmarkt worden. Das geht zu weit, weil das Hauptwort im Recht seine Berechtigung hat,[9] und trifft doch den Kern des Problems: Kaum eine stilistische **Unsitte** ist so verbreitet wie Nominalisierungen.[10]

5 Kommen Hauptwörter gehäuft vor, ist ein Text schwieriger zu verstehen. Hauptwörter machen den Text **abstrakter als nötig.**[11] Verben dagegen, auch „Tu-Wörter“ genannt, sind konkret. Wir empfehlen denn auch, Tätigkeiten mit „Tu-Wörtern“ zu beschreiben.[12] Verben sind die wichtigste Wortart im Satz,[13] ohne sie ist er unvollständig. Verben bringen „Bewegung“ in den Text,[14] Substantive blähen ihn oft auf. Wenn aus „anwenden“ „zur Anwendung bringen“ wird, verliert das Verb seine eigentliche Bedeutung: „Bringen“ bedeutet eigentlich „liefern, befördern“.[15]

6 Kaum eine stilistische Unsitte lässt sich so leicht beheben wie Substantivitis. **Verbalisieren Sie!** Statt „In Betracht käme das Entgegenstehen von Normen des Grundgesetzes“[16] schreiben Sie lieber: „Dem könnte das Grundgesetz entgegenstehen.“ Suchen Sie Substantive, die auf -heit, -keit und -ung enden, um zu prüfen, ob nicht ein Verb oder ein Adjektiv bessere Dienste leistet. Statt „zur Anwendung bringen“ schreiben Sie „anwenden“. Suchen Sie Substantive, um zu prüfen, ob eine Präposition (bei, unter, durch, wegen, um zu ...) nicht einfacher wäre: Statt „Der Beschwerdeführer erhob Verfassungsbeschwerde zum Zwecke der Ausräumung der Grundrechtsverletzung“, schreiben Sie: „Der Beschwerdeführer erhob Verfassungsbeschwerde, um die Grundrechtsverletzung auszuräumen.“ Dabei wahren Sie das rechte Maß: Gegen Fachbegriffe wie „Berufung“, „Prüfung“, „Versammlung“, „Rechtsverletzung“ ist nichts zu sagen, „eine Rede halten“ ist etwas anderes als „reden“.[17] Zur Substantivitis werden Nominalisierungen erst bei übertriebener Verwendung.

---

6 BGHZ 11, 151 (153).
7 *Schimmel*, Juristische Klausuren und Hausarbeiten richtig formulieren, Rn. 375.
8 *Berg*, NJW 1957, S. 1224 (1224).
9 *Schnapp*, Jura 2003, S. 173 (173).
10 *Jahn*, JuS Magazin 2008, S. 6 (8); *Möllers*, Juristische Arbeitstechnik und wissenschaftliches Arbeiten, S. 78; *E. Schneider*, JZ 1955, S. 267 (268).
11 *Gast*, BB 1987, S. 1 (4); *Sanders*, Gutes Deutsch – Besseres Deutsch, S. 173.
12 Statt aller *Tettinger/Mann*, Einführung in die juristische Arbeitstechnik, 5. Aufl. 2015, S. 117.
13 Ebenso *Hoffmann*, Deutsch fürs Jurastudium, S. 107; *Reiners*, Stilkunst, S. 111 ff.
14 *Hoffmann*, Deutsch fürs Jurastudium, S. 107.
15 Beispiel nach *Schnapp*, Jura 2003, S. 173 (174).
16 Beispiel in Anlehnung an *Schnapp*, Jura 2003, S. 173 (174).
17 *Sanders*, Gutes Deutsch – Besseres Deutsch, S. 177; *Schnapp*, Jura 2003, S. 173 (176).

Übung zum Nominalstil: Bringen Sie den folgenden Satz in Form (Lösungsvorschlag unten Rn. 40).

„Das erfordert eine Abwägung der Interessen beider Parteien des Mietvertrages unter Berücksichtigung des Interesses der Allgemeinheit an der Erhaltung und Verbesserung von Wohnraum.“[18]

II. Lange, verschachtelte Sätze

1. Problem

„In inhaltlicher Übereinstimmung mit früherer Rechtsprechung des zuvor zuständigen 7. Senats des BVerwG [...] hat der beschließende Senat in seinem Urteil vom 14.05.1992 [...] zum bundesverfassungsrechtlichen Grundsatz der Verhältnismäßigkeit, der auch nach Landesrecht durchgeführte Abschleppmaßnahmen beherrscht, zusammenfassend dargelegt, dass zwar auf der einen Seite ein bloßer Verstoß etwa gegen das Verbot des Gehweg-Parkens allein nicht ohne weiteres eine Abschleppmaßnahme rechtfertigt und auch allein eine Berufung auf eine bloße Vorbildwirkung des fehlerhaften Verhaltens und auf den Gesichtspunkt der Generalprävention nicht ausreichend ist, auf der anderen Seite aber nicht zweifelhaft sein kann, dass regelmäßig ein Abschleppen verbotswidrig abgestellter Fahrzeuge im Falle der Behinderung von anderen Verkehrsteilnehmern geboten erscheint.“[19] 7

Der Schachtelsatz heißt so, weil er Nebensätze in den Hauptsatz oder in andere Nebensätze verschachtelt.[20] Die Verschachtelung ist problematisch, weil sie das Verständnis erschwert: Sie reißt oft auseinander, was **inhaltlich zusammengehört**,[21] und sie macht den Satz länger als nötig. Hauptsätze können selbständig vorkommen, sie stehen für sich. Nebensätze dagegen hängen von Hauptsätzen oder anderen Nebensätzen ab, sie können nicht alleine stehen. Ein Nebensatz, der von einem Hauptsatz abhängig ist, heißt Nebensatz erster Ordnung. Ein Nebensatz, der von einem Nebensatz erster Ordnung abhängig ist, heißt Nebensatz zweiter Ordnung usw.[22]

Beispiel: *Der Bundesminister[HS], den der Bundeskanzler[NS1], den der Bundestag wählt[NS2], ernennt[NS1], tritt zurück[HS].*

Solche Ketten lassen sich verlängern.[23] Rechtsprechung und Literatur machen regen Gebrauch davon.[24] Das LAG Chemnitz hat es vollbracht, ein ganzes Urteil (Sachverhaltsdarstellung und Entscheidungsgründe) in einen einzigen Satz zu pressen.[25]

18 KG, NJW 1981, S. 2307 (2307).
19 BVerwG, NJW 2002, S. 2122 (2122).
20 *Hoffmann*, Deutsch fürs Jurastudium, S. 36.
21 *Schnapp*, Jura 2004, S. 22 (28).
22 *Hoffmann*, Deutsch fürs Jurastudium, S. 36.
23 *Hoffmann*, Deutsch fürs Jurastudium, S. 36.
24 Siehe zum Beispiel EuGH, Urt. v. 13.12.2001, Heininger, C-481/99, EU:C:2001:684; EuGH, Urt. v. 5.11.2002, Überseering BV, C-208/00, EU:C:2002:632; BGH, NJW 1998, S. 810 (813). Wegen der vielen Schachtelsätze nahezu unverständlich sind die Ausführungen des KG, NJW 1995, S. 264 ff.
25 LAG Chemnitz, BB 1993, S. 991 (991 f.).

8 Doch der Schachtelsatz ist schwierig zu verstehen, weil in der Regel das menschliche Gehirn das **Kurzzeitgedächtnis alle drei Sekunden löscht**.[26] Daher muss innerhalb dieser Zeit gesagt sein, was zusammengehört. Andernfalls hat der Leser, wenn er am Ende des Satzes angelangt ist, dessen Anfang längst wieder vergessen.

2. Lösungsvorschläge

a) Viele kurze Sätze

9 Nimmt man die Drei-Sekunden-Regel ernst, folgt daraus, dass Sie Ihrem Leser einen Gefallen tun, wenn Sie in kurzen Sinnabschnitten, in kurzen Sätzen formulieren. Wenn sich nur präzise ausdrücken kann, wer einen präzisen Gedanken hat (oben Rn. 2), dann bedeutet das im Umkehrschluss: Wer zu viele Aspekte in einem (verschachtelten) Satz unterbringt, hat seine Gedanken noch nicht genau genug geordnet. Sortieren Sie! In welcher (logischen, jedenfalls aber zweckmäßigen) Reihenfolge stelle ich meine Gründe dar? Welches Argument setzt ein anderes voraus, das es weiterdenkt oder widerlegt (und das daher vorher formuliert sein muss)? Welche Aussage beschreibt die Regel, welche die Ausnahme (und setzt daher die Regel voraus)? Haben Sie Ihren Gedankengang geordnet, verteilen Sie ihn auf verschiedene, gerne kurze Sätze. So zwingen Sie sich selbst, Stellung zu beziehen, können sich nicht „hinter" einem langen Satz „verstecken", und erleichtern es Ihrem Leser, den Gedankengang nachzuvollziehen. Eine maximale Länge eines Satzes lässt sich nicht formulieren, schon deshalb nicht, weil Sie Hauptsätze auch nur durch Kommata getrennt aneinanderreihen können. Als Richtwerte nennen die Stillehren fünf Zeilen[27] oder **25 Wörter pro Satz**[28]. Sätze, die länger sind, sollten Sie überprüfen.

10 Aber bitte halten Sie auch hier Maß: Es ist nicht erforderlich, dass Sie nur noch kurze Hauptsätze verwenden. Ein solcher **„Asthmastil"**[29] wirkt oft abgehackt und unterfordert den Leser auch intellektuell.[30] Einschübe sind erlaubt, sollten aber möglichst mit neun Wörtern[31] oder zwölf Silben[32] auskommen. Nutzen Sie die Chance, die Ihnen die Möglichkeit von Nebensätzen eröffnet, aber vermeiden Sie Nebensätze zweiter, jedenfalls aber dritter Ordnung. Am besten formulieren Sie so, dass Sie auf Hauptsachen einen Hauptsatz und auf Nebensächliches einen Nebensatz verwenden.[33] Ob ein Umstand eine Haupt- oder nur eine Nebensache ist, kann sich im Laufe eines Textes ändern. Als wir oben in Rn. 2 als Kernbotschaft festgehalten haben, dass sich nur derjenige präzise ausdrücken kann, der einen präzisen Gedanken hat, ging es uns hauptsächlich um diesen Gesichtspunkt. Als wir soeben, zu Beginn von Rn. 8, auf die Frage zurückgekommen

26 *W. Schneider*, Deutsch für Kenner, S. 170 ff.; *Walter*, Kleine Stilkunde für Juristen, S. 79 f.

27 *Schimmel*, Juristische Klausuren und Hausarbeiten richtig formulieren, Rn. 347.

28 *Möllers*, Juristische Arbeitstechnik und wissenschaftliches Arbeiten, S. 75 (25 Wörter); Bundesministerium der Justiz (Hrsg.), Handbuch der Rechtsförmlichkeit, 3. Aufl. 2008, Punkt 1.6 Rn. 95 (22 Wörter).

29 Bundesverwaltungsamt (Hrsg.), Bürgernahe Verwaltungssprache, 4. Aufl. 2002, S. 24; *W. Schneider*, Deutsch für Kenner, S. 195.

30 *Schnapp*, Jura 2004, S. 22 (23).

31 *W. Schneider*, Deutsch für Kenner, S. 170.

32 *Walter*, Kleine Stilkunde für Juristen, S. 80.

33 *Schnapp*, Stilfibel für Juristen, S. 128 f.; *Walter*, Kleine Stilkunde für Juristen, S. 128 ff.

sind, war uns derselbe Gesichtspunkt nebensächlich: Sie kannten ihn schon, und wir wollten nun die Folgen dieser Einsicht für Satzgefüge behandeln.

b) Zusammenhalten, was zusammen gehört

Auch das erleichtert es dem Leser, Zugang zu Ihrem Text zu finden. Allein, was gehört zusammen? *Tonio Walter* hat es in seiner „Stilkunde für Juristen" so gesagt: „Zusammen gehört, was wir als nächstes wissen müssen oder wollen."[34] Zusammen gehören daher das **Substantiv und sein Artikel**. Der Zwischenraum lässt sich, das erlaubt die Grammatik des Deutschen, mit einer Vielzahl von Attributen (Beifügungen) und Zusatzinformationen füllen. 11

Beispiel: *Der von der ihrerseits vom Bundestag gewählten Bundeskanzlerin ernannte, im vergangen Herbst sechzig Jahre alt gewordene und aus derselben Region wie die Bundeskanzlerin stammende, ihr daher also nicht nur politisch, sondern auch landsmannschaftlich nicht erst seit heute, sondern von den ersten Etappen ihrer Karriere noch als Umweltministerin an verbundene Kinderarzt...*

Der Artikel „Der" eröffnet den Satz, aber wer „der" ist, erfährt der Leser erst hundert Silben, fünfzig Wörter oder fünf Zeilen später. Der Satz erscheint so als eine Art Quiz, bei dem der Leser während der Lektüre zu erraten versucht, um was für ein Substantiv es sich wohl wird handeln mögen. Der Leser läuft so Gefahr, wichtige Einschübe zu „überlesen", sie nicht wahr-, nicht aufzunehmen.

Zusammen gehören auch das **Subjekt und sein Prädikat**. Das Prädikat ist „die Seele"[35] 12
eines Satzes. Es prägt ihn, weil es uns eröffnet, was überhaupt passiert. In dem Moment, in dem der Leser das Subjekt des Satzes gelesen hat, interessiert ihn, was dieses Subjekt tut (Aktivsatz) oder was mit ihm passiert (Passivsatz).[36] Einschübe zwischen dem Subjekt und dem Prädikat führen dazu, dass der Leser die Zwischeninformationen nicht richtig verarbeitet oder den Satz gedanklich in eine Richtung vervollständigt, in die der Satz nicht geht. Es macht zum Beispiel einen Unterschied, ob die Reformen (Subjekt), die die Bürger der Behörde vorgeschlagen haben und die die Fachaufsichtsbehörde gutgeheißen hat, die aber im politischen Raum trotzdem umstritten geblieben sind, am Ende des Tages durchgeführt oder abgelehnt werden.

Zusammen gehören weiter das **Prädikat und seine Bestandteile**. 13

Beispiel: *Der Bundespräsident hat das ihm vorgelegte Gesetz, das schon im Bundestag hitzig diskutiert worden war und gegen das die Opposition schon früh den „Gang nach Karlsruhe" angekündigt hatte, wobei die parlamentarische Minderheit fraktionsübergreifend geschlossen aufgetreten war, zur Prüfung an seinen Stab weitergeleitet.*

34 *Walter*, Kleine Stilkunde für Juristen, S. 78 ff., von dem die folgende Aufstellung stammt und der die einzelnen Aspekte mit anschaulichen Beispielen verdeutlicht.

35 *Reiners*, Stilkunst, S. 111.

36 *Walter*, Kleine Stilkunde für Juristen, S. 82.

„hat […] weitergeleitet“: Dass der Bundespräsident das Gesetz nicht schon unterzeichnet, sondern bloß erst weitergeleitet hat, ist die entscheidende Information. Der Leser muss darauf drei Dutzend Wörter lang warten. Die Debatte im Bundestag dagegen ist nur eine zusätzliche Information. Sie gehört in einen Folgesatz.

14 Statt eines langen lieber **mehrere kurze Sätze** zu formulieren, ist generell ein guter Gedanke. Im Ausgangsbeispiel dieses Abschnitts, in dem das Bundesverwaltungsgericht Rechtsprechung zu Abschleppfällen zusammenfasste (Rn. 7), mussten Sie den Satz vielleicht langsam oder mehrmals lesen. Das liegt daran, dass das Gefüge zu viele Informationen enthält: 1. Der Senat hat in seinem Urteil aus dem Jahr 1992 die Rechtsprechung des vorher zuständigen 7. Senats zusammengefasst und übernommen. 2. Dabei ging es um den verfassungsrechtlichen Grundsatz der Verhältnismäßigkeit, der auch im Landesrecht gilt. 3. Danach ist eine Abschleppmaßnahme nicht schon dadurch gerechtfertigt, dass der Falschparker gegen das Verbot verstößt, auf dem Gehweg zu parken. Sie lässt sich auch nicht allein durch die Gefahr von Nachahmern oder den Gesichtspunkt der Generalprävention rechtfertigen. 4. Trotzdem erscheint es regelmäßig als geboten, verbotswidrig parkende Fahrzeuge abzuschleppen, wenn diese andere Verkehrsteilnehmer behindern. Derart aufgeteilt in mehrere kurze Sätze, lässt sich die Aussage einfacher verstehen:

Der bundesverfassungsrechtliche Grundsatz der Verhältnismäßigkeit gilt auch für Abschleppmaßnahmen, die nach Landesrecht durchgeführt werden. In diesem Zusammenhang hat der Senat in seinem Urteil vom 14.05.1992 die Rechtsprechung zusammengefasst. Verstößt ein Autofahrer allein gegen das Verbot des Gehweg-Parkens, rechtfertigt dies eine Abschleppmaßnahme nicht ohne weiteres. Auch eine Berufung auf eine bloße Vorbildwirkung des fehlerhaften Verhaltens ist allein genauso wenig ausreichend wie der Gesichtspunkt der Generalprävention. Auf der anderen Seite kann nicht zweifelhaft sein, dass ein Abschleppen verbotswidrig abgestellter Fahrzeuge regelmäßig geboten erscheint, falls diese andere Verkehrsteilnehmer behindern. Diese Rechtsauffassung stimmt inhaltlich mit der Rechtsprechung des 7. Senats des BVerwG überein, der vorher für diese Rechtsfragen zuständig war.

15 **Übungen zu den Schachtelsätzen:** Bringen Sie die folgenden Passagen in Form (Lösungsvorschlag unten Rn. 41 f.).

1. *„Die deutschen Gerichte sind zur Entscheidung über Klagen wegen Persönlichkeitsbeeinträchtigungen durch im Internet abrufbare Veröffentlichungen international zuständig, wenn die als rechtsverletzend beanstandeten Inhalte objektiv einen deutlichen Bezug zum Inland in dem Sinn aufweisen, dass eine Kollision der widerstreitenden Interessen – Interesse des Klägers an der Achtung seines Persönlichkeitsrechts einerseits, Interesse der Beklagten an der Gestaltung ihres Internetauftritts und an einer Berichterstattung andererseits – nach den Umständen des konkreten Falls, insbesondere aufgrund des Inhalts der konkreten Meldung, im Inland tatsächlich eingetreten ist oder eintreten kann.“*[37]

37 BGH Pressemitteilung Nr. 50/2011, 3. Absatz.

2. *„Im Einklang mit einer ständigen Rechtsprechung, nach der sich der Gerichtshof in Anwendung des der Rechtsordnung der Gemeinschaft innewohnenden allgemeinen Grundsatzes der Rechtssicherheit mit Rücksicht auf die schwerwiegenden Störungen, zu denen sein Urteil bei gutgläubig begründeten Rechtsverhältnissen für die Vergangenheit führen könnte, ausnahmsweise dazu veranlasst sehen kann, die Möglichkeit für die Betroffenen zu beschränken, sich auf eine von ihm ausgelegte Bestimmung zu berufen, um diese Rechtsverhältnisse in Frage zu stellen, hat der Gerichtshof die Vornahme einer solchen Beschränkung von der Prüfung des Vorliegens zweier grundlegender Kriterien abhängig gemacht, nämlich des guten Glaubens der Betroffenen und des erheblichen finanziellen Risikos […].“*[38]

III. Nein zum Nein!

Verneinende Aussagen sind komplizierter als bejahende. Der Leser muss immer das Gegenteil mitdenken. Daher lassen sich Verneinungen, das zeigt die Erfahrung, regelmäßig schwieriger erfassen als Bejahungen.[39] Es heißt, der Durchschnittsleser brauche 48 Prozent länger, um eine Verneinung zu verstehen.[40] Außerdem fallen Verneinungen oft fehlerhaft aus. Die Bedeutung eines „nicht“ ist nämlich oft **mehrdeutig**. Deshalb hat das OVG NRW ein Bürgerbegehren mit der Frage „Soll sich die Stadt M. nicht an einer Gesellschaft beteiligen, die Aktien der F. AG von der F1. AG übernimmt?“ verworfen.[41] Die Frage kann nämlich entweder als Ablehnung der Beteiligung verstanden werden („Ja, sie soll sich nicht beteiligen“) oder – gegenteilig – als Aufforderung zur Beteiligung (wie in „Sollen wir nicht noch ins Kino gehen?“, „Ja, sollen wir“).[42] Eindeutig wäre dagegen die positive Formulierung gewesen: „Soll sich die Stadt beteiligen …?“. Doppelte und dreifache (vgl. § 118 BGB) Verneinungen verschärfen das Problem.[43] 16

Verneinungen lassen sich freilich nur teilweise vermeiden. Bisweilen können Sie **sinngleich positiv formulieren**. So lassen sich verneinte bisweilen durch (formal) positive Wörter ersetzen (nicht äußern → schweigen; etwas nicht tun → unterlassen; nicht verfassungsmäßig → verfassungswidrig; nicht ohne Zustimmung → mit Zustimmung; auf jeden Fall nicht → auf keinen Fall). Allerdings lässt sich nicht jede Verneinung vermeiden. So kommt manchen Verneinungen juristische Bedeutung zu. Das ist bei Beweislastregeln der Fall, wie Sie sie aus dem Zivilrecht kennen (vgl. § 280 Abs. 1 S. 2, § 311a Abs. 2 S. 2 BGB). Die negative Formulierung weist die Beweislast dem Schädiger zu.[44] Im Fall einer positiven Formulierung hätte der Geschädigte das Vertretenmüssen des Schädigers zu behaupten und ggf. zu beweisen. 17

38 EuGH, Urt. v. 13.12.2001, Georg und Helga Heininger/Bayerische Hypo- und Vereinsbank AG, C-481/99, EU:C:2001:684, Rn. 52.
39 *Walter*, Jura 2006, S. 344 (345).
40 *W. Schneider*, Deutsch für Kenner, S. 144 m.w.N.
41 OVG NRW, KommJur 2014, S. 60 (61 f.).
42 OVG NRW, KommJur 2014, S. 60 (61 f.); ein ähnliches Beispiel bietet *Ebert*, KommJur 2008, S. 170 ff.
43 Vgl. *Walter*, JR 2007, S. 61 (62); *ders.*, Kleine Stilkunde für Juristen, S. 269 ff.
44 *Brox/Walker*, Allgemeines Schuldrecht, 42. Aufl. 2018, S. 247; vgl. aber auch *Kohler*, JZ 2018, S. 88 f. (zu § 133 Abs. 3 S. 2 InsO).

IV. Fremdwörter und Fachausdrücke

18 Weil Sie Ihrem Leser das Verständnis so weit wie möglich erleichtern wollen, verwenden Sie den deutschen Ausdruck anstelle eines Fremdworts, wenn das ohne Bedeutungsverlust möglich ist.[45] Das Fremdwort ist, je nach Vorkenntnissen Ihres Lesers, eine **verschlüsselte Botschaft**, deren Bedeutung er erst ermitteln muss.[46] Vermeiden Sie Fremdwörter also besser, ohne dass Sie deshalb in eine „Deutschtümelei"[47] verfallen müssten. Sie brauchen nicht jedes „kausal" durch „ursächlich" zu ersetzen, im Gegenteil: Juristische Fachbegriffe sollen und eingebürgerte Wendungen können Sie auch in Ihrer Hausarbeit verwenden.

V. Lob der Knappheit

19 In Sachtexten regiert das Gebot der Knappheit.[48] Für Hausarbeiten gilt die Regel, dass alles, was die Falllösung nicht voranbringt, überflüssig und damit falsch ist. Prüfen Sie Ihr Gutachten also, ob es Bestandteile enthält, die ohne Verlust gestrichen werden können. Einige Wendungen sind typischerweise entbehrlich. Hierzu gehören regelmäßig **Bekräftigungen** wie „selbstverständlich", „zweifellos", „unproblematisch", „natürlich", „fraglos", „sicher", „gewiss". Nicht selten häufen sich diese Ausdrücke dort, wo der Verfasser das Vertrauen in seine Argumente verliert.[49]

20 Vermeiden Sie **Leerformeln** wie „Natur der Sache" oder das „Wesen" zum Beispiel „der Gesetzesinitiative"[50], „des Berufsbeamtentums"[51] oder des „EG-Vertrags"[52],[53] wenn es sich nicht gerade um ein Tatbestandsmerkmal handelt (vgl. Art. 19 Abs. 3 GG). Letztlich verschleiern Wendungen dieser Art, dass eine Entscheidung nicht mehr aufgrund des auszulegenden Textes, sondern nach eigenen Wertungen getroffen wird.[54] Es ist Ihre Aufgabe, die hinter diesen Leerformeln stehenden Wertungen zu ermitteln und auf ihre Tragfähigkeit zu überprüfen.[55]

---

45 *Berg*, NJW 1957, S. 1791 (1791); *E. Schneider*, JZ 1955, S. 267 (269); ähnlich *Blasius*, NWVBl. 2007, S. 165 (170); *Schimmel*, Juristische Klausuren und Hausarbeiten richtig formulieren, Rn. 365.

46 *Walter*, Jura 2006, S. 344 (346).

47 So *Schimmel*, Juristische Klausuren und Hausarbeiten richtig formulieren, Rn. 366.

48 *Müller*, JuS 1996, L 49 (L 49); *Sanders*, Gutes Deutsch – Besseres Deutsch, S. 168; *Schnapp*, Jura 2003, S. 173 (177); *ders.*, Jura 2003, S. 602 ff.; *Walter*, Jura 2006, S. 344 (344 f.); *ders.*, JR 2007, S. 61 (63).

49 Vgl. *Sobota*, JZ 1992, S. 231 (235 ff.).

50 BVerfGE 1, 144 (153); 84, 304 (329); krit. *Hartmann*, Volksgesetzgebung und Grundrechte, 2005, S. 115 f.

51 BVerfG, NVwZ 2007, S. 568 (569); FG Rheinland-Pfalz, Urt. v. 15.11.2004 – 5 K 2120/03, BeckRS 2004, 26019081.

52 EuGH, Urt. v. 19.11.1991, Francovich und Bonifaci, C-6/90, EU:C:1991:428; EuGH, Urt. v. 5.3.1996, Brasserie du Pêcheur SA, C-46/93, EU:C:1996:79, Rn. 20; EuGH, Urt. v. 30. September 2003, Köbler, C-224/01, EU:C:2003:513, Rn. 33; insoweit krit. *Schoch*, in: FS Maurer, 2001, S. 759 (763) („Wesen" keine „juristisch ernst zu nehmende Begründung"); nachsichtiger *Hartmann*, Öffentliches Haftungsrecht, 2013, S. 223 f. m.w.N.

53 *Gast*, Juristische Rhetorik, Rn. 1183 ff.

54 *Hartmann*, Volksgesetzgebung und Grundrechte, 2005, S. 116; *Scheuerle*, AcP 163 (1964), S. 429 ff. („wunderwebende[s] Wesenswirrwar").

55 *Möllers*, Juristische Arbeitstechnik und wissenschaftliches Arbeiten, S. 75 f.

Bevorzugen Sie Formulierungen im **Aktiv**[56] („Der Bundestag beschließt die Gesetze"). Formulierungen im Passiv („Gesetze werden vom Bundestag beschlossen") sind unnötig lang und zerreißen bisweilen, was zusammengehört. Sie sollten sie nur verwenden, wenn Sie den Handelnden verschweigen möchten oder müssen. Den Handelnden zu verschweigen, ist gerechtfertigt, wenn es auf ihn nicht ankommt (sodass seine Benennung überflüssig und damit falsch wäre) oder er unbekannt ist. **21**

Füllwörter „blähen" Ihren Text auf.[57] Vermeiden lassen sich bisweilen Wörter wie „wohl", „freilich", „dabei", „dann", „sehr", „ziemlich", „eigentlich".[58] Die Personen des Falls stehen ohne Artikel. In dem Satz „Der A hat dem B mitgeteilt, dass die Versammlung aufgelöst sei" müssen die Artikel „der" und „dem" gestrichen werden, nur „die" bleibt. Abgegriffene Einleitungsfloskeln wie „Zu prüfen ist, ob ...", „Fraglich ist, ob ..." können ebenfalls oft entfallen.[59] **22**

Weil Sie einen Sachtext schreiben, müssen Sie sachlich bleiben. Sie vermeiden daher **Abwertungen** wie „abwegig", „haltlos", „irrig"[60], und werden Sie auch nicht sentimental: Das „Gerechtigkeitsgefühl"[61] ist kein Argument in der staatsrechtlichen Hausarbeit, schließlich entwickeln unterschiedliche Personen unterschiedliche Vorstellungen von Gerechtigkeit.[62] **23**

C. Sprache

I. Prüfungserheblichkeit

Ihre Hausarbeit muss sprachlich einwandfrei verfasst sein. **Gerichts- und Amtssprache** sind deutsch (§ 184 Satz 1 GVG, § 23 Abs. 1 VwVfG), die Sprache ist für Juristen Gegenstand und Mittel der Bemühungen (oben Rn. 2). Das OVG Münster[63] hat dementsprechend entschieden: Es gehört auch zur Rechtsanwendung, sich grammatikalisch korrekt, in verständlicher Sprache und in einem sachangemessenen Stil auszudrücken. Sprachliche Fehler sowie Fehler in der Rechtschreibung und Zeichensetzung begründen daher zugleich inhaltliche Mängel einer Prüfungsarbeit, die eine Abwertung rechtfertigen, auch auf „mangelhaft"[64].[65] **24**

56 Ausführlich *Schnapp,* Jura 2004, S. 526 ff.; *Walter*, Kleine Stilkunde für Juristen, S. 112 ff.

57 *Sanders,* Gutes Deutsch – Besseres Deutsch, S. 188; vgl. auch *Walter*, JR 2007, S. 61 (63).

58 Weitere Aufzählungen und gute Erläuterungen bei *Berg*, NJW 1957, S. 1468 (1469).

59 *Tettinger/Mann*, Einführung in die juristische Arbeitstechnik, S. 119.

60 *Schimmel*, Juristische Klausuren und Hausarbeiten richtig formulieren, Rn. 192 f.; *Tettinger/Mann*, Einführung in die juristische Arbeitstechnik, S. 119.

61 OVG Lüneburg, NJW 1974, S. 2149 (2149 f.) („Es ist sachlich gerechtfertigt *und verstößt nicht gegen das Gerechtigkeitsgefühl*, wenn [...]"; dort ohne Hervorhebung).

62 Vgl. *Schimmel*, Juristische Klausuren und Hausarbeiten richtig formulieren, Rn. 394.

63 OVG Münster, NVwZ 1995, S. 800 (803).

64 VGH Mannheim, NJW 1988, S. 2633 (2633 f.).

65 Vgl. BVerwGE 92, 132 (135 f.); OVG Münster, NVwZ 1995, S. 800 (803); *Möllers*, Juristische Arbeitstechnik und wissenschaftliches Arbeiten, S. 74; *Putzke*, Juristische Arbeiten erfolgreich schreiben, S. 25.

II. Konjunktiv

25 Besonders relevant für die Erstellung juristischer Gutachten ist der **Konjunktiv**. Sie brauchen ihn im juristischen Gutachten vor allem aus zwei Gründen: Sie möchten fremde Ansichten wiedergeben, ohne sich diese zu eigen zu machen (z.B. weil Sie sie anschließend wiederlegen wollen), oder Sie möchten in Ihrem Obersatz eine Rechtsauffassung zur Prüfung stellen, ohne das Ergebnis vorwegzunehmen (weil im juristischen Gutachten – im Gegensatz zum Urteil – das Ergebnis erst am Ende stehen darf). In den beiden Fällen sind es unterschiedliche Konjunktive, zu denen Sie greifen, und diese Konjunktive werden auch unterschiedlich gebildet.

1. Bildung des Konjunktivs

26 Die deutsche Sprache kennt für Verben drei **Aktionsformen**: Indikativ, Imperativ und Konjunktiv. Der Indikativ beschreibt die Wirklichkeit, er ist gewissermaßen der „Normalmodus" in allen Texten („Das Gesetz verstößt gegen die Verfassung. Es ist nichtig."). Der Imperativ befiehlt, er wird dementsprechend vor allem für Aufforderungen verwendet („Friss oder stirb!"). Der Konjunktiv tritt in zwei Unterformen auf: Konjunktiv I steht sowohl bei Wünschen, Bitten und Aufforderungen als auch in indirekter Rede („Der Bundespräsident hat mitgeteilt [Indikativ], er werde [Konjunktiv I] das Gesetz bis zur Entscheidung des Bundesverfassungsgerichts nicht ausfertigen"). Der Konjunktiv II dient vor allem dem Ausdruck der Vorstellung, von Unmöglichem (irrealis) und Möglichem (potentialis).

27 Der Konjunktiv I gründet auf dem Indikativ Präsens (Gegenwart), der Konjunktiv II auf dem Indikativ Präteritum (Vergangenheit), wie die folgende **Tabelle** zeigt:[66]

	Indikativ Präsens	Konjunktiv I	Indikativ Präteritum	Konjunktiv II
ich	komme	komme	kam	käme
du	kommst	kommest	kamst	kämest
er/sie/es	kommt	komme	kam	käme
wir	kommen	kommen	kamen	kämen
ihr	kommt	kommet	kamt	kämet
sie	kommen	kommen	kamen	kämen

2. Verwendung des Konjunktivs

a) Konjunktiv I: indirekte Rede

28 Die indirekte Rede ist das Gegenteil zur direkten (wörtlichen) Rede und spielt im juristischen Gutachten eine große Rolle bei der **Darstellung von Argumenten und Meinungen**. Die direkte Rede ändert den Wortlaut der Originalaussage nicht, sondern gibt die Aussage wortwörtlich wieder. Die Aussage steht in Anführungszeichen, der Autor wird benannt.

66 Angelehnt an *Hoffmann*, Deutsch fürs Jurastudium, S. 15.

Beispiel: *Nietzsche hat formuliert: „Den Stil verbessern – das heißt den Gedanken verbessern [...].“*[67]

Die indirekte Rede zitiert die Aussage nicht wörtlich, sondern eben indirekt, ohne deren Sinn zu verändern:

Beispiel: *Nietzsche hat formuliert, den Stil zu verbessern* heiße [Konjunktiv I], *den Gedanken zu verbessern.*

Die **Grundregel** für die indirekte Rede lautet: Die indirekte Rede steht im Konjunktiv I. **29** Allerdings stellt uns diese Regel vor ein Problem. Wenn Sie einen Blick zurück in die Tabelle aus Rn. 27 werfen, werden Sie merken, dass die Formen des Konjunktiv I bei den Personen „ich“, „wir“ und „sie“ (Mehrzahl) mit dem Indikativ identisch sein können. Die Form des Konjunktiv I ist also nicht immer eindeutig, sondern lässt bisweilen offen, ob der Satz im Indikativ oder im Konjunktiv I steht. In diesen Fällen steht daher Konjunktiv II.[68] Mit dieser Modifikation lautet die Grundregel also: Die indirekte Rede steht im Konjunktiv I, wenn die Form eindeutig ist. Ist der Konjunktiv I mit dem Indikativ identisch, steht stattdessen Konjunktiv II.

Hierzu ein Beispiel. Der Konjunktiv I von „er kommt“ lautet „er komme“ und ist ein- **30** deutig, die indirekte Rede steht dann im Konjunktiv I. Der Konjunktiv I von „sie kommen“ lautet ebenfalls „sie kommen“ und ist daher **mehrdeutig**. In der indirekten Rede steht dann der Konjunktiv II: „sie kämen“.

Eine weitere **Besonderheit** liegt dann vor, wenn der Ausgangstext, den Sie wiedergeben **31** möchten, bereits im Konjunktiv II formuliert ist. Die indirekte Rede steht dann ebenfalls im Konjunktiv II.[69] Die Grundregel muss daher erneut erweitert werden: Die indirekte Rede steht im Konjunktiv I, wenn die Form eindeutig ist. Ist der Konjunktiv I mit dem Indikativ identisch, steht stattdessen Konjunktiv II. Steht bereits die Ausgangsaussage im Konjunktiv II, steht auch die indirekte Rede im Konjunktiv II.

Diejenigen unter Ihnen, die den Umgang mit dem Konjunktiv bereits beherrschen, kön- **32** nen nun folgendes einwenden: Wir haben für die Verwendung des Konjunktivs I Eindeutigkeit verlangt, aber auch die Formen des Konjunktivs II sind nicht immer eindeutig. Der Indikativ Präteritum der 3. Person Plural „sie gehörten“ lautet im Konjunktiv II ebenfalls „sie gehörten“.[70] Es gibt zwei Lösungen, um mit diesem Problem umzugehen. Sie können die nicht eindeutige Form des Konjunktivs II beibehalten, da sich aus dem Zusammenhang ergibt, dass die Aussage als indirekte Rede gemeint ist.[71] Oder Sie weichen auf die **„würde“-Konstruktion** aus. Diese Umschreibung wird aus dem Wort „würde“ und dem Infinitiv gebildet: Aus „sie gehörten“ im Konjunktiv II wird dann „sie

67 Colli/Montinari (Hrsg.), Nietzsche, Sämtliche Werke, Band 2: Menschliches, Allzumenschliches I und II, 3. Aufl. 2009, S. 610.
68 *Schnapp*, Jura 2002, S. 33 (34).
69 *Hoffmann*, Deutsch fürs Jurastudium, S. 16 f.
70 Beispiel nach *Hoffmann*, Deutsch fürs Jurastudium, S. 16.
71 *Hoffmann*, Deutsch fürs Jurastudium, S. 17.

würden gehören" (ebenfalls Konjunktiv II). Die „würde"-Konstruktion können Sie außerdem verwenden, wenn Ihnen die Form des Konjunktivs II veraltet erscheint,[72] so zum Beispiel bei „ich schwamm", das im Konjunktiv II „ich schwämme/schwömme" lautet und in „ich würde schwimmen" umformuliert werden darf.

b) Konjunktiv II: Obersätze

33 Weil der Konjunktiv II die Möglichkeit ausdrückt (oben Rn. 26), steht er oft in Obersätzen juristischer Gutachten:[73] „Die Auflösung der Versammlung könnte das Grundrecht aus Art. 8 Abs. 1 GG verletzen". Diese Formulierung **lässt offen**, ob das Grundrecht wirklich verletzt ist. Die Frage muss auch offen bleiben, weil Sie die Antwort im Gutachten – anders als im Urteil – erst am Ende Ihrer Ausführungen geben dürfen. Der Indikativ vermag ein Ergebnis ebenfalls offen zu lassen, er muss dazu nur die Voraussetzungen benennen: „Die Auflösung der Versammlung verletzt Art. 8 Abs. 1 GG, wenn sie in den Schutzbereich des Grundrechts eingreift, ohne dass dieser Eingriff gerechtfertigt ist." Diese Art der Formulierung, ganz ohne Konjunktiv, ist genauso guter Gutachtenstil.

34 Die **Kombination** dagegen ist **unmöglich**. Der Satz „Die Auflösung der Versammlung könnte das Grundrecht aus Art. 8 Abs. 1 GG verletzen, wenn sie in den Schutzbereich des Grundrechts eingreift, ohne dass dieser Eingriff gerechtfertigt ist", misslingt: Wenn die genannten Voraussetzungen vorliegen, dann besteht nicht nur die Möglichkeit, sondern dann ist das Grundrecht wirklich verletzt.[74] Teilen Sie den Satz besser nach folgendem Muster auf: „Die Auflösung der Versammlung könnte das Grundrecht aus Art. 8 Abs. 1 GG verletzen. Das ist der Fall, wenn sie in den Schutzbereich des Grundrechts eingreift, ohne dass dieser Eingriff gerechtfertigt ist."

III. Präpositionen

35 Die Präposition ist ein Verhältniswort: Sie gibt an, in welchem Verhältnis Personen, Dinge oder Vorgänge zueinander stehen.[75] Die Präposition hat also eine ordnende Funktion und ist dementsprechend für eine geordnete und verständliche Gedankenführung besonders bedeutend.[76] Das **Verhältnis**, das die Präposition beschreibt, kann lokal (z.B. hinter), temporal (z.B. seit), kausal (z.B. aufgrund) oder modal (z.B. mit) sein. Die Präposition ist der Wortgruppe, deren Verhältnis sie beschreibt, (regelmäßig) vorangestellt (Der Bundeskanzler ist *auf* dem Weg *in* den Bundestag), daher der Name.[77]

---

72 *Hoffmann*, Deutsch fürs Jurastudium, S. 17; vgl. auch *Schnapp*, Jura 2002, S. 33 (34).

73 *Franck*, JuS 2004, S. 174 ff.; *Hildebrand*, Juristischer Gutachtenstil, S. 15 ff.; *Wieduwilt*, JuS 2010, S. 288 (290) m.w.N.; dagegen *Wolf*, JuS 1996, S. 30 (32 f.); kritisch ebenfalls *Schnapp*, Jura 2002, S. 32 (33).

74 Vgl. *Schnapp*, Jura 2002, S. 32 (33).

75 Latein: *praepositio* = „Voranstellung".

76 *Schnapp*, Stilfibel für Juristen, S. 104; siehe beispielsweise zur Bedeutung der Präpositionen „durch", „bei" und „für" im Rahmen der Auslegung BGH, ZfBR 2012, S. 600 (602); FG Hamburg, Urt. v. 11.9.2013 – 4 K 133/12, juris, Rn. 28.

77 *Hoffmann*, Deutsch fürs Jurastudium, S. 52 f.; siehe soeben in Fn. 76.

Präpositionen werden oft **mit dem falschen Kasus** verwendet. Sämtliche Präpositionen ziehen grundsätzlich einen bestimmten Fall nach sich, man sagt: sie „regieren" den Kasus. Die folgende Tabelle zeigt, mit welchen Fällen die aufgeführten Präpositionen regelmäßig stehen. 36

Genitiv	Dativ	Akkusativ
angesichts	aus	bis
infolge	außer	durch
seitens	bei	für
statt	entgegen	gegen
trotz	entsprechend	ohne
ungeachtet	gegenüber	um
während	gemäß	wider

Nur ausnahmsweise stehen Präpositionen mit mehreren Fällen.[78] Das geschieht, um verschiedene Bedeutungen abzubilden (auf dem Tisch liegen, auf den Tisch legen). Dagegen verwendet die Umgangssprache manche Präpositionen häufig **falsch mit dem Dativ**. Paradebeispiel ist die Präposition „wegen". Sie zieht ausschließlich den Genitiv nach sich, richtig ist daher allein: „Einschränkungen von Versammlungen *wegen des Inhalts* der mit ihnen verbundenen Äußerungen [...]"[79]. 37

Oft werden **Präpositionen selbst ungenau** oder falsch verwendet.[80] Das ist der Fall, wenn eine Präposition ausgewählt wird, die etwas anderes bedeutet als gemeint ist.[81] So verdrängt die Präposition „durch" oft die richtige Präposition „von" und bedeutet „infolge" nicht dasselbe wie „wegen".

Benennt eine passive Formulierung den Handelnden, geschieht das in der Regel durch die Präpositionen **„von" oder „durch"**.[82] Dabei wird eine Person mit der Präposition „von" angeschlossen, wenn es sich um den Urheber oder Träger des Geschehens handelt. Dagegen ist es Kennzeichen der Präposition „durch", dass sie einen Handelnden benennt, der im Auftrag eines anderen agiert, also nur Vermittler eines Geschehens ist. Der Unterschied ist besonders klar zu erkennen, wenn beide Präpositionen im selben Satz auftreten. In der Präambel der Bundesverfassung hieß es ursprünglich, dass das Grundgesetz „*durch* die Volksvertretung *von* mehr als Zweidritteln der beteiligten deutschen Länder"[83] angenommen worden ist. Die Präpositionen bringen zum Ausdruck, dass die Volksvertretungen als Vermittler für den eigentlichen Träger des Geschehens, die Länder, gehandelt haben. Im geltenden Staatsrecht ist Art. 20 Abs. 2 Satz 2 GG entsprechend formuliert: Die Staatsgewalt wird „von" dem Volk „durch besondere Or-

78 Eine Übersicht finden Sie bei *Heringer*, Deutsche Grammatik, 2013, S. 99 ff.; *Rug/Tomaszewski*, Grammatik mit Sinn und Verstand, 2009, S. 119 f.

79 BVerfGE 111, 147 (158) (dort ohne Hervorhebung).

80 Ausführlich hierzu *Schnapp*, Stilfibel für Juristen, S. 104 ff.

81 *Schnapp*, Jura 2002, S. 312 (314).

82 *Magdalena Lenz*, Grammatik und Stil: Das Passiv als stilistisches Mittel im Vergleich zu konkurrierenden grammatischen Konstruktionen, Berlin 2006, S. 193; dies und das Folgende bereits bei *Hartmann*, Volksgesetzgebung und Grundrechte, 2005, S. 93 f.

83 BGBl. I Nr. 1 v. 23.5.1949, S. 1 (dort ohne Hervorhebung).

gane" ausgeübt. Die Präpositionen bringen zum Ausdruck, dass das Volk der eigentliche Urheber und Träger ist und die besonderen Organe der Gesetzgebung, der vollziehenden Gewalt und der Rechtsprechung das Geschehen nur vermitteln.

38 Die Präpositionen **„wegen" und „infolge"** bedeuten verschiedenes. „Wegen" beschreibt die (kausale) Verknüpfung von Ursache und Wirkung („Niemand darf wegen seiner Behinderung benachteiligt werden", Art. 3 Abs. 3 Satz 2 GG). „Infolge" dagegen stellt vor allem auf die Abfolge und damit auf einen zeitlichen Aspekt ab: Die Präposition verweist auf einen zurückliegenden Grund und benennt dessen Folge. Sie kann sich – anders als „wegen" – nur auf ein Geschehen, nicht aber auf Personen oder Sachen beziehen.[84] So formuliert Art. 106b S. 1 GG: „Den Ländern steht ab dem 1. Juli 2009 infolge der Übertragung der Kraftfahrzeugsteuer auf den Bund ein Betrag aus dem Steueraufkommen des Bundes zu." Zunächst wurde also die Kraftfahrzeugsteuer übertragen, erst danach (und seitdem und deshalb) erhalten die Länder den Betrag aus dem Steueraufkommen des Bundes. Weil „wegen" die zeitliche Reihenfolge offen lässt, verbietet Art. 3 Abs. 3 Satz 2 GG auch solche Benachteiligungen wegen der Behinderung, die der Staat vor dem Eintritt der Behinderung verfügt. Die Formulierung „Niemand darf *infolge* seiner Behinderung benachteiligt werden" erfasste dagegen nur Benachteiligungen, die als Folge und damit notwendig nach der Behinderung eintreten.

D. Zusammenfassung

39 Sie verbessern die Lesbarkeit Ihrer Hausarbeit, wenn Sie die übertriebene Häufung von Substantiven (Nominalstil) und lange, verschachtelte Sätze vermeiden. Formulieren Sie lieber viele kurze Sätze, gerne mit Nebensätzen nur der ersten Ordnung. Verwenden Sie Hauptsätze für die Hauptsachen und Nebensätze für Nebensächliches. Vermeiden Sie Verneinungen, und seien Sie sparsam mit Fremdwörtern. Streichen Sie Bekräftigungen wie „selbstverständlich", Leerformeln wie „Natur" oder „Wesen" der Sache. Verzichten Sie auf Füllwörter, abgegriffene Einleitungsfloskeln und unsachliche Abwertungen. Schreiben Sie im Aktiv. Achten Sie auf korrekte Grammatik, Zeichensetzung und Rechtschreibung. Verwenden Sie den Konjunktiv I in indirekter Rede und den Konjunktiv II in Obersätzen. Denken Sie an die richtige Verwendung der Präpositionen. Ihr Prüfer wird es Ihnen danken!

Übungen zu Sprache und Stil: Unterstreichen Sie in den beiden folgenden Ausschnitten aus Gutachten alle sprachlichen und stilistischen Schwächen, die Ihnen auffallen.

1. *Nach Art. 76 I GG werden Gesetzesvorlagen im Grunde durch die Bundesregierung, aus der Mitte des Bundestages oder durch den Bundestag eingebracht. Die Aufzählung gem. Art. 76 I GG ist abschließend. Da der Vermittlungsausschuss eindeutig nicht zum Kreis der Initiativberechtigten zählt, sind die Möglichkeiten des Vermittlungsausschusses, Ergänzungen und Erweiterungen zu einem Gesetzesbeschluss vorzuschlagen, eben gerade dadurch, dass er nicht zum Kreis der Berechtigten gehört, absolut begrenzt. Der*

84 *Wahrig*, Wörterbuch der deutschen Sprache, 5. Aufl., München 2012, Stichwort: „infolge".

Vermittlungsausschuss hat hier jedoch einen weitreichenden Einigungsvorschlag unterbreitet: Maßnahmen zu Gegenfinanzierungen waren weder in dem vom Bundestag beschlossenen Gesetzesbeschluss enthalten noch wurden solche im Gesetzgebungsverfahren überhaupt diskutiert. Der Ausschuss könnte somit seine verfassungsrechtlichen Kompetenzgrenzen überschritten haben, wenn sein Einigungsvorschlag als Gesetzesvorschlag auszulegen wäre.

Zur Bestimmung der Kompetenzgrenzen ist es unabdingbar, sich die Funktion und Stellung des Vermittlungsausschusses, in dem durch Art. 38 I 2, 42 I 1, 77 ff. GG ausgestalteten Gesetzgebungsverfahren zu vergegenwärtigen, denn die Kompetenzverteilung im Verhältnis der Gesetzgebungsorgane zueinander sieht den Bundestag als entscheidenden Akteur im Gesetzgebungsverfahren: Beschlossen werden die Bundesgesetze gem. Art. 77 I 1 GG vom Bundestag. Der Bundesrat ist auf die „Mitwirkung" bei der Gesetzgebung beschränkt, Art. 50 GG; er kann durch Einspruch (Art. 77 III GG) oder Verweigerung der erforderlichen Zustimmung (Art. 77 IIa GG) Einfluss auf die Gesetzgebung nehmen. Der Vermittlungsausschuss seinerseits hat die Aufgabe, im Fall unterschiedlicher Auffassungen in Bundestag und Bundesrat zwischen den bisher diskutierten Regelungsalternativen zu vermitteln und auf dieser Grundlage einen Einigungsvorschlag zu erarbeiten, über den der Bundestag sodann erneut zu beschließen hat, Art. 77 II 5 GG, wobei der Vermittlungsausschuss als vermittelnde Einrichtung im Gesetzgebungsverfahren keine Entscheidungskompetenz hat, sondern nur einen den Kompromiss vorbereitenden, ihn aushandelnden und faktisch gestaltenden Auftrag, so dass der Ausschuss bei seiner Beschlussempfehlung demgemäß darauf zu achten hat, dass diese dem Bundestag auf Grund der dort geführten parlamentarischen Debatte zurechenbar bleibt, mit der Folge, dass der Vermittlungsvorschlag inhaltlich und formal an den durch den Bundestag vorgegebenen Rahmen gebunden ist und durch ihn beschränkt wird. Alles andere würde vorliegend zu einer Verlagerung des Zentrums der politischen Entscheidung in den Vermittlungsausschuss führen.

2. *Fraglich ist, ob der Bundespräsident ein materielles Prüfungsrecht hat. Wenn der Bundespräsident dem Wortlaut des Art. 82 I GG zufolge nur die nach den Vorschriften des Grundgesetzes zustande gekommenen Gesetze ausfertigen soll, können mit diesen Vorschriften sämtliche Vorschriften des Grundgesetzes gemeint sein, also auch solche, die inhaltliche Vorgaben für niederrangiges Recht treffen – dann wäre dem Bundespräsidenten durch das Grundgesetz ein materielles Prüfungsrecht eingeräumt –, oder lediglich solche, die das Gesetzgebungsverfahren regeln. Der Wortlaut des Art. 82 I GG ist somit nicht eindeutig.*

In systematischer Hinsicht kann ein Vergleich zu Art. 78 GG gezogen werden, da dieser ebenfalls die Formulierung vom Zustandekommen eines Gesetzes verwendet, aber ersichtlich nur prozedurale Regelungen meint. Dies legt den Schluss nahe, dass auch der Bundespräsident nur ein formales Prüfungsrecht hat. Jedoch ist dieser Schluss nicht zwingend, denn es ist anerkannt, dass identische Formulierungen in verschiedenen Regelungszusammenhängen unterschiedliches bedeuten können. Daher kann es sachlich gerechtfertigt sein und verstößt nicht gegen das Rechtsgefühl, wenn man einen unterschiedlichen Bedeutungsgehalt von Art. 78 und 82 I GG annimmt. Darüber hinaus wird Art. 56 GG, der den Amtseid regelt, herangezogen. Beim Amtseid schwört der Bundespräsident, dass er das Grundgesetz wahren werde. Würde er ein verfassungswidriges Gesetz ausfertigen, würde er gegen den Amtseid verstoßen. Dass dies nicht zutrifft, liegt auf der Hand, da eine solche Argumentation auf einem Zirkelschluss beruht: Wenn der Bundespräsident kein materielles Prüfungsrecht hat, dann verletzt er das Grundgesetz auch nicht durch Ausfertigung eines verfassungswidrigen Gesetzes. Da dem Bundespräsidenten die Wahrung des Grundgesetzes nur innerhalb seiner rechtlichen Befugnisse obliegt, ist eine Argumentation mit Art. 56 GG vollkommen abwegig, da es sich hierbei nicht um eine kompetenzbegründende, sondern um eine kompetenzausfüllende Vorschrift handelt.

Historisch wird ein Vergleich von Art. 82 I GG zu Art. 70 WRV gezogen. Art. 70 WRV enthielt ebenfalls die Formulierung der verfassungsgemäß zustande gekommenen Gesetze und gab dem Reichspräsidenten ein formelles und materielles Prüfungsrecht. Allerdings ist ein solcher Vergleich vollkommen unhaltbar, denn die Befugnisse des Bundespräsidenten sind gegenüber denen des Reichspräsidenten deutlich eingeschränkt worden, sodass es sich verbietet, die Befugnisse aus der WRV auf das GG zu übertragen.

E. Lösungsvorschläge zu den Übungsbeispielen

I. Nominalstil

40 Beispiel von Rn. 6: Abzuwägen sind die Interessen beider Parteien des Mietvertrags. Zu berücksichtigen ist das Interesse der Allgemeinheit daran, Wohnraum zu erhalten und zu verbessern.

II. Schachtelsätze

41 **1.** Beispiel von Rn. 15: Behauptet ein Kläger, durch eine im Internet abrufbare Veröffentlichung in seinen Persönlichkeitsrechten verletzt zu sein, können die deutschen Gerichte für diese Klage international zuständig sein. Dazu muss eine Voraussetzung erfüllt sein: Der beanstandete Inhalt muss objektiv einen deutlichen Bezug zum Inland aufweisen. Das ist der Fall, wenn im Inland eine Kollision bestimmter widerstreitender Interessen eingetreten ist oder eintreten kann. Dabei kommt es auf die Umstände des konkreten Falls an, insbesondere auf den Inhalt der konkreten Meldung, und auf das Interesse des Klägers, dass sein Persönlichkeitsrecht geachtet werde, und das Interesse des Beklagten, seinen Internetauftritt zu gestalten und Bericht zu erstatten.

42 **2.** Beispiel von Rn. 15: Betroffene können sich regelmäßig auf die Auslegung einer Bestimmung durch den Europäischen Gerichtshof berufen, um Rechtsverhältnisse in Frage zu stellen. Ausnahmsweise kann sich der Gerichtshof jedoch dazu veranlasst sehen, diese Möglichkeit zu beschränken. Grundlage hierfür ist nach ständiger Rechtsprechung des Gerichtshofs der Grundsatz der Rechtssicherheit. Dieser Grundsatz wohnt dem Gemeinschaftsrecht inne. Danach ist für gutgläubig begründete Rechtsverhältnisse Rücksicht auf schwerwiegende Störungen zu nehmen, zu denen ein Urteil des Gerichtshofs für die Vergangenheit führen kann. Voraussetzung dafür ist, dass zwei Kriterien gegeben sind: der gute Glaube der Betroffenen und ein erhebliches finanzielles Risiko.

III. Sprache und Stil

1. Beispiel von Rn. 39: Nach Art. 76 I GG werden Gesetzesvorlagen *im Grunde (Füllwort)* durch die Bundesregierung, aus der Mitte des Bundestages oder durch den Bundestag eingebracht. Die Aufzählung *gem. Art. 76 I GG (redundant, da im Vorsatz bereits der Bezug zu Art. 76 GG hergestellt wurde)* ist abschließend. Da der Vermittlungsausschuss *eindeutig (Bekräftigung)* nicht zum Kreis der Initiativberechtigten zählt, sind die Möglichkeiten des Vermittlungsausschusses, Ergänzungen und Erweiterungen zu einem Gesetzesbeschluss vorzuschlagen, *eben gerade dadurch, dass er nicht zum Kreis der Berechtigten gehört (redundant), absolut (Bekräftigung)* begrenzt. Der Vermittlungsausschuss hat *hier jedoch (Füllwörter)* einen weitreichenden Einigungsvorschlag unterbreitet: Maßnahmen zu Gegenfinanzierungen waren weder in dem vom Bundestag beschlossenen Gesetzesbeschluss enthalten noch wurden solche im Gesetzgebungsverfahren überhaupt diskutiert. *Der Ausschuss könnte somit seine verfassungsrechtlichen Kompetenzgrenzen überschritten haben, wenn sein Einigungsvorschlag als Gesetzesvorschlag auszulegen wäre (falscher Konjunktiv II: Wenn die Bedingung erfüllt ist, tritt die Rechtsfolge ein → Indikativ).* 43

Zur Bestimmung der Kompetenzgrenzen ist es *unabdingbar (Bekräftigung; Nebensache im Hauptsatz),* sich *die Funktion und Stellung des Vermittlungsausschusses, in dem durch Art. 38 I 2, 42 I 1, 77 ff. GG ausgestalteten Gesetzgebungsverfahren zu vergegenwärtigen, denn die Kompetenzverteilung im Verhältnis der Gesetzgebungsorgane zueinander sieht den Bundestag als entscheidenden Akteur im Gesetzgebungsverfahren (Schachtelsatz): Beschlossen werden die Bundesgesetze gem. Art. 77 I 1 GG vom Bundestag (unnötiges Passiv).* Der Bundesrat ist auf die „Mitwirkung“ bei der Gesetzgebung beschränkt, Art. 50 GG; er kann durch Einspruch (Art. 77 III GG) oder Verweigerung der erforderlichen Zustimmung (Art. 77 IIa GG) Einfluss auf die Gesetzgebung nehmen. *Der Vermittlungsausschuss seinerseits hat die Aufgabe, im Fall unterschiedlicher Auffassungen in Bundestag und Bundesrat zwischen den bisher diskutierten Regelungsalternativen zu vermitteln und auf dieser Grundlage einen Einigungsvorschlag zu erarbeiten, über den der Bundestag sodann erneut zu beschließen hat, Art. 77 II 5 GG, wobei der Vermittlungsausschuss als vermittelnde Einrichtung im Gesetzgebungsverfahren keine Entscheidungskompetenz hat, sondern nur einen den Kompromiss vorbereitenden, ihn aushandelnden und faktisch gestaltenden Auftrag, so dass der Ausschuss bei seiner Beschlussempfehlung demgemäß darauf zu achten hat, dass diese dem Bundestag auf Grund der dort geführten parlamentarischen Debatte zurechenbar bleibt, mit der Folge, dass der Vermittlungsvorschlag inhaltlich und formal an den durch den Bundestag vorgegebenen Rahmen gebunden ist und durch ihn beschränkt wird (Schachtelsatz).* Alles andere würde *vorliegend (Füllwort)* zu einer Verlagerung des Zentrums der politischen Entscheidung in den Vermittlungsausschuss führen. 44

2. Beispiel von Rn. 39: *Fraglich ist (stereotype Einleitungsfloskel, die Sie nur maßvoll einsetzen sollten),* ob der Bundespräsident ein materielles Prüfungsrecht hat. *Wenn der Bundespräsident dem Wortlaut des Art. 82 I GG zufolge nur die nach den Vorschriften des Grundgesetzes zustande gekommenen Gesetze ausfertigen soll, können mit diesen Vorschriften sämtliche Vorschriften des Grundgesetzes gemeint sein, also auch solche, die inhaltliche Vorgaben für niederrangiges Recht treffen – dann wäre dem Bundesprä-* 45 *sidenten durch das Grundgesetz ein materielles Prüfungsrecht eingeräumt –, oder lediglich solche, die das Gesetzgebungsverfahren regeln (Schachtelsatz).* Der Wortlaut des Art. 82 I GG ist somit nicht eindeutig.

46 In systematischer Hinsicht kann ein Vergleich zu Art. 78 GG gezogen werden, da dieser ebenfalls die Formulierung vom Zustandekommen eines Gesetzes verwendet, aber ersichtlich nur prozedurale Regelungen meint. Dies legt den Schluss nahe, dass auch der Bundespräsident nur ein formales Prüfungsrecht hat. Jedoch ist dieser Schluss nicht zwingend, *denn es ist anerkannt (Füllsel: Dass das anerkannt ist, ergibt sich aus den Fußnotennachweisen)*, dass identische Formulierungen in verschiedenen Regelungszusammenhängen unterschiedliches bedeuten können. Daher kann es sachlich gerechtfertigt sein und *verstößt nicht gegen das Rechtsgefühl (Leerformel, da mangelnde Objektivität)*, wenn man einen unterschiedlichen Bedeutungsgehalt von Art. 78 und 82 I GG annimmt. Darüber hinaus wird Art. 56 GG, der den Amtseid regelt, herangezogen. Beim Amtseid schwört der Bundespräsident, dass er das Grundgesetz wahren werde. Würde er ein verfassungswidriges Gesetz ausfertigen, würde er gegen den Amtseid verstoßen. Dass dies nicht zutrifft, *liegt auf der Hand (Bekräftigung, was auf der Hand liegt, braucht nicht begründet werden)*, da eine solche Argumentation auf einem Zirkelschluss beruht. Wenn der Bundespräsident kein materielles Prüfungsrecht hat, *dann (Füllwort)* verletzt er das Grundgesetz auch nicht durch Ausfertigung eines verfassungswidrigen Gesetzes. Da dem Bundespräsidenten die Wahrung des Grundgesetzes nur innerhalb seiner rechtlichen Befugnisse obliegt, ist eine Argumentation mit Art. 56 GG *vollkommen (Bekräftigung) abwegig (überhebliche Formulierung)*, da es sich hierbei nicht um eine kompetenzbegründende, sondern um eine kompetenzausfüllende Vorschrift handelt.

47 Historisch wird ein Vergleich von Art. 82 I GG zu Art. 70 WRV gezogen. Art. 70 WRV enthielt ebenfalls die Formulierung der verfassungsgemäß zustande gekommenen Gesetze und gab dem Reichspräsidenten ein formelles und materielles Prüfungsrecht. Allerdings ist ein solcher Vergleich *vollkommen unhaltbar (überhebliche Formulierung)*, denn die Befugnisse des Bundespräsidenten sind gegenüber denen des Reichspräsidenten deutlich eingeschränkt worden, sodass es sich *verbietet (überhebliche Formulierung)*, die Befugnisse aus der WRV auf das GG zu übertragen.

Hausarbeit 1

Benutzungsverbot von Solarien

von Christoph Enders

Seit geraumer Zeit ist durch wissenschaftliche Untersuchungen nachgewiesen, dass infolge der Bestrahlung der menschlichen Haut mit nichtionisierenden Strahlen – wie etwa in Sonnenstudios – das Hautkrebsrisiko für die betroffenen Personen deutlich steigt. Um die Bevölkerung vor dieser Gefahr zu schützen, erlässt der Bundesgesetzgeber ein „Gesetz zum Schutz vor nichtionisierenden Strahlen" (NiSG). Das Gesetz regelt den Umgang mit Anlagen zur Erzeugung nichtionisierender Strahlen in der Medizin sowie im kosmetischen Bereich, wobei insbesondere Grenzwerte zulässiger Strahlung festgesetzt werden. Da das Risiko, im Erwachsenenalter an Hautkrebs zu erkranken, nach weithin geteilter Auffassung in der Wissenschaft steigt, wenn die sich noch entwickelnde Haut Jugendlicher ultravioletter Strahlung ausgesetzt wird, normiert das Gesetz in § 4 darüber hinaus auch ein „Nutzungsverbot für Minderjährige": 1

> *„Die Betreiber von Sonnenstudios und ähnlichen Anlagen zur künstlichen Bestrahlung der Haut dürfen Minderjährigen die Benutzung nicht gestatten."*

Betreiber, die gegen diese Norm verstoßen, handeln gemäß § 8 Abs. 1 Nr. 4 NiSG ordnungswidrig und können mit einem Bußgeld belegt werden. Das Gesetz soll am 1. November 2019 in Kraft treten.

Teil 1:

Die 16-jährige K nutzt regelmäßig – mit Einverständnis ihrer Eltern – Solarien und beabsichtigt, dies auch weiterhin zu tun. Sie erhebt daher form- und fristgerecht Verfassungsbeschwerde beim Bundesverfassungsgericht und trägt vor, dass § 4 NiSG ihre Grundrechte verletze. Es sei allein ihre Sache, welchen – ohnehin ungeklärten Gesundheitsrisiken – sie sich aussetze, zumal sie sich nunmehr eben im Garten sonnen oder ihre Eltern zum Kauf einer Sonnenbank überreden werde. Der Staat werde mit seiner besserwisserischen Haltung jedenfalls bei ihr keinen Erfolg haben.

Teil 2:

S ist Betreiber mehrerer Sonnenstudios. Etwa ein Viertel seiner Kunden ist zwischen 14 und 18 Jahren alt. Diesen gestattet er die entgeltliche Benutzung seiner Studios, wenn sie eine von den Eltern unterzeichnete Einverständniserklärung vorlegen. S ist der Auffassung, das neue Gesetz verletze ihn in seinen Grundrechten. In Anbetracht des guten Zuspruchs von noch minderjährigen Kunden, werde seine berufliche Betätigung durch die Regelung übermäßig beschnitten. Ab 1. November 2019 werde es zu Umsatzeinbußen kommen, und er werde einige seiner Mitarbeiter entlassen müssen. Hinzu komme, dass die minderjährigen Kunden von heute die Stammkunden von morgen seien. Sein

Kundenstamm sei aber Bestandteil seines Gewerbebetriebs und grundrechtlich als Eigentumsposition geschützt. Außerdem verstoße das Gesetz gegen den festen Grundsatz, dass der Staat seine Bürger nicht bevormunden dürfe. Obwohl er daher die Regelung insgesamt nicht für gerechtfertigt halte, verhalte er sich rechtstreu, zumal die Auseinandersetzung mit Bußgeldforderungen seinen Geschäftsbetrieb zusätzlich lähmen würde. Eben deshalb komme es ihm darauf an, die verfassungswidrige gesetzliche Verbotsregelung als solche zu Fall zu bringen.

S erhebt daher form- und fristgerecht Verfassungsbeschwerde zum Bundesverfassungsgericht, ohne sich zuvor an eine Behörde oder ein anderes Gericht zu wenden.

Aufgabe: Prüfen Sie die Erfolgsaussichten der beiden Verfassungsbeschwerden.

Hinweis zur Bearbeitung: Es ist auf alle im Sachverhalt aufgeworfenen Rechtsfragen (ggf. hilfsgutachtlich) einzugehen. Als Bearbeitungszeitpunkt ist jeweils der 18. Oktober 2019 anzunehmen.

Gliederung

Gutachten

Teil 1[1]

3 Die Verfassungsbeschwerde der K (Art. 93 Abs. 1 Nr. 4a GG; § 13 Nr. 8a BVerfGG) hat Erfolg, soweit sie zulässig und begründet ist.

1 Fall nach BVerfG NJW 2012, 1062.

A. Zulässigkeit

Die Verfassungsbeschwerde der K müsste zulässig sein. Die Zulässigkeit der Verfassungsbeschwerde richtet sich nach den Vorschriften der §§ 90 ff. BVerfGG i.V.m. Art. 93 Abs. 1 Nr. 4a GG. 4

I. Zuständigkeit des Bundesverfassungsgerichts

Das Bundesverfassungsgericht ist nach Art. 93 Abs. 1 Nr. 4a GG, § 13 Nr. 8a BVerfGG zuständig für die Entscheidung von Verfassungsbeschwerden. 5

II. Beschwerdefähigkeit

Die Beschwerdeführerin K müsste beschwerdefähig sein. Nach Art. 93 Abs. 1 Nr. 4a GG, § 90 Abs. 1 BVerfGG kann „jedermann" Verfassungsbeschwerde erheben. Da Rechtsschutzziel der Verfassungsbeschwerde die Feststellung und Beseitigung von Grundrechtsverletzungen ist, kommt es für die Beschwerdefähigkeit auf die Grundrechtsfähigkeit an. Grundrechtsfähig sind ohne weiteres jedenfalls natürliche Personen. K ist eine natürliche Person (vgl. § 1 BGB) und damit beschwerdefähig. 6

III. Prozessfähigkeit

Die Prozessfähigkeit ist im BVerfGG nicht ausdrücklich geregelt, bezeichnet jedoch die Fähigkeit, Prozesshandlungen selbst oder durch einen selbst bestimmten Bevollmächtigten vorzunehmen. Bei Minderjährigen richtet sich die Prozessfähigkeit im Verfassungsbeschwerdeverfahren danach, ob die Rechtsordnung ihnen im Ausgangsverfahren die Möglichkeit zu verfahrensrechtlich relevanten Handlungen einräumt[2] oder ob sie anderenfalls die nötige Einsichts- und Entscheidungsfähigkeit aufweisen, über das jeweilige Grundrechtsgut eigenverantwortlich (im Sinne autonomer Selbstbestimmung) zu verfügen. Wird der minderjährige Beschwerdeführer von der Rechtsordnung als fähig angesehen, in dem grundrechtlich geschützten Bereich eigenverantwortlich zu handeln oder ist ihm infolge seiner Einsichts- und Entscheidungsfähigkeit Grundrechtsreife, damit Grundrechtsmündigkeit zuzubilligen, so kann er auch diesbezügliche Prozesshandlungen selbst oder durch einen selbst bestimmten Bevollmächtigten vornehmen. Die „Grundrechtsreife", d.h. die Frage der Einsichts- und Entscheidungsfähigkeit wiederum hängt von der Ausgestaltung und Eigenart des jeweiligen Grundrechts sowie von den Wertungen der Rechtsordnung ab. 7

Die Einsichts- und Entscheidungsfähigkeit der K als Beschwerdeführerin kann daher nicht unabhängig vom spezifischen Gegenstand des Grundrechtsschutzes, hier der Gesundheit, beurteilt werden, über die eigenverantwortlich verfügen zu dürfen die K mit ihrer Verfassungsbeschwerde in Anspruch nimmt. Dabei kann zunächst dahinstehen, ob die Befugnis eines Jeden zur Verfügung über die eigene Gesundheit, die individuelle 8

2 BVerfGE 1, 87 (98).

„Freiheit zur Krankheit"[3], als Freiheit der persönlichen Entfaltung im Rahmen individueller Selbstbestimmung durch Art. 2 Abs. 1 GG geschützt ist[4] oder ob das Recht auf körperliche Unversehrtheit nach Art. 2 Abs. 2 Satz 1 GG auch die bewusste Inkaufnahme von Gesundheitsschäden und -risiken gewährleistet[5]. In jedem Fall geht es hier mit der selbstbestimmten Disposition über die Gesundheit um eine Entscheidung von weitreichender Bedeutung für die persönliche Entwicklung, für die es Jugendlichen an der nötigen Einsichts- und Entscheidungsfähigkeit, also Grundrechtsreife fehlen mag. Sofern aber gerade die ausreichende Einsichts- und Entscheidungsfähigkeit in der Sache öffentlich diskutiert und umstritten ist (Bevormundung durch den Staat?), spricht viel dafür, die Prozessfähigkeit im Streit über diese Rechtsfrage jedenfalls bei einer im übrigen selbstbestimmungsfähigen 16-jährigen Jugendlichen im Zweifel anzunehmen.[6] Die Entscheidung in der Sache ist der Begründetheitsprüfung vorbehalten.

IV. Beschwerdegegenstand

9 Gegenstand der Verfassungsbeschwerde können Akte öffentlicher Gewalt sein, Art. 93 Abs. 1 Nr. 4a GG, § 90 Abs. 1 BVerfGG. Im Unterschied zu Art. 19 Abs. 4 GG, der effektiven Rechtsschutz gegen Exekutivmaßnahmen gewährleistet, ist der Begriff hier mit Rücksicht auf die grundrechtsbezogene Schutzfunktion der Verfassungsbeschwerde weit zu verstehen (vgl. Art. 1 Abs. 3 GG) und schließt Akte aller drei staatlichen Gewalten ein. Bei § 4 NiSG handelt es sich um einen Legislativakt des deutschen Gesetzgebers und damit um einen möglichen Beschwerdegegenstand.

V. Beschwerdebefugnis

10 K müsste auch beschwerdebefugt sein. Nach Art. 93 Abs. 1 Nr. 4a GG, § 90 Abs. 1 BVerfGG verlangt die Beschwerdebefugnis die Geltendmachung einer Grundrechtsverletzung. Nach der zusätzlich durch das Bundesverfassungsgericht insbesondere für Gesetzesverfassungsbeschwerden aufgestellten Anforderung muss die K durch die angegriffene Maßnahme, hier das gesetzliche Verbot nach § 4 NiSG, minderjährige Personen zur entgeltlichen Nutzung von Sonnenstudios zuzulassen, auch selbst, gegenwärtig und unmittelbar betroffen sein.

---

3 BVerfGE 128, 282 (304); 142, 313 (Rn. 74).

4 BVerfG NJW 2012, 1062 rekurriert im Sonnenstudio-Fall auf die allgemeine Handlungsfreiheit. Nach BVerfGE 142, 313 (Rn. 74 f.) – Zwangsbehandlung von Betreuten, ist für die Einwilligung in eine indizierte medizinische (Zwangs-)Behandlung oder ihre Ablehnung wegen der vitalen Bedeutung der Entscheidung für den Einzelnen das allgemeine Persönlichkeitsrecht maßgeblich (Art. 2 Abs. 1 i.V.m. Art. 1 Abs. 1 GG).

5 BVerfGE 128, 282 (300); 133, 112 (Rn. 49) jeweils zur Zwangsbehandlung von Untergebrachten; vgl. auch BVerfG NJW 2018, 2619 (Rn. 74).

6 Eine verwandte Argumentation findet sich etwa in BVerfG NJW 2019, 1201 (LS 1: „Ein Wahlrechtsausschluss steht der Beschwerdefähigkeit im Wahlprüfungsverfahren gemäß § 48 Abs. 1 BVerfGG nicht entgegen, wenn dieser Ausschluss Gegenstand der Beschwerde ist").

1. Geltendmachung einer Grundrechtsverletzung

Zulässig ist die Verfassungsbeschwerde der K nur, wenn sie hinreichend substantiiert eine Grundrechtsverletzung geltend macht.[7] Das bedeutet, dass die Möglichkeit gegeben sein muss, dass die Beschwerdeführerin K durch die von ihr angegriffene Maßnahme in einem Grundrecht verletzt ist. Die K macht hier geltend, durch die Verbotsregelung des § 4 NiSG in ihrer grundrechtlichen Freiheit verletzt zu sein, da es allein ihre Sache sei, welchen, von ihr im konkreten Fall zudem bestrittenen Gesundheitsgefahren, sie sich aussetze. Es geht ihr also um die individuelle Befugnis, eigenverantwortlich und ohne staatliche Einmischung über (höchst-)persönliche Angelegenheiten zu disponieren. Dieses Recht auf eigenverantwortliche Verfügung über sich selbst wird, als Ausdruck der persönlichen Autonomie, im Grundsatz vom Grundrecht auf freie Entfaltung der Persönlichkeit gemäß Art. 2 Abs. 1 GG gewährleistet, das die allgemeine Handlungsfreiheit verbürgt.[8] Die hiermit geschützte Dispositionsbefugnis schließt die Entscheidung über den Lebenswandel, insbesondere auch die Inkaufnahme von Gesundheitsrisiken (durch Ausübung gefährlicher Sportarten, Konsum potentiell schädlicher Nahrungs- und Genussmittel etc.) bis hin zum bewussten Verzicht auf Diagnose und Therapie von Krankheitssymptomen ein.[9] Teils wird allerdings angenommen, dass das Recht auf Selbstbestimmung über die eigene Gesundheit mit dem Grundrecht auf Leben und körperliche Unversehrtheit als dessen negative Seite garantiert sei (Art. 2 Abs. 2 Satz 1 GG).[10] Das leuchtet jedoch allenfalls dann ein, wenn sich dieses Recht im Sinne einer bewussten Verweigerung hoheitlich angeordneter medizinischer Diagnose- und Behandlungsmaßnahmen unmittelbar gegen staatlichen Gesundheitszwang richtet. Hier geht es demgegenüber nicht um die Abwehr einer solchen Zwangsbehandlung, sondern tatsächlich nur um einen Eingriff in die individuelle Dispositionsbefugnis zur Verminderung von Gesundheitsrisiken, vor dem die allgemeine Handlungsfreiheit schützt. 11

2. Gegenwärtige und unmittelbare Selbstbetroffenheit

Darüber hinaus müsste K durch die gesetzliche Regelung selbst, gegenwärtig und unmittelbar beschwert sein, damit ein Eingriff in die allgemeine Handlungsfreiheit hinreichend plausibel erscheint. 12

Fraglich ist hier bereits, ob K durch die Verbotsregelung des § 4 NiSG „selbst" betroffen ist. Denn das Verbot richtet sich unmittelbar nur an die Betreiber von Anlagen zur künstlichen UV-Bestrahlung. Allein diese sind demgemäß im Falle eines Verstoßes auch Adressaten der Bußgeldsanktion. Es ist aber anerkannt, dass derart gezielte Eingriffe mit

---

7 *Schlaich/Korioth*, Bundesverfassungsgericht, Rn. 215 f.

8 BVerfGE 6, 32 (36) – Elfes; 148, 267 (Rn. 37) – Stadionverbot; *Lang*, in: Epping/Hillgruber, GG, Art. 2 Rn. 2. Im vorliegenden Kontext *Hillgruber*, Der Schutz des Menschen vor sich selbst, S. 121 ff.

9 BVerfG NJW 2012, 1062. Die Entscheidung, sich einer Zwangsbehandlung zu widersetzen, sieht BVerfGE 142, 313 (Rn. 74) allerdings im allgemeinen Persönlichkeitsrecht verbürgt, bereits oben in Fn. 4; im Anschluss hieran BVerwGE 158, 142 (Rn. 23 f.). Es liegt indessen nahe, den Schutz der Freiheitsausübung für Fälle des täglichen Lebens auf die allgemeine Handlungsfreiheit zu stützen. Aus der Differenzierung zwischen den beiden Gewährleistungen ergeben sich aber für die hier maßgeblichen Fragen des Prüfungsaufbaus keine Unterschiede, zumal auch das allgemeine Persönlichkeitsrecht nicht vorbehaltlos gewährleistet ist und umgekehrt die allgemeine Handlungsfreiheit nur verhältnismäßige Eingriffe zulässt.

10 BVerfGE 128, 282 (300); 129, 269 (280); 133, 112 (Rn. 49); 146, 294 (Rn. 26).

zwangsläufiger Verbotswirkung für Dritte als Eingriffe auch in die Grundrechte dieser Dritten gelten.[11] Der an die Anlagenbetreiber gerichtete Gesetzesbefehl des § 4 NiSG, Jugendliche nicht zuzulassen, betrifft mit seiner Verbotswirkung zwangsläufig als deren Kehrseite sämtliche potentiellen minderjährigen Nutzer und Nutzerinnen von Sonnenstudios, unter ihnen auch die K.[12] K ist damit durch die gesetzliche Verbotsregelung, obwohl nicht deren direkte Adressatin, selbst betroffen.

13 Des Weiteren ist das Gesetz im Zeitpunkt der Erhebung der Verfassungsbeschwerde noch nicht in Kraft getreten, entfaltet also gegenüber K aktuell noch keine Verbotswirkung. Es genügt aber für die erforderliche gegenwärtige Betroffenheit nicht, dass ein Beschwerdeführer irgendwann einmal in der Zukunft (virtuell oder potentiell) betroffen sein könnte.[13] Das Gesetz ist indessen bereits erlassen, d.h. ausgefertigt und verkündet. Das Inkrafttreten steht in weniger als einem Monat bevor und hängt nicht vom Eintritt weiterer Bedingungen ab. Es steht damit fest, dass und wie minderjährige Nutzer und Nutzerinnen von Sonnenstudios von der Regelung betroffen sein werden. Bereits jetzt sind die (belastenden) Rechtswirkungen gewiss, die von dem Gesetz mit seinem Inkrafttreten für K ausgehen werden. Insofern bedeutet das gesetzliche Verbot für K auch eine gegenwärtige Beschwer.[14]

14 Das Gesetz entfaltet schließlich seine Verbotswirkung gegenüber K, ohne dass es auf weitere Vollzugsakte ankäme, die dann erst – durch Eingriff in den Rechtskreis der K – das für die Beschwerdebefugnis erforderliche Rechtsschutzbedürfnis auslösen würden.[15] Die K ist vielmehr auch unmittelbar betroffen.[16] Die bloß hypothetische Möglichkeit, dass Betreiber von Sonnenstudios gesetzwidrig handeln und der K Zutritt gewähren könnten, ist nicht mit der Situation vergleichbar, dass ein Gesetz planmäßig auf Umsetzungsakte (etwa durch einen Verordnungs- oder Satzungsgeber) angelegt ist.[17] Das mit § 4 NiSG gegenüber den Betreibern von Solarien statuierte Verbot, Minderjährigen Zutritt zu gewähren, greift daher zugleich, ohne dass es eines weiteren Vollzugsaktes bedarf, in das Grundrecht der K ein.

3. Ergebnis

15 Da K hinreichend substantiiert dargelegt hat, durch die Verbotsregelung des § 4 NiSG in dem ihr zustehenden Grundrecht der allgemeinen Handlungsfreiheit verletzt zu sein, ist sie beschwerdebefugt.

---

11 Klassisch: Ladenschluss-Gesetz als Eingriff nicht nur in die Berufsfreiheit der Ladeninhaber, sondern auch in die allgemeine Handlungsfreiheit der Kunden und Kundinnen, BVerfGE 13, 230 (232 f.); ferner: BVerfG NJW 1999, 3399 – Organtransplantation; BVerfG NVwZ 2009, 1486 (Rn. 15) – Zollflugplatz. Insofern handelt es sich um einen Spezialfall einer hinreichend engen Beziehung zwischen der Grundrechtsposition des Beschwerdeführers und der angegriffenen Maßnahme, wie sie das BVerfG fordert, wenn die angegriffene Maßnahme an einen Dritten gerichtet ist, *Schlaich/Korioth*, Bundesverfassungsgericht, Rn. 232.

12 BVerfG NJW 2012, 1062 (Rn. 18).

13 *Pieroth*, in: Jarass/Pieroth, GG, Art. 93, Rn. 96; *Schlaich/Korioth*, Bundesverfassungsgericht, Rn. 234.

14 *Hillgruber/Goos*, Verfassungsprozessrecht, Rn. 146a; *Pieroth*, in: Jarass/Pieroth, Art. 93, Rn. 97; *Schlaich/Korioth*, Bundesverfassungsgericht, Rn. 235. Vgl. etwa BVerfGE 119, 181 (212 f.); 140, 42 (Rn. 59).

15 *Schlaich/Korioth*, Bundesverfassungsgericht, Rn. 238; vgl. BVerfGE 140, 42 (Rn. 61, 63).

16 *Pieroth*, in: Jarass/Pieroth, GG, Art. 93, Rn. 98.

17 *Bethge*, in: Maunz/Schmidt-Bleibtreu/Klein/Bethge, BVerfGG, § 90 Rn. 373a.

VI. Erschöpfung des Rechtswegs und Grundsatz der Subsidiarität

Nach § 90 Abs. 2 S. 1 BVerfGG, der auf der Ermächtigung des Art. 94 Abs. 2 S. 2 GG fußt, muss vor Erhebung einer Verfassungsbeschwerde der Rechtsweg erschöpft sein, sofern ein solcher besteht. Gegen das NiSG als formelles Gesetz (Parlamentsgesetz) ist jedoch ein Rechtsweg nicht eröffnet, der erschöpft werden könnte und müsste (vgl. § 93 Abs. 3 BVerfGG). Ungeachtet dessen muss K nach dem Grundsatz der Subsidiarität der Verfassungsbeschwerde allerdings auch alle weiteren ihr zumutbaren Möglichkeiten ergreifen, um gerichtlichen oder außergerichtlichen Rechtsschutz zu erlangen und so der von ihr geltend gemachten Beschwer abzuhelfen, bevor sie das Bundesverfassungsgericht mit der Angelegenheit befasst. **16**

Von vornherein scheidet dabei die Erwägung aus, mit einem Verstoß gegen § 4 NiSG einen Bußgeldbescheid zu provozieren, gegen den dann gerichtlich vorgegangen werden könnte. Denn als Besucherin des Sonnenstudios wäre K nicht Adressatin eines solchen Bescheids, der an den Betreiber gerichtet würde.[18] Stattdessen könnte K zunächst zivilgerichtlich auf Zulassung zu einem (bestimmten) Sonnenstudio nach einer Abweisung durch dessen Betreiber klagen. Diese Rechtsschutzmöglichkeit begründet indessen nur dann die Subsidiarität der Verfassungsbeschwerde unmittelbar gegen das Gesetz, wenn sie zu ergreifen der K zumutbar ist. Unzumutbar ist der Verweis auf eine Rechtsschutzmöglichkeit etwa dann, wenn ein Sachverhalt allein spezifisch verfassungsrechtliche Fragen aufwirft, zu deren Beantwortung gerade das Bundesverfassungsgericht berufen ist, so dass von einer vorhergehenden fachgerichtlichen Prüfung kein entscheidender Gewinn für die Aufbereitung der Entscheidungsgrundlagen zu erwarten ist. Auch wenn allfällige fachgerichtliche Rechtsschutzmöglichkeiten einen in zeitlicher und tatsächlicher Hinsicht nicht hinreichend effektiven Rechtsschutz bieten, ist der Verweis auf solche Rechtsschutzmöglichkeiten unzumutbar und die Verfassungsbeschwerde nicht subsidiär.[19] **17**

Ob und inwieweit auch Minderjährige in der individuellen Disposition über Gesundheitsrisiken grundrechtlich geschützt sind („Freiheit zur Krankheit"), stellt eine verfassungsrechtsspezifische Fragestellung dar. Insoweit ist eine weiterführende Klärung und Aufbereitung dieses spezifisch verfassungsrechtlichen Problems von einer vorherigen fachgerichtlichen Befassung nicht zu erwarten. Dies spricht dafür, dass es der K nicht zugemutet werden kann, zunächst Klage auf Zugang zu einem (bestimmten) Sonnenstudio zu erheben, um sich schließlich gegen das letztinstanzlich abweisende Urteil mit der Verfassungsbeschwerde zu wenden. Jedenfalls wäre aber eine solch potentielle Klärung auf dem Zivilrechtsweg nicht innerhalb angemessener Frist zu erreichen, da mit Sicherheit davon auszugehen ist, dass K bei Abschluss des letztinstanzlichen Verfahrens nicht mehr minderjährig wäre und das Gesetz sie dann nicht mehr beträfe. Sie will aber gerade klären lassen, ob Minderjährigen der Zugang fürsorglich verweigert werden darf. Mithin scheitert die Verfassungsbeschwerde der K nicht an ihrer Subsidiarität. **18**

---

18 Zu dieser Möglichkeit näher unten, Teil 2, A VI., b. Fn. 40.
19 BVerfGE 123, 148 (172 f.).

VII. Form und Frist

19 Die Beschwerde wurde laut Sachverhalt form- und fristgemäß nach § 23 Abs. 1 BVerfGG sowie § 93 Abs. 3 BVerfGG – es läuft eine Jahresfrist ab Inkrafttreten des Gesetzes – erhoben.

VIII. Ergebnis

20 Die Verfassungsbeschwerde ist zulässig.

B. Begründetheit

21 Die Verfassungsbeschwerde ist gem. Art. 93 Abs. 1 Nr. 4a GG begründet, wenn die gesetzliche Verbotsregelung des § 4 NiSG die K in ihren Grundrechten oder grundrechtsgleichen Rechten verletzt. Das ist der Fall, wenn der durch das Gesetz bewirkte Eingriff sich nicht im Rahmen der einschlägigen verfassungsrechtlichen Schrankenregelung hält. In Betracht kommt hier eine Verletzung des Grundrechts der allgemeinen Handlungsfreiheit aus Art. 2 Abs. 1 GG.

I. Verletzung des Grundrechts der allgemeinen Handlungsfreiheit, Art. 2 Abs. 1 GG

1. Schutzbereich

22 Der Schutzbereich des Grundrechts der allgemeinen Handlungsfreiheit müsste in persönlicher wie sachlicher Hinsicht eröffnet sein. Nach allgemeiner Auffassung schützt die Garantie der „freien Entfaltung der Persönlichkeit", nicht nur den engeren Persönlichkeitskern, sondern als Jedermannsrecht die allgemeine Handlungsfreiheit des Individuums, d.h. das Recht eines Jeden, nach Belieben tun und lassen zu dürfen, was nicht die Grenzen der verfassungsrechtlich vorgesehenen Schrankenregelung überschreitet, d.h. nicht die Rechte anderer verletzt und nicht gegen die verfassungsmäßige Ordnung oder das Sittengesetz verstößt.[20]

Damit sind auch Verhaltensweisen geschützt, die Risiken für die eigene Gesundheit oder das eigene Leben darstellen.[21] Folglich ist das Verhalten der K, sich ungeachtet möglicher Risikofaktoren künstlicher ultravioletter Strahlung auszusetzen, vom Schutzbereich der allgemeinen Handlungsfreiheit – unabhängig von der medizinischen Beurteilung der Gefährlichkeit – umfasst und dem Grunde nach geschützt.

2. Eingriff

23 Verletzt ist das von K geltend gemachte Grundrecht der allgemeinen Handlungsfreiheit nur, wenn das gesetzliche Verbot des § 4 NiSG ohne ausreichende verfassungsrechtliche

---

20 Vgl. BVerfGE 6, 32 (36 ff.) – Elfes; BVerfGE 47, 239 (248 f.) – Zwangsweiser Haarschnitt.
21 BVerfGE 90, 145 (171) – Drogenkonsum.

Rechtfertigung in dessen Schutzbereich eingreift. Ein Eingriff im klassischen Sinne ist jedes rechtsförmliche ge- oder verbietende (imperative) Handeln des Staates, das unmittelbar ziel- und zweckgerichtet das Verhalten des Befehlsadressaten regelt und dadurch seine grundrechtlich geschützte Freiheitssphäre beeinträchtigt.[22] Das Verbot des § 4 NiSG ist zwar allein an Betreiber von Sonnenstudios und ähnlicher Anlagen (gewissermaßen als „Zweckveranlasser"[23] der unerwünschten Nutzung) gerichtet, nicht dagegen an die potentiellen Nutzer solcher Anlagen. Jedoch tritt die Verbotswirkung zwangsläufig (als Kehrseite des an die Betreiber gerichteten gesetzlichen Verbots) auch beim Personenkreis minderjähriger potentieller Nutzer von Sonnenstudios ein. Denn den Betreibern wird gerade untersagt, diesen Personenkreis zuzulassen. Die Eingriffswirkung der gesetzlichen Regelung ist damit ohne weiteres zu bejahen.[24] Die Bestimmung des § 4 NiSG, die sich für Minderjährige als Totalverbot der Benutzung von Solarien und ähnlicher Einrichtungen auswirkt, greift in deren allgemeine Handlungsfreiheit ein.

3. Verfassungsrechtliche Rechtfertigung

Der Eingriff in die allgemeine Handlungsfreiheit durch § 4 NiSG bedarf der verfas- **24**
sungsrechtlichen Rechtfertigung. Der Eingriff ist verfassungsrechtlich gerechtfertigt, wenn die Bestimmung des § 4 NiSG sich im Rahmen der verfassungsrechtlichen Schrankenregelung des Art. 2 Abs. 1 GG hält, wenn also die grundrechtlich gewährleistete Freiheit eingeschränkt werden kann (Einschränkbarkeit) und auch die verfassungsrechtlichen Anforderungen an eine solche Einschränkung gewahrt sind (Schranken-Schranken).

a) Schrankenregelung (Einschränkbarkeit)

Nach Art. 2 Abs. 1 GG steht die Gewährleistung der allgemeinen Handlungsfreiheit un- **25**
ter dem Vorbehalt einer Beachtung der Rechte anderer, der verfassungsmäßigen Ordnung und des Sittengesetzes (Schrankentrias). Die Schranke der „verfassungsmäßigen Ordnung" bezeichnet dabei nicht Verfassungsnormen im engeren (Art. 18, 21 Abs. 2, 9 Abs. 2 GG) oder weiteren (Art. 20 Abs. 3 GG) Sinne. Zur verfassungsmäßigen Ordnung zählen vielmehr sämtliche formell und materiell mit der Verfassung vereinbaren Rechtsnormen. Rechtsnormen, die die allgemeine Handlungsfreiheit verfassungsgemäß beschränken, müssen also nicht nur kompetenzgemäß in den vorgesehenen Verfahren er-

---

22 *Sachs*, in: ders., GG, vor Art. 1 Rn. 78, 80; vgl. *Kingreen/Poscher*, Grundrechte, Rn. 292. Möglich und vertretbar, hier jedoch überflüssig erscheint es, den sogenannten modernen Eingriffsbegriff zu bemühen, nach dem jedes staatliche Handeln als Eingriff anzusehen ist, das dem Einzelnen ein Verhalten, das in den Schutzbereich eines Grundrechts fällt, ganz oder teilweise unmöglich macht, *Kingreen/Poscher*, Grundrechte, Rn. 294. Dann wäre allerdings weiter die Frage aufzuwerfen, ob diese moderne Formel im Zusammenhang mit der allgemeinen Handlungsfreiheit überhaupt Anwendung finden kann, *Kingreen/Poscher*, Grundrechte, Rn. 455; *Pietzcker*, Festschrift Bachof, S. 131.

23 Zu dieser Rechtsfigur des allgemeinen Polizei- und Ordnungsrechts etwa *Götz/Geis*, Allgemeines Polizei- und Ordnungsrecht, § 9 Rn. 18 ff.

24 S. bereits oben zur Selbstbetroffenheit im Rahmen der Beschwerdebefugnis, Teil 1, A V. 2. b. Fn. 11; BVerfGE 13, 230 (232 f.) - Ladenschlussgesetz; BVerfG NJW 1999, 3399 – Organtransplantation; BVerfG NVwZ 2009, 1486 (Rn. 15) – Zollflugplatz. Auf die eingriffsgleiche Wirkung („funktionales Eingriffsäquivalent") hebt ab – hier indessen nicht naheliegend, da es um die zwangsläufige Wirkung (Kehrseite) eines rechtsförmlichen Verbots geht – BVerfG NJW 2012, 1062 (Rn. 18); vgl. zu dieser Argumentationsfigur auch BVerfGE 148, 40 (Rn. 28).

lassen sein, sondern auch materiell-rechtlich Verfassungsprinzipien und insbesondere den Grundsatz der Verhältnismäßigkeit wahren.[25] Im Ergebnis steht damit die allgemeine Handlungsfreiheit unter einem einfachen Gesetzesvorbehalt, der hier durch die gesetzliche Regelung des § 4 NiSG ausgefüllt wird.

b) Verfassungsmäßigkeit des Schrankengesetzes

26 Die gesetzliche Eingriffsregelung des § 4 NiSG müsste ferner verfassungsrechtlich gerechtfertigt, d.h. formell und materiell verfassungsgemäß sein.

aa) Formelle Verfassungsmäßigkeit

27 Zu prüfen ist, ob dem Bundesgesetzgeber die Kompetenz zum Erlass des „Gesetzes zum Schutz vor nichtionisierenden Strahlen" (NiSG) zusteht. Nach dem Regel-Ausnahme-Prinzip des Grundgesetzes haben die Länder das Recht der Gesetzgebung, soweit nicht das Grundgesetz dem Bund Gesetzgebungsbefugnisse verleiht (Art. 70 Abs. 1 GG). Es kommt also darauf an, ob eine Gesetzgebungsmaterie durch ausdrückliche grundgesetzliche Regelung dem Bund zugewiesen ist. Die Regelungsgegenstände des NiSG gehören nicht zu den Materien der ausschließlichen Gesetzgebungskompetenz des Bundes nach Art. 73 GG. Jedoch kommen Gegenstände der konkurrierenden Gesetzgebungskompetenz nach Art. 74 GG in Betracht. In diesem Bereich der konkurrierenden Gesetzgebung haben die Länder nur die Befugnis zur Gesetzgebung, „solange und soweit der Bund von seiner Gesetzgebungszuständigkeit nicht durch Gesetz Gebrauch gemacht hat" (Art. 72 Abs. 1 GG). Ansonsten ist der Bund gesetzgebungsbefugt, gegebenenfalls unter den weiteren Voraussetzungen des Art. 72 Abs. 2 GG. Dabei können verschiedene Regelungen eines Gesetzeswerks auf unterschiedliche Kompetenztitel gestützt werden.[26] Während für die Festsetzung von Grenzwerten zulässiger Strahlung im Bereich der Medizin an „Maßnahmen gegen gemeingefährliche ... Krankheiten" zu denken ist, zu deren Regelung dem Bund die konkurrierende Gesetzgebungskompetenz nach Art. 74 Abs. 1 Nr. 19 GG zusteht, im Übrigen, soweit das Gesetz eine gewerbliche Betätigung regelt, an Art. 74 Abs. 1 Nr. 11 GG (Recht der Wirtschaft)[27], verfolgt das Verbot des § 4 NiSG den speziellen Zweck des Schutzes Jugendlicher. Insofern ergibt sich möglicherweise eine konkurrierende Gesetzgebungskompetenz des Bundes aus Art. 74 Abs. 1 Nr. 7 GG (öffentliche Fürsorge).

28 Der Begriff der öffentlichen Fürsorge (Art. 74 Abs. 1 Nr. 7 GG) ist weit zu verstehen und meint nicht nur die Unterstützung Hilfebedürftiger, sondern darüber hinaus allgemein vorbeugende Maßnahmen zur Förderung des geistigen, körperlichen, sittlichen Wohls der Jugend und insbesondere den Jugendschutz.[28] Auch der (fürsorgliche) Schutz vor Gefährdungen der Gesundheit, hier durch ionisierende Strahlung, ist also von dieser Kompetenzbestimmung umfasst. Für die Gesetzgebungsbefugnis nach Art. 74 Abs. 1

25 BVerfGE 6, 32 (37 f.). *Kingreen/Poscher*, Grundrechte, Rn. 460.

26 *Degenhart*, Staatsrecht I, Rn. 177, 180; *ders.*, in: Sachs, GG, Art. 70 Rn. 58; *Pieroth*, in: Jarass/Pieroth, GG, Art. 70 Rn. 7, Art 72 Rn. 2: „Kompetenzkombination".

27 *Degenhart*, in: Sachs, GG, Art. 74 Rn. 51.

28 *Degenhart*, in: Sachs, GG, Art. 74 Rn. 36, 38; *Pieroth*, in: Jarass/Pieroth, GG, Art. 74 Rn. 18.

Nr. 7 GG kommt es darüber hinaus darauf an, ob ein Erfordernis länderübergreifender Regelung durch den Bund besteht, Art. 72 Abs. 2 GG. Unterschiedliche Standards im Jugendschutz würden zu einer Zersplitterung der normativen Maßstäbe auf einem für die gesamtstaatliche Entwicklung wichtigen Regelungsgebiet führen und die Akzeptanz der einschlägigen Regelungen schmälern. Zur Wahrung der Rechtseinheit ist daher im Interesse eines wirksamen Jugendschutzes eine bundesweit einheitliche Regelung erforderlich. Die Bußgeldregelung des Gesetzes fällt dagegen sachlich unter Art. 74 Abs. 1 Nr. 1 GG.[29] Insoweit kommt dem Bund ohne weiteres die Gesetzgebungskompetenz zu (vgl. Art. 72 Abs. 1 GG).

Von der formellen Verfassungsmäßigkeit im Übrigen, also der Einhaltung des Gesetzgebungsverfahrens (Art. 76 ff. GG), ist laut Sachverhalt auszugehen.

bb) Materielle Verfassungsmäßigkeit

Das Gesetz müsste weiterhin auch materiell verfassungsmäßig sein. **29**

aaa) Allgemeine verfassungsrechtliche Anforderungen

An der Bestimmtheit der gesetzlichen Regelung (als Ausfluss des Rechtsstaatsprinzips, **30**
Art. 20 Abs. 3 GG) bestehen in Anbetracht des klar und ohne Ausnahmen für die Benutzung von Solarien durch Minderjährige ausgesprochenen Verbots keinerlei Zweifel. Es handelt sich bei § 4 NiSG ersichtlich auch nicht um ein Einzelfallgesetz (Art. 19 Abs. 1 S. 1 GG), vielmehr eine abstrakt-generelle Regelung. Das Zitiergebot gilt nach allgemeiner Auffassung nicht für das Grundrecht aus Art. 2 Abs. 1 GG (Art. 19 Abs. 1 S. 2 GG), weil und soweit hier nur „selbstverständliche" Freiheitsschranken zur Geltung gebracht werden.[30]

Hinweis zum Aufbau: Die Frage des (verfassungsrechtlich verbotenen) Schutzes vor **31**
sich selbst kann bereits an dieser Stelle unter dem Aspekt der Wesensgehaltgarantie, Art. 19 Abs. 2 GG, erörtert werden.[31] Anderenfalls wird das rechtsstaatliche Verbot hoheitlicher paternalistischer Bevormundung entweder im Rahmen der Prüfung der Legitimität des Gesetzeszwecks oder im Rahmen der Verhältnismäßigkeitsprüfung (Verhältnismäßigkeit im engeren Sinne) diskutiert.

bbb) Verhältnismäßigkeit des Eingriffs

Grundrechtseingriffe sind verfassungsrechtlich nur gerechtfertigt, wenn sie dem Grund- **32**
satz der Verhältnismäßigkeit genügen, d.h. nicht mehr als zur Zweckerreichung nötig in die Freiheit eingreifen. Dies ist der Fall, wenn das Gesetz einem legitimen Zweck dient und zu dessen Erreichung ein geeignetes, erforderliches und angemessenes Mittel darstellt.

29 *Pieroth*, in: Jarass/Pieroth, GG, Art. 74 Rn. 5.
30 BVerfGE 10, 89 (99); *Enders*, in: Epping/Hillgruber, GG, Art. 19, Rn. 14.
31 Vgl. *Hillgruber*, Der Schutz des Menschen vor sich selbst, S. 119 f.

(1) Legitimer Zweck

33 Der Eingriff, hier das gesetzliche Verbot für Minderjährige, Sonnenstudios und ähnliche Einrichtungen zu nutzen, muss einem legitimen Zweck dienen. Der Gesetzgeber verfolgt mit § 4 NiSG das Ziel, Minderjährige vor langfristigen Gesundheitsrisiken, die von nichtionisierenden Strahlen ausgehen, zu schützen. Der Zweck des Gesundheitsschutzes stellt ein allgemein anerkanntes, legitimes Gemeinwohlanliegen dar. Problematisch ist jedoch, dass § 4 NiSG gerade darauf abzielt, Minderjährige entgegen ihrer eigenen, freiverantwortlich getroffenen Entscheidung, sich einem Gesundheitsrisiko auszusetzen, in ihrer Gesundheit zu schützen. Damit werden Grundrechtsträger vor sich selbst in Schutz genommen. Inwiefern der Staat den Einzelnen vor freiwilliger Selbstgefährdung schützen darf, ist aber mit Blick auf die durch Art. 2 Abs. 1 GG jedermann gewährleistete Freiheit, selbst über sich zu bestimmen, auch auf Freiheit oder Rechtsgüter zu verzichten (Autonomie), fraglich. Denn der Staat ist keine Besserungsanstalt, die den Einzelnen zu einem moralisch-sittlich „besseren" Menschen machen soll.[32]

34 Ein Verbot selbstgefährdenden Verhaltens kann darum nur gerechtfertigt werden, wenn entweder seine Folgen zu Nachteilen für Dritte oder die Allgemeinheit, etwa auch die Versichertengemeinschaft führen können[33] oder wenn Anhaltspunkte dafür vorliegen, dass es beim Eingriffsadressaten an der vom Prinzip der Selbstbestimmung vorausgesetzten Entscheidungsfähigkeit, der Fähigkeit zu eigenverantwortlicher Entscheidung fehlt. In beiden Fällen ist das Prinzip der Selbstbestimmung als solches durch die Freiheitseinschränkung nicht berührt. Im ersten Fall, weil die nachteiligen Folgen der Selbstgefährdung nicht auf den Einzelnen begrenzt bleiben, der sich bewusst auf sie einlässt, sondern Dritte ohne ihre Einwilligung betroffen sind. Im letzteren Fall, weil dann, wenn die Selbstbestimmungsfähigkeit beim Einzelnen defizitär (noch nicht oder nicht mehr in vollem Umfang vorhanden) ist, eine gesteigerte Schutzbedürftigkeit fürsorgliche Vorkehrungen der Gemeinschaft erfordert und grundsätzlich rechtfertigt.[34]

35 Die Ultraviolett-Bestrahlung kann beim Menschen zu erheblichen Strahlungsschäden, insbesondere zu Hautkrebs führen. Die Behandlung dieser Krankheiten ist äußerst kostenintensiv, weshalb die Versichertengemeinschaft in erheblichem Umfang belastet wird. Allerdings ist die Nutzung von Sonnenstudios und vergleichbaren Einrichtungen durch § 4 NiSG gerade nur Minderjährigen, nicht auch Erwachsenen verboten, bei denen aber durch die Benutzung gleichfalls kostenverursachende Hautschäden entstehen können. Indessen erklärt sich die Begrenzung des Verbots auf Minderjährige nicht allein aus dem für diese ungleich höheren Gesundheits-, damit einem höheren Kostenrisiko für die Allgemeinheit. Zudem ist davon auszugehen, dass es an der vom Prinzip der Selbstbestimmung vorausgesetzten vollumfänglichen Fähigkeit zu eigenverantwortlicher Entscheidung bei Kindern und selbst noch Jugendlichen gerade fehlt. Deshalb erkennt ihnen die Rechtsordnung rechtliche Befähigung vielfach nur gestuft nach dem Alter zu (Bsp.: Geschäftsfähigkeit, §§ 2, 7 BGB; Wahlrecht) und sieht Regelungen auch zum

32 BVerfGE 22, 180 (219 f.) – Jugendpflege; *Hillgruber*, Der Schutz des Menschen vor sich selbst, S. 64 f., 119.
33 Vgl. BVerfGE 59, 275 (278); VGH Mannheim, VBlBW 2018, 76 = JuS 2018, 1251.
34 Dazu *Hillgruber*, Der Schutz des Menschen vor sich selbst, S. 121 ff.

Schutz der Minderjährigen vor Selbstgefährdung und Selbstschädigung vor.[35] Der Jugendschutz ist demgemäß nach einer vom Grundgesetz selbst getroffenen Wertung (Art. 5 Abs. 2 GG) ein Ziel von bedeutsamem Rang und zugleich wichtiges Gemeinschaftsanliegen. Gerade bei Kindern und Jugendlichen ist auch davon auszugehen, dass sie die langfristigen, irreparablen Folgen einer Behandlung mit nichtionisierenden Strahlen entweder nicht voll zu überblicken vermögen oder diese doch in der Hoffnung auf die gesellschaftliche Anerkennung, die ein sonnengebräunter Teint vermitteln könnte, zu verdrängen geneigt sind. Daher ist die mit § 4 NiSG vom Gesetzgeber verfolgte Zielsetzung auch aus der Perspektive der Verfassung legitim.

(2) Geeignetheit des Eingriffsmittels

Die Verbotsregelung des § 4 NiSG müsste geeignet sein, den angestrebten – zulässigen – Zweck zu erreichen. Dabei genügt es, wenn der durch die Maßnahme gewünschte Erfolg gefördert wird, er muss nicht sofort oder in vollem Umfang verwirklicht werden.[36] Die ganz überwiegende Mehrheit in der Wissenschaft vertritt die Auffassung, dass nichtionisierende, insbesondere ultraviolette Strahlung beim Menschen karzinogen wirkt. Dies führt gerade bei der noch in Entwicklung begriffenen Haut von Kindern und Jugendlichen zu einer erheblichen Steigerung des Krebsrisikos im Erwachsenenalter. Insofern ist die Regelung geeignet, das Risiko strahlungsbedingter Folgeschäden zu reduzieren. Dem könnte allerdings entgegenstehen, dass die These von der karzinogenen Wirkung ultravioletter Bestrahlung in der Wissenschaft nicht gänzlich unumstritten ist. Jedoch steht dem Gesetzgeber bei der Beurteilung von Gefahrensituationen eine Einschätzungsprärogative zu, deren Ausübung nur in begrenztem Umfang vom BVerfG überprüft werden kann. Eine Überschreitung des Spielraums kommt erst dann in Betracht, wenn die Erwägungen des Gesetzgebers offenkundig fehlsam sind und keine vernünftige Entscheidungsgrundlage darstellen. Dafür sind im hiesigen Fall keinerlei Anhaltspunkte ersichtlich. **36**

Im Übrigen trägt K vor, sie weiche nunmehr in den Garten aus, um sich zu bräunen oder werde künftig eine – noch zu erwerbende – private Sonnenbank nutzen. Ein solches Ausweichverhalten könnte ebenfalls die Geeignetheit der Regelung in Frage stellen. Indessen ist unter dem Aspekt der Geeignetheit nur die Förderung des Gesetzeszwecks zu verlangen. Im Unterschied zur Nutzung natürlicher Sonnenstrahlung können Sonnenstudios zu jeder Zeit aufgesucht werden, gerade dann, wenn es – wie in mitteleuropäischen Regionen des Öfteren – an natürlichem Sonnenlicht mangelt. Die durch § 4 NiSG bewirkte Beschränkung der Möglichkeiten Jugendlicher, sich (zusätzlich) gefährlicher Strahlung auszusetzen, dient dem Gesetzeszweck. Sofern aber das Verbot – wie hier – spürbare Wirkung erwarten lässt, „vermag der Verzicht des Gesetzgebers auf ein faktisch kaum oder nur durch zusätzliche Grundrechtseingriffe zu kontrollierendes Besonnungsverbot im Privatbereich dem Verbot im Übrigen nicht die Eignung zu nehmen".[37] Gegen den Einwand des Selbstkaufes von Sonnenbänken spricht ferner der hohe An- **37**

35 Vgl. BVerfGE 30, 336 (347) – Jugendgefährdende Schriften.
36 Zur Verhältnismäßigkeitsprüfung etwa BVerfGE 90, 145 (172 f.); *Kingreen/Poscher*, Grundrechte, Rn. 334 ff.
37 BVerfG NJW 2012, 1062 (Rn. 26).

schaffungspreis, weshalb die private Nutzung die Ausnahme bleiben wird und § 4 NiSG die Selbstschädigungsmöglichkeiten effektiv reduziert. Damit ist § 4 NiSG auch insofern geeignet, den Gesetzeszweck des Schutzes gerade Minderjähriger vor gefährlicher Strahlung zu befördern.

(3) Erforderlichkeit des Eingriffsmittels

38 Der durch das gesetzliche Verbot bewirkte Eingriff in die allgemeine Handlungsfreiheit müsste auch erforderlich sein. Es dürfte kein milderes, gleich geeignetes Mittel in Sicht sein, den Gesetzeszweck zu verwirklichen. In Betracht kommen zwar Warnhinweise oder eine Beschränkung der Anzahl möglicher Solarienbesuche für Jugendliche. Diese Maßnahmen sind jedoch sämtlich – bei vertretbarem Kontrollaufwand – nicht gleich effektiv: Warnhinweise wirken aufklärend, können aber, wie beim Tabakkonsum zu beobachten, missachtet werden. Höchstbesuchsgrenzen können leicht unterlaufen werden, indem Jugendliche sich in verschiedenen Sonnenstudios anmelden. Mithin liegt die strikte Verbotsregelung des § 4 NiSG im Interesse einer effektiven Umsetzung des Gesetzeszwecks und ist auch erforderlich.

(4) Angemessenheit des Eingriffsmittels (Verhältnismäßigkeit im engeren Sinne)

39 Schließlich müsste der durch das Gesetz bewirkte Eingriff auch angemessen, d.h. für die Adressaten, hier für K, zumutbar sein. Die zur Erreichung des Ziels durch den Eingriff bewirkte Beeinträchtigung darf zum beabsichtigten Erfolg (dem Gesetzeszweck) nicht außer Verhältnis stehen. Das bedeutet: „Bei einer Gesamtabwägung zwischen der Schwere des Eingriffs in ein Grundrecht und dem Gewicht sowie der Dringlichkeit der ihn rechtfertigenden Gründe muss die Grenze der Zumutbarkeit noch gewahrt sein.“[38]

Der Eingriff in die allgemeine Handlungsfreiheit durch § 4 NiSG lässt die Möglichkeit des „Sonnenbadens“ im Freien sowie eine Benutzung von UV-Licht im privaten häuslichen Bereich unberührt. Zwar wird dadurch die Dispositionsbefugnis Minderjähriger zugleich insoweit eingeschränkt, als sie die Gestaltung des Aussehens betrifft, welche für die Persönlichkeitsentfaltung (Identität; soziale Anerkennung) von Bedeutung ist, ohne dass es sich dabei um ein unmittelbar gemeinwohlschädliches Verhalten handeln würde. Auf der anderen Seite ist zu berücksichtigen, dass der Schutz von Leben und Gesundheit ein wichtiges Gemeinwohlanliegen darstellt, das durch Art. 2 Abs. 2 S. 1 GG ausdrücklich anerkannt ist. Die – für Minderjährige nicht abschätzbaren – Gesundheitsrisiken, die sich in irreparablen Schäden niederschlagen können und vor denen mit dem angegriffenen Gesetz unter dem anerkannten Aspekt des Kinder- und Jugendschutzes geschützt werden soll, sind schwerwiegend. Ergänzend ist zu berücksichtigen, dass das gesetzliche Verbot das verfassungsrechtlich anerkannte Anliegen verfolgt, die Allgemeinheit, hier die Versichertengemeinschaft, vor Zusatzkosten in Gestalt von vermehrt erforderlichen Heilbehandlungskosten zu verschonen. Angesichts dieses hohen Gewichts der eingriffsrechtfertigenden Gründe, führt die auf der anderen Seite überschaubare Schwere des Grundrechtseingriffs (zeitlich begrenztes Nutzungsverbot von

38 BVerfG NJW 2012, 1062 (Rn. 32).

kommerziellen Einrichtungen) nicht zu einer unzumutbaren Beeinträchtigung der Verbotsadressaten, hier der K, in ihrer allgemeinen Handlungsfreiheit. Damit ist die Verbotsregelung § 4 NiSG auch verhältnismäßig im engeren Sinne.

4. Ergebnis

Der Eingriff in das von K geltend gemachte Grundrecht der allgemeinen Handlungsfreiheit ist verfassungsrechtlich gerechtfertigt. **40**

II. Ergebnis

Eine Verletzung der K in ihrem Grundrecht der allgemeinen Handlungsfreiheit aus Art. 2 Abs. 1 GG liegt nicht vor. **41**

C. Zusammenfassung

Die zulässige Verfassungsbeschwerde der K ist unbegründet und hat keine Aussicht auf Erfolg. **42**

Teil 2

Die Verfassungsbeschwerde des S hat Erfolg, soweit sie zulässig und begründet ist. **43**

A. Zulässigkeit

Die Verfassungsbeschwerde des S müsste zulässig sein. Die Zulässigkeit der Verfassungsbeschwerde richtet sich nach den Vorschriften der §§ 90 ff. BVerfGG i.V.m. Art. 93 Abs. 1 Nr. 4a GG. **44**

I. Zuständigkeit des Bundesverfassungsgerichts

Das Bundesverfassungsgericht ist für Verfassungsbeschwerden nach Art. 93 Abs. 1 Nr. 4a GG, § 13 Nr. 8a BVerfGG zuständig. **45**

II. Beschwerdefähigkeit

Der Beschwerdeführer S müsste beschwerdefähig sein. Nach Art. 93 Abs. 1 Nr. 4a GG, § 90 Abs. 1 BVerfGG kann „jedermann" Verfassungsbeschwerde erheben. Rechtsschutzziel der Verfassungsbeschwerde ist die Feststellung und Beseitigung von Grundrechtsverletzungen, weshalb es für die Beschwerdefähigkeit auf die Grundrechtsfähigkeit ankommt. Grundrechtsfähig sind ohne weiteres jedenfalls natürliche Personen. S ist eine natürliche Person und damit beschwerdefähig. **46**

III. Prozessfähigkeit

47 Der Beschwerdeführer S müsste prozessfähig sein. Die Prozessfähigkeit ist im BVerfGG nicht ausdrücklich geregelt, bezeichnet jedoch die Fähigkeit, Prozesshandlungen selbst oder durch einen selbst bestimmten Bevollmächtigten vorzunehmen. Grundsätzlich ist entsprechend den Vorschriften für die Fachgerichtsbarkeiten (§ 51 ZPO, § 46 Abs. 2 ArbGG, § 62 VwGO, § 71 SGG, § 58 FGO) jede volljährige, voll geschäftsfähige Person (§§ 2, 104 ff. BGB) prozessfähig. Mangels näherer Angaben ist hier davon auszugehen, dass S volljährig und voll geschäftsfähig ist. Er ist damit prozessfähig.

IV. Beschwerdegegenstand

48 Gegenstand der Verfassungsbeschwerde können Akte öffentlicher Gewalt sein, Art. 93 Abs. 1 Nr. 4a GG, § 90 Abs. 1 BVerfGG. Im Unterschied zu Art. 19 Abs. 4 GG ist der Begriff hier mit Rücksicht auf die grundrechtsbezogene Schutzfunktion der Verfassungsbeschwerde weit zu verstehen (vgl. Art. 1 Abs. 3 GG) und schließt Akte aller drei staatlichen Gewalten, namentlich auch des Gesetzgebers ein (vgl. §§ 93 Abs. 3, 95 Abs. 3 BVerfGG). Bei § 4 NiSG handelt es sich um einen Legislativakt des deutschen Gesetzgebers und damit um einen tauglichen Beschwerdegegenstand.

V. Beschwerdebefugnis

49 S müsste ferner beschwerdebefugt sein. Nach Art. 93 Abs. 1 Nr. 4a GG, § 90 Abs. 1 BVerfGG muss S eine Grundrechtsverletzung geltend machen. Darüber hinaus kommt es – besonders für Verfassungsbeschwerden unmittelbar gegen Gesetze – auch darauf an, dass S durch die angegriffene Maßnahme selbst, gegenwärtig und unmittelbar betroffen ist.

1. Geltendmachung der Grundrechtsverletzung

50 S müsste – hinreichend substantiiert – eine Grundrechtsverletzung geltend machen, wobei ausreicht, dass die Möglichkeit besteht, dass S durch die angegriffene Maßnahme, hier das Verbot des § 4 NiSG, in einem seiner Grundrechte verletzt wird.[39] Durch die Verbotsregelung des § 4 NiSG wird der bisherige Betrieb von Sonnenstudios eingeschränkt. Die bislang zulässige entgeltliche Benutzung von Sonnenbanken durch Minderjährige wird verboten. Der gewerbsmäßige Betrieb von Sonnenstudios ist grundrechtlich durch die Berufsfreiheit nach Art. 12 Abs. 1 GG, jedenfalls aber subsidiär durch die allgemeine Handlungsfreiheit nach Art. 2 Abs. 1 GG geschützt. Da S sich auf diese Grundrechte berufen kann und als Betreiber eines Sonnenstudios Adressat des Verbots ist, wird er durch das Verbot möglicherweise in einem ihm zustehenden Grundrecht verletzt. Denkbar ist ferner, dass der mit dem Verbot einhergehende Rückgang von Kundenstamm und Umsatz den eingerichteten und ausgeübten Gewerbebetrieb des S betrifft und dieser durch die Eigentumsgarantie nach Art. 14 Abs. 1 GG geschützt ist.

39 *Schlaich/Korioth*, Bundesverfassungsgericht, Rn. 216.

Nicht auszuschließen ist auch, dass das Verbotsgesetz, weil es die Grundrechte jugendlicher Nutzer verletzt, verfassungswidrig ist und damit der Eingriff durch ein derartiges Verbot auch gegenüber S nicht gerechtfertigt ist. S macht damit hinreichend substantiiert geltend, durch das Gesetz in einem seiner Grundrechte verletzt zu sein.

2. Gegenwärtige und unmittelbare Selbstbetroffenheit

Darüber hinaus ist S beschwerdebefugt nur, wenn er selbst, gegenwärtig und unmittelbar durch die angegriffene Regelung betroffen ist. Nur unter diesen Voraussetzungen ist ein Eingriff in die genannten Grundrechte dargelegt und eine Grundrechtsverletzung hinreichend plausibel behauptet. i.S. des § 90 Abs. 1 BVerfGG. **51**

S müsste selbst betroffen sein. Dies ist jedenfalls anzunehmen, wenn S Adressat der angegriffenen Regelung ist. Hier richtet sich das gesetzliche Verbot an Betreiber von Sonnenstudios. S betreibt mehrere Sonnenstudios und ist damit selbst betroffen.

S müsste auch gegenwärtig betroffen sein. Aktuell (zum Bearbeitungszeitpunkt) ist das Gesetz zwar noch nicht in Kraft getreten. Es ist jedoch bereits erlassen, das heißt ausgefertigt und verkündet. Das Inkrafttreten steht in weniger als einem Monat bevor und hängt nicht vom Eintritt weiterer Bedingungen ab. S ist damit gegenwärtig betroffen (s. oben Teil 1, A V. 2.), zumal er bereits jetzt Dispositionen zu treffen hat, um auf die veränderte Rechtslage zu reagieren und allfällige Umsatzeinbußen auszugleichen.[40]

S müsste auch unmittelbar betroffen sein. Dies ist der Fall, wenn die angegriffene Rechtsnorm, ohne eines weiteren Vollzugsaktes zu bedürfen, die Rechtsstellung des Beschwerdeführers berührt. Die Rechtswirkung zu seinen Lasten darf also keiner weiteren Aktualisierung oder Konkretisierung, etwa durch Verordnung, Satzung oder einen Verwaltungsakt, bedürfen. Die Vorschrift des § 4 NiSG untersagt ipso iure, ohne dass es eines weiteren Vollzugsaktes bedürfte, den Betreibern von Sonnenstudios, deren Nutzung durch Minderjährige zu gestatten. Die in § 8 NiSG vorgesehene Bußgeldbewehrung normiert keinen Vollzugsakt, sondern eine Sanktionsmöglichkeit bei Verstößen gegen den Normbefehl. Ein Umsetzungsakt ist daher zur Aktualisierung des Verbots nicht erforderlich und S unmittelbar betroffen.

S ist folglich selbst, gegenwärtig und unmittelbar betroffen.

3. Ergebnis

S ist beschwerdebefugt. **52**

VI. Rechtswegerschöpfung und Subsidiarität

Nach § 90 Abs. 2 Satz 1 BVerfGG, gestützt auf die Ermächtigung in Art. 94 Abs. 2 S. 2 GG, ist es erforderlich, dass vor Erhebung einer Verfassungsbeschwerde der Rechtsweg erschöpft wird, sofern ein solcher besteht. Gegen das NiSG als formelles Gesetz (Parla- **53**

---

40 *Schlaich/Korioth*, Bundesverfassungsgericht, Rn. 235.

mentsgesetz) ist ein solcher jedoch nicht eröffnet, sodass er auch nicht erschöpft werden konnte und musste (vgl. § 93 Abs. 3 BVerfGG).

54 Jedoch müsste S darüber hinaus nach dem Grundsatz der Subsidiarität der Verfassungsbeschwerde alle weiteren ihm zumutbaren Möglichkeiten ausgeschöpft haben, um gerichtlichen oder außergerichtlichen Rechtsschutz zu erlangen, der seiner Beschwer abhilft. Dieses Erfordernis dient nicht zuletzt der Vorklärung der Tatsachen und Rechtsfragen durch die Fachgerichte, die dem BVerfG ihre Fallanschauung vermitteln. Ein Abweichen vom Grundsatz der Subsidiarität ist angezeigt, wenn der Verweis auf andere Rechtsschutzmöglichkeiten unzumutbar ist (vgl. den Rechtsgedanken des § 90 Abs. 2 S. 2 BVerfGG). Dies ist der Fall, wenn ein Sachverhalt ausschließlich spezifisch verfassungsrechtliche Fragen aufwirft, die das Bundesverfassungsgericht zu beantworten hat, ohne dass von einer vorausgegangenen fachgerichtlichen Prüfung verbesserte Entscheidungsgrundlagen zu erwarten wären. Der Umweg über andere Rechtsschutzmöglichkeiten bringt dann den Beschwerdeführer seinem Rechtsschutzziel nicht näher und kann ihm nicht zugemutet werden. Hier stehen gerade spezifische Verfassungsrechtsfragen im Vordergrund, so dass nicht ersichtlich ist, wie die Entscheidungsgrundlage durch eine vorherige fachgerichtliche Aufarbeitung verbessert werden könnte.[41] Am Grundsatz der Subsidiarität der Verfassungsbeschwerde ist ferner insbesondere auch dann nicht festzuhalten, wenn bei Verstößen gegen die gesetzliche Regelung Straf- oder Bußgeldsanktionen drohen. Denn es ist den von einer straf- oder bußgeldbewehrten Rechtsnorm Betroffenen nicht zuzumuten, zunächst gegen diese Regelung verstoßen zu müssen, um dann erst im Straf- oder Bußgeldverfahren die Verfassungswidrigkeit der Norm als Vorfrage überprüfen lassen zu können.[42] Verstöße gegen § 4 NiSG können gem. § 8 NiSG als Ordnungswidrigkeiten mit einem Bußgeld geahndet werden. Sich dieser Sanktion auszusetzen, wenn er verbotswidrig Minderjährigen die Nutzung seines Sonnenstudios gestattet, ist dem S nicht zuzumuten. Folglich scheitert im vorliegenden Fall die Verfassungsbeschwerde nicht am Grundsatz der Subsidiarität.

VII. Form und Frist

55 Die Verfassungsbeschwerde wurde laut Sachverhalt in ordnungsgemäßer Form und fristgemäß erhoben.

VIII. Ergebnis

56 Die Verfassungsbeschwerde ist zulässig.

---

41 A. A. gut vertretbar. Vereinzelt verlangt das Bundesverfassungsgericht auch bei Verfassungsbeschwerden gegen Verbotsgesetze, dass der Betroffene sich mit einer Feststellungsklage an die Fachgerichte wendet, BVerfG-K NVwZ 2004, 977.

42 Vgl. BVerfGE 81, 70 (82 f.); *Schlaich/Korioth*, Bundesverfassungsgericht, Rn. 239.

B. Begründetheit

Die Verfassungsbeschwerde müsste auch begründet sein. Dies ist der Fall, wenn das Gesetz Grundrechte oder grundrechtsgleiche Rechte des S verletzt, sich also der Eingriff in den Schutzbereich eines Grundrechts nicht im Rahmen der einschlägigen verfassungsrechtlichen Schrankenregelung hält. Das NiSG könnte die grundrechtlich gewährleistete Berufsfreiheit des S, Art. 12 Abs. 1 GG, die Eigentumsgarantie, Art. 14 Abs. 1 GG, sowie die allgemeine Handlungsfreiheit, Art. 2 Abs. 1 GG, verletzen. **57**

I. Verletzung des Grundrechts der Berufsfreiheit, Art. 12 Abs. 1 GG

Das Gesetz verletzt das Grundrecht der Berufsfreiheit des S (aus Art. 12 Abs. 1 GG), wenn es ohne ausreichende verfassungsrechtliche Rechtfertigung in den Schutzbereich des Grundrechts eingreift. **58**

1. Schutzbereich

Der Schutzbereich müsste in persönlicher wie in sachlicher Hinsicht eröffnet sein. In persönlicher Hinsicht schützt Art. 12 Abs. 1 GG alle Deutschen (Art. 116 GG). Mangels näherer Angaben im Sachverhalt ist davon auszugehen, dass S Deutscher ist. In sachlicher Hinsicht schützt Art. 12 Abs. 1 GG nicht etwa nur die Freiheit der Berufswahl, während die Berufsausübung gesetzlicher Regelung ohne weiteres offenstünde (vgl. Art. 12 Abs. 1 Satz 2 GG). Vielmehr ist die Ausübung eines Berufes Ausdruck der vorangegangenen Berufswahl, ohne diese nicht denkbar und zugleich mit ihr im folglich einheitlichen Grundrecht der Berufsfreiheit geschützt.[43] **59**

Beruf ist dabei jede auf gewisse Dauer angelegte Tätigkeit, die der Schaffung und Erhaltung der Lebensgrundlage dient.[44] S betreibt seine Sonnenstudios auf Dauer, um seine Lebensgrundlage zu erwirtschaften, damit im Rahmen beruflicher Betätigung. Teils wird darüber hinaus noch einschränkend verlangt, dass die als Beruf ausgeübte Tätigkeit nicht schlechthin verboten sein darf, so dass die Berufsfreiheit nur allgemein erlaubtes Verhalten unter dem Aspekt seiner für den Einzelnen spezifisch beruflichen Bedeutung schützen würde (nicht etwa die Tätigkeit des Berufskillers).[45] Ob der Schutzbereich der Berufsfreiheit in diesem Sinne zu bestimmen ist, kann hier indessen dahinstehen, da jedenfalls der Betrieb von Sonnenstudios nicht schlechthin verboten ist. Die Tätigkeit des S stellt damit einen durch das Grundrecht der Berufsfreiheit nach Wahl und Ausübung geschützten Beruf dar. **60**

2. Eingriff

Die von S geltend gemachte Grundrechtsverletzung setzt weiter einen Eingriff in das Grundrecht der Berufsfreiheit voraus. Ein Eingriff im klassischen Sinne ist jedes rechtsförmliche ge- oder verbietende (imperative) Handeln des Staates, das unmittelbar ziel- **61**

---

43 BVerfGE 7, 377 (401 f.).
44 BVerfGE 97, 228 (252).
45 Vgl. *Kingreen/Poscher*, Grundrechte, Rn. 937.

und zweckgerichtet das Verhalten des Befehlsadressaten regelt und dadurch seine grundrechtliche Freiheit verkürzt.[46] Bei Freiheitseingriffen ohne – nach der (subjektiven) Zwecksetzung der Regelung – klaren Berufsbezug wird zusätzlich eine objektiv berufsregelnde Tendenz gefordert.[47] Hier wird dem S durch Gesetz untersagt, seine Solarien Minderjährigen zur Verfügung zu stellen. Damit wird ihm rechtsförmlich die Ausübung seiner beruflichen Tätigkeit (Betrieb von Sonnenstudios) jedenfalls in bestimmter Hinsicht verboten und so seine Berufsausübung unmittelbar geregelt. Das Gesetz hat insofern eine berufsregelnde Tendenz. Mithin liegt ein Freiheitseingriff vor, der S gerade in der Ausübung seiner beruflichen Tätigkeit beeinträchtigt.

62 **Hinweis zum Aufbau:** Bereits an dieser Stelle kann eine Einteilung nach der sogenannten Drei-Stufen-Lehre vorgenommen, d.h. nach der Intensität des Eingriffs in die Berufsfreiheit differenziert werden. Die Rechtfertigungsvoraussetzungen sind jedoch erst unter 3. anzusprechen.

3. Verfassungsrechtliche Rechtfertigung

63 Der Eingriff in die Berufsfreiheit des S bedarf der verfassungsrechtlichen Rechtfertigung. Gerechtfertigt ist der Eingriff, wenn die Eingriffsnorm des § 4 NiSG sich im Rahmen der verfassungsrechtlichen Schrankenregelung des Art. 12 Abs. 1 GG hält, wenn also die grundrechtlich gewährleistete Freiheit eingeschränkt werden kann (Einschränkbarkeit) und die verfassungsrechtlichen Anforderungen an eine solche Einschränkung gewahrt sind (Schranken-Schranken).

a) Schrankenregelung (Einschränkbarkeit)

64 Das Gesetz müsste der Schrankenregelung in Art. 12 Abs. 1 GG entsprechen. Nach dem Wortlaut des Art. 12 Abs. 1 S. 2 GG ist es nur die Berufsausübung, die durch Gesetz oder auf Grund eines Gesetzes geregelt werden darf. Auf Grund des engen Zusammenhangs mit der Berufswahl ist jedoch – der Auffassung vom einheitlichen sachlichen Schutzbereich der Berufsfreiheit entsprechend – von einem einheitlichen Regelungsvorbehalt auszugehen, der wie ein einfacher Gesetzesvorbehalt zu verstehen ist, wobei jedoch je nach Eingriffsintensität zu differenzieren ist und die Rechtfertigungsanforderungen umso höher sind, je nachhaltiger ein Eingriff in die Berufsfreiheit die Berufswahl betrifft.[48] Als Gesetz entspricht das NiSG dem Grunde nach dieser Vorbehaltsregelung der Grundrechtsbestimmung.

b) Verfassungsmäßigkeit des Schrankengesetzes

65 Das Gesetz müsste darüber hinaus verfassungsrechtlich gerechtfertigt, d.h. formell und materiell verfassungsmäßig sein.

---

46 *Sachs*, in: ders., GG, vor Art. 1 Rn. 78, 80; vgl. noch BVerfGE 105, 279 (300). Bereits oben Teil 1, B I. 2.

47 *Jarass*, in: Jarass/Pieroth, GG, Art. 12 Rn. 14 f.; vgl. BVerfGE 97, 228 (254).

48 Vgl. BVerfGE 54, 224 (234); 54, 237 (246).

aa) Formelle Verfassungsmäßigkeit

Das Gesetz ist, wie bereits dargelegt, formell verfassungsmäßig. **66**

bb) Materielle Verfassungsmäßigkeit

Das Gesetz müsste materiell verfassungsmäßig sein. Dies ist der Fall, wenn es hinreichend bestimmt ist, die Anforderungen des Art. 19 Abs. 1 und 2 GG erfüllt und verhältnismäßig ist. Außerdem könnte zu prüfen sein, ob das Gesetz in materieller Hinsicht auch mit Grundrechten anderer (wie der K) vereinbar ist. **67**

aaa) Allgemeine verfassungsrechtliche Anforderungen

Da das Gesetz den Betreibern von Sonnenstudios ohne Unterschied die Zulassung minderjähriger Nutzer untersagt, besteht an der rechtsstaatlich gebotenen Bestimmtheit der gesetzlichen Regelung (Art. 20 Abs. 3 GG) keinerlei Zweifel. Es handelt sich insoweit bei § 4 NiSG ersichtlich auch nicht um ein Einzelfallgesetz (Art. 19 Abs. 1 S. 1 GG). Das in Art. 19 Abs. 1 S. 2 GG normierte Zitiergebot findet nur Anwendung, soweit ein Grundrecht ausdrücklich „durch Gesetz oder auf Grund eines Gesetzes eingeschränkt" werden kann. Die Berufsfreiheit steht indessen nach ihrem Wortlaut gesetzlichen Berufsausübungsregelungen offen (Art. 12 Abs. 1 S. 2 GG), so dass das Zitiergebot hier keine Anwendung findet.[49] **68**

bbb) Verhältnismäßigkeit

Grundrechtseingriffe sind verfassungsrechtlich nur gerechtfertigt, wenn sie dem Grundsatz der Verhältnismäßigkeit genügen, d.h. nicht mehr als zur Zweckerreichung nötig in die Freiheit eingreifen. Dies ist der Fall, wenn das Gesetz einem legitimen Zweck dient und zu dessen Erreichung ein geeignetes, erforderliches und angemessenes Mittel darstellt. **69**

(1) Legitimer Zweck

Der Eingriff, hier das gesetzliche Verbot für Betreiber von Sonnenstudios und ähnlichen Einrichtungen, Minderjährigen die Benutzung zu gestatten, muss einem legitimen Zweck dienen. Bei Eingriffen in die Berufsfreiheit unterscheidet das Bundesverfassungsgericht seit dem Apothekenurteil hinsichtlich der Anforderungen an die Rechtfertigung nach dem Regelungszweck und damit der Intensität des Eingriffs im Sinne einer Drei-Stufen-Lehre[50]: Soweit ein Eingriff nicht objektive oder subjektive Voraussetzungen der Berufswahl (dritte und zweite Stufe der Berufszugangsvoraussetzungen), sondern lediglich die Berufsausübung (erste Stufe) betrifft, rechtfertigt bereits jede vernünftige Erwägung des Gemeinwohls den Eingriff, soweit dieser auch im Übrigen verhältnismäßig erscheint. Hier begrenzt das Gesetz den Kundenkreis der Solarienbetreiber und regelt somit lediglich die Ausübung des Berufs. Indem nicht etwa die Eröffnung eines Solariums von subjektiven (persönlichen) oder gar objektiven (Kapazitäts-) **70**

49 *Enders*, in: Epping/Hillgruber, GG, Art. 19 Rn. 14.
50 BVerfGE 7, 377 (405 f.).

Voraussetzungen abhängig gemacht wird, verbleibt der Eingriff auf dieser ersten Stufe. Insbesondere ist nicht von einem eigenständigen Erwerbszweig eines ausschließlich oder vornehmlich auf Minderjährige ausgerichteten Solarien-Angebots auszugehen. Mit Rücksicht auf die begrenzten wirtschaftlichen Folgen der Berufsausübungsregelung wirkt sich die Regelung auch nicht etwa faktisch als objektive Berufszugangshürde aus.

71 Der Gesetzgeber verfolgt mit § 4 NiSG das Ziel, Minderjährige vor langfristigen Gesundheitsrisiken, die von nichtionisierenden Strahlen ausgehen, zu schützen. Der Zweck des Gesundheitsschutzes stellt ein allgemein anerkanntes, legitimes Gemeinwohlanliegen dar und erfüllt insofern auch die Anforderungen an die Rechtfertigung von Eingriffen auf der ersten Stufe.

Problematisch erscheint, dass § 4 NiSG gerade darauf abzielt, Minderjährige entgegen ihrer eigenen, freiverantwortlich getroffenen Entscheidung, sich einem Gesundheitsrisiko auszusetzen, in ihrer Gesundheit zu schützen. Damit werden Grundrechtsträger vor sich selbst in Schutz genommen. Inwiefern der Staat den Einzelnen vor freiwilliger Selbstgefährdung schützen darf, ist, wie bereits dargelegt, mit Blick auf die grundrechtlich geschützte Autonomie des Menschen als Person zweifelhaft (oben T.1, B I. 3. b) bb) bbb) zur Legitimität des Eingriffszwecks).

72 Allerdings fragt sich, ob sich ein Eingriffsbetroffener – hier S – auf die Grundrechte anderer, ebenfalls von diesem Eingriff betroffener Grundrechtsträger berufen kann, hier die Grundrechte der jugendlichen Sonnenstudio-Nutzer (Art. 2 Abs. 1 GG). Das kommt wohl nur dann in Betracht, wenn deren Grundrechtsposition zugleich Ausdruck eines objektiven Verfassungsprinzips ist.[51] Ob der Grundsatz „kein Schutz vor sich selbst" ein solches objektives Verfassungsprinzip darstellt (wofür viel spricht), kann aber dahinstehen, wenn dieses Prinzip durch § 4 NiSG nicht verletzt sein sollte: Das ist, wie dargelegt, zu bejahen. Daher ist die mit § 4 NiSG vom Gesetzgeber verfolgte Zielsetzung auch aus der Perspektive der Verfassung legitim.

73 **Hinweis zum Aufbau:** Die Grundrechte Dritter könnten stattdessen als weitere Schrankenschranke im Anschluss an die Verhältnismäßigkeitsprüfung (dann nachfolgend unter ccc) erörtert werden. Diese Schrankenschranke ist allerdings als solche nicht allgemein anerkannt. Ungeachtet dessen ist hier die Frage nach einem Verstoß gegen die Handlungsfreiheit von minderjährigen Nutzern jedenfalls im Ergebnis nicht anders zu beurteilen als die eines Verstoßes gegen den Verfassungsgrundsatz „Kein Schutz vor sich selbst".

(2) Geeignetheit des Eingriffsmittels

74 Die Verbotsregelung des § 4 NiSG müsste geeignet sein, den angestrebten – zulässigen – Zweck zu erreichen. Wie dargelegt ist die Regelung geeignet, das (hohe) Risiko strahlungsbedingter Folgeschäden zu reduzieren.

---

51 Zum Problem *Alexy*, Theorie der Grundrechte, S. 356; *Kube*, DVBl. 2005, S. 721 (724 f.); BVerfGE 96, 375 (398) für die Menschenwürde als objektives Prinzip.

(3) Erforderlichkeit des Eingriffsmittels

Das gesetzliche Verbot müsste auch erforderlich sein, das heißt, es dürfte kein für die Betreiber von Solarien milderes, gleich geeignetes Mittel in Sicht sein, den Gesetzeszweck zu verwirklichen. Neben Warnhinweisen oder einer Beschränkung der Anzahl möglicher Solarienbesuche für Jugendliche kommt insbesondere in Betracht, das Verbot direkt an die Minderjährigen, nicht an die Betreiber von Solarien zu adressieren. Diese Maßnahmen sind jedoch sämtlich – bei vertretbarem Kontrollaufwand – nicht gleich effektiv (oben Teil 1, B I. 3. b) bb) bbb) zur Erforderlichkeit). Vor allem stehen zur Durchsetzung eines unmittelbar an die Betreiber von Solarien gerichteten Verbots die spezifischen Instrumente der Gewerbeaufsicht zur Verfügung (etwa: Betretungs- und Nachschaurechte; Gewerbeuntersagung). Mithin ist die Verbotsregelung des § 4 NiSG auch erforderlich. **75**

(4) Angemessenheit des Eingriffsmittels (Verhältnismäßigkeit im engeren Sinne)

Schließlich müsste der durch das Gesetz bewirkte Eingriff auch angemessen, das heißt für die Adressaten, hier S als Betreiber mehrerer Solarien, zumutbar sein. Die zur Erreichung des Ziels dem Adressaten auferlegte Beeinträchtigung darf zu dem nach dem Gesetzeszweck beabsichtigten Erfolg nicht außer Verhältnis stehen: „Bei einer Gesamtabwägung zwischen der Schwere des Eingriffs in ein Grundrecht und dem Gewicht sowie der Dringlichkeit der ihn rechtfertigenden Gründe muss die Grenze der Zumutbarkeit noch gewahrt sein.“[52] **76**

Zwar wird durch das Verbot des § 4 NiSG Gewerbetreibenden ein Betriebskonzept unmöglich gemacht, das wesentlich mit jugendlichen Kunden und Kundinnen kalkuliert. Der Eingriff in die Berufsfreiheit durch § 4 NiSG lässt indessen den Betrieb von Solarien mit volljährigen Kunden und Kundinnen unberührt. Zudem ist auf der anderen Seite zu berücksichtigen, dass der Schutz von Leben und Gesundheit ein wichtiges Gemeinwohlanliegen darstellt, das durch Art. 2 Abs. 2 S. 1 GG ausdrücklich anerkannt ist. Die – für Minderjährige in ihrer vollen Bedeutung nicht einschätzbaren – Gesundheitsrisiken, die sich in irreparablen Schäden niederschlagen können und vor denen mit dem angegriffenen Gesetz unter dem anerkannten Aspekt des Kinder- und Jugendschutzes (s. oben Teil 1 B I. 3. b) bb) bbb) zur Legitimität des Eingriffszwecks) geschützt werden soll, sind schwerwiegend. Ergänzend ist zu berücksichtigen, dass die Versichertengemeinschaft absehbar von erheblichen Heilbehandlungskosten betroffen sein wird. Es stellt ein gleichfalls verfassungsrechtlich anerkanntes Anliegen dar, die Allgemeinheit vor solchen Kosten zu schützen. Angesichts dieses hohen Gewichts der eingriffsrechtfertigenden Gründe, führt die auf der anderen Seite überschaubare Schwere des Grundrechtseingriffs (da eine ausschließliche Spezialisierung von Solarienbetreibern auf jugendliche Kunden und Kundinnen nicht zu beobachten und auch bei S nicht gegeben ist) nicht zu einer unzumutbaren Beeinträchtigung der Verbotsadressaten. Damit ist die Verbotsregelung § 4 NiSG auch verhältnismäßig im engeren Sinne. **77**

52 BVerfG NJW 2012, 1062 (Rn. 32).

4. Ergebnis

78 Das Gesetz verletzt S nicht in seiner Berufsfreiheit, Art. 12 Abs. 1 GG.

II. Verletzung der Eigentumsgarantie (Art. 14 Abs. 1 GG)

79 Das Gesetz könnte gegen die Eigentumsgarantie verstoßen und das Grundrecht des S aus Art. 14 Abs. 1 GG verletzen. Dies ist der Fall, wenn es ohne ausreichende verfassungsrechtliche Rechtfertigung in den Schutzbereich des Grundrechts eingreift.

1. Schutzbereich

80 Der Schutzbereich müsste eröffnet sein. Als Jedermannsgrundrecht schützt die Eigentumsgarantie nach Art. 14 Abs. 1 GG auch S. In sachlicher Hinsicht unterfallen dem Eigentumsbegriff alle Rechtspositionen, die dem Einzelnen zu privatem Nutzen nach grundsätzlich freier Verfügung zugeordnet sind, d.h. die privaten vermögenswerten Rechte, insbesondere Eigentumsrechte nach bürgerlichem Recht.[53] Auch subjektive öffentliche Rechte fallen in den Schutzbereich, soweit sie dem Einzelnen nach Art eines Ausschließlichkeitsrechts die Verfügungsbefugnis über die Rechtsposition zur privaten Nutzung zuordnen und auf nicht unerheblicher Eigenleistung beruhen. Ob der Kundenstamm, den S nun (teils) verliert oder nicht dazugewinnen kann, vom Schutz der Eigentumsgarantie umfasst ist, ist dagegen fraglich. In Betracht käme ein solch ausgedehnter Vermögensschutz allenfalls, soweit das Recht am eingerichteten und ausgeübten Gewerbebetrieb, als Zusammenfassung von Rechtspositionen, die in ihrer Gesamtheit den Wert eines Gewerbebetriebs ausmachen, durch die Eigentumsgarantie geschützt würde. Dies ist allerdings umstritten.[54] Nicht erfasst sind jedenfalls bloße Umsatz-, Erwerbs- und Gewinnchancen.[55] Diese fallen unter den Schutz der Berufsfreiheit nach Art. 12 Abs. 1 GG. Im Gegensatz zur Berufsfreiheit schützt Art 14 GG das Erworbene, nicht den Erwerb. Auch der Kundenstamm eines Unternehmens gehört, soweit es um künftigen Umsatz und Gewinn geht, lediglich zum nicht geschützten Erwerbsbereich. Hier verbietet das Gesetz dem S, in Zukunft mit einer bestimmten Gruppe von Kunden Umsatz und Gewinn zu erzielen. Dies fällt nicht unter die Eigentumsgarantie des Art. 14 Abs. 1 GG. Der Schutzbereich ist damit nicht eröffnet.

2. Ergebnis

81 Das gesetzliche Verbot verletzt nicht die Eigentumsgarantie aus Art. 14 Abs. 1 GG.

---

53 Vgl. BVerfGE 31, 229 (240 f.); 50, 290 (339); 97, 350 (371).

54 Gegen eine solche Ausdehnung des Eigentumsschutzes *Kingreen/Poscher*, Grundrechte, Rn. 1039 f.; anders etwa *Wendt*, in: Sachs, GG, Art. 14 Rn. 48 f.

55 Vgl. BVerfGE 78, 205 (211 f.).

III. Verletzung des Grundrechts der allgemeinen Handlungsfreiheit, Art. 2 Abs. 1 GG

Das Gesetz könnte das Grundrecht des S aus Art. 2 Abs. 1 GG verletzen. Die allgemeine Handlungsfreiheit kommt jedoch als Auffanggrundrecht im Verhältnis zu den übrigen Freiheitsrechten, so etwa zur Berufsfreiheit nach Art. 12 Abs. 1 GG, nur subsidiär zum Tragen.[56] Hier verdrängt daher kraft Spezialität die Grundrechtsgarantie der Berufsfreiheit den grundrechtlichen Schutz der allgemeinen Handlungsfreiheit. **82**

IV. Ergebnis

Das Gesetz verstößt nicht gegen Grundrechte. Die Verfassungsbeschwerde ist unbegründet. **83**

C. Zusammenfassung

Die zulässige Verfassungsbeschwerde des S ist unbegründet und hat keine Aussicht auf Erfolg. **84**

Literaturverzeichnis

Alexy, Robert	Theorie der Grundrechte, 3. Aufl., Frankfurt a.M. 1996	**85**
Epping, Volker/Hillgruber, Christian (Hrsg.)	Grundgesetz. Kommentar. 2. Aufl., München 2013	
Degenhart, Christoph	Staatsrecht I. Staatsorganisationsrecht, 35. Aufl., Heidelberg 2019	
Götz, Volkmar/ Geis, Max-Emanuel	Allgemeines Polizei- und Ordnungsrecht, 16. Aufl., München 2017	
Hillgruber, Christian	Der Schutz des Menschen vor sich selbst, München 1992	
ders./Goos, Christoph	Verfassungsprozessrecht, 4. Aufl., Heidelberg 2015	
Kingreen, Thorsten/ Poscher, Ralf	Grundrechte. Staatsrecht II, 35. Aufl., Heidelberg 2019	
Kube, Hanno	Der subjektive Abwehrgehalt der Grundrechte – Zur grundrechtlichen Rüge der Verletzung von Rechten Dritter, in: DVBl. 2005, S. 721 ff.	
Maunz, Theodor (Begr.)/ Schmidt-Bleibtreu, Bruno/Klein, Franz/ Bethge, Herbert	Bundesverfassungsgerichtsgesetz. Kommentar, 56. Aufl., München 2019	

56 *Lang*, in: Epping/Hillgruber, GG, Art. 2 Rn. 9, 29; *Schlaich/Korioth*, Bundesverfassungsgericht, Rn. 220. Vgl. z.B. BVerfGE 33, 240 (247).

Jarass, Hans D./ Pieroth, Bodo — Grundgesetz für die Bundesrepublik Deutschland. Kommentar, 15. Aufl., München 2018

Pietzcker, Jost — „Grundrechtsbetroffenheit“ in der verwaltungsrechtlichen Dogmatik, in: G. Püttner (Hrsg.), Festschrift für O. Bachof zum 70. Geburtstag, München 1984, S. 131-149

Sachs, Michael (Hrsg.) — Grundgesetz. Kommentar, 8. Aufl., München 2018

Schlaich, Klaus/ Korioth, Stefan — Das Bundesverfassungsgericht, 11. Aufl., München 2018

Hausarbeit 2

Verbot der Religionsgemeinschaft

von Thorsten Kingreen

Die als eingetragener Verein organisierte Glaubensgemeinschaft G hat ihren Sitz in der nordrhein-westfälischen Stadt S; alle ihre ca. 500 Mitglieder leben dort. Die Satzung des Vereins, die allgemein befolgt wird, enthält u.a. folgende Passagen: 1

§ 1 Ziel der G

[1]Wir wollen gemeinsam leben nach den Gesetzen des erleuchteten E. [2]Er ist der einzige wahre Herrscher auf Erden. [3]Ein Leben nach seinen Gesetzen ermöglicht jedem schon heute eine Existenz in Frieden und wirtschaftlichem Wohlstand.

§ 2 Pflichten der Mitglieder

[1]Unsere Mitglieder verpflichten sich vor dem göttlichen E, die Ziele der G nach Kräften zu fördern. [2]Jedes Mitglied hat der Gemeinschaft durch Fleiß in seinem alltäglichen Leben Ehre zu machen. [3]Um die Ziele der G zu fördern, sollen unsere Mitglieder wichtige Positionen der Gesellschaft besetzen. [4]Jedes Mitglied sollte an den Versammlungen der jeweiligen Niederlassung der G mindestens alle 2 Wochen teilnehmen. [5]Die Verbreitung unserer Ideen ist wichtiges Ziel aller Mitglieder.

§ 3 Der göttliche Wille

[1]Die christlichen Kirchen sind wegen ihrer Gottlosigkeit Feinde der G. [2]In einer nach den Idealen des E gestalteten Gesellschaft sollten ihre Anhänger keine Menschen- oder Bürgerrechte genießen. [3]Ihre Präsenz im öffentlichen Leben ist nicht göttlich gewollt.

§ 4 Beiträge

[1]Der Mitgliedschaftsbeitrag beträgt 3000,– Euro/Jahr. [2]Für die Teilnahme an unseren Versammlungen werden jeweils 10,– Euro Eintritt berechnet. [3]Die Mittel des Vereins dürfen ausschließlich zur Förderung unserer Versammlungen sowie zur Werbung neuer Mitglieder verwendet werden. [4]Einem Mitglied, das einmalig zur Zahlung fälliger Beiträge nicht in der Lage ist, kann ein Zahlungsaufschub von bis zu 3 Monaten gewährt werden. [5]Sind die Beiträge dann nicht geleistet, so hat sich das Mitglied als der Erleuchtung unwürdig erwiesen, es ist aus der G auszuschließen. [6]In besonderen Fällen können Beiträge durch Arbeitsleistungen für die Gemeinschaft erbracht werden, die mit 12,– Euro/Std. angerechnet werden.

G erlangt im öffentlichen Leben eine zunehmende Präsenz und findet auch durch Stellungnahmen zu allgemeinpolitischen Fragen steigende Beachtung. In vielen Schulen tauchen Flugblätter auf, die Schüler und Schülerinnen mit dem Versprechen, nur in der Glaubensgemeinschaft Liebe, Geborgenheit und Erlösung zu finden, auffordern, Mitglied der G zu werden. G schafft es, in einzelnen Unternehmen des Landes und in Teilen der öffentlichen Verwaltung Mitglieder zu platzieren, die dort ihre Lehren verbreiten. Nach diversen kritischen Medienberichten verbreitet sich insbesondere unter den Mitgliedern der christlichen Kirchen eine gewisse Unruhe.

Nach Anhörung der G stellt der nordrhein-westfälische Innenminister deren Verfassungswidrigkeit fest und erlässt eine Auflösungsverfügung. Die durch ihren Vorstand vertretene G ist empört. Sie sieht sich in ihrer Vereinigungsfreiheit (Art. 9 Abs. 1 GG), in ihrer Religionsfreiheit (Art. 4 Abs. 1, 2 GG) und in ihrem Recht auf religiöse Vereinigung (Art. 140 GG/Art. 137 Abs. 2 WRV) verletzt. Religionsfreiheit und das Recht auf religiöse Vereinigung seien vorbehaltlos gewährleistet, schon aus diesem Grunde sei die Verbotsverfügung verfassungswidrig. Jedenfalls fehle es an einer einfach-rechtlichen Grundlage für die Verbotsverfügung. Im Übrigen zwinge sie, die G, niemanden, Mitglied zu werden. Wer seine Mitgliedschaft beenden wolle, müsse nach der Satzung lediglich die Zahlung seiner Mitgliedsbeiträge einstellen.

Der Innenminister ist demgegenüber der Ansicht, G sei überhaupt keine Religions- oder Weltanschauungsgemeinschaft, sondern vielmehr ein Wirtschaftsunternehmen, das auf Gewinnerzielung ausgerichtet ist. Dies ergebe sich aus den in § 4 der Satzung niedergelegten hohen Beiträgen, der Unnachgiebigkeit gegenüber säumigen Schuldnern und ihrer politischen Ausrichtung. §§ 1, 2 S. 3 und 3 der Satzung belegten die Verfassungsfeindlichkeit der G und ein übermäßiges politisches Machtstreben. Die Demokratie solle abgeschafft werden, Diskriminierungen Andersdenkender gehörten zum Wesen der G. Eine Infiltration staatlicher Institutionen durch Mitglieder der G könne aus rechtsstaatlichen Gründen nicht hingenommen werden. Für solche Fälle enthielten Art. 9 Abs. 2 GG, Art. 140 GG/Art. 137 Abs. 3 S. 1 WRV und Art. 140 GG/Art. 136 Abs. 1 WRV die erforderlichen Verbotsermächtigungen selbst für den Fall, dass die G als Religionsgemeinschaft anzusehen sei.

Nachdem G weder vor dem Verwaltungsgericht noch vor dem Oberverwaltungsgericht mit ihrer Rechtsauffassung durchdringen konnte und auch ihre Nichtzulassungsbeschwerde vor dem Bundesverwaltungsgericht erfolglos blieb, will sie Verfassungsbeschwerde erheben. Mit Aussicht auf Erfolg?

Gliederung

Gutachten

3 Die Verfassungsbeschwerde der G hat Aussicht auf Erfolg, soweit sie zulässig und begründet ist.

A. Zulässigkeit der Verfassungsbeschwerde

I. Zuständigkeit des Bundesverfassungsgerichts

4 Das Bundesverfassungsgericht ist nach Art. 93 Abs. 1 Nr. 4a GG, §§ 13 Nr. 8a, 90 ff. BVerfGG für die Entscheidung über Verfassungsbeschwerden zuständig.

II. Beschwerdefähigkeit

5 Gemäß Art. 93 Abs. 1 Nr. 4a GG, § 90 Abs. 1 BVerfGG kann „jedermann" Verfassungsbeschwerde erheben. Gemeint sind alle natürlichen und juristischen Personen, soweit diese Träger von Grundrechten sein können[1]. Als eingetragener Verein ist die G grundsätzlich Trägerin von Grundrechten. Sie ist daher beschwerdefähig.

III. Prozessfähigkeit

6 Prozessfähigkeit meint die Fähigkeit, Prozesshandlungen selbst oder durch einen selbst bestimmten Vertreter geltend zu machen[2]. Die G wird durch ihren Vorstand vertreten (§ 26 Abs. 2 BGB) und ist somit prozessfähig.

IV. Beschwerdegegenstand

7 Beschwerdegegenstand kann gem. Art. 93 Abs. 1 Nr. 4a GG, § 90 Abs. 1 BVerfGG jeder Akt der öffentlichen Gewalt sein, in Anlehnung an die Grundrechtsbindung des Art. 1 Abs. 3 GG also jedes Tun oder Unterlassen (§§ 92, 95 Abs. 1 S. 1 BVerfGG) von Legislative, Exekutive oder Judikative. Welchen Akt der Beschwerdeführer im konkreten Fall oder ob er mehrere Akte angreift, liegt dabei in seinem Ermessen. Er hat grundsätzlich die Wahl, ob er nur das letztinstanzliche Urteil oder zusätzlich die Entscheidungen der Vorinstanzen bzw. den zugrunde liegenden Akt angreifen will[3].

8 G wendet sich gegen die Verbotsverfügung des Innenministeriums und die diese bestätigenden Entscheidungen. Es handelt sich um Maßnahmen der Exekutive und der Judikative, mithin um Akte der öffentlichen Gewalt und damit geeignete Beschwerdegegenstände.

1 *Kingreen/Poscher*, Grundrechte, Rn. 1291.
2 *Kingreen/Poscher*, Grundrechte, Rn. 1292; vgl. auch BVerfGE 72, 122 (132 f.).
3 BVerfGE 19, 377 (389).

V. Beschwerdebefugnis

G muss beschwerdebefugt sein, d.h. sie muss die Möglichkeit einer Grundrechtsverletzung und eine eigene, gegenwärtige und unmittelbare Beschwer dartun[4]. **9**

1. Möglichkeit einer Grundrechtsverletzung

Art. 93 Abs. 1 Nr. 4a GG verlangt die Behauptung einer Grundrechtsverletzung von Seiten des Beschwerdeführers. Aus seinem Vortrag muss sich demnach die Möglichkeit einer Grundrechtsverletzung ergeben[5], eine Verletzung darf also nicht von vornherein ausgeschlossen sein[6]. Durch die vom Innenministerium erlassene Auflösungsverfügung sowie die nachfolgenden verwaltungsgerichtlichen Entscheidungen sieht sich die G in ihrer Vereinigungsfreiheit, ihrer Religionsfreiheit und ihrem Recht auf religiöse Vereinigung verletzt. Da es sich bei der G nach ihrem eigenen Selbstverständnis um eine Glaubensgemeinschaft handelt, die körperschaftlich organisiert ist, kann zumindest eine Verletzung der in Art. 4 Abs. 1, 2 GG verbürgten Glaubensfreiheit, der in Art. 9 Abs. 1 GG normierten Vereinigungsfreiheit bzw. der in Art. 140 GG/Art. 137 Abs. 2 S. 1 WRV geschützten religiösen Vereinigungsfreiheit nicht von vornherein ausgeschlossen werden. **10**

Hinweis zum Aufbau: Es ist umstritten, welches Grundrecht die religiöse Vereinigungsfreiheit schützt (vgl. unten B. I.). Diese Frage sollte hier aber noch nicht thematisiert werden, denn verfassungsprozessual muss nur irgendein Grundrecht möglicherweise betroffen sein. **11**

2. Qualifizierte Betroffenheit

Nach Art. 93 Abs. 1 Nr. 4a GG, § 90 Abs. 1 BVerfGG muss der Beschwerdeführer behaupten, in einem „seiner" Grundrechte verletzt zu sein. Es muss sich folglich um eigene Rechte des Beschwerdeführers handeln, eine Popularverfassungsbeschwerde ist nicht statthaft[7]. Die G ist Adressatin sowohl der Verbotsverfügung als auch der diese bestätigenden Entscheidungen, mithin selbst betroffen. **12**

Sie müsste zudem gegenwärtig, also schon oder noch betroffen sein[8]. Die Verbotsverfügung ist bereits erlassen und nicht wieder aufgehoben. Mit der Ablehnung der Nichtzulassungsbeschwerde durch das Bundesverwaltungsgericht ist auch das Urteil des Oberverwaltungsgerichts in Rechtskraft erwachsen (vgl. § 133 Abs. 5 S. 1 und 3 VwGO), so dass die G durch die in Rede stehenden Akte der öffentlichen Gewalt auch gegenwärtig betroffen ist. **13**

Die unmittelbare Beschwer schließlich fehlte dann, wenn nicht der angegriffene Akt selbst, sondern erst ein notwendiger oder in der Verwaltungspraxis üblicher Vollzugsakt **14**

4 *Pieroth*, in: Jarass/Pieroth, GG, Art. 93 Rn. 88 ff.
5 BVerfGE 6, 445 (447); 28, 17 (19); 64, 367 (375); 65, 227 (232 f.); 83, 162 (169).
6 BVerfGE 52, 303 (327 f.); *Hartmann*, JuS 2003, 897 (898 ff.).
7 BVerfGE 72, 122 (131); 79, 1 (14).
8 BVerfGE 60, 360 (371); *Kingreen/Poscher*, Grundrechte, Rn. 1312.

in Grundrechte des Beschwerdeführers eingriffe[9]. Weder die Verbotsverfügung noch die angegriffenen Entscheidungen bedürfen indes eines solchen Vollzugsaktes, sondern wirken vielmehr unmittelbar.

VI. Rechtswegerschöpfung/Subsidiarität

15 Die G müsste gem. § 90 Abs. 2 S. 1 BVerfGG den Rechtsweg erschöpft haben. Im Gegenschluss aus § 93 Abs. 3 BVerfGG ergibt sich, dass ihr der Rechtsweg offen steht. Nachdem die G den vorgegebenen Instanzenzug einschließlich der Nichtzulassungsbeschwerde gem. § 133 VwGO[10] durchlaufen hat, ist der nach § 90 Abs. 2 S. 1 BVerfGG erforderliche Rechtsweg erschöpft.

16 Gemäß dem aus dem Gebot der Rechtswegerschöpfung abgeleiteten[11] Grundsatz der Subsidiarität muss der Beschwerdeführer „alle nach Lage der Sache zur Verfügung stehenden prozessualen Möglichkeiten ergreifen, um die geltend gemachte Grundrechtsverletzung in dem unmittelbar mit ihr zusammenhängenden sachnäheren Verfahren zu verhindern oder zu beseitigen"[12]. Anhaltspunkte für derartige Rechtsschutzmöglichkeiten bestehen nicht.

VII. Zwischenergebnis

17 Bei Wahrung der in § 93 Abs. 1 BVerfGG vorgesehenen Monatsfrist und Einhaltung der in den §§ 92, 23 Abs. 1 BVerfGG normierten Formvorgaben ist die Verfassungsbeschwerde der G zulässig.

B. Begründetheit der Verfassungsbeschwerde

18 Die Verfassungsbeschwerde der G ist begründet, soweit sie durch die angegriffene Verbotsverfügung und die diese bestätigenden Entscheidungen in ihren Grundrechten verletzt wird.

I. Verfassungsrechtlicher Maßstab

19 Es könnte ein Verstoß gegen die religiöse Vereinigungsfreiheit vorliegen. Es ist umstritten, welches Grundrecht diese schützt: In Betracht kommen neben Art. 9 Abs. 1 GG vor allem Art. 4 Abs. 1, 2 GG und Art. 140 GG/Art. 137 Abs. 2 S. 1 WRV[13].

9 BVerfGE 53, 366 (389); 70, 35 (50 f.).
10 Vgl. BVerfG-K, NJW 1996, 45 (45).
11 *Pieroth*, in: Jarass/Pieroth, GG, Art. 93 Rn. 100.
12 BVerfGE 114, 258 (279); ähnlich auch BVerfGE 112, 50 (60).
13 *Veelken*, Verbot Weltanschauungs- und Religionsgemeinschaften, S. 94 ff.

Nur vereinzelt wird Art. 9 Abs. 1 GG als einschlägiges Grundrecht angesehen[14] bzw. wird Art. 9 Abs. 1 GG neben den Gewährleistungen der Religionsfreiheit angewendet[15]. Dagegen spricht nämlich, dass Art. 140 GG/Art. 137 Abs. 2 S. 1 WRV die religiöse Vereinigungsfreiheit explizit schützt[16]. **20**

Überwiegend wird die religiöse Vereinigungsfreiheit daher allein in den Vorschriften über die Religionsfreiheit verortet, wobei hinsichtlich der konkret schützenden Vorschrift keine Einigkeit herrscht: Ein möglicher Ansatzpunkt ist Art. 140 GG/Art. 137 Abs. 2 S. 1 WRV, der die Freiheit der Vereinigung zu Religionsgesellschaften gewährleistet. Zum Teil wird darin eine vorrangige Spezialregelung zu der in Art. 4 Abs. 1, 2 GG garantierten kollektiven Religionsfreiheit und zu der in Art. 9 Abs. 1 GG gewährleisteten allgemeinen Vereinigungsfreiheit gesehen[17]. Nach anderer Ansicht wird die Freiheit zur Vereinigung in Religionsgemeinschaften durch Art. 4 Abs. 1, 2 GG geschützt[18]. Art. 140 GG/Art. 137 Abs. 2 S. 1 WRV wird daneben meist als allein deklaratorische Vorschrift verstanden, die jedenfalls kein Grundrecht enthalte und daher keine rügefähige Rechtsposition i.S.d. Art. 93 Abs. 1 Nr. 4a GG vermitteln könne[19]. Seit der Bahá'í-Entscheidung aus dem Jahre 1991 geht auch das Bundesverfassungsgericht davon aus, „dass Art. 4 Abs. 1 und 2 GG sich für die Gewährleistung der religiösen Vereinigungsfreiheit auf Art. 140 GG/Art. 137 Abs. 2 S. 1 WRV bezieht und sie in diesem normativen Sinne mit umfasst“[20]. Art. 137 Abs. 2 S. 1 WRV ist damit keine selbständige Gewährleistung, sondern Ausprägung der in Art. 4 Abs. 1, 2 GG gewährleisteten kollektiven Religionsfreiheit[21]. **21**

Für die Gesamtbetrachtung des Bundesverfassungsgerichts spricht, dass sich Art. 140 GG/Art. 137 Abs. 2 S. 1 WRV nicht im Grundrechtsabschnitt, sondern im XI. Teil in den Übergangs- und Schlussbestimmungen des Grundgesetzes befindet. Art. 93 Abs. 1 Nr. 4a GG nennt aber enumerativ und damit abschließend diejenigen Normen außerhalb des Grundrechtsabschnittes, die im Wege der Verfassungsbeschwerde gerügt werden können. Dazu gehört Art. 140 GG nicht. Art. 140 GG/Art. 137 Abs. 2 S. 1 WRV wird damit nicht bedeutungslos, denn Art. 4 Abs. 1, 2 GG bildet nur den prozessualen Aufhänger für die Geltendmachung eines Verstoßes gegen die religiöse Vereinigungsfreiheit. Art. 140 GG/Art. 137 Abs. 2 S. 1 WRV ist daher zwar prozessual kein Grundrecht i.S.d. Art. 93 Abs. 1 Nr. 4a GG; über Art. 4 Abs. 1, 2 GG wird er aber materiell zum Maßstab der Begründetheitsprüfung[22]. **22**

14 *Ott*, DÖV 1971, 763 (763 f.).
15 *Planker*, DÖV 1997, 101 (101 f.); *Veelken*, Verbot Weltanschauungs- und Religionsgemeinschaften, S. 118.
16 *Veelken*, Verbot Weltanschauungs- und Religionsgemeinschaften, S. 101 ff.
17 *Ehlers*, in: Sachs, GG, Art. 140 Rn. 2, Art. 140/Art. 137 WRV Rn. 3; *Muckel*, Religiöse Freiheit, S. 164 f.; wohl auch *Weber*, in: Listl/Pirson, Handbuch des Staatskirchenrechts Bd. II, S. 1068 ff.
18 *Jarass*, in: Jarass/Pieroth, GG, Art. 140 Rn. 5; *Mager*, in: von Münch/Kunig, GG, Art. 4 Rn. 48; *Morlok*, in: Dreier, GG, Art. 4 Rn. 89.
19 BVerfGE 19, 129 (135).
20 BVerfGE 83, 341 (355).
21 *von Campenhausen*, in: Handbuch des Staatsrechts Bd. VII, § 157 Rn. 98; *Jeand'Heur/Korioth*, Staatskirchenrecht, Rn. 81; *Lücke*, EuGRZ 1995, 651 (652).
22 *Pieroth*, in: Jarass/Pieroth, GG, Art. 93 Rn. 128.

23 **Hinweis zum Aufbau und zur Bewertung:** Gut vertretbar ist es aber auch, Art. 140 GG/Art. 137 Abs. 2 S. 1 WRV durchgängig, unabhängig von Art. 4 Abs. 1, 2 GG als Spezialnorm zu prüfen. In der Sache, insbesondere im Hinblick auf die Schrankenproblematik, ändert sich dadurch nichts.

II. Art. 140 GG/Art. 137 Abs. 2 S. 1 WRV

24 Die Verbotsverfügung des Innenministeriums könnte gegen Art. 140 GG/Art. 137 Abs. 2 S. 1 WRV verstoßen, der die Freiheit der Vereinigung zu Religionsgemeinschaften gewährleistet.

1. Schutzbereich

25 Art. 140 GG/Art. 137 Abs. 2 S. 1 WRV „umfasst die Freiheit, aus gemeinsamem Glauben sich zu einer Religionsgesellschaft zusammenzuschließen und zu organisieren"[23]. Gleichbedeutend mit „Religionsgesellschaft" wird der Begriff der „Religionsgemeinschaft" verwendet[24].

a) Religionsgesellschaft

26 Fraglich ist, ob es sich bei der G um eine Religionsgesellschaft im Sinne von Art. 140 GG/Art. 137 Abs. 2 S. 1 WRV handelt[25]. Das Grundgesetz gibt den Begriff der Religionsgesellschaft ohne weitere Konkretisierung vor, und auch die Rechtsprechung hat noch keine griffige Definition entwickelt. Dem Problem der begrifflichen Fixierung liegt das Spannungsverhältnis zwischen Selbstbestimmung und Selbstverständnis des Grundrechtsträgers auf der einen und staatlichem Konkretisierungsprimat auf der anderen Seite zugrunde[26]. Inhaltliche Kriterien dürfen, da der Begriff angesichts einer umfassend gewährten Religionsfreiheit kein abendländisches Privileg ist[27], einerseits nicht allein an den bereits bestehenden Religionsgemeinschaften ausgerichtet sein, sondern müssen offen sein für die Besonderheiten neuer religiöser Bewegungen und nichtchristlicher Weltreligionen. Andererseits dürfen staatskirchenrechtliche Grundbegriffe nicht der Beliebigkeit preisgegeben werden, darf mithin nicht alles, was sich als religiös bezeichnet, auch als Religionsgemeinschaft anerkannt werden[28]. Vielmehr muss die Gemeinschaft „nach geistigem Gehalt und äußerem Erscheinungsbild"[29] auf einer Religion beruhen. Dies im Streitfall zu überprüfen und zu entscheiden, obliegt den Gerichten, die dabei „den von der Verfassung gemeinten oder vorausgesetzten, dem Sinn und Zweck der

23 BVerfGE 83, 341 (355).
24 *Hesse*, in: Handbuch des Staatskirchenrechts Bd. I, S. 534.
25 *Poscher*, Der Staat 39 (2000), S. 49 ff.; *Veelken*, Verbot Weltanschauungs- und Religionsgemeinschaften, S. 10 ff.
26 Vgl. etwa *Bock*, AöR 123 (1998), 444 (452 ff.); *Isak*, Selbstverständnis, S. 105 ff.; *Jeand'Heur/Korioth*, Staatskirchenrecht, Rn. 88 ff.; *Morlok*, Selbstverständnis, S. 78 ff., 442 ff.; *Muckel*, Religiöse Freiheit, S. 27 ff.
27 *Kingreen/Poscher*, Grundrechte, Rn. 610; *Müller-Volbehr*, DÖV 1995, 301 (304).
28 BVerfGE 83, 341 (353, 355 f.); *Poscher*, Der Staat, 39 (2000), S. 49 (50 f.).
29 BVerfGE 83, 341 (353).

grundrechtlichen Verbürgung entsprechenden Begriff der Religion zugrunde zu legen haben"[30]. Religion in diesem Sinne meint eine Gesamtsicht der Welt, der es um die Stellung des Menschen in dieser, seine Herkunft, sein Ziel und seine Beziehung zu höheren Mächten geht und aus der Folgerungen für die Gestaltung des Lebens gezogen werden[31].

G bezieht sich in ihrem Glauben auf den „erleuchteten E" als Quelle göttlicher Gesetze (§ 1 der Satzung), leitet aus dieser Beziehung konkrete gesellschaftliche Aufgaben ab (§ 2 S. 2 und 3 der Satzung) und ehrt den E durch Versammlungen mit Gottesdienstcharakter. Sie betätigt sich damit im Prinzip religiös. **27**

b) Ausschluss durch wirtschaftliche oder politische Betätigung

Fraglich ist aber, ob der G wegen ihrer wirtschaftlichen oder politischen Betätigung der Charakter einer Religionsgemeinschaft abzusprechen ist. Religiöse Vereinigungen können eine Vielzahl von Aktivitäten entfalten, die nicht in unmittelbarem Zusammenhang mit religiösen Aufgaben stehen, und sie können auch Stellung zu aktuellen politischen Fragen nehmen. Wirtschaftliche und politische Betätigung als solche schadet dem Charakter als Religion bzw. Religionsgemeinschaft daher grundsätzlich nicht[32]. Das Bundesverwaltungsgericht betont aber, dass das Religiöse von zentraler Bedeutung für das Bekenntnis sein und das Wesen der Bekenntnisgemeinschaft ausmachen müsse[33]. Die Pflege der Religion darf also nicht nur ein Zweck unter anderen sein, darf nicht nur Vorwand für andere, nichtreligiöse Ziele der Vereinigung sein. Anderenfalls ließen sich die Privilegierungen, die Religionsgemeinschaften etwa im Vergleich mit Wirtschaftsunternehmen oder politischen Parteien genießen, nicht rechtfertigen[34]. **28**

Es ist daher zunächst zu prüfen, ob wirtschaftliche Betätigung und Gewinnerzielung den Aktionsradius der G derart prägen, dass dahinter der religiöse Bezug zurücktritt. Neben der Höhe der Einnahmen ist dabei insbesondere entscheidend, ob die im Rahmen der wirtschaftlichen Betätigung erzielten Erlöse in einer Weise verwendet werden, die mit der vorgetragenen gemeinschaftlichen Überzeugung unvereinbar sind[35]. Der Jahresbeitrag von 3000,– Euro erscheint relativ hoch und dürfte etwa weit über dem Durchschnitt der abgeführten Kirchensteuer für Mitglieder der christlichen Kirchen liegen. Dies und der Eintritt zu den zweiwöchentlichen Versammlungen spricht eher dafür, dass das Interesse an der Verbreitung und Vertiefung des Glaubens hinter dem Aspekt der Erlöserzielung zurücktritt. Doch dürfte dies hier keine entscheidende Bedeutung haben. Der finanzielle Bedarf kleinerer und neuer Religionsgemeinschaften kann in Einzelfällen weitaus größer sein als der christlicher Kirchen, zumal die G keinerlei Kirchensteuern erhält, sich also selbst finanzieren muss und dabei auch nicht auf die staatliche Infrastruktur zurückgreifen kann. Wie die G ihre Finanzverhältnisse im Einzelnen gestaltet, hat sie **29**

---

30 BVerfGE 83, 341 (353).

31 BAGE 79, 319 (338); BVerwGE 90, 112 (115); *Isak*, Selbstverständnis, S. 281 ff.; *Kästner*, AöR 123 (1998), 408 (409 ff.); *Morlok*, in: Dreier, GG, Art. 4 Rn. 60; *Starck*, in: von Mangoldt/Klein/Starck, GG, Art. 4 Abs. 1, 2 Rn. 33.

32 BVerwGE 37, 344 (362 f.); 90, 112 (118).

33 BVerwGE 61, 152 (156); vgl. ferner *Badura*, Schutz von Religion, S. 55 f.; *Muckel*, Religiöse Freiheit, S. 132 ff.

34 *Pieroth/Kingreen*, NVwZ 2001, 841 (843).

35 *Veelken*, Verbot Weltanschauungs- und Religionsgemeinschaften, S. 54 ff.

daher kraft ihres Selbstbestimmungsrechts grundsätzlich selbst zu entscheiden[36]. Außerdem kann gerade die Höhe der Beiträge auch als Voraussetzung dafür angesehen werden, dass sich die Anhänger der G bewusst für ihre Gemeinschaft entscheiden. Entscheidend dürfte daher vielmehr die Verwendung der Mittel sein, und diese sollen nach § 4 S. 3 der Satzung allein im Sinne der Gemeinschaft verwendet werden. Problematisch könnte allenfalls noch die Unnachgiebigkeit gegenüber säumigen Schuldnern (§ 4 S. 4 und 5 der Satzung) sein. Dies lässt daran zweifeln, ob sich die G wirklich um jede Seele bemühen will; möglicherweise kommt es ihr vielmehr darauf an, zahlungskräftige Mitglieder zu rekrutieren. Allerdings gehört zu den Ideen der G, dass Geldmangel i.d.R. die Ursache mangelnden Fleißes ist, der für die G zentrale Bedeutung besitzt (§ 2 S. 2 der Satzung). Überdies räumt die Glaubensgemeinschaft den Gläubigen die Möglichkeit ein, den Beitrag durch Arbeitsleistung zu erbringen; die insoweit abzuleistende Arbeitszeit dürfte bei 3000,– Euro Jahresbeitrag und einer Vergütung von 12,– Euro/Stunde mit ca. fünf Stunden pro Woche im Vergleich zu anderen Glaubensgemeinschaften noch nicht einmal unverhältnismäßig hoch liegen. Die Art der Finanzierung und der Umgang der G mit ihren Anhängern ändert daher am Charakter der G als Religionsgemeinschaft nichts.

30 Ferner ist zu überlegen, ob die Eigenschaft der G durch ihr politisches Engagement ausgeschlossen sein kann. Dem Sachverhalt ist hier nur zu entnehmen, dass die G jedenfalls auch Stellung zu allgemeinpolitischen Fragen nimmt. Es ist aber nicht ersichtlich, dass dies zum Schwerpunkt der Aktivitäten der G gehört; sie geht vielmehr über die allgemeine Inanspruchnahme des Öffentlichkeitsanspruches, der auch das Engagement im politischen Raum einschließt[37], nicht hinaus.

c) Verfassungsrechtliche Loyalitätspflicht als Schutzbereichsbegrenzung

31 Fraglich ist schließlich, welche Auswirkungen die möglicherweise verfassungsfeindlichen Tendenzen der G auf die Bestimmung des Begriffs der Religionsgemeinschaft haben. Hier wird vereinzelt vertreten, der Schutz beschränke sich auf solche Religionsgemeinschaften, deren Lehren und Praktiken im Einklang mit dem Grundgesetz stehen[38]. Dies umgeht die dogmatische Schwierigkeit, dass Religionsfreiheit und die Freiheit der religiösen Vereinigung nach dem Verfassungstext vorbehaltlos gewährleistet sind. Doch gerade darin besteht das Problem einer Eingrenzung des Schutzbereiches durch eine Loyalitätspflicht: Bei konfliktträchtigen neuen Formen der Religionsausübung können die strengen Rechtfertigungsanforderungen durch eine Ausgrenzung einer Religion aus dem Schutzbereich umgangen werden[39]. Damit wird die differenzierte Systematik der Schrankenanforderungen, und zwar hier besonders der Vorschriften, die Fragen der Verfassungstreue (etwa Art. 5 Abs. 3 S. 2, 9 Abs. 2, 18, 21 Abs. 2 GG) speziell regeln, konterkariert. Eine mögliche Verfassungsfeindlichkeit der G wird damit nicht irrelevant, doch kann sie allein auf der Ebene der Eingriffsrechtfertigung eine Rolle

36 BVerwGE 90, 112 (116).
37 BVerwGE 37, 344 (362 f.); *Veelken*, Verbot Weltanschauungs- und Religionsgemeinschaften, S. 61 f.
38 *Obermayer*, ZevKR 27 (1982), 253 (261); vgl. auch *Poscher*, KritV 2002, 298 (304 f.).
39 Allgemein zu diesem Problem etwa *Kingreen/Poscher*, Grundrechte, Rn. 376 ff.

spielen[40]. Die eingreifende Staatsgewalt wird so gezwungen, ihr Handeln konkret an entgegenstehenden Verfassungsgütern zu legitimieren[41]. Auch das früher verwendete Kriterium der „Kulturadäquanz", das auf die Anschauungen der „heutigen Kulturvölker"[42] abgestellt hat, hat das Bundesverfassungsgericht mittlerweile ausdrücklich aufgegeben[43].

Hinweis zum Aufbau: Davon zu trennen ist die Frage, ob Religionsgemeinschaften zur Erlangung des Körperschaftsstatus (Art. 140 GG/Art. 137 Abs. 5 S. 2 WRV) eine gewisse Staatsloyalität nachweisen müssen[44]. **32**

Ob es bei der Frage der Grundrechtsträgerschaft juristischer Personen im Rahmen des Art. 4 Abs. 1, 2 GG eines Rückgriffs auf Art. 19 Abs. 3 GG bedarf, ist umstritten[45]. Ihre Grundrechtsträgerschaft ist jedenfalls dann zu bejahen, „wenn ihr Zweck die Pflege oder Förderung eines religiösen oder weltanschaulichen Bekenntnisses ist"[46]. Dies ist bei der G, wie oben dargelegt[47], der Fall, ein Streitentscheid mithin entbehrlich. Die G ist also eine Religionsgemeinschaft im Sinne des Art. 140 GG/Art. 137 Abs. 2 S. 1 WRV. Der Schutzbereich ist damit berührt. **33**

2. Eingriff

Ein Eingriff ist jedes dem Staat zurechenbare Handeln, das dem Grundrechtsträger die Wahrnehmung seines Grundrechts innerhalb des Schutzbereichs rechtlich oder faktisch ganz oder teilweise unmöglich macht[48]. Die Verbotsverfügung des Innenministers und die verwaltungsgerichtlichen Entscheidungen lösen die G auf und hindern ihre Mitglieder an der Wahrnehmung ihrer Freiheit zu religiöser Vereinigung. Somit liegt ein Eingriff vor. **34**

3. Verfassungsrechtliche Rechtfertigung

Der Eingriff ist verfassungsrechtlich gerechtfertigt, wenn die Freiheit der religiösen Vereinigung einschränkbar ist, der Eingriff auf einer verfassungsmäßigen Eingriffsgrundlage beruht und diese im konkreten Fall auch verfassungsmäßig ausgelegt und angewandt worden ist. **35**

Hinweis zum Aufbau: Die verfassungsrechtliche Rechtfertigung ist der regelmäßig umfangreichste und fehlerträchtigste Prüfungspunkt. Dabei ist es wichtig, zwischen **36**

40 *Fehlau*, JuS 1993, 441 (444 f.); *Muckel*, Religiöse Freiheit, S. 208.
41 *Pieroth/Kingreen*, NVwZ 2001, 841 (843).
42 BVerfGE 12, 1 (4).
43 BVerfGE 41, 29 (50); vgl. auch *Hassemer/Hömig*, EuGRZ 1999, 525 (526); *Jeand'Heur/Korioth*, Staatskirchenrecht, Rn. 95 ff.
44 So BVerwGE 105, 117 (122); dagegen etwa *Huster*, JuS 1998, 117 ff.
45 So implizit BVerfGE 105, 279 (293); *von Campenhausen*, in: Handbuch des Staatsrechts, Bd. VII, § 157 Rn. 98; dagegen: *Listl*, in: Handbuch des Staatskirchenrechts, Bd. I, S. 461.
46 BVerfGE 105, 279 (293); ferner: BVerfGE 70, 138 (160 f.); 99, 100 (118).
47 Siehe unter B. II. 1 (Rn. 25 ff.).
48 Vgl. *Kingreen/Poscher*, Grundrechte, Rn. 294.

Maßnahmen der Exekutive und Judikative auf der einen und solchen der Legislative auf der anderen Seite zu differenzieren:

- Bei Exekutiv- und Judikativakten bedarf es (1) einer verfassungsrechtlichen Eingriffsermächtigung (Gesetzesvorbehalt oder kollidierendes Verfassungsrecht[49]), (2) eines formell (Gesetzgebungskompetenz, Gesetzgebungsverfahren) und materiell (insbesondere und im Wesentlichen: Grundsatz der Verhältnismäßigkeit) verfassungsgemäßen Gesetzes (kein Eingriff ohne Gesetz – auch bei den Grundrechten ohne Gesetzesvorbehalt!) und (3) der verfassungsgemäßen Anwendung im Einzelfall durch die Verwaltung/das Gericht.
- Bei Gesetzen hingegen muss (1) ebenfalls geprüft werden, ob es eine verfassungsrechtliche Eingriffsermächtigung gibt und (2) ob das Gesetz formell und materiell (insbesondere und im Wesentlichen: Grundsatz der Verhältnismäßigkeit) verfassungsgemäß ist. Der dritte Schritt hingegen entfällt naturgemäß.

a) Verfassungsrechtliche Eingriffsermächtigung

37 Art. 140 GG/Art. 137 Abs. 2 S. 1 WRV selbst enthält keinen Gesetzesvorbehalt. Die verfassungsrechtliche Beschränkungsgrundlage kann sich aber aus anderen Verfassungsnormen ergeben. Zu denken ist an Art. 9 Abs. 2 GG, Art. 140 GG/Art. 137 Abs. 3 S. 1 WRV sowie Art. 140 GG/Art. 136 Abs. 1 WRV.

aa) Art. 9 Abs. 2 GG

38 Fraglich ist, ob Art. 9 Abs. 2 GG auch auf Religionsgemeinschaften anwendbar und damit als Grundlage für eine Einschränkung der religiösen Vereinigungsfreiheit in Betracht kommt.

39 Dies wird mit dem Argument bejaht, bei Art. 9 Abs. 2 GG handele es sich um einen Verbotstatbestand für Vereinigungen aller Art[50]. Ziel sei die Wahrung zentraler, für den Bestand des Staates und seiner Einordnung in die Völkergemeinschaft unverzichtbarer Verfassungsgüter. Insoweit setze Art. 9 Abs. 2 GG dem Wirken von Vereinigungen ohne Rücksicht auf Art und Inhalt ihrer Tätigkeit äußerste, nicht ohne Gefahr für ihre Existenz überschreitbare Grenzen[51]. Tatsächlich unterscheidet Art. 9 Abs. 2 GG nach seinem Wortlaut nicht zwischen religiösen und nichtreligiösen Vereinigungen. Gegen eine Anwendung auf die religiöse Vereinigungsfreiheit sprechen indes systematische Argumente: Wenn der Verfassungstext die allgemeine Vereinigungsfreiheit unter einen solchen Vorbehalt stellt, die religiöse Vereinigungsfreiheit aber gerade ausdrücklich und separiert von der allgemeinen Vereinigungsfreiheit erwähnt, ohne ihr eine Schranke anzufügen, so kann daraus nur der Schluss gezogen werden, dass Art. 140 GG/Art. 137

49 *Jarass*, in: Jarass/Pieroth, GG, Vorb. vor Art. 1 Rn. 38 ff.

50 So BT-Drs. 14/7026, S. 6; BVerwG, NVwZ 2003, 986 (987); BVerwG, JZ 2007, 144 (145); vgl. auch *Planker*, DÖV 1997, 101 (104); *Schmieder*, VBlBW 2002, 146 (149).

51 BVerwG, JZ 2007, 144 (145); in diesem Sinne auch BVerwGE 37, 344 (364 f.); 105, 117 (121); *Ehlers*, in: Sachs, GG, Art. 140 GG/Art. 137 WRV Rn. 20; *Kokott*, in: Sachs, GG Art. 4 Rn. 150; *Listl*, in: Handbuch des Staatskirchenrechts Bd. I, S. 465; *Starck*, in: von Mangoldt/Klein/Starck, GG, Art. 4 Abs. 1, 2 Rn. 93.

Abs. 2 WRV lex specialis zu Art. 9 Abs. 1 GG ist[52]. Diese grundgesetzlich vorgegebene Differenzierung wird nivelliert, wenn auch die religiöse Vereinigungsfreiheit Art. 9 Abs. 2 GG unterworfen wird[53].

Gegen eine Übertragung der Schranke des Art. 9 Abs. 2 GG auf Art. 140 GG/Art. 137 Abs. 2 S. 1 WRV spricht zudem der systematische Abgleich mit Art. 21 GG, der überwiegend als lex specialis zur allgemeinen Vereinigungsfreiheit verstanden wird[54] und in Art. 21 Abs. 2 GG spezielle Anforderungen an ein Verbotsverfahren enthält. Daraus erhellt, dass das Grundgesetz Sonderregelungen für besondere Vereinigungen kennt, auf die die Vorschriften der allgemeinen Vereinigungsfreiheit nicht anwendbar sind[55]. Die Übertragung des Art. 9 Abs. 2 GG auf Art. 140 GG/Art. 137 Abs. 2 S. 1 WRV würde hier nämlich dazu führen, dass Art. 140 GG/Art. 137 Abs. 2 S. 1 WRV gegenüber Art. 9 Abs. 1 GG nur noch deklaratorische Wirkung hätte, und liefe damit auf eine sonst allgemein abgelehnte Schrankenübertragung[56] hinaus, die die speziellen Schrankenregelungen der Einzelgrundrechte umginge[57]. Zwar kennt das Grundgesetz Regelungen, die nicht auf ein Grundrecht beschränkt sind, sondern für alle Grundrechte gelten sollen. Doch befinden sich diese Regelungen jeweils in separaten Normen, beziehen sich zum Teil ausdrücklich auf einzelne Grundrechte (Art. 17a, 18 GG) oder gelten allgemein für alle Grundrechte (Art. 19 GG); jedenfalls befinden sie sich nicht innerhalb eines Grundrechts[58]. **40**

Gegen die hier vertretene Ansicht spricht schließlich auch nicht die Abschaffung des ursprünglich in § 2 Abs. 2 Nr. 3 VereinsG enthaltenen „Religionsprivilegs“ durch das Erste Gesetz zur Änderung des Vereinsgesetzes vom 4. Dezember 2001[59]. Denn daraus folgt nur, dass die Eingriffsgrundlagen des Vereinsgesetzes (insbesondere § 3) nunmehr auch für Religionsgesellschaften gelten. Die von Verfassungs wegen zwingende Differenzierung zwischen Religionsgesellschaften und sonstigen Vereinigungen wird dadurch aber nicht berührt. Art. 9 Abs. 2 GG ist daher keine taugliche Ermächtigungsgrundlage für Eingriffe in die religiöse Vereinigungsfreiheit (Art. 140 GG/Art. 137 Abs. 2 S. 1 WRV)[60]. **41**

Hinweis zur Bewertung: Die Gegenansicht, die Art. 9 Abs. 2 GG auch auf Religionsgemeinschaften anwendet, ist mit der entsprechenden Argumentation vertretbar! **42**

52 *Bauer*, in: Dreier, GG, Art. 9 Rn. 24, 43; *Ehlers*, in: Sachs, GG, Art. 140 GG/Art. 137 WRV Rn. 3; *Kemper*, in: von Mangoldt/Klein/Starck, GG, Art. 9 Abs. 1 Rn. 69; implizit auch BVerfGE 83, 341 (354 ff.).
53 *Michael*, JZ 2002, 482 (484); *Pieroth/Kingreen*, NVwZ 2001, 841 (844).
54 Vgl. *Pieroth*, in: Jarass/Pieroth, GG, Art. 21 Rn. 5.
55 *Pieroth/Kingreen*, NVwZ 2001, 841 (844).
56 Vgl. *Kingreen/Poscher*, Grundrechte, Rn. 370 ff.
57 *Pieroth/Kingreen*, NVwZ 2001, 841 (844).
58 *Veelken*, Verbot Weltanschauungs- und Religionsgemeinschaften, S. 168 f.
59 BGBl. I 2001, S. 3319.
60 So auch *Groh*, KritV 2002, 39 (39 f.); *dies.*, Selbstschutz der Verfassung gegen Religionsgemeinschaften, S. 208 ff.; *Hollerbach*, JZ 1997, 1117 (1118); *Jarass*, in: Jarass/Pieroth, GG, Art. 9 Rn. 2; *Veelken*, Verbot Weltanschauungs- und Religionsgemeinschaften, S. 170.

bb) Art. 140 GG/Art. 136 Abs. 1 WRV

43 Als mögliche Eingriffsermächtigung wird darüber hinaus Art. 140 GG/Art. 136 Abs. 1 WRV diskutiert. Der Vorbehalt der bürgerlichen und staatsbürgerlichen Pflichten umfasse sämtliche allgemeinen Rechtspflichten, die durch die Religionsfreiheit nicht bedingt, d.h. als Schranken zu lesen seien[61]. Auch das Bundesverfassungsgericht betont, dass Art. 136 Abs. 1 WRV von Art. 4 Abs. 1, 2 GG „überlagert" werde und sich daher die Frage, „welche staatsbürgerlichen Pflichten im Sinne des Art. 136 Abs. 1 WRV gegenüber dem Freiheitsrecht des Art. 4 Abs. 1 GG mit staatlichem Zwang durchgesetzt werden dürfen, [...] unter der Herrschaft des Grundgesetzes *nur* nach Maßgabe der in Art. 4 Abs. 1 GG getroffenen Wertentscheidung"[62] feststellen lasse. Wenn man zu den staatsbürgerlichen Rechten und Pflichten auch die allgemeine Pflicht zum Gesetzesgehorsam zählt, führt das zu sehr weitgehenden Einschränkungsmöglichkeiten der Religionsfreiheit[63]. Historisch erscheint die Lesart des Art. 136 Abs. 1 WRV als Schranke indes problematisch, weil die Vorschrift nach den Erfahrungen des Kulturkampfes die Religionsfreiheit nicht beschränken, sondern stärken wollte[64]. Gegen die Anwendbarkeit des Art. 136 Abs. 1 WRV spricht auch die verfassungsrechtliche Genese. Anders als die Vorgängernorm Art. 135 WRV enthält Art. 4 GG gerade keinen Gesetzesvorbehalt; eine zunächst vorgesehene Schrankenregelung wurde sogar ausdrücklich verworfen[65]. Gestützt wird dies durch die Tatsache, dass Art. 4 Abs. 1, 2 GG neben der Religions- auch die Gewissensfreiheit schützt, Art. 136 Abs. 1 WRV aber nur die Religionsfreiheit erfasst. Das hätte die sachlich kaum zu rechtfertigende Konsequenz, dass die Gewissensfreiheit in Art. 4 Abs. 1, 2 GG stärker geschützt würde als die Religionsfreiheit[66]. Systematisch ist schließlich zweifelhaft, ob sich Art. 136 Abs. 1 WRV überhaupt auf die in Art. 137 WRV gewährleisteten kollektiven Formen der Religionsfreiheit beziehen kann.

cc) Art. 140 GG/Art. 137 Abs. 3 S. 1 WRV

44 Denkbar wäre schließlich, in Art. 140 GG/Art. 137 Abs. 3 S. 1 WRV eine taugliche Ermächtigungsgrundlage für ein Verbot religiöser Vereinigungen zu sehen. Anknüpfungspunkt ist das in Art. 137 Abs. 3 S. 1 WRV genannte Merkmal „innerhalb der Schranken des für alle geltenden Gesetzes", dem teilweise auch Art. 9 Abs. 2 GG zugeordnet wird[67]. Art. 137 Abs. 2 S. 1 WRV verweist aber gerade nicht auf diese Schranken, die sich nach Wortlaut und Systematik allein auf das Selbstbestimmungsrecht in Art. 137 Abs. 3 WRV, nicht aber auf die davon zu unterscheidende Vereinigungsfreiheit beziehen[68].

61 *Jarass*, in: Jarass/Pieroth, GG, Art. 4 Rn. 32; *Muckel*, Religiöse Freiheit, S. 225 ff.; *Starck*, in: von Mangoldt/Klein/Starck, GG, Art. 4 Abs. 1, 2 Rn. 87 ff.

62 BVerfGE 33, 23 (30 f.).

63 Ablehnend daher *Fehlau*, JuS 1993, 441 (446); *Fleischer*, Religionsbegriff, S. 255; *Veelken*, Verbot Weltanschauungs- und Religionsgemeinschaften, S. 191.

64 *Isak*, Selbstverständnis, S. 255.

65 *Goerlich*, Glaubens- und Religionsfreiheit, S. 221; *Pieroth/Kingreen*, NVwZ 2001, 841 (844 f.).

66 *Pieroth/Kingreen*, NVwZ 2001, 841 (845).

67 *Planker*, DÖV 1997, 101 (105).

68 *Fleischer*, Religionsbegriff, S. 32 f.; *Sachs*, JuS 2004, 12 (14); *Veelken*, Verbot Weltanschauungs- und Religionsgemeinschaften, S. 183.

dd) Grundrechte Dritter

Da Art. 140 GG/Art. 137 Abs. 2 WRV mithin keinem, auch keinem aus anderen Verfassungsnormen ableitbaren, Gesetzesvorbehalt unterliegt, können Eingriffe nur unter den auch für andere vorbehaltlose Grundrechte geltenden, erschwerten Voraussetzungen gerechtfertigt werden: Sie sind allein zum Schutz kollidierender Grundrechte Dritter und anderer mit Verfassungsrang ausgestatteter Rechtswerte zulässig..[69] **45**

Hinweis zum Aufbau: Bei diesem ersten Prüfungspunkt der verfassungsrechtlichen Rechtfertigung genügt es, abstrakt darauf hinzuweisen, dass der Schutz der Grundrechte Dritter eine mögliche (aber eben die einzige) Eingriffsgrundlage ist. Welche Grundrechte in Betracht kommen und ob diese den Eingriff tatsächlich legitimieren, ist dann erst eine Frage der Verfassungsmäßigkeit des Gesetzes bzw., und meistens erst, eine solche der verfassungsgemäßen Anwendung des Gesetzes im Einzelfall (vgl. daher entsprechend unten c). Hier kann dann insbesondere im Rahmen der Verhältnismäßigkeitsprüfung und dort beim legitimen Zweck darauf hingewiesen werden, dass als solcher nur der Schutz der Grundrechte Dritter und nicht, wie sonst, alle Zwecke in Betracht kommen, deren Verfolgung nicht verboten ist. **46**

b) Verfassungsmäßige Eingriffsgrundlage

Der Gesetzesvorbehalt gilt auch für schrankenlose Grundrechte. Es bedarf daher eines Gesetzes, das die wesentlichen Eingriffsvoraussetzungen in einer der Eingriffsintensität angemessenen Regelungsdichte enthält. Der Gesetzgeber ist verpflichtet, „die Schranken der widerstreitenden Freiheitsgarantien jedenfalls so weit selbst zu bestimmen, wie sie für die Ausübung dieser Freiheitsrechte wesentlich sind“[70]. Einfachgesetzliche Eingriffsgrundlage für das Verbot von Vereinen ist § 3 VereinsG. Nach Wegfall des zuvor in § 2 Abs. 2 Nr. 3 VereinsG geregelten Religionsprivilegs werden nunmehr grundsätzlich auch Religionsgemeinschaften vom Vereinsbegriff erfasst und damit dem Verbotstatbestand des § 3 VereinsG unterstellt. An der Verfassungsmäßigkeit dieser Norm bestehen keine Zweifel. **47**

c) Verfassungsmäßige Anwendung der Eingriffsgrundlage

Der Innenminister und die Gerichte müssten die Verbotsnorm des § 3 VereinsG verfassungsmäßig ausgelegt und angewandt haben. Das Bundesverfassungsgericht beschränkt sich dabei auf die Prüfung „spezifischen Verfassungsrechts“[71]. Es überprüft Auslegung und Anwendung einfachen Gesetzesrechts demgemäß nur darauf, „ob sie Auslegungsfehler enthalten, die auf einer grundsätzlich unrichtigen Anschauung von der Bedeutung des betreffenden Grundrechts, insbesondere vom Umfang seines Schutzbereichs, beruhen“[72]. Das ist dann der Fall, „wenn die von den Fachgerichten vorgenommene Aus- **48**

---

69 BVerfGE 28, 243 (261); 33, 23 (29); 83, 130 (139); 84, 212 (228); 94, 268 (284); *Hassemer/Hömig*, EuGRZ 1999, 525 (528); *Lücke*, EuGRZ 1995, 651 (656).
70 BVerfGE 83, 130 (142); ferner BVerwGE 90, 112 (122 f.).
71 Vgl. dazu *Kingreen/Poscher*, Grundrechte, Rn. 1340 ff.
72 BVerfGE 85, 248 (257 f.); vgl. auch BVerfGE 89, 276 (285); 95, 96 (128).

legung der Norm die Tragweite des Grundrechts nicht hinreichend berücksichtigt oder im Ergebnis zu einer unverhältnismäßigen Beschränkung der grundrechtlichen Freiheit führt"[73].

49 Das Verbot der G könnte sich darauf stützen, dass die Verbotsbehörde die Religionsfreiheit (Art. 4 Abs. 1, 2 GG) der Mitglieder der G sowie anderer Religionsgemeinschaften schützt. Anknüpfen könnte man insbesondere an die in der Satzung der G enthaltenen Passage, man wolle nach den Gesetzen des erleuchteten E – des einzig wahren Herrschers auf Erden – leben (vgl. § 1 S. 1 und 2), und der Erklärung der „gottlosen" christlichen Kirchen zu Feinden der G, deren Anhänger keine Menschen- oder Bürgerrechte genießen sollten und deren Präsenz im öffentlichen Leben nicht göttlich gewollt sei (vgl. § 3).

50 Bei der Prüfung der Verbotsvoraussetzungen ist allerdings „der besondere Rang der Religionsfreiheit und deren enger Bezug zur Menschenwürde gebührend" zu berücksichtigen. Das Verbot einer Religionsgemeinschaft ist nur gerechtfertigt, wenn es sich auch nach Abwägung mit dem verfassungsrechtlichen Schutz dieser Vereinigungen zur Wahrung der angegriffenen Verfassungsgüter als unerlässlich erweist[74]. Auch deshalb setzen Verbote von Vereinigungen ganz allgemein eine kämpferisch-aggressive Haltung gegenüber der bestehenden Ordnung voraus[75]. Solange demnach eine religiöse Vereinigung lediglich in ihrer Satzung Auffassungen vertritt, die nicht mit der Verfassung übereinstimmen (Demokratieprinzip, Toleranz, Freiheit und Gleichheit), machen ihre Mitglieder von ihrer Meinungsfreiheit Gebrauch, die sie ebenso wenig wie die Religionsfreiheit zur Verfassungstreue verpflichtet[76].

51 Für eine Auflösung besteht auch kein Bedürfnis. Verhaltensweisen einzelner Mitglieder, die die Ausübung der Religionsfreiheit durch die eigenen Mitglieder oder Mitglieder anderer Religionsgemeinschaften beeinträchtigen, kann mit den bewährten Mitteln des Strafrechts und des allgemeinen Polizei- und Ordnungsrechts begegnet werden, ohne dass es dazu einer Verbotsverfügung gegen die gesamte Vereinigung bedürfte[77]. Der Eingriff ist daher unverhältnismäßig, so dass die Verbotsverfügung des Innenministeriums und die sie bestätigenden verwaltungsgerichtlichen Entscheidungen die G in ihrem Recht aus Art. 140 GG/Art. 137 Abs. 2 S. 1 WRV verletzen.

III. Art. 9 Abs. 1 GG

52 Art. 9 Abs. 1 GG ist lex generalis gegenüber der durch Art. 140 GG/Art. 137 Abs. 2 S. 1 WRV garantierten religiösen Vereinigungsfreiheit und tritt daher zurück[78].

---

73 BVerfGE 85, 248 (258).

74 BVerwG, JZ 2007, 144 (145); vgl. auch BVerfG, NJW 2004, 47 (48).

75 Vgl. zu Art. 9 Abs. 2 GG BVerwGE 37, 344 (358 f.); 61, 218 (220); *Jarass*, in: Jarass/Pieroth, GG, Art. 9 Rn. 19.

76 *Isensee*, Essener Gespräche zum Thema Staat und Kirche 19 (1985), 111 (143); *Muckel*, Religiöse Freiheit, S. 207 f.

77 *Pieroth/Kingreen*, NVwZ 2001, 841 (845 f.); vgl. auch BVerwGE 80, 299 (306 ff.).

78 Vgl. oben I (Rn. 19 ff.).

IV. Zwischenergebnis

Aufgrund der Verletzung von Art. 140 GG/Art. 137 Abs. 2 S. 1 WRV ist G zugleich in ihrem Grundrecht aus Art. 4 Abs. 1, 2 GG verletzt. Daher ist die Verfassungsbeschwerde begründet. **53**

C. Ergebnis

Die Verfassungsbeschwerde der G ist zulässig und begründet. Sie hat somit Aussicht auf Erfolg. **54**

Literaturverzeichnis

Badura, Peter	Der Schutz von Religion und Weltanschauung durch das Grundgesetz – Verfassungsfragen zur Existenz und Tätigkeit der neuen „Jugendreligionen“, Tübingen 1989	**55**
Bock, Wolfgang	Die Religionsfreiheit zwischen Skylla und Charybdis, in: AöR 123 (1998), S. 444 ff.	
von Campenhausen, Axel	Religionsfreiheit, in: J. Isensee/P. Kirchhof (Hrsg.), Handbuch des Staatsrechts Bd. VII, Heidelberg 2009, § 157	
Dreier, Horst (Hrsg.)	Grundgesetz, Kommentar Bd. I, 3. Aufl., Tübingen 2013	
Fehlau, Meinhard	Die Schranken der freien Religionsausübung, in: JuS 1993, S. 441 ff.	
Fleischer, Thomas	Der Religionsbegriff des Grundgesetzes – Zugleich ein Beitrag zur Diskussion über die „neuen Jugendreligionen“, Bochum 1989	
Goerlich, Helmut	Glaubens- und Religionsfreiheit in „Zeiten des Multikulturalismus“ in völker-, europa- und verfassungsrechtlicher Sicht – oder vom Staatskirchenrecht zu einem allgemeinen Religionsrecht?, in: C. Enders/M. Kahlo (Hrsg.), Toleranz als Ordnungsprinzip? – Die moderne Bürgergesellschaft zwischen Offenheit und Selbstaufgabe, 2007, S. 207 ff.	
Groh, Kathrin	Das Religionsprivileg des Vereinsgesetzes, in: KritV 2002, S. 39 ff.	
dies.	Selbstschutz der Verfassung gegen Religionsgemeinschaften – Vom Religionsprivileg des Vereinsgesetzes zum Vereinigungsverbot, Berlin 2004	
Hartmann, Bernd J.	Die Möglichkeitsprüfung im Prozessrecht der Verfassungsbeschwerde, in: JuS 2003, S. 897 ff.	
Hassemer, Winfried/ Hömig, Dieter	Die Rechtsprechung des Bundesverfassungsgerichts im Bereich der Bekenntnisfreiheit, in: EuGRZ 1999, S. 525 ff.	

Hesse, Konrad	Das Selbstbestimmungsrecht der Kirchen und Religionsgemeinschaften, in: J. Listl/D. Pirson (Hrsg.), Handbuch des Staatskirchenrechts Bd. I, 2. Aufl. Berlin 1994, § 17
Hollerbach, Alexander	Anmerkung zum Urteil des BVerwG vom 26.6.1997 – 7 C 11.96 (OVG Berlin), in: JZ 1997, S. 1117 ff.
Huster, Stefan	Körperschaftsstatus unter Loyalitätsvorbehalt? – BVerwG, NJW 1997, 2396, in: JuS 1998, S. 117 ff.
Isak, Axel	Das Selbstverständnis der Kirchen und Religionsgemeinschaften und seine Bedeutung für die Auslegung staatlichen Rechts, Berlin 1994
Isensee, Josef	[Diskussionsbeitrag], in: Essener Gespräche zum Thema Staat und Kirche 19 (1985), S. 111 ff.
Jarass, Hans D./ Pieroth, Bodo	Grundgesetz für die Bundesrepublik Deutschland. Kommentar, 15. Aufl., München 2018
Jeand'Heur, Bernd/ Korioth, Stefan	Grundzüge des Staatskirchenrechts, Stuttgart 2000
Kästner, Karl-Hermann	Das Grundrecht auf Religions- und Weltanschauungsfreiheit in der neueren höchstrichterlichen Rechtsprechung, in: AöR 123 (1998), S. 408 ff.
Kingreen, Thorsten/ Poscher, Ralf	Grundrechte. Staatsrecht II, 34. Aufl., Heidelberg 2018
Listl, Joseph	Glaubens-, Bekenntnis- und Kirchenfreiheit, in: J. Listl/D. Pirson (Hrsg.), Handbuch des Staatskirchenrechts Bd. I, 2. Aufl. Berlin 1994, § 14
Lücke, Jörg	Zur Dogmatik der kollektiven Glaubensfreiheit – Eine Neubestimmung des Verhältnisses von Kirche und Staat am Beispiel des staatlichen Rechtsschutzes gegenüber Maßnahmen der Religionsgesellschaften, in: EuGRZ 1995, S. 651 ff.
Michael, Lothar	Verbote von Religionsgemeinschaften, in: JZ 2002, S. 482 ff.
Mangoldt, Hermann von/ Klein, Friedrich/Starck, Christian (Begr./Hrsg.)	Kommentar zum Grundgesetz Bd. I, 7. Aufl., München 2018
Morlok, Martin	Selbstverständnis als Rechtskriterium, Tübingen 1993
Muckel, Stefan	Religiöse Freiheit und staatliche Letztentscheidung – Die verfassungsrechtlichen Garantien religiöser Freiheit unter veränderten gesellschaftlichen Verhältnissen, Berlin 1997
Müller-Volbehr, Jörg	Das Grundrecht der Religionsfreiheit und seine Schranken, in: DÖV 1995, S. 301 ff.
Münch, Ingo von/ Kunig, Philip (Hrsg.)	Grundgesetz-Kommentar Bd. I und II, 6. Aufl., München 2012
Obermayer, Klaus	Die Schranken des Grundrechts der Religionsfreiheit – Anmerkungen zu einigen aktuellen Problemen, in: ZevKR 27 (1982), S. 253 ff.
Ott, Sieghart	Zur politischen Betätigung von Religionsgesellschaften und Weltanschauungsgemeinschaften – Bemerkungen zum Urteil des BVerwG vom 23.3.1971, in: DÖV 1971, S. 763 ff.

Pieroth, Bodo/ Kingreen, Thorsten	Das Verbot von Religions- und Weltanschauungs-gemeinschaften, in: NVwZ 2001, S. 841 ff.
Planker, Markus	Das Vereinsverbot – einsatzbereites Instrument gegen verfassungsfeindliche Glaubensgemeinschaften? in: DÖV 1997, S. 101 ff.
Poscher, Ralf	Totalität – Homogenität – Zentralität – Konsistenz. Zum verfassungsrechtlichen Begriff der Religionsgemeinschaft, in: Der Staat 39 (2000), S. 49 ff.
ders.	Vereinsverbote gegen Religionsgemeinschaften? – Die Abschaffung des Religionsprivilegs im Vereinsgesetz als Akt unbewusster symbolischer Gesetzgebung, in: KritV 2002, S. 298 ff.
Sachs, Michael (Hrsg.)	Grundgesetz, Kommentar, 8. Aufl., München 2018
Schmieder, Sandra	Der Schutz religiös-weltanschaulicher Vereinigungen – die Abschaffung des Religionsprivilegs, in: VBlBW 2002, S. 146 ff.
Veelken, Sebastian	Das Verbot von Weltanschauungs- und Religions-gemeinschaften, Münster 1999
Weber, Hermann	Rechtsschutz der Kirchen durch staatliche Gerichte, in: J. Listl/D. Pirson (Hrsg.), Handbuch des Staatskirchenrechts Bd. II, 2. Aufl. Berlin 1995, § 72

Hausarbeit 3

Bierdosen-Flashmob für die Freiheit

von Bernd J. Hartmann und Tobias Welzel

1 Torsten Dondrup (T) ist politisch engagiert und teilt diese Leidenschaft mit zwei Freunden aus seiner Skatrunde. Für den 10. Dezember plant T eine öffentliche Demonstration auf dem Marienplatz in Beilfeld. Der Marienplatz liegt am südlichen Ende der Fußgängerzone zentral in der Stadt, umrandet von verschiedenen Geschäften, Cafés, Bars, Arztpraxen, einem Supermarkt, einem Kino und ist mit mehreren Sitzbänken zur Erholung versehen und allgemein für den Publikumsverkehr geöffnet. Der Marienplatz ist in der Innenstadt der einzige größere Platz. Den Rest der Fußgängerzone prägen enge, verschachtelte Gassen mit vielfach leerstehenden Ladenlokalen. Der Platz und die angrenzenden Grundstücke stehen im Eigentum der Konsum-GmbH (K-GmbH). Die K-GmbH befindet sich zu 100 Prozent in privater Hand. Die K-GmbH hat im Ort und im Internet verbreitet, dass sie keine politischen Demonstrationen auf dem Marienplatz zulasse: Der Platz samt umliegenden Geschäften diene dem Konsum, bei dem die Kunden nicht durch sozialkritische Äußerungen belästigt werden sollen.

Die politische Demonstration, die T plant, steht unter dem Motto: „Bierdosen-Flashmob für die Freiheit". Auf das Kommando des T, „Für die Freiheit – trinkt AUS!", wollen T und seine beiden Freunde jeweils eine 0,33-Liter-Dose Bier öffnen und schnellstmöglich austrinken (sog. „Dosenschießen"). Danach soll ein ca. 15-minütiger Redebeitrag des T folgen, mit anschließender Diskussion (insgesamt 30 Minuten). Mit der Demonstration möchte T darauf aufmerksam machen, dass der verstärkte Einsatz privater Sicherheitsdienste in Beilfeld (z.B. in S-Bahnen der Stadtwerke oder auf dem Marienplatz selbst) das staatliche Gewaltmonopol unterlaufe, und auf die zunehmende Beschränkung von Freiheitsrechten im Allgemeinen hinweisen. T hat sich für den 10. Dezember entschieden: Diesen Tag, an dem die Vollversammlung 1948 die Allgemeine Erklärung der Menschenrechte beschlossen hatte, haben die Vereinten Nationen als Tag der Menschenrechte ausgerufen. In Beilfeld jährt sich außerdem erstmals ein vielbeachtetes Ereignis. Am 10. Dezember des vergangenen Jahres brach ein Mitarbeiter des privaten Sicherheitsdiensts der Stadtwerke einem Jugendlichen, der den Bus ohne gültige Fahrkarte benutzt hatte, ein Bein. Auf dieses Schicksal in Verbindung mit dem Tag der Menschenrechte möchte T in seinem Vortrag hinweisen.

Nachdem T die K-GmbH über seine Pläne in Kenntnis gesetzt hat, teilt diese ihm am 30. November mit, dass sie die geplante Demonstration auf ihrem Gelände keinesfalls dulden werde, und beruft sich dazu auf ihr Hausrecht gem. §§ 858 ff., 903, 1004 BGB. T möchte die Veranstaltung auf dem Marienplatz gleichwohl durchführen. Weil die Zeit drängt, wendet er sich im einstweiligen Rechtsschutz an die Zivilgerichte, bleibt jedoch in allen Instanzen erfolglos. Der letztinstanzliche Beschluss ergeht am 7. Dezember. T sieht sich dadurch in seinem Grundrecht auf Versammlungsfreiheit verletzt und wendet sich noch am gleichen Tag an das Bundesverfassungsgericht. Per Fax begehrt er die Zulassung der Demonstration, indem er im eigenen Namen und im Namen seiner Skatrunde einen Antrag auf einstweilige Anordnung gem. § 32 BVerfGG stellt und zugleich Verfassungsbeschwerde erhebt. Die K-GmbH meint, dass das Grundrecht der Versammlungsfreiheit sie unmöglich stärker noch als den Staat in die Pflicht nehmen könne.

Hat der Antrag auf Erlass einer einstweiligen Anordnung Erfolg?

Bearbeitervermerk: Das Bundesverfassungsgericht entscheidet am 9. Dezember. Gehen Sie bei der Bearbeitung von der formellen und materiellen Verfassungsmäßigkeit der zivilrechtlichen Vorschriften aus. Zu prüfen ist nur die Vereinbarkeit mit Art. 8 GG.

Gliederung

Gutachten

Hinweis zur Bewertung: Der Sachverhalt ist mit einigen Änderungen angelehnt an den Kammer-Beschluss BVerfG, NJW 2015, 2485 f. („Bierdosen-Flashmob für die Freiheit").[1] Schwerpunkt der Fallbearbeitung ist die Weiterentwicklung der Fraport-Entscheidung[2] durch das Bundesverfassungsgericht (hierzu auch ein ähnlich gelagerter Fall, den der Bundesgerichtshof entschieden hat[3]), wonach auch Versammlungen auf rein privatem Grund gegen den Willen des Eigentümers von Verfassung wegen zulässig seien, wenn die Voraussetzungen eines öffentlichen Forums vorliegen. Ganz aktuell hat das Bundesverfassungsgericht diese generelle Linie seiner Rechtsprechung zur „situativ staatsgleichen Grundrechtsbindung Privater"[4] im „Stadionverbot"-Beschluss[5] bestätigt. Am Rand der Fallbearbeitung stehen Einzelfragen (Teilnehmerzahl einer Versammlung, Antragstellung im Namen einer Personenmehrheit; einstweiliger Rechtsschutz einschließlich Einreichung eines Antrags per Telefax und Subsidiarität, soweit der Antragssteller nur den Rechtsweg im einstweiligen Rechtschutz ausgeschöpft hat). **3**

Der Antrag auf Erlass einer einstweiligen Anordnung hat gem. § 32 Abs. 1 BVerfGG Erfolg, soweit er zulässig und begründet ist. **4**

Hinweis zur Bewertung: Die Formulierung „soweit ..." ist gegenüber der Formulierung „wenn ..." oder der Kombinationen beider Begriffe vorzugswürdig. In der Sache liegt der Unterschied darin, dass die Konjunktion „wenn" nur zwei Antworten zulässt: Die Voraussetzung liegt vor, oder sie liegt nicht vor. Sie ist gewissermaßen „binär" oder, wenn Sie so **5**

1 Zu diesem Beschluss siehe nur *Brenneisen/Arndt*, NordÖR 2016, 269 (272); *Classen*, Staatsrecht II, § 10 Rn. 74; *Gröpl/Leinenbach*, JA 2018, 8 (16); *Hettich*, VBlBW 2018, 485 (487 ff.); *Hufen*, Staatsrecht II, § 30 Rn. 8, 22, 41; *Sachs*, JuS 2015, 954 f.; *Schulenberg*, DÖV 2016, 55 ff.; *Smets*, NVwZ 2016, 35 ff.; der Senatsbeschluss BVerfGE 139, 378 ff., behandelt den „Bierdosen-Flashmob für die Freiheit" nicht unter materiell-rechtlichen Gesichtspunkten, sondern verwirft nur den Widerspruch gegen den oben genannten Beschluss.

2 BVerfGE 128, 226 ff. mit ablehnendem Sondervotum *Schluckebier* (269 ff.); zur Fraport Entscheidung siehe nur *Berger*, JA 2013, 279 ff.; *Brenneisen/Arndt*, NordÖR 2016, 269 (271 f.); *Classen*, Staatsrecht II, § 10 Rn. 74; *Hufen*, Staatsrecht II, § 30 Rn. 8, 22, 41; *Ipsen*, Staatsrecht II, Rn. 67; *Kingreen/Poscher*, Grundrechte, Rn. 824; *Krüger*, DÖV 2012, 837 ff.; *Michael/Morlok*, Grundrechte, Rn. 273; *Sachs*, JuS 2011, 665 ff.

3 BGH, NJW 2015, 2892 ff.

4 *Michl*, JZ 2018, 910 (911).

5 BVerfG, NJW 2018, 1667 ff.; vgl. dazu auch *Heldt*, NVwZ 2018, 813 (818 f.); *Smets*, NVwZ 2019, 34 ff.; generell *Droege*, npoR 2018, 241 ff.

wollen, kategorial gefasst.[6] Dagegen lässt die Konjunktion „soweit" auch graduelle Abstufungen zu, die Voraussetzung kann also nicht nur „ganz oder gar nicht", sondern auch teilweise vorliegen.[7] Weil Anträge auf einstweilige Anordnung (genauso wie Verfassungsbeschwerden) auch nur teilweise zulässig[8] oder nur teilweise begründet[9] sein können, ist die Formulierung „soweit" zutreffend. Nur weil die Formulierung „wenn" so verbreitet ist, muss sie als ebenfalls vertretbar bewertet werden.

A. Zulässigkeit einer einstweiligen Anordnung

6 **Hinweis zur Bewertung:** Der hier verwendete Aufbau der Prüfung gem. § 32 BVerfGG ist nur eine von vielen vertretbaren Varianten.[10]

I. Zuständigkeit des Bundesverfassungsgerichts

7 Das Bundesverfassungsgericht ist gem. § 32 Abs. 1 BVerfGG für einstweilige Anordnungen zuständig.

II. Statthaftigkeit des Antrags

8 Der Antrag auf Erlass einer einstweiligen Anordnung durch das Bundesverfassungsgericht müsste statthaft sein. Voraussetzung hierfür ist, dass das Bundesverfassungsgericht überhaupt zur Entscheidung „im Streitfall" (§ 32 Abs. 1 S. 1 BVerfGG) befugt ist.[11] Eine einstweilige Anordnung ist daher nur statthaft, wenn für das Hauptsacheverfahren eine Zuständigkeit des Bundesverfassungsgerichts gegeben ist.[12] Für das Hauptsacheverfahren, die Verfassungsbeschwerde, ist das Bundesverfassungsgericht gem. § 13 Nr. 8a, § 90 Abs. 1 BVerfGG, Art. 93 Abs. 1 Nr. 4a GG zuständig.

9 **Hinweis zur Bewertung:** Die Vorschriften des BVerfGG vor den Vorschriften des GG zu nennen, entspricht dem Anwendungsvorrang des einfachen Rechts und ist daher vorzugswürdig. Weil die umgekehrte Reihung jedoch mindestens ebenso verbreitet ist, darf sie nicht zum Nachteil des Prüflings gewertet werden.

---

6 Bundesministerium der Justiz, Handbuch der Rechtsförmlichkeit, Rn. 89; Wissenschaftlicher Rat der Duden Redaktion, Das große Wörterbuch der deutschen Sprache, Bd. 10, S. 4488.

7 Bundesministerium der Justiz, Handbuch der Rechtsförmlichkeit, Rn. 89; Wissenschaftlicher Rat der Duden Redaktion, Das große Wörterbuch der deutschen Sprache, Bd. 8, S. 3613.

8 BVerfG, Beschl. v. 23.06.2015 – 1 BvR 1292/15, juris.

9 BVerfG, Beschl. v. 31.07.2014 – 1 BvR 1858/14, juris.

10 Der hier verwendete Aufbau folgt *Sodan/Ziekow*, Öffentliches Recht, § 57; andere Aufbauschemata bei *Manssen*, Staatsrecht II, Rn. 920 ff.; *Niesler*, Jura 2007, 362 ff.

11 *Barczak*, in: ders., BVerfGG, § 32 Rn. 11; *Hillgruber/Goos*, Verfassungsprozessrecht, Rn. 809 f.; *Robbers*, Verfassungsprozessuale Probleme in der öffentlich-rechtlichen Arbeit, S. 90.

12 BVerfGE 3, 267 (277); *Zuck*, in: Lechner/Zuck, BVerfGG, § 32 Rn. 18.

T stellt einen Antrag auf einstweilige Anordnung einmal im eigenen Namen und einmal im Namen seiner Skatrunde. Hierbei handelt es sich um zwei Anträge. Beide Anträge sind statthaft. **10**

Hinweis zur Bewertung: Ebenfalls richtig wäre es, die beiden Anträge des T getrennt zu prüfen. **11**

III. Antragsberechtigung

Zum einen müsste T antragsberechtigt sein. Antragsberechtigt im Sinn des § 32 Abs. 1 BVerfGG ist jeder, der im Hauptsacheverfahren beschwerdefähig ist oder wäre.[13] Verfassungsbeschwerde kann gem. § 90 Abs. 1 BVerfGG, Art. 93 Abs. 1 Nr. 4a GG „jedermann" erheben. „Jedermann" ist jedes Rechtssubjekt, das Träger eines der in § 90 Abs. 1 BVerfGG genannten Rechte sein kann (Grundrechtsfähigkeit).[14] T, eine natürliche Person, ist selbst grundrechtsfähig und konnte daher im eigenen Namen einen Antrag stellen. **12**

Zum anderen müsste die Skatrunde, in deren Namen T außerdem einen Antrag gestellt hat, antragsberechtigt sein. Die Grundrechtsfähigkeit von Personenmehrheiten richtet sich nach Art. 19 Abs. 3 GG. Die Skatrunde des T müsste danach eine juristische Person im Sinn des Art. 19 Abs. 3 GG sein. Juristische Person in diesem Sinn ist jede Personenmehrheit, die das einfache Recht berechtigt oder verpflichtet. Erfasst sind also, anders als vom Begriff der juristischen Person des einfachen Rechts, nicht nur vollrechtsfähige, sondern auch teilrechtsfähige Organisationen.[15] Nicht erfasst sind demgegenüber Personenmehrheiten, die nach einfachem Recht nicht einmal teilrechtsfähig sind.[16] Ihnen fehlt das erforderliche Mindestmaß organisatorischer Verfestigung, welches Voraussetzung für die Zurechnung von Grundrechten ist.[17] Ein anderes Verständnis würde die Wortlautgrenze des Begriffs der „juristischen" Person überschreiten.[18] Hinzu kommt, dass eine Gruppe, die in keiner Weise rechtsfähig ist, als solche auch kein Adressat staatlicher Freiheitsverkürzungen sein kann: In einer derartigen Konstellation sind es vielmehr die Individuen in der Gruppe, die adressiert werden und Grundrechtsschutz sowohl benötigen als auch beanspruchen können.[19] **13**

Die Skatrunde des T ist ein loser Zusammenschluss von Freunden, die sich zum Kartenspielen treffen. Eine besondere Organisationsform oder eine vereinsmäßige Struktur sind nicht ersichtlich. Die (nicht vereinsmäßig organisierte) Skatrunde des T ist keine **14**

---

13 *Benda/Klein/Klein*, Verfassungsprozessrecht, Rn. 1324.

14 *Hartmann*, in: Pieroth/Silberkuhl, Verfassungsbeschwerde, § 90 BVerfGG Rn. 12; *Scherzberg/Mayer*, Jura 2004, 373 (375).

15 BVerfGE 122, 342 (255); *Remmert*, in: Maunz/Dürig, GG, Art. 19 III Rn. 37 ff. (insb. Rn. 39).

16 *Dreier*, in: ders., GG, Bd. 1, Art. 19 Rn. 55; *Remmert*, in: Maunz/Dürig, GG, Art. 19 III Rn. 41.

17 *Huber*, in: Mangoldt/Klein/Starck/Huber/Voßkuhle, GG, Art. 19 Rn. 238; *Remmert*, in: Maunz/Dürig, GG, Art. 19 III Rn. 41.

18 Vgl. *Dreier*, in: ders., GG, Bd. 1, Art. 19 Rn. 55 („rechtstechnischen Begriff der juristischen Person nicht vollständig aushöhlen").

19 *Remmert*, in: Maunz/Dürig, GG, Art. 19 III Rn. 41.

juristische Person im Sinn des Art. 19 Abs. 3 GG.[20] Ihr Antrag auf Erlass einer einstweiligen Anordnung ist mangels Antragsberechtigung unzulässig.

IV. Form und Frist

1. Form

15 T müsste den Antrag im eigenen Namen formgerecht gestellt haben. Für Anträge gem. § 32 Abs. 1 BVerfGG gilt, wie für alle Verfahren vor dem Bundesverfassungsgericht, § 23 Abs. 1 BVerfGG.[21] Danach sind Anträge an das Bundesverfassungsgericht schriftlich einzureichen und zu begründen. Mangels anderer Angaben im Sachverhalt ist davon auszugehen, dass der Antrag des T eine Begründung enthält.

16 Allerdings hat T den Antrag per Telefax eingereicht. Zu klären ist daher, ob ein Telefax „schriftlich" im Sinn des § 23 Abs. 1 S. 1 BVerfGG eingeht. Wortlaut, Systematik, Genese und Historie des § 23 Abs. 1 S. 1 BVerfGG geben dazu keinen Hinweis. Die Systematik des Prozessrechts spricht für die Zulässigkeit der fernschriftlichen Übermittlung per Telefax: In den anderen Gerichtsbarkeiten ist die Einlegung durch Telefax anerkannt.[22]

17 Der Sinn des Schriftformgebots aus § 23 Abs. 1 S. 1 BVerfGG spricht dafür, diese Übermittlungsform auch in Verfahren vor dem Bundesverfassungsgericht anzuerkennen. Entscheidend ist danach nämlich, ob einer Erklärung ihr Inhalt und die Person, die sie abgibt, hinreichend zuverlässig entnommen werden können.[23] Ob sich der Inhalt einer Erklärung aus einem Schriftsatz ergibt, hängt von diesem selbst ab und ist unabhängig von der gewählten Form der Übermittlung:[24] Der Inhalt der Erklärung steht bei einem per Telefax eingereichten Schriftsatz ebenso eindeutig fest wie bei der Übermittlung auf herkömmliche Weise per Briefpost.[25]

18 Die Zuordnung einer Erklärung zu einer Person erfolgt in erster Linie durch die Nennung des Namens am Anfang und/oder Ende des Schriftsatzes. Eine solche Nennung enthält regelmäßig auch der per Fax übertragene Schriftsatz. Eine eigenhändige Unterschrift verlangt das Bundesverfassungsgericht ohnehin seit jeher nicht.[26] Hinzu kommt, dass die Auslegung des § 23 BVerfGG die grundgesetzliche Vorgabe des Art. 103 Abs. 1 GG zu beachten hat, wonach der Zugang zum Gericht nicht unzumutbar erschwert wer-

---

20 Vgl. zu ähnlichen Konstellationen *Dreier*, in: ders., GG, Bd. 1, Art. 19 Rn. 55; *Remmert*, in: Maunz/Dürig, GG, Art. 19 III Rn. 41.

21 *Barczak*, in: ders., BVerfGG, § 32 Rn. 18; *Pestalozza*, Verfassungsprozeßrecht, S. 245; *Schneider*, in: Burkiczak/Dollinger/Schorkopf, BVerfGG, § 32 Rn. 61; *Zuck*, in: Lechner/Zuck, BVerfGG, § 32 Rn. 24.

22 Generell BVerfG, NJW 1996, 2857 (2857) („Die Übermittlung fristwahrender Schriftsätze per Telefax ist in allen Gerichtszweigen uneingeschränkt zulässig"); für die ZPO *Becker-Eberhard*, in: Rauscher/Krüger, ZPO, Bd. 1, § 253 Rn. 12; zur VwGO *Ortloff/Riese*, in: Schoch/Schneider/Bier, VwGO, § 81 Rn. 8a; zur StPO *Paul*, in: Hannich, StPO, § 314 Rn. 13; *Wiedner*, in: Graf, BeckOK StPO, § 341, Rn. 19 ff.

23 BVerfGE 15, 288 (291).

24 *Hartmann*, NJW 2006, 1390 (1391).

25 *v. Coelln*, in: Maunz/Schmidt-Bleibtreu/Klein/Bethge, BVerfGG, Bd. 1, § 23 Rn. 29.

26 BVerfGE 15, 288 (291).

den darf.[27] Nach alledem erfüllt ein per Telefax eingereichter Antrag das Schriftformerfordernis des § 23 Abs. 1 S. 1 BVerfGG.[28] Die Form ist gewahrt.

Hinweis zur Bewertung: Eine derart ausführliche Bearbeitung wird nicht erwartet. Es genügt, wenn die Teilnehmer erkennen, dass das Gesetz in § 23 Abs. 1 S. 1 BVerfGG Schriftlichkeit fordert und ein Telefax diese Vorgabe nicht selbstverständlich erfüllt. Im Ergebnis ist auch eine andere Ansicht (zwar nicht überzeugend, aber) vertretbar. 19

2. Frist

Spezifische Fristen für einen Antrag auf Erlass einer einstweiligen Anordnung bestehen 20 nicht.[29] Allerdings wirkt sich ein Versäumnis der Hauptsachefrist negativ auf die Zulässigkeit des Antrags auf einstweilige Anordnung aus:[30] Wer keinen Hauptsacherechtsschutz mehr erreichen kann, hat keinen Bedarf für „einstweiligen" Rechtsschutz, dient dieser doch gerade der Sicherung des Hauptsacherechtsschutzes.

Die erhobene Verfassungsbeschwerde richtet sich gegen Entscheidung(en) der Fachge- 21 richte. Sie ist gem. § 93 Abs. 1 S. 1 und S. 2 BVerfGG binnen eines Monats nach Zustellung, Mitteilung oder Verkündung der letztinstanzlichen Entscheidung einzureichen. Die letzte Instanz hat hier am 7. Dezember entschieden, und T hat noch am selben Tag Verfassungsbeschwerde erhoben. Das war fristgerecht. Eine Verfristung der Hauptsache steht dem Antrag auf einstweiligen Rechtsschutz also nicht entgegen.

Hinweis zur Bewertung: Ebenfalls vertretbar ist es, die Prüfung der Verfassungsbe- 22 schwerdefrist sogleich, unter V., oder am Ende, unter VII., vorzunehmen. Aus der Verortung ergibt sich jedenfalls theoretisch ein Unterschied in der Sache: Unter V. schadet nur ein offensichtliches, unter IV. und VII. dagegen jedes Fristversäumnis.

V. Keine offensichtliche Unzulässigkeit des Hauptsacheverfahrens

Der Antrag im einstweiligen Rechtsschutz ist nur zulässig, wenn das etwaige Hauptsa- 23 cheverfahren nicht offensichtlich unzulässig ist.

Hinweis zur Bewertung: Ebenfalls vertretbar ist es, diese Prüfung in der Begründetheit 24 zu unternehmen[31] oder wegen des Maßstabs der Offensichtlichkeit nur „kursorisch" zu prüfen.

27 *Hartmann*, NJW 2006, 1390 f.

28 BVerfG, NJW-RR 1995, 441 f.; NJW 2000, 574; NJW 2006, 829 (829); NJW 2007, 2838; *Detterbeck*, Öffentliches Recht, Rn. 633; *Kingreen/Poscher*, Grundrechte, Rn. 1331.

29 *Barczak*, in: ders., BVerfGG, § 32 Rn. 22.

30 *Barczak*, in: ders., BVerfGG, § 32 Rn. 22; *Benda/Klein/Klein*, Verfassungsprozessrecht, Rn. 1335.

31 So *Hillgruber/Goos*, Verfassungsprozessrecht, Rn. 860; wie hier *Robbers*, Verfassungsprozessuale Probleme, S. 91.

1. Zuständigkeit des Bundesverfassungsgerichts

25 Das Bundesverfassungsgericht ist zuständig, über Verfassungsbeschwerden zu entscheiden, siehe oben, unter A. II.

2. Beschwerdefähigkeit

26 T ist beschwerdefähig, siehe oben, unter A. III.

3. Beschwerdegegenstand

27 Gem. § 90 Abs. 1 BVerfGG, Art. 93 Abs. 1 Nr. 4a GG ist ein Akt der „öffentliche[n] Gewalt" Gegenstand der Verfassungsbeschwerde.[32] Erfasst sind alle Maßnahmen der Gesetzgebung, der vollziehenden Gewalt und der Rechtsprechung (vgl. Art. 1 Abs. 3 GG).[33]

T ist im einstweiligen Rechtsschutz vor den Fachgerichten in allen Instanzen erfolglos geblieben. Die Beschlüsse der Fachgerichte sind als Akte der Judikative taugliche Beschwerdegegenstände, vgl. § 94 Abs. 3, § 95 Abs. 2 BVerfGG. T hat die Wahl, ob er nur den letztinstanzlichen Beschluss oder auch alle vorangegangenen Beschlüsse angreift. In beiden Fällen handelt es sich um eine Verfassungsbeschwerde.[34]

28 **Hinweis zur Bewertung:** Der Sachverhalt legt nahe, dass T nur den letztinstanzlichen Beschluss angegriffen hat: „Der letztinstanzliche Beschluss ergeht am 07. Dezember. T sieht sich *dadurch* in seinem Grundrecht auf Versammlungsfreiheit verletzt [...]"

29 Ein tauglicher Beschwerdegegenstand liegt vor.

4. Beschwerdebefugnis

30 T müsste beschwerdebefugt sein. Beschwerdebefugt ist gem. § 90 Abs. 1 BVerfGG, Art. 93 Abs. 1 Nr. 4a GG, wer behaupten kann, durch den angegriffenen Akt der öffentlichen Gewalt in einem seiner Grundrechte oder grundrechtsgleichen Rechte verletzt worden zu sein.[35]

a) Möglichkeit der Grundrechtsverletzung

31 Eine solche Behauptung setzt zunächst voraus, dass nach dem Vortrag des Beschwerdeführers zumindest die Möglichkeit einer solchen Verletzung besteht.[36] Die Gerichte haben letztinstanzlich entschieden, dass die K-GmbH die Veranstaltung des T auf ihrem Gelände gem. §§ 858 ff., 903, 1004 BGB nicht dulden muss. Eine Verletzung des

32 *Detterbeck*, Öffentliches Recht, S. 283; *Hartmann*, in: Pieroth/Silberkuhl, Verfassungsbeschwerde, § 90 BVerfGG Rn. 44; *Kingreen/Poscher*, Grundrechte, Rn. 1294; *Scherzberg/Mayer*, Jura 2004, 373 (375).

33 *Hartmann*, in: Pieroth/Silberkuhl, Verfassungsbeschwerde, § 90 BVerfGG Rn. 45; *Hellmann*, in: Barczak, BVerfGG, § 90 Rn. 93; *Kingreen/Poscher*, Grundrechte, Rn. 1294.

34 *Kingreen/Poscher*, Grundrechte, Rn. 1296.

35 Vgl. BVerfGE 49, 1 (8); *Hartmann*, in: Pieroth/Silberkuhl, Verfassungsbeschwerde, § 90 BVerfGG Rn. 84 ff.

36 BVerfGE 80, 137 (150); Einzelheiten bei *Hartmann*, JuS 2003, 897 ff.; *Hellmann*, in: Barczak, BVerfGG, § 90 Rn. 193, 195.

Grundrechts der Versammlungsfreiheit gem. Art. 8 Abs. 1 GG könnte in diesem Beschluss aber nur liegen, wenn T sich auch gegenüber der K-GmbH auf dieses Grundrecht berufen kann. Das setzt die Möglichkeit voraus, dass die Grundrechte zwischen Bürgern überhaupt in irgendeiner Weise gelten.

Dagegen spricht, dass Art. 1 Abs. 3 GG seinem Wortlaut nach die Staatsgewalt an die **32**
Grundrechte bindet, ohne die Bürger zu nennen. Hinzu kommt systematisch der Umkehrschluss aus Art. 9 Abs. 3 S. 2 GG. Die Grundrechte gelten daher jedenfalls unmittelbar nur im Verhältnis des Bürgers gegen den Staat.

Insbesondere sind deshalb die Zivilgerichte als Teil der Staatsgewalt unmittelbar an die **33**
Grundrechte gebunden. Ihre Entscheidungen beschränken sich allerdings auf die Erkenntnis, welche Rechtslage zwischen den am Zivilprozess beteiligten Privaten gilt. Das Rechtsverhältnis, das zwischen diesen Privaten besteht, ändert sich nicht dadurch, dass ein Gericht auf dieses Rechtsverhältnis schaut. Falls die Grundrechte Private also in keiner Weise binden, bleibt es bei diesem Befund auch dann, wenn ein grundrechtsgebundenes Gericht hinzutritt, das die grundrechtsunabhängig bestehende Rechtslage zwischen den Privaten beurteilt.

Die Grundrechte könnten zwischen Privaten aber mittelbar gelten. Grundrechte sind **34**
mehr als nur Rechte gegen den Staat. Sie bilden zugleich eine objektive Wertordnung,[37] wirken so in das Privatrecht hinein (Ausstrahlungswirkung) und gelten deshalb, vermittelt über unbestimmte Rechtsbegriffe und Generalklauseln, mittelbar auch zwischen Bürgern untereinander (mittelbare Drittwirkung).[38]

Im vorliegenden Fall verwenden § 858 BGB („Entziehung oder Störung"), § 1004 BGB **35**
(„in anderer Weise […] beeinträchtigt") und die anderen einschlägigen Normen des Zivilrechts unbestimmte Rechtsbegriffe, bei deren Auslegung die mittelbare Drittwirkung der Grundrechte zu beachten ist. Das gilt auch für die Versammlungsfreiheit des Art. 8 Abs. 1 GG[39], die auf diese Weise auf das Privatrechtsverhältnis von T und der K-GmbH ausstrahlt.

Der Beschluss des letztinstanzlichen Zivilgerichts bestätigt das Hausverbot der K-GmbH **36**
und untersagt T so die Durchführung der Demonstration auf dem Marienplatz. Es ist nicht ausgeschlossen, dass das Gericht bei seinem Beschluss gem. §§ 858 ff., 903, 1004 BGB die Bedeutung des Art. 8 Abs. 1 GG als mittelbar auch zwischen Privaten geltende Grundrechtsnorm verkannt hat. T ist daher möglicherweise in seinem Grundrecht auf Versammlungsfreiheit verletzt.

---

37 BVerfGE 7, 198 (206); *Gostomzyk*, JuS 2004, 949 ff.; *Wenger*, AöR 130 (2005), 618 ff.; umfassend zu objektivrechtlichen Prinzipien der Grundrechte m.w.N. auch der Kritik *Jarass*, AöR 110 (1985), 363 ff.; kritisch zur „objektiven Wertordnung" bereits *Hesse*, Grundzüge des Verfassungsrechts, Rn. 299.

38 BVerfGE 7, 198 (204 ff.); 81, 242 (253); allgemein zu den objektiven Grundrechtsgehalten *Herdegen*, in: Maunz/Dürig, GG, Art. 1 III Rn. 17 ff. m.w.N.

39 *Hartmann*, in: Kahl/Waldhoff/Walter, GG, Art. 8 Rn. 411 f. m.w.N.

37 **Hinweis zur Bewertung:** Bisweilen wird diese Frage zu Beginn der Begründetheit erörtert.[40]

38 T müsste außerdem selbst, gegenwärtig und unmittelbar betroffen sein.[41]

b) Eigene Beschwer

39 Der Beschwerdeführer müsste gem. § 90 Abs. 1 BVerfGG (in einem „seiner" Grundrechte) selbst betroffen sein.[42] Dies ist er jedenfalls insoweit, wie er Adressat eines belastenden Akts der öffentlichen Gewalt ist.[43] T ist Adressat des angegriffenen Beschlusses und somit selbst betroffen.

c) Gegenwärtige Beschwer

40 T müsste gem. § 90 Abs. 1 BVerfGG (verletzt „zu sein") gegenwärtig betroffen sein. Das setzt voraus, dass sich der Beschluss schon oder noch auswirkt.[44] Die Demonstration auf dem Marienplatz soll am 10. Dezember, also morgen, stattfinden. Der Beschluss hat das Hausverbot bestätigt, so dass T nach derzeitigem Stand des Verfahrens nicht demonstrieren darf. Er ist gegenwärtig betroffen.

d) Unmittelbare Beschwer

41 T müsste unmittelbar betroffen sein. Das ist der Fall, wenn die Rechtsstellung des Beschwerdeführers ohne weiteren Vollzugsakt beeinträchtigt wird.[45] Der letztinstanzliche Beschluss verbietet die Demonstration, ohne dass dafür ein weiterer Vollzugsakt notwendig wäre. T ist beschwerdebefugt.

5. Rechtsschutzbedürfnis Hauptsacheverfahren

42 T müsste rechtsschutzbedürftig sein. Im Verfahren der Verfassungsbeschwerde hat diese Voraussetzung zwei Ausprägungen: die Rechtswegerschöpfung und die Subsidiarität.[46]

---

40 So *Augsberg/Viellechner*, JuS 2008, 406 (407); *Stock/Achelpöhler*, JuS 1998, 245 (246); wie hier *Manssen/Pielemeier*, JuS 1999, L 93 (L 93 f.).

41 BVerfGE 1, 97 (101 ff.); 97, 157 (164).

42 *Hartmann*, in: Pieroth/Silberkuhl, Verfassungsbeschwerde, § 90 BVerfGG Rn. 141 ff.; *Scherzberg/Mayer*, Jura 2004, 513 (514).

43 *Hartmann*, in: Pieroth/Silberkuhl, Verfassungsbeschwerde, § 90 BVerfGG Rn. 145; *Hellmann*, in: Barczak, BVerfGG, § 90 Rn. 240; *Kingreen/Poscher*, Grundrechte, Rn. 1308.

44 Vgl. *Detterbeck*, Öffentliches Recht, S. 289; *Hartmann*, in: Pieroth/Silberkuhl, Verfassungsbeschwerde, § 90 BVerfGG Rn. 159.

45 BVerfGE 65, 1 (37); 68, 319 (325); 97, 157 (164); *Hartmann*, in: Pieroth/Silberkuhl, Verfassungsbeschwerde, § 90 BVerfGG Rn. 149; *Hellmann*, in: Barczak, BVerfGG, § 90 Rn. 247.

46 *Kingreen/Poscher*, Grundrechte, Rn. 1317.

a) Rechtswegerschöpfung

T müsste gem. § 90 Abs. 2 S. 1 BVerfGG den Rechtsweg erschöpft haben. Rechtsweg ist jede gesetzlich vorgesehene Möglichkeit der Anrufung eines Gerichts.[47] Erschöpft ist der Rechtsweg, wenn alle prozessualen Möglichkeiten zur Beseitigung der behaupteten Grundrechtsverletzung in Anspruch genommen wurden.[48] T hat sich im einstweiligen Rechtsschutz an die Fachgerichte gewandt und ist in allen Instanzen erfolglos geblieben. Er hat somit den Eilrechtsweg vor den Fachgerichten erschöpft. Fraglich ist, ob T auf diese Weise die Voraussetzung der Rechtswegerschöpfung im Sinn des § 90 Abs. 2 S. 1 BVerfGG erfüllt hat oder ob er vor den Fachgerichten nicht auch noch das Hauptsacheverfahren hätte durchlaufen müssen. **43**

Der Hauptsacherechtsschutz im Anschluss an das gerichtliche Eilverfahren gehört als Möglichkeit, die behauptete Grundrechtsverletzung vor den Fachgerichten zu beseitigen, zum Rechtsweg,[49] es sei denn, der Beschwerdeführer macht die Verletzung von beschwerdefähigen Rechten gerade durch die letztinstanzliche Eilentscheidung selbst geltend, etwa weil er sich durch die Versagung gerade des einstweiligen Rechtsschutzes in seinen Grundrechten oder grundrechtsgleichen Rechten verletzt sieht[50] oder weil die Eilentscheidung eine Beschwer enthält, der im Hauptsacheverfahren nicht mehr abgeholfen werden kann[51].[52] **44**

Angesichts der Zeitnot – zwischen dem letztinstanzlichen Beschluss (7. Dezember) im einstweiligen Rechtsschutz und dem Demonstrationstermin (10. Dezember) liegen drei Tage, so dass eine rechtzeitige Entscheidung im Hauptsacheverfahren in dieser Zeit weder erreicht werden konnte noch erreicht werden kann – vermag T das Hauptsacheverfahren vor den Fachgerichten nicht mehr rechtzeitig zu durchlaufen. Der Rechtsweg ist erschöpft. **45**

Hinweis zu Aufbau und Bewertung: Der geläufigen Wendung entsprechend, dass Eil- und Hauptsacheverfahren grundsätzlich getrennte Rechtswege seien[53], ist es ohne Nachteil vertretbar, die Frage im Zusammenhang mit der Subsidiarität zu prüfen[54]. **46**

47 *Hartmann*, in: Pieroth/Silberkuhl, Verfassungsbeschwerde, § 90 BVerfGG Rn. 169; *Scherzberg/Mayer*, Jura 2004, 513 (515).
48 *Hartmann*, in: Pieroth/Silberkuhl, Verfassungsbeschwerde, § 90 BVerfGG Rn. 198 ff.; *Kingreen/Poscher*, Grundrechte, Rn. 1321 ff.
49 BVerfGE 104, 65 (70 f.).
50 BVerfGE 79, 275 (279).
51 BVerfGE 79, 69 (73).
52 *Hartmann*, in: Pieroth/Silberkuhl, Verfassungsbeschwerde, § 90 BVerfGG Rn. 181 m.w.N.
53 BVerfGE 35, 382 (397); *Scherzberg/Mayer*, Jura 2004, 513 (515).
54 *Löwer*, in: Isensee/Kirchhof, Handbuch des Staatsrechts, Bd. III, § 70 Rn. 196.

b) Subsidiarität

47 Der Subsidiaritätsgrundsatz besagt, dass der Beschwerdeführer alle zur Verfügung stehenden und zumutbaren Wege bestreiten muss, um die gerügte Grundrechtsverletzung im Wege des fachgerichtlichen Rechtsschutzes abzuwenden oder zu beseitigen.[55]

48 Es ist zweifelhaft, ob diese Zulässigkeitsvoraussetzung neben der Rechtswegerschöpfung ihre Berechtigung hat.[56] Der Streit braucht vorliegend aber nicht entschieden zu werden, weil T angesichts der Zeitnot (siehe Punkt A. V. 5. a)) nicht auf das fachgerichtliche Hauptsacheverfahren verwiesen werden kann, würde er so doch praktisch rechtsschutzlos gestellt. Der Grundsatz der Subsidiarität steht der Zulässigkeit einer Verfassungsbeschwerde daher keinesfalls entgegen.

49 **Hinweis zur Bewertung:** Es ist ebenfalls vertretbar, die Fragen nach Rechtswegerschöpfung und Subsidiarität gem. S. 2 des § 90 Abs. 2 BVerfGG zu beantworten.

6. Ergebnis

50 Die Verfassungsbeschwerde des T ist nicht offensichtlich unzulässig (sondern sogar zulässig).

VI. Keine Vorwegnahme der Entscheidung in der Hauptsache

51 Aus dem Charakter der einstweiligen Anordnung als Maßnahme im deshalb so genannten *vorläufigen* Rechtsschutz folgt, dass die Hauptsache, d.h. der Rechtsschutz durch die Verfassungsbeschwerde, nicht vorweggenommen werden darf.[57] T begehrt mit der einstweiligen Anordnung die Zulassung der Demonstration auf dem Marienplatz für den 10. Dezember. Angesichts der Zeitnot fällt die Entscheidung über die Durchführung oder Nichtdurchführung der Demonstration im Antragsverfahren mit faktischer Endgültigkeit. Eine einstweilige Anordnung, die das Gericht trifft, nimmt daher die Entscheidung über die Verfassungsbeschwerde vorweg.

52 Eine Vorwegnahme der Hauptsacheentscheidung ist ausnahmsweise zulässig, wenn Rechtsschutz überhaupt nur im vorläufigen Verfahren möglich ist, weil die Hauptsacheentscheidung jedenfalls zu spät käme.[58] Das ist der Fall, wenn T nicht genauso gut zu einer anderen Zeit oder an einem anderen Ort demonstrieren könnte. Doch gewährt das Grundrecht auf Versammlungsfreiheit den Grundrechtsberechtigten ein Selbstbestim-

55 BVerfGE 81, 97 (102); 104, 65 (70); 112, 50 (60); *Erichsen*, Jura 1991, 638 (641); *Hartmann*, in: Pieroth/Silberkuhl, Verfassungsbeschwerde, § 90 BVerfGG Rn. 234; *Seegmüller*, DVBl. 1999, 738 (743 f.).

56 Krit. *Detterbeck*, DÖV 1990, 558 (561) („bar jeglicher positivrechtlicher Stütze"); *Hartmann*, in: Pieroth/Silberkuhl, Verfassungsbeschwerde, § 90 BVerfGG Rn. 236 ff. m.w.N.; *Pestalozza*, Verfassungsbeschwerde, Rn. 69, 71; *H. Posser*, in: FS D. Posser, S. 331 (340); *Spranger*, AöR 127 (2002), 27 (60 f.) („verfassungswidriges Richterrecht").

57 St. Rspr., siehe nur BVerfGE 46, 160 (163 f.) m.w.N.; *Hillgruber/Goos*, Verfassungsprozessrecht, Rn. 837; *Pestalozza*, Verfassungsprozeßrecht, S. 248.

58 BVerfGE 34, 160 (162 f.); 46, 160 (164); *Barczak*, in: ders., BVerfGG, § 32 Rn. 35; *Benda/Klein/Klein*, Verfassungsprozessrecht, Rn. 1329; *Hillgruber/Goos*, Verfassungsprozessrecht, Rn. 839; *Pestalozza*, Verfassungsprozeßrecht, S. 247; *Schneider*, in: Burkiczak/Dollinger/Schorkopf, BVerfGG, § 32 Rn. 329 ff.

mungsrecht über Ort und Zeit der Versammlung.[59] Es stellt sich daher die Frage, ob die Versammlung an einem anderen Ort oder zu einer anderen Zeit noch dieselbe Versammlung wäre. Das ist nicht der Fall, wenn die Demonstration nur an diesem Ort und nur an diesem Tag stattfinden kann. Gegen eine Verlegung der Versammlung an einen anderen Ort spricht, dass ihr Inhalt eng mit dem Demonstrationsort verknüpft ist: T möchte auf den Bedeutungsverlust des staatlichen Gewaltmonopols gerade an einem Ort, dem Marienplatz, hinweisen, den private Kräfte sichern. Gegen eine Verlegung der Versammlung auf einen anderen Tag spricht, dass der gewählte Termin sowohl auf den Jahrestag der Verletzung des Fahrgasts als auch auf den anerkannten „Tag der Menschenrechte" fällt und dieser Termin so mit dem Thema der Demonstration, der Einschränkung von Freiheit, verknüpft ist. Die Demonstration des T ist damit ein zeitlich und örtlich gebundenes Ereignis, dessen Zweck verfehlt würde, müsste T den Abschluss des Hauptsacheverfahrens abwarten.[60] Im Anschluss an das Hauptsacheverfahren würde T nicht die beantragte Versammlung zu einer anderen Zeit und an einem anderen Ort durchführen, sondern eine andere Versammlung. Ihn auf einen anderen Ort oder einen anderen Termin zu verweisen, stellte ihn daher verfassungsgerichtlich rechtsschutzlos. Die Vorwegnahme der Hauptsache ist also vorliegend ausnahmsweise möglich.

Hinweis zur Bewertung: Es ist auch vertretbar, den Punkt „Keine Vorwegnahme der Entscheidung in der Hauptsache" als Teil des Rechtsschutzbedürfnisses[61] oder erst in der Begründetheit[62] zu prüfen.[63] **53**

VII. Rechtsschutzbedürfnis einstweilige Anordnung

T müsste des Rechtsschutzes gerade im Eilverfahren bedürfen.[64] Daran fehlt es, wenn **54** die beschwerende fachgerichtliche Entscheidung noch nicht ergangen ist, wenn die Entscheidung in der Hauptsache rechtzeitig käme oder der Antragssteller durch eigene zumutbare Maßnahmen seine Ziele erreichen könnte.[65] Vorliegend haben die Fachgerichte bereits entschieden und käme die Entscheidung in der Hauptsache zu spät. Andere zumutbare Maßnahmen sind nicht ersichtlich. T ist mit Blick auf den Erlass einer einstweiligen Anordnung rechtsschutzbedürftig.

VIII. Ergebnis

Der Antrag des T ist zulässig, soweit er ihn im eigenen Namen gestellt hat, und unzu- **55** lässig, soweit die Skatrunde betroffen ist.

59 BVerfGE 69, 315 (343); BVerfG, NVwZ 2013, 570 (571); *Sodan/Ziekow*, Öffentliches Recht, § 36 Rn. 4.
60 Gerade bei Versammlungen gilt die Zeitgebundenheit als wichtiges Merkmal, siehe *Berkemann*, in: Umbach/Clemens/Dollinger, BVerfGG, § 32 Rn. 215.
61 *Pestalozza*, Verfassungsprozeßrecht, S. 247.
62 *Barczak*, in: ders., BVerfGG, § 32 Rn. 32.
63 Wie hier *Hillgruber/Goos*, Verfassungsprozessrecht, Rn. 837; *Robbers*, Verfassungsprozessuale Probleme, S. 91.
64 *Robbers*, Verfassungsprozessuale Probleme, S. 92.
65 BVerfGE 16, 220 (226).

B. Begründetheit der einstweiligen Anordnung

I. Prüfungsumfang

56 Der Antrag des T müsste begründet sein. Da das Bundesverfassungsgericht gem. § 32 BVerfGG nur eine vorläufige Regelung trifft, kommt es für die Begründetheit der einstweiligen Anordnung in der Regel nicht auf die Erfolgsaussichten in der Hauptsache an,[66] sondern führt das Bundesverfassungsgericht stattdessen bloß eine Folgenabwägung durch.[67] Ausnahmsweise liegen die Dinge anders. Auf die Erfolgsaussichten in der Hauptsache kommt es sehr wohl an, wenn sich die vorläufige Regelung der Sache nach zulässigerweise als endgültige darstellt, also in Fällen, in denen die Hauptsache vorweggenommen wird.[68] So liegen die Dinge hier. Der Antrag auf einstweilige Anordnung ist somit begründet, soweit die Verfassungsbeschwerde begründet ist.[69]

57 **Hinweis zum Aufbau:** Da der Prüfungsumfang ausnahmsweise den Erfolg in der Hauptsache berücksichtigt, empfiehlt sich für die weitere Prüfung der klassische Aufbau einer Verfassungsbeschwerde, auch wenn ein anderer Aufbau ebenfalls vertretbar ist.

II. Prüfungsmaßstab

58 Entscheidungen der Fachgerichte überprüft das Bundesverfassungsgericht nur eingeschränkt.[70] Andernfalls wäre es eine „Superrevisionsinstanz".[71] Doch das darf das Bundesverfassungsgericht nicht sein. Denn Art. 95 Abs. 1 GG errichtet insbesondere den Bundesgerichtshof als „oberstes" Bundesgericht. Daher muss der Fachgerichtsbarkeit im Zivilrecht ein Bereich verbleiben, in dem der Bundesgerichtshof letztverbindlich entscheidet, also ohne, dass das Bundesverfassungsgericht ihn noch kontrollieren und seine Entscheidungen aufheben könnte.[72] Das Bundesverfassungsgericht überprüft daher, obwohl materiell-rechtlich jede einfach-rechtlich falsche, belastende Rechtsanwendung zugleich ein Grundrecht (und sei es Art. 2 Abs. 1 GG i.V.m. Art. 20 Abs. 3 GG) verletzt, Entscheidungen der Fachgerichte aus prozessualen Gründen nur eingeschränkt: auf die Verletzung spezifischen Verfassungsrechts.[73] Spezifisch das Verfassungsrecht ist verletzt, wenn die angegriffene fachgerichtliche Entscheidung den Einfluss der Grund-

66 BVerfGE 111, 147 (153); *Robbers*, Verfassungsprozessuale Probleme, S. 93; *Sachs*, Verfassungsprozessrecht, Rn. 638; *Schlaich/Korioth*, Bundesverfassungsgericht, Rn. 466.

67 *Lenz/Hansel*, BVerfGG, § 32 Rn. 39; *Robbers*, Verfassungsprozessuale Probleme, S. 93; *Schlaich/Korioth*, Bundesverfassungsgericht, Rn. 465.

68 Vgl. BVerfGE 111, 147 (153); *Benda/Klein/Klein*, Verfassungsprozessrecht, Rn. 1342; insbesondere und ausführlich zum Versammlungsrecht *Barczak*, in: ders., BVerfGG, § 32 Rn. 44 („Hier übernimmt das vorläufige Rechtsschutzverfahren praktisch die Bedeutung des Verfahrens in der Hauptsache […]").

69 Allgemein hierzu *Hillgruber/Goos*, Verfassungsprozessrecht, Rn. 886 m.w.N.; *Walter*, in: ders./Grünewald, BeckOK BVerfGG, § 32 Rn. 58; siehe auch BVerfG, NJW 2004, 2814 (2814 f.).

70 *Schlaich/Korioth*, Bundesverfassungsgericht, Rn. 281.

71 *Sachs*, Verfassungsprozessrecht, Rn. 509.

72 Hierzu *Schlaich/Korioth*, Bundesverfassungsgericht, Rn. 281.

73 *Schlaich/Korioth*, Bundesverfassungsgericht, Rn. 281.

rechte bzw. grundrechtsgleichen Rechte grundlegend verkennt[74]. Das setzt voraus, dass ein Eingriff in den Schutzbereich vorliegt, der nicht gerechtfertigt werden kann.

III. Schutzbereich

Der Schutzbereich des Art. 8 Abs. 1 GG müsste eröffnet sein. **59**

1. Persönlicher Schutzbereich

Persönlich schützt die Versammlungsfreiheit jeden Deutschen im Sinn des Art. 116 Abs. 1 GG. Mangels näherer Angaben im Sachverhalt ist davon auszugehen, dass T Deutscher ist. Der persönliche Schutzbereich ist eröffnet. **60**

2. Sachlicher Schutzbereich

Die Eröffnung des sachlichen Schutzbereichs setzt zunächst voraus, dass es sich bei der von T geplanten Demonstration um eine Versammlung im Sinn des Art. 8 Abs. 1 GG handelt. Was eine Versammlung in diesem Sinn ausmacht, ist gleich unter mehreren Gesichtspunkten umstritten. **61**

a) Begriff der Versammlung

aa) Personenzahl

Die Versammlungsfreiheit setzt schon begrifflich voraus, dass mehr als eine Person erscheint: Ein Einzelner kann sich nicht versammeln, sondern nur sammeln.[75] Tut er allein seine Meinung kund, ist dies im Rahmen der Meinungsfreiheit gem. Art. 5 Abs. 1 S. 1 Alt. 1 GG grundrechtlich geschützt. **62**

Ob der Begriff der Versammlung die Teilnahme von zwei, drei oder mehr Personen verlangt, ist umstritten. Überwiegend werden zwei[76], teilweise auch erst drei Personen[77] für ausreichend gehalten. T und seine beiden Freunde sind zu dritt. Trifft eine der beiden genannten Ansichten zu, ist die erforderliche Mindestzahl also jedenfalls erreicht. **63**

Nach anderer Ansicht soll es auf eine Mindestzahl von sieben Teilnehmern ankommen.[78] Diese Zahl erreichen T und seine Freunde nicht, jedenfalls nicht notwendig (von anderen Teilnehmern ist nichts bekannt). Da die Ansichten zu unterschiedlichen Ergebnissen führen, ist eine Stellungnahme erforderlich. **64**

---

74 Vgl. BVerfGE 89, 276 (285).

75 *Hartmann*, in: Kahl/Waldhoff/Walter, GG, Art. 8 Rn. 154.

76 *Blanke*, in: Stern/Becker, Grundrechte-Kommentar, Art. 8 Rn. 19; *Brenneisen*, NordÖR 2006, 97 (97); *Epping*, Grundrechte, Rn. 32; *Höfling*, in: Sachs, GG, Art. 8 Rn. 13; *Manssen*, Staatsrecht II, Rn. 512; *Michael/Morlok*, Grundrechte, Rn. 268; *Sodan*, in: ders., GG, Art. 8 Rn. 2.

77 BayObLG, NJW 1979, 1895; OLG Saarbrücken, NStZ-RR 1999, 119; *Enders*, Jura 2003, 34 (36); *Hölscheidt*, DVBl. 1987, 666 (667).

78 *v. Münch*, in: ders., GG, Bd. 1, Art. 8 Rn. 9.

65 Der Wortlaut des Art. 8 Abs. 1 GG („sich […] zu versammeln") enthält keinen Hinweis darauf, dass mehr als zwei oder drei Personen zusammenkommen müssten.[79] In systematischer bzw. normhierarchischer Sicht ist der Vergleich mit den Vorschriften des Vereinsrechts (§§ 56, 73 BGB), der für eine Teilnehmerzahl von sieben Personen angeführt wird, schon deshalb verfehlt, weil das Verfassungsrecht über dem Vereinsrecht steht und selbst zwischen der Versammlungs- und der Vereinsfreiheit unterscheidet[80]. Auch in der Sache besteht ein wesentlicher Unterschied, weil eine Versammlung zeitlich begrenzt stattfindet, während ein Verein auf Beständigkeit ausgelegt ist[81]. Teleologisch ist der Mehrwert des gegenseitigen Austauschens und gemeinsamen Erlebens schon bei zwei Teilnehmern zu erreichen.[82] Der „vereinsrechtlichen" Sicht ist nach alledem nicht zu folgen; die erforderliche Teilnehmerzahl liegt vor.

bb) Versammlungszweck

66 Dass (zwei oder) drei Personen zusammentreffen, macht die Zusammenkunft noch nicht zu einer Versammlung. Hinzukommen muss (kein gleicher, sondern) ein gemeinsamer Zweck, der die Zusammengekommenen verbindet.[83] Streitig ist nur, welche Anforderungen an den gemeinsamen Zweck zu stellen sind.[84] Die weiteste Auffassung lässt jeden gemeinsamen Zweck genügen und verzichtet auf das Element kollektiver Meinungsbildung.[85] Die engste Auffassung verlangt hingegen, dass die gemeinsame Zweckverfolgung in der kollektiven Meinungsbildung oder -äußerung in öffentlichen Angelegenheiten liegen muss.[86] Eine weitere, vermittelnde Ansicht nimmt zur kollektiven Meinungsbildung oder -äußerung in öffentlichen noch die in privaten Angelegenheiten hinzu.[87]

67 Die Kundgebung des T behandelt den Abbau des staatlichen Gewaltmonopols und die zunehmende Beschränkung von Freiheitsrechten. Das sind öffentliche Angelegenheiten, zu denen sich die Teilnehmer eine Meinung bilden und äußern. Insofern ist sogar die engste Ansicht erfüllt.

68 Ein anderes Ergebnis könnte sich allenfalls aus dem Umstand ergeben, dass T plant, vor dem Vortrag und der anschließenden Diskussion das im Sachverhalt beschriebene sog. „Dosenschießen" durchzuführen. Die Veranstaltung enthält somit jedenfalls zu einem

79 *Hartmann*, in: Kahl/Waldhoff/Walter, GG, Art. 8 Rn. 154.

80 *Michael/Morlok*, Grundrechte, Rn. 268.

81 *Blanke*, in: Stern/Becker, Grundrechte-Kommentar, Art. 8 Rn. 19.

82 *Blanke*, in: Stern/Becker, Grundrechte-Kommentar, Art. 8 Rn. 19.

83 *Brenneisen*, NordÖR 2006, 97 (98); *Depenheuer*, in: Maunz/Dürig, GG, Art. 8 Rn. 46; *Epping*, Grundrechte, Rn. 33; *Hoffmann-Riem*, in: Merten/Papier, Handbuch der Grundrechte, Bd. IV, S. 1139; *Höfling*, in: Sachs, GG, Art. 8 Rn. 14; *Jarass*, in: Jarass/Pieroth, GG, Art. 8 Rn. 3; *Kingreen/Poscher*, Grundrechte, Rn. 807 ff.; *Manssen*, Staatsrecht II, Rn. 509; *Michael/Morlok*, Grundrechte, Rn. 269; *Sodan*, in: ders., GG, Art. 8 Rn. 3.

84 *Hartmann*, in: Kahl/Waldhoff/Walter, GG, Art. 8 Rn. 164.

85 VG Hannover, NVwZ-RR 1997, 622 ff.; *Depenheuer*, in: Maunz/Dürig, GG, Art. 8 Rn. 46 ff.; *Hartmann*, in: Kahl/Waldhoff/Walter, GG, Art. 8 Rn. 173 mit ausführlicher Begründung; *Höfling*, in: Sachs, GG, Art. 8 Rn. 15 ff.; *Kingreen/Poscher*, Grundrechte, Rn. 811.

86 BVerfG, NJW 2001, 2459 ff.; BayObLG, NJW 1970, 479 (480); *Bredt*, NVwZ 2007, 1358 ff.; *Manssen*, Staatsrecht II, Rn. 509.

87 BVerwGE 56, 63 (69); *Blanke*, in: Stern/Becker, Grundrechte-Kommentar, Art. 8 Rn. 22 ff.; *Deutelmoser*, NVwZ 1999, 240 ff.; *Sodan*, in: ders., GG, Art. 8 Rn. 3.

Teil einen „Spaßcharakter". Fraglich ist, ob und ggf. wie sich dieser Umstand auf die Veranstaltung insgesamt auswirkt. Nach der weitesten Ansicht sind auch Veranstaltungen mit Spaßcharakter von der Versammlungsfreiheit geschützt.[88] Die anderen Ansichten setzen eine Meinungsbildung- und -kundgabe voraus. Das Bundesverfassungsgericht hat entschieden, dass „Vergnügungsveranstaltungen" keine Versammlungen sind, auch dann nicht, wenn zwar Meinungskundgaben stattfinden, diese aber als bloßer Nebenzweck hinter den Hauptcharakter der Veranstaltung zurücktreten.[89] Bei derartigen gemischten Veranstaltungen komme es auf das Gesamtgepräge der Veranstaltung an.[90] Bei verbleibenden Zweifeln bewirke der hohe Rang der Versammlungsfreiheit, dass die Veranstaltung wie eine Versammlung zu behandeln sei.[91]

T plant für seine Veranstaltung das Dosenschießen mit einer 0,33 l Dose Bier. Daran **69** schließt sich ein fünfzehnminütiger Redebeitrag und eine ebenso lange Diskussion zum Vortragsthema an (insgesamt 30 Minuten). Das „Dosenschießen" nimmt in der Gesamtveranstaltung nur wenige Sekunden bis einige Minuten in Anspruch, der weitaus größere Teil der Veranstaltung dient der Bildung und Kundgabe von Meinungen in öffentlichen Angelegenheiten. Diese bildet somit den Hauptzweck der Veranstaltung und bestimmt den Gesamtcharakter. Dass bei der Veranstaltung auch Bestandteile mit Vergnügungscharakter enthalten sind, beeinträchtigt die Einordnung als Versammlung nicht, wenn die Vergnügungsbestandteile – wie hier – nicht bestimmend für den Gesamtcharakter der Veranstaltung sind.[92] Eine Versammlung liegt daher jedenfalls vor.

b) Umfang der Gewährleistung

aa) Friedlichkeit und Waffenlosigkeit

Die Versammlung müsste gem. Art. 8 Abs. 1 GG „friedlich und ohne Waffen" erfolgen. **70** Es gibt keine Hinweise im Sachverhalt, dass das nicht der Fall sein wird. Von der Friedlichkeit und der Waffenlosigkeit der Versammlung ist daher auszugehen.

Hinweis zum Aufbau: Das Merkmal „friedlich und ohne Waffen" kann als ausdrücklich **71** vorgesehene Schutzbereichsbegrenzung auch vor dem Prüfungspunkt „Umfang der Gewährleistung" geprüft werden.[93]

bb) Ort der Versammlung

Wie oben bereits beschrieben, enthält die Versammlungsfreiheit auch ein Selbstbestim- **72** mungsrecht über den Versammlungsort. In seiner klassischen Funktion als Abwehrrecht

88 Vgl. *Hartmann*, in: Kahl/Waldhoff/Walter, GG, Art. 8 Rn. 173.
89 BVerfG, NJW 2001, 2459 (2560 f.).
90 BVerfG, NJW 2001, 2459 (2561); *Schneider*, in: Epping/Hillgruber, BeckOK GG, Art. 8 Rn. 10; kritisch hierzu *Hartmann*, in: Kahl/Waldhoff/Walter, GG, Art. 8 Rn. 174.
91 BVerfG, NJW 2001, 2459 (2461).
92 *Schneider*, in: Epping/Hillgruber, BeckOK GG, Art. 8 Rn. 11.
93 *Kingreen/Poscher*, Grundrechte, Rn. 814 mit Rn. 824; wie hier *Hartmann*, in: Kahl/Waldhoff/Walter, GG, Art. 8 Rn. 204 mit Rn. 177.

gegen den Staat[94] verlangt die Versammlungsfreiheit daher eine verfassungsrechtliche Rechtfertigung, falls der Staat die Versammlung an einem ansonsten zugänglichen Ort (sei das Grundstück in privater, sei es in öffentlicher Hand) verbietet.[95] Verlangen die Veranstalter vom Staat dagegen, dass er einen ansonsten unzugänglichen Ort für Versammlungen zugänglich macht, ist das Grundrecht der Versammlungsfreiheit nicht in seiner klassischen Funktion als Abwehrrecht betroffen, sondern es stellt sich die Frage, inwieweit Art. 8 Abs. 1 GG Leistungsansprüche gewährt.[96] Richten die Veranstalter ihr Verlangen, einen ansonsten unzugänglichen Ort zugänglich zu machen, nicht gegen den Staat, sondern gegen Private, stellt sich die Frage nach dem Leistungsgehalt des Grundrechts außerdem in mittelbarer Drittwirkung (unter Privaten).[97] Die Antwort ist umstritten.

73 Nach Ansicht des Bundesverfassungsgerichts gewährt die Versammlungsfreiheit Privaten einen Leistungsanspruch gegen Private, falls der private Grund, auf dem die Versammlung stattfinden soll, als öffentlicher Kommunikationsraum, als öffentliches „Forum" einzustufen ist.[98] Ein solches Forum kennzeichne, dass auf ihm eine Vielzahl verschiedener Tätigkeiten und Anliegen verfolgt werden und auf diese Weise ein vielseitiges und offenes Kommunikationsgeflecht entstehen könne:[99]

> „Wenn heute die Kommunikationsfunktion der öffentlichen Straßen, Wege und Plätze zunehmend durch weitere Foren wie Einkaufszentren, Ladenpassagen oder durch private Investoren geschaffene und betriebene Plätze als Orte des Verweilens, der Begegnung, des Flanierens, des Konsums und der Freizeitgestaltung ergänzt wird, kann die Versammlungsfreiheit für die Verkehrsflächen solcher Einrichtungen nicht ausgenommen werden, soweit [...] Private im Wege der mittelbaren Drittwirkung in Anspruch genommen werden können."[100]

74 Abzugrenzen ist das öffentliche Forum danach von Stätten, die der Allgemeinheit nicht oder nur zu bestimmten Zwecken zur Verfügung stehen und entsprechend ausgestaltet sind. Orte, die tatsächlich ausschließlich oder ganz überwiegend nur einer bestimmten anderen Funktion dienen, können auch nach der Rechtsprechung des Bundesverfassungsgerichts nicht gegen den Willen des Eigentümers zur Durchführung von Versammlungen genutzt werden.[101] Entstehe dagegen durch die Verbindung von Ladengeschäften, Dienstleistungsanbietern, Restaurationsbetrieben und Erholungsflächen ein „Raum des Flanierens", ein „Ort des Verweilens und der Begegnung", habe der Eigentümer den Ort auch für kommunikative Nutzungen geöffnet und zum öffentlichen Forum gemacht. Er vermöge daher auf seinem Grund auch die politische Auseinandersetzung in Form kollektiver Meinungskundgaben durch Versammlungen nicht zu verhindern.[102]

94 Siehe nur *Gusy*, in: Mangoldt/Klein/Starck, GG, Bd. 1, Art. 8 Rn. 44, und allgemein zu den Dimensionen der Grundrechte *Epping*, Grundrechte, Rn. 13 ff.; *Hufen*, Staatsrecht II, § 5 Rn. 1.
95 *Hartmann*, in: Kahl/Waldhoff/Walter, GG, Art. 8 Rn. 192 ff. m.w.N.
96 *Hartmann*, in: Kahl/Waldhoff/Walter, GG, Art. 8 Rn. 195.
97 *Hartmann*, in: Kahl/Waldhoff/Walter, GG, Art. 8 Rn. 197.
98 BVerfGE 128, 226 (253).
99 BVerfGE 128, 226 (253).
100 BVerfGE 128, 226 (252).
101 BVerfGE 128, 226 (253).
102 Vgl. BVerfGE 128, 226 (253).

Das Bundesverfassungsgericht stützt seine Auffassung maßgeblich auf den Kommunikationszweck der Versammlungsfreiheit: Private Unternehmen, welche die Rahmenbedingungen öffentlicher Kommunikation herstellten, träten so in Funktionen ein, die früher allein der Staat erfüllt habe.[103] Die Möglichkeit, auf öffentlichen Foren Aufmerksamkeit zu erzielen, sei als Grundlage der demokratischen Willensbildung versammlungsfreiheitlich gewollt und bilde ein konstituierendes Element der demokratischen Staatsordnung.[104] Die Beschränkung der Eigentumsfreiheit aus Art. 14 Abs. 1 S. 2 GG, die mit der mittelbaren Drittwirkung einhergehe, sei Ausdruck der Sozialbindung des Eigentums gem. Art. 14 Abs. 2 GG. So gesehen entsprechen öffentlich zugänglich gemachte Plätze im Privateigentum den im Gemeingebrauch stehenden öffentlichen Plätzen.[105] **75**

Nach der Rechtsprechung genügt es für einen Leistungsanspruch gegen die K-GmbH aus der Versammlungsfreiheit in mittelbarer Drittwirkung also, dass der Marienplatz für den Publikumsverkehr geöffnet ist. Die K-GmbH hat den Marienplatz mit seinen unterschiedlichen Ladenflächen, Gastronomieangeboten und Sitzplätzen zum Verweilen als Ort der Kommunikation geschaffen. Ein öffentliches Forum im Sinn der Rechtsprechung liegt vor und der Schutzbereich ist nach dieser Ansicht eröffnet. **76**

Nach anderer Ansicht, die Teile der Lehre vertreten, verschafft das Grundrecht der Versammlungsfreiheit keinen Anspruch, dass für Versammlungen ansonsten unzugängliche Orte für Versammlungen erst geöffnet werden. Auch bei öffentlichen Foren vermag der Eigentümer sein Grundstück danach nur für von ihm bestimmte Kommunikationszwecke zu öffnen und so politische Versammlungen auszuschließen. Diese Ansicht stützt ihre Auffassung maßgeblich auf den Umstand, dass die mittelbare Drittwirkung eines Grundrechts (gegenüber Privaten) nicht weitergehen könne als die unmittelbare Wirkung (gegenüber dem Staat).[106] Für den Fall der unmittelbaren Wirkung gegenüber dem Staat ist allgemein und auch durch das Bundesverfassungsgericht bis heute anerkannt, dass die Versammlungsfreiheit kein Zutrittsrecht zu beliebigen Orten verschaffe. Ein Leistungsrecht gegen den Staat, aufgrund dessen dieser den Zugang zu – ansonsten unzugänglichen – Orten erst eröffnen muss, gewährt die Versammlungsfreiheit nicht.[107] Es bleibt der öffentlichen Hand daher unbenommen, Orte bestimmten Zwecken vorzubehalten (Krankenhäuser[108], Autobahnen[109]) und so von der Versammlungsfreiheit auszunehmen. Das gilt auch für Orte, welche die Kriterien eines öffentlichen Forums erfüllen (Parlamentslobby, Rathausfoyer).[110] **77**

Findet die Versammlungsfreiheit nicht unmittelbar, sondern wie hier mittelbar Anwendung, können die Gewährleistungsgehalte und Grundrechtsdimensionen, die das Grund- **78**

---

103 BVerfGE 128, 226 (249).
104 BVerfGE 128, 226 (254).
105 *Wendt*, NVwZ 2012, 606 (608).
106 Vgl. das abweichende Votum *Schluckebier*, BVerfGE 128, 226 (274); *v. Alemann/Scheffczyk*, JA 2013, 407 (408); *Hartmann*, in: Kahl/Waldhoff/Walter, GG, Art. 8 Rn. 413 m.w.N.
107 Vgl. insoweit BVerwGE 91, 135 (138); *Gusy*, in: Mangoldt/Klein/Starck, GG, Bd. 1, Art. 8 Rn. 45; *Hartmann*, in: Kahl/Waldhoff/Walter, GG, Art. 8 Rn. 196 m.w.N.
108 BVerfGE 128, 226 (252 f.).
109 VGH Kassel, NJW 2009, 312 ff.
110 Vgl. *Hartmann*, in: Kahl/Waldhoff/Walter, GG, Art. 8 Rn. 195 m.w.N.

recht gewährt, nicht weiter gehen: Private sind nicht zu mehr Grundrechtsschutz verpflichtet, als es der unmittelbar und primär grundrechtsgebundene Staat ist.[111] Wenn der Staat öffentliche Foren nur für bestimmte Formen der Kommunikation öffnen darf, muss es auch dem privaten Eigentümer möglich sein, sein Einverständnis differenziert zu erklären.[112] Eine darüber hinausgehende Verpflichtung privater Eigentümer, die ihnen verbieten würde, bestimmte Versammlungen generell oder im Einzelfall von einer ansonsten eröffneten Zugänglichkeit auszunehmen, ist eine Inhalts- und Schrankenbestimmung des Eigentums, die gem. Art. 14 Abs. 1 S. 2 GG durch formelles Gesetz zu bestimmen ist, ohne dass die Gerichte diese Aufgabe unter Berufung auf die Versammlungsfreiheit übernehmen dürften.[113] Warum es ihm doch möglich sein soll, erläutert auch das Bundesverfassungsgericht nicht. Es verzichtet im Zusammenhang mit der mittelbaren Drittwirkung weitgehend auf methodengerechte Ableitungen;[114] im Kern erschöpft sich die Rechtsprechung in der Behauptung, dass ein Eigentümer eines allgemein zugänglichen Grundstücks sein Eigentum nicht nur für bestimmte, von ihm ausgewählte Benutzer oder Zwecke soll öffnen dürfen[115].

79 Die Auffassung des Bundesverfassungsgerichts vermag außerdem nicht zu erklären, warum es für die Qualifikation als öffentliches Forum darauf ankommen soll, dass dort eine „Vielzahl verschiedener Tätigkeiten“ verfolgt werden könne, wenn die Eröffnung des Schutzbereichs der Versammlungsfreiheit nach der Rechtsprechung zugleich voraussetzen soll, dass genau eine, ganz bestimmte Tätigkeit ausgeübt wird: die kollektive Meinungsbildung und -äußerung in öffentlichen Angelegenheiten. Insgesamt erscheint zweifelhaft, ob das Bundesverfassungsgericht den Zentralbegriff seiner Ausnahme, das öffentliche Forum, überhaupt trennscharf zu bestimmen vermag.[116]

80 Nach dieser Ansicht aus der Literatur hilft das Grundrecht der Versammlungsfreiheit T nur, falls vorliegend eine Ausnahme einschlägig ist. Die Verpflichtung der K-GmbH, den Marienplatz zur Verfügung zu stellen, könnte vorliegend einer ebensolchen staatlichen Leistungsverpflichtung entsprechen, so dass der Private keineswegs zu mehr Schutz verpflichtet wäre, als es der Staat ist.[117] Wäre der Staat Eigentümer des Marienplatzes und hätte er diesen Ort für politische Demonstrationen nicht geöffnet, müsste er die Versammlung auf dem Marienplatz gleichwohl ausnahmsweise zulassen: T ist für den Zweck seiner Versammlung auf einen Ort in Beilfeld angewiesen, denn ein anderer geeigneter Ort steht nach der Schilderung der örtlichen Gegebenheiten im Sachverhalt nicht zur Verfügung, s.o. unter A.VI. Auch nach dieser Ansicht ist vorliegend der Schutzbereich eröffnet.

---

111 *Hartmann*, in: Kahl/Waldhoff/Walter, GG, Art. 8 Rn. 413.

112 *Hartmann*, in: Kahl/Waldhoff/Walter, GG, Art. 8 Rn. 420.

113 *Hartmann*, in: Kahl/Waldhoff/Walter, GG, Art. 8 Rn. 421.

114 Hierzu insbesondere *Hellgardt*, JZ 2018, 901 (902).

115 Vgl. abw. Meinung *Schluckebier*, BVerfGE 128, 226 (275) (keine „tragfähige Rechtfertigung“); *Hartmann*, in: Kahl/Waldhoff/Walter, GG, Art. 8 Rn. 417.

116 *Hartmann*, in: Kahl/Waldhoff/Walter, GG, Art. 8 Rn. 419; *Hettich*, VBlBW 2018, 485 (491).

117 Vgl. *Hartmann*, in: Kahl/Waldhoff/Walter, GG, Art. 8 Rn. 415; *Jarass*, in: Jarass/Pieroth, GG, Art. 8 Rn. 15 f.

Hinweis zur Bewertung: Die Prüflinge können sich auch für eine der beiden Ansichten entscheiden und nur unter diese subsumieren. Ggf. ist die Prüfung – wie stets, d.h. auch ohne gesonderten Hinweis im Bearbeitervermerk – hilfsgutachterlich fortzusetzen. Vertretbar erscheint auch eine Lösung, nach der die K-GmbH keine Duldungspflicht trifft. Weil der Sachverhalt die Rechtsauffassung mitteilt, dass das Grundrecht Private unmöglich stärker in die Pflicht nehmen könne als den Staat, war jedenfalls das Problem einer Versammlung auf privatem Grund zu diskutieren. **81**

d) Ergebnis

Der sachliche Schutzbereich ist eröffnet. **82**

IV. Eingriff

Weiterhin müsste ein Eingriff vorliegen. Ein Eingriff ist jedes staatliche Handeln, das dem Einzelnen ein Verhalten, das in den Schutzbereich fällt, ganz oder teilweise unmöglich macht oder erschwert.[118] Die Beeinträchtigung der Versammlungsfreiheit des T wird allerdings unmittelbar durch die K-GmbH bewirkt. Jedoch hat das Gericht auf Grund der mittelbaren Drittwirkung der Grundrechte die Pflicht, der Versammlungsfreiheit des T auch innerhalb einer Privatrechtsbeziehung zur Beachtung zu verhelfen. Gleichwohl hat es einen dem Klagebegehren des T stattgebenden Beschluss nicht erlassen und ihm seine Versammlung nicht wie gewünscht ermöglicht. In diesem Unterlassen liegt eine vorhersehbare, dem Staat zurechenbare Grundrechtsbeeinträchtigung, die einen Eingriff darstellt.[119] **83**

V. Rechtfertigung

Der Eingriff könnte gerechtfertigt sein. Dies ist der Fall, wenn das Grundrecht einschränkbar ist, die Maßnahme auf einer verfassungsgemäßen Grundlage beruht und die Maßnahme selbst verfassungsgemäß ist. **84**

1. Einschränkbarkeit des Grundrechts

Gem. Art. 8 Abs. 2 GG kann das Grundrecht auf Versammlungsfreiheit aus Art. 8 Abs. 1 GG für Versammlungen unter freiem Himmel durch oder auf Grund eines Gesetzes eingeschränkt werden. Streitig ist dabei, wann eine Versammlung unter „freiem" Himmel stattfindet. Nach einer Ansicht kommt es dabei darauf an, ob der Versammlungsort nach oben hin offen ist (so dass unter freiem Himmel eine Versammlung in einem Stadion, nicht aber unter der Überdachung einer Bushaltestelle sei).[120] Nach anderer Ansicht kommt es nicht auf die Öffnung des Versammlungsorts nach oben, sondern zur Seite hin, letztlich also auf die freie Zugänglichkeit zum Versammlungsort und damit auf die **85**

118 *Epping*, Grundrechte, Rn. 39.
119 Ebenso *Augsberg/Viellechner*, JuS 2008, 406 (408).
120 Vgl. *Hartmann*, in: Kahl/Waldhoff/Walter, GG, Art. 8 Rn. 330 m.w.N.

freie Teilnahmemöglichkeit an der Versammlung an.[121] Diese Ansicht führt zur Begründung das teleologische Argument an, dass Art. 8 Abs. 2 GG Eingriffe bei Versammlungen mit erhöhtem Konfliktpotenzial zu ermöglichen bezwecke.[122] Die Versammlung des T soll auf dem Marienplatz stattfinden. Der Platz ist weder überdacht noch zu den Seiten geschlossen, sondern bleibt frei zugänglich. Daher liegt nach beiden Ansichten eine Versammlung unter freiem Himmel vor. Der Gesetzesvorbehalt ist eröffnet.

2. Formelle und materielle Verfassungsmäßigkeit des Gesetzes

86 §§ 858 ff., 903, 1004 BGB sind laut Bearbeitervermerk formell und materiell verfassungsgemäß.

3. Verfassungsmäßigkeit der Einzelmaßnahme

87 Der aufgrund dieser Vorschriften ergangene letztinstanzliche Beschluss des Zivilgerichts müsste seinerseits verhältnismäßig sein.

a) Legitimer Zweck

88 Der zivilgerichtliche Beschluss müsste einen legitimen Zweck verfolgen. Ein Zweck ist legitim, wenn der Staat ihn als solchen verfolgen darf.[123] Mit seinem Beschluss entscheidet das Fachgericht den Rechtsstreit über das Hausrecht der K-GmbH. Die Entscheidung von Rechtsstreitigkeiten ist ein legitimer Zweck.

89 **Hinweis zum Aufbau:** Das dürfte wohl auch gelten, falls ein Gericht seine Entscheidung rechtsirrig trifft. Als Frage des legitimen Zwecks sollte die Bedeutung der Versammlungsfreiheit des T im Verhältnis zur K-GmbH (s. unten unter Angemessenheit) deshalb besser nicht geprüft werden.

b) Geeignetheit

90 Der zivilgerichtliche Beschluss müsste geeignet sein. Das ist er, wenn er den angestrebten Zweck zumindest fördert.[124] Das Verbot der Versammlung (genauer: die Aufrechterhaltung des Hausverbots) schützt vor der zu Grunde gelegten Verletzung des Hausrechts und beendet den Rechtsstreit. Der Beschluss ist daher auch geeignet.

91 **Hinweis zum Aufbau:** Falls das geschützte Recht in Wahrheit nicht verletzt ist, ist die gerichtliche Entscheidung nur geeignet, das Ziel zu erreichen, dass überhaupt eine Entscheidung fällt (und insofern Rechtsfrieden einkehrt). Dagegen wird das Ziel, dem materiellen Recht Geltung zu verschaffen, verfehlt. Insofern ist die Entscheidung also ungeeignet und kann die Bedeutung der Versammlungsfreiheit des T im Verhältnis zur K-GmbH

121 *Epping*, Grundrechte, Rn. 44.

122 BVerfGE 69, 315 (348); 128, 226 (255 f.); *Epping*, Grundrechte, Rn. 44; *Gusy*, in: Mangoldt/Klein/Starck, GG, Bd. 1, Art 8 Rn. 55.

123 *Kingreen/Poscher*, Grundrechte, Rn. 330.

124 *Classen*, Staatsrecht II, § 5 Rn. 60.

(s. unten unter Angemessenheit) auch an dieser Stelle geprüft werden. Vorzugswürdig erscheint die hier gewählte Darstellung gleichwohl, weil ansonsten im Rahmen der Geeignetheit (Durchsetzung materiellen Rechts) ein anderes, jedenfalls ein konkreteres Ziel verfolgt wird als im Rahmen des legitimen Zwecks (Entscheidung einer Rechtsstreitigkeit).

c) Erforderlichkeit

Der zivilgerichtliche Beschluss müsste erforderlich sein. Das ist er, wenn er unter den gleich geeigneten Mitteln das Mildeste ist.[125] Das Verbot der Versammlung ist der einzige Weg, die zu Grunde gelegte Verletzung des Hausrechts zu vermeiden. Es ist daher auch erforderlich. **92**

d) Angemessenheit

Der zivilgerichtliche Beschluss müsste angemessen sein. Angemessenheit bedeutet, dass die Beeinträchtigung, die der Eingriff für den Einzelnen darstellt, und der Zweck, der damit verfolgt wird, in einem abgewogenen Verhältnis zueinander stehen.[126] Kollidieren Grundrechte (mittelbar oder unmittelbar), müssen sie im Sinn praktischer Konkordanz[127] zu einem schonenden Ausgleich[128] gebracht werden, so dass sie jeweils größtmögliche Betätigungs- und Verwirklichungschancen erhalten.[129] **93**

Auf Seiten der K-GmbH streiten die Eigentumsfreiheit aus Art. 14 Abs. 1 S. 1 GG und die Berufsfreiheit aus Art. 12 Abs. 1 S. 1 GG (jeweils i.V.m. Art 19 Abs. 3 GG). Der Eigentümer einer Sache kann mit der Sache grundsätzlich „nach Belieben verfahren und andere von jeder Einwirkung ausschließen" (vgl. § 903 BGB mit dem Zitat). Die Freiheit der Berufsausübung gewährt der K-GmbH das Recht, auch über die Außendarstellung des Betriebs zu entscheiden. Für T streitet die Versammlungsfreiheit gem. Art. 8 Abs. 1 GG. **94**

In diesem Spannungsverhältnis steht konkret, dass die Kunden der K-GmbH gegen den Willen der K mit Aussagen des T und dessen Versammlung konfrontiert werden, ohne dass die Ansichten des T mit denen der K-GmbH notwendig deckungsgleich sind. Doch das trifft die K-GmbH nicht, jedenfalls nicht schwer, weil ihr die Ansichten der Versammlungsteilnehmer nicht zugerechnet werden: T bleibt als Urheber erkennbar; Rückschlüsse darauf, dass die K-GmbH diese Meinung teilt, werden nicht nahegelegt, zumal die K-GmbH die Versammlung weder unterstützt noch auf sie hinweist. **95**

In dem beschriebenen Spannungsverhältnis steht konkret außerdem, dass die Versammlung der Konzeption der K-GmbH, den Marienplatz als „Ort des Konsums" zu pflegen, widerspricht. Aber der betriebliche Ablauf ist angesichts der geringen Zahl der Versammlungsteilnehmer und der kurzen Dauer ihrer Versammlung in keiner Weise gefähr- **96**

125 *Kingreen/Poscher*, Grundrechte, Rn. 336.
126 *Kingreen/Poscher*, Grundrechte, Rn. 340.
127 *Hesse*, Grundzüge des Verfassungsrechts, Rn. 317 f.
128 *Lerche*, Übermaß und Verfassungsrecht, S. 153.
129 BVerfG, NJW 2015, 2485 (2485 f.).

det. Die Geschäfte bleiben allesamt erreichbar, die innerbetrieblichen Abläufe werden nicht gestört. Einen nachhaltigen „Image-Schaden" wird die Versammlung nicht bewirken, der Marienplatz bleibt ein „Ort des Konsums".

97 Dagegen trifft das aus dem Hausverbot folgende Verbot der Versammlung den T schwer. Es ist ihm danach unmöglich, seine Versammlung just an jenem Ort durchzuführen, dem wegen der Überwachung durch private Sicherheitsdienste eine inhaltliche Bedeutung für das Thema der Versammlung (zunehmende Beschränkung von Freiheitsrechten und Privatisierung der inneren Sicherheit) zukommt.

98 Nach alledem werden die Eigentums- und die Berufsfreiheit der K-GmbH durch die Versammlung kaum eingeschränkt, während die Versammlungsfreiheit des T durch ein Versammlungsverbot eine intensive Beschränkung erfährt.[130] Diesen Zusammenhang hat das Zivilgericht verkannt, als es über das Hausrecht befunden hat. Der gerichtliche Beschluss war unangemessen.

99 **Hinweis zur Bewertung:** Andere Ansicht selbstredend genauso gut vertretbar. Eine derart ausführliche Behandlung wird ohnehin nicht erwartet. Das Schlagwort des öffentlichen Forums braucht nicht zu fallen. Es genügt, dass ein Funktionsvergleich der Sache nach angestellt wird. Die Prüflinge dürfen das Kriterium des öffentlichen Forums als rechtsdogmatische Figur ohne Nachteil in Bausch und Bogen verwerfen (vgl. das abweichende Votum *Schluckebier*, BVerfGE 128, 226 [269 ff.]) oder die Eigentums- und die Berufsfreiheit der K-GmbH höher bewerten.[131]

e) Ergebnis

100 Der Antrag des T ist begründet.

C. Ergebnis

101 Der Antrag des T auf Erlass einer einstweiligen Anordnung im eigenen Namen ist zulässig und begründet. Das Bundesverfassungsgericht wird diesem Antrag stattgeben. Der Antrag im Namen der Skatrunde ist unzulässig. Das Bundesverfassungsgericht wird ihn ablehnen. [132]

102 **Hinweis zur Prüfungsrelevanz:** Die Entwicklung der Rechtsprechung besitzt Sprengkraft. Von einem obiter dictum im „Fraport"-Fall entwickelt sich die „situativ staatsgleiche Grundrechtsbindung Privater" *(Michl)* über den „Bierdosen-Flashmob"-Fall bis zum aktuellen „Stadionverbot"-Fall zu einer ständigen Rechtsprechung und besitzt das Poten-

130 Im Ergebnis ebenso BVerfG, NJW 2015, 2485 (2486); *Wendt*, NVwZ 2012, 606 (610).

131 Zur mannigfaltigen Kritik dieser Rechtsprechungslinie von der „Fraport"-Entscheidung (BVerfGE 128, 226) über den „Bierdosen-Flashmob" (BVerfGE 139, 378) hin zur „Stadionverbot"-Entscheidung (BVerfG, NJW 2018, 1667) vgl. nur *Hellgardt*, JZ 2018, 901 ff.; *Michl*, JZ 2018, 910 ff.; *Smets*, NVwZ 2019, 34 ff.

132 Zur Tenorierung siehe *Barczak*, in: ders., BVerfGG, § 32 Rn. 76; *Hartmann*, in: Pieroth/Silberkuhl, Verfassungsbeschwerde, § 95 BVerfGG Rn. 3.

zial, einen „Paradigmenwechsel“ herbeizuführen. Die Rechtsprechung des Bundesverfassungsgerichts geht jedenfalls im Ergebnis in Richtung unmittelbarer Drittwirkung der (Kommunikations-)Grundrechte zwischen Privaten.[133] Die durchaus berechtigte Kritik[134] bezieht sich vor allem auf die mangelhafte Begründung durch das Bundesverfassungsgericht.[135] Die Prüfungsrelevanz dieses Themas kann kaum überschätzt werden.

Literaturverzeichnis

Alemann, Florian v./ Scheffczyk, Fabian	Aktuelle Fragen der Gestaltungsfreiheit von Versammlungen, in: JA 2013, 407 ff.	103
Augsberg, Ino/Viellechner, Lars	Die Drittwirkung der Grundrechte als Aufbauproblem, in: JuS 2008, 406 ff.	
Barczak, Tristan (Hrsg.)	BVerfGG. Mitarbeiterkommentar zum Bundesverfassungsgerichtsgesetz, Berlin 2018	
Benda, Ernst/Klein, Eckart/ Klein, Oliver	Verfassungsprozessrecht, 3. Aufl., Heidelberg u.a. 2012	
Berger, Ariane	§§ 903 S. 1, 1004 BGB als „Gesetz“ im Sinne von Art. 8 II GG, in: JA 2013, 279 ff.	
Bredt, Stephan	„Gemietete“ Demonstranten und „Fuckparade“ – Der Versammlungsbegriff bleibt in Bewegung, in: NVwZ 2007, 1358 ff.	
Brenneisen, Hartmut	Numerus clausus von Versammlungstypen? Der Versammlungsbegriff vor dem Bundesverfassungsgericht, in: NordÖR 2006, 97 ff.	
Brenneisen, Hartmut/Arndt, Christian	Versammlungen auf privaten Flächen im Lichte der aktuellen Rechtsprechung, in: NordÖR 2016, 269 ff.	
Bundesministerium der Justiz (Hrsg.)	Handbuch der Rechtsförmlichkeit, 3. Aufl., Köln 2008	
Burkiczak, Christian/ Dollinger, Franz-Wilhelm/Schorkopf, Frank (Hrsg.)	Bundesverfassungsgerichtsgesetz, Heidelberg 2015	
Classen, Claus Dieter	Staatsrecht II, München 2018	

133 Deutlich *Hellgardt*, JZ 2018, 901 (901) („den Rubikon überschritten und eine unmittelbare Drittwirkung praktiziert“); *Michl*, JZ 2018, 910 (911) („situativ staatsgleiche Grundrechtsbindung Privater verdrängt in ihrem Anwendungsbereich die Lehre von der mittelbaren Drittwirkung“).

134 *Hartmann*, in: Kahl/Waldhoff/Walter, GG, Art. 8 Rn. 415 ff.; *Hellgardt*, JZ 2018, 901 ff.; *Michl*, JZ 2018, 910 ff.; *Smets*, NVwZ 2019, 34 ff.; vgl. auch Sondervotum *Schluckebier*, BVerfGE 128, 226 (269 ff.).

135 *Michl*, JZ 2018, 910 (916) („argumentative Intransparenz“).

Detterbeck, Steffen	Der allgemeine Grundsatz der Subsidiarität der Rechtssatzverfassungsbeschwerde nach Art. 93 Abs. 1 Nr. 4a GG, in: DÖV 1990, 558 ff.
ders.	Öffentliches Recht, 11. Aufl., München 2018
Deutelmoser, Anna	Angst vor den Folgen eines weiten Versammlungsbegriffs?, in: NVwZ 1999, 240 ff.
Dreier, Horst (Hrsg.)	Grundgesetz: Kommentar, Band 1, 3. Aufl., Tübingen 2013
Droege, Michael	Grundrechtswirkung im öffentlichen Raum, in: npoR 2018, 241 ff.
Enders, Christoph	Der Schutz der Versammlungsfreiheit (Teil I), in: Jura 2003, 34 ff.
Epping, Volker	Grundrechte, 8. Aufl., Berlin 2019
ders./Hillgruber, Christian (Hrsg.)	Beck'scher Online-Kommentar zum Grundgesetz, Stand: 15.02.2019, München
Erichsen, Hans-Uwe	Die Zulässigkeit der Verfassungsbeschwerde (II), in: Jura 1991, 638 ff.
Gostomzyk, Tobias	Grundrechte als objektiv-rechtliche Ordnungsidee, in: JuS 2004, 949 ff.
Graf, Jürgen-Peter	Beck'scher Online-Kommentar zur Strafprozessordnung mit RiStBV und MiStra, Stand: 01.10.2019, München
Gröpl, Christoph/ Leinenbach, Isabel	Examensschwerpunkte des Versammlungsrechts, in: JA 2018, 8 ff.
Hannich, Rolf (Hrsg.)	Karlsruher Kommentar zur Strafprozessordnung mit GVG, EGGVG und EMRK, 8. Aufl., München 2018
Hartmann, Bernd J.	Die Möglichkeitsprüfung im Prozessrecht der Verfassungsbeschwerde, in: JuS 2003, 897 ff.
ders.	Wahren E-Mails an das Bundesverfassungsgericht und an die Fachgerichte die Form?, in: NJW 2006, 1390 ff.
Heldt, Amélie	Anmerkung zu BVerfG, Beschluss vom 11.04.2018 – 1 BvR 3080/09, in: NVwZ 2018, 818 ff.
Hellgardt, Alexander	Wer hat Angst vor der unmittelbaren Drittwirkung?, in: JZ 2018, 901 ff.
Hesse, Konrad	Grundzüge des Verfassungsrechts der Bundesrepublik Deutschland, 20. Aufl., Heidelberg 1995
Hettich, Matthias	Neue Entwicklungen im Versammlungsrecht, in: VBlBW 2018, 485 ff.
Hillgruber, Christian/ Goos, Christoph	Verfassungsprozessrecht, 4. Aufl., Heidelberg u.a. 2015
Hölscheidt, Sven	Das Grundrecht der Versammlungsfreiheit nach dem Brokdorf-Beschluß des Bundesverfassungsgerichts, in: DVBl. 1987, 666 ff.
Hufen, Friedhelm	Staatsrecht II, 7. Aufl., München 2018
Ipsen, Jörn	Staatsrecht II, 22. Aufl., München 2019

Isensee, Josef/Kirchhof, Paul (Hrsg.)	Handbuch des Staatsrechts, Band III, 3. Aufl., München 2005
Jarass, Hans D.	Grundrechte als Wertentscheidungen bzw. objektivrechtliche Prinzipien in der Rechtsprechung des Bundesverfassungsgerichts, in: AöR 110 (1985), 363 ff.
ders./Pieroth, Bodo	Grundgesetz für die Bundesrepublik Deutschland Kommentar, 15. Aufl., München 2018
Kahl, Wolfgang/Waldhoff, Christian/Walter, Christian (Hrsg.)	Bonner Kommentar zum Grundgesetz, Ordner 4, Loseblatt, Heidelberg, März 2019
Kingreen, Thorsten/Poscher, Ralf	Grundrechte, 35. Aufl., Heidelberg 2019
Krüger, Philipp	Versammlungen in privatisierten öffentlichen Räumen, in: DÖV 2012, 837 ff.
Lechner, Hans/Zuck, Rüdiger	Bundesverfassungsgerichtsgesetz, 7. Aufl., München 2015
Lenz, Christofer/Hansel, Ronald	Bundesverfassungsgerichtsgesetz, 2. Aufl., Baden-Baden 2015
Lerche, Peter	Übermaß und Verfassungsrecht. Zur Bindung des Gesetzgebers an die Grundsätze der Verhältnismäßigkeit und der Erforderlichkeit, Köln u. a. 1961
Mangoldt, Hermann v./Klein, Friedrich/Starck, Christian/Huber, Peter/Voßkuhle, Andreas (Hrsg.)	Grundgesetz, Band 1, Präambel, Art. 1-19, 7. Aufl., München 2018
Manssen, Gerrit	Staatsrecht II, 16. Aufl., München 2019
ders./Pielemeier, Cord-Rainer	Zur Übung – Öffentliches Recht: Der Fernsehanwalt, in: JuS 1999, L 93-95
Maunz, Theodor/Dürig, Günter/Herzog, Roman/Scholz, Rupert/Herdegen, Matthias/Klein, Hans H. (Hrsg.)	Grundgesetz: Kommentar, München, Stand: März 2019
Maunz, Theodor/Schmidt-Bleibtreu, Bruno/Klein, Franz/Bethge, Herbert (Hrsg.)	Bundesverfassungsgerichtsgesetz: Kommentar, Band 1, Loseblatt, München, Stand: Juni 2019
Merten, Detlef/Papier, Hans-Jürgen (Hrsg.)	Handbuch der Grundrechte, Band IV, München 2011
Michael, Lothar/Morlok, Martin	Grundrechte, 6. Aufl., Baden-Baden 2017
Michl, Fabian	Situativ staatsgleiche Grundrechtsbindung privater Akteure, in: JZ 2018, 910 ff.
Münch, Ingo v. (Hrsg.)	Grundgesetz-Kommentar, Band 1, 3. Aufl., München 1985

Niesler, André	Die einstweilige Anordnung nach § 32 BVerfGG in der Fallbearbeitung, in: Jura 2007, 362 ff.
Pestalozza, Christian	Die echte Verfassungsbeschwerde, Berlin 2007
ders.	Verfassungsprozeßrecht: die Verfassungsgerichtsbarkeit des Bundes und der Länder, 3. Aufl., München 1991
Pieroth, Bodo/Silberkuhl, Peter (Hrsg.)	Die Verfassungsbeschwerde, Münster 2008
Posser, Herbert	Zugangsschranken zum Bundesverfassungsgericht, in: Franz Josef Düwell (Hrsg.), Anwalt des Rechtsstaates – Festschrift für Diether Posser zum 75. Geburtstag, Köln u.a. 1997
Pötters, Stephan/ Werkmeister, Christoph	Neue Problemkreise des Versammlungsrechts: Konturierung des Schutzbereichs des Art. 8 Abs. 1 GG, in: ZJS 2011, 222 ff.
Rauscher, Thomas/Krüger, Wolfgang (Hrsg.)	Münchener Kommentar zur Zivilprozessordnung mit Gerichtsverfassungsgesetz und Nebengesetzen, Band 1, 5. Aufl., München 2016
Robbers, Gerhard	Verfassungsprozessuale Probleme in der öffentlich-rechtlichen Arbeit, München 1996
Sachs, Michael	Ausstrahlung der Versammlungsfreiheit auf die zivilrechtlichen Grundlagen der Eigentümerbefugnisse, in: JuS 2015, 954 ff.
ders.	Unmittelbare Grundrechtsbindung gemischtwirtschaftlicher Unternehmen; Grundrechtsschutz von Demonstrationen auf Flughafengelände, in: JuS 2011, 665 ff.
ders.	Verfassungsprozessrecht, 4. Aufl., Tübingen 2016
ders. (Hrsg.)	Grundgesetz: Kommentar, 8. Aufl., München 2018
Scherzberg, Arno/Mayer, Matthias	Die Zulässigkeit der Verfassungsbeschwerde (Teil 1), in: Jura 2004, 373 ff.
Schlaich, Klaus/Korioth, Stefan	Das Bundesverfassungsgericht, 11. Aufl., München 2018
Schoch, Friedrich/ Schneider, Jens-Peter/ Bier, Wolfgang (Hrsg.)	Verwaltungsgerichtsordnung, München, Loseblatt, Stand: Februar 2019
Schulenberg, Sebastian	Der „Bierdosen-Flashmob für die Freiheit“: Zu Versammlungen auf Grundstücken im Eigentum Privater, in: DÖV 2016, 55 ff.
Seegmüller, Robert	Die formellen Anforderungen an eine Anordnung der sofortigen Vollziehbarkeit gem. § 80 Abs. 2 Satz 1 Nr. 4, Abs. 3 VwGO, in: DVBl. 1999, 828 ff.
Smets, Christoph	Staatsgleiche Grundrechtsbindung Privater aus Funktionsnachfolge? Zur Aufhebung eines Hausverbots für eine Versammlung auf privatem Grund, in: NVwZ 2016, 35 ff.

ders.	Die Stadionverbotsentscheidung des BVerfG und die Umwälzung der Grundrechtssicherung auf Private, in: NVwZ 2019, 34 ff.
Sodan, Helge (Hrsg.)	Grundgesetz: Beck'scher Kompakt-Kommentar, 4. Aufl., München 2018
ders./Ziekow, Jan	Grundkurs Öffentliches Recht: Staats- und Verwaltungsrecht, 8. Aufl., München 2018
Spranger, Matthias	Die Verfassungsbeschwerde im Korsett des Prozeßrechts, in: AöR 127 (2002), 27 ff.
Stern, Klaus/Becker, Florian (Hrsg.)	Grundrechte-Kommentar, 3. Aufl., Köln 2019
Umbach, Dieter C./ Clemens, Thomas/ Dollinger, Franz-Wilhelm (Hrsg.)	Bundesverfassungsgerichtsgesetz: Mitarbeiterkommentar und Handbuch, 2. Aufl., Heidelberg 2005
Stock, Martin/Achelpöhler, Doris	Der praktische Fall: Kabelanschluss und Parabolantenne, in: JuS 1998, 245 ff.
Walter, Christian/Grünewald, Benedikt (Hrsg.)	Beck'scher Online-Kommentar zum Bundesverfassungsgerichtsgesetz, Stand: 01.06.2018, München
Wendt, Henning	Recht zur Versammlung auf fremdem Eigentum?, in: NVwZ 2012, 606 ff.
Wenger, David R.	Die objektive Verwertung der Grundrechte, in: AöR 130 (2005), 618 ff.
Wissenschaftlicher Rat der Duden Redaktion (Hrsg.)	Das große Wörterbuch der deutschen Sprache, Band 8, 3. Aufl., Mannheim u.a. 1999
Wissenschaftlicher Rat der Duden Redaktion (Hrsg.)	Das große Wörterbuch der deutschen Sprache, Band 10, 3. Aufl., Mannheim u.a. 1999

Hausarbeit 4

Einführung der Bürgerversicherung

von Thorsten Kingreen

1 Nach Ansicht der Bundesregierung haben die Gesundheitsreformen der vergangenen Jahre die fundamentalen Finanzierungsprobleme des deutschen Gesundheitswesens nicht nur nicht gelöst, sondern sogar noch weiter verschärft. Daher wird das Bundesministerium für Gesundheit beauftragt, den Entwurf eines „Solidarität-für-alle-Krankenversicherungsgesetzes" (SFAK) zu entwerfen. Nach den von der Regierungskoalition beschlossenen Eckpunkten soll dieses vor allem eine sog. „Bürgerversicherung" enthalten, die allerdings nur eine Grundversorgung garantieren soll. Viele Leistungen, wie etwa der Zahnersatz, sollen aus dem Leistungskatalog ausgeschlossen werden. Ein Expertengutachten bescheinigt diesem Reformmodell, zumindest mittelfristig die Finanzierung des gesetzlichen Krankenversicherungssystems sicherzustellen. Im Einzelnen soll das SFAK u.a. folgende Regelungen enthalten:

§ 1 Versicherungspflicht

Versicherungspflichtig sind alle Personen mit Wohnsitz im Bundesgebiet.

§ 2 Beitragsbemessung

Beitragspflichtige Einnahmen sind bis zu einem Betrag von einem Dreihundertsechzigstel der Jahresarbeitsentgeltgrenze für den Kalendertag zu berücksichtigen (Beitragsbemessungsgrenze). Einnahmen, die diesen Betrag übersteigen, bleiben außer Ansatz.

§ 3 Übergangsrecht

Private Krankenversicherungsverträge, die vor dem 1.1.2021 abgeschlossen wurden, bleiben von der Versicherungspflicht nach § 1 unberührt.

Erläuterungen:

zu § 1: Die Vorschrift führt eine allgemeine Versicherungspflicht für alle Personen ein, die ihren Hauptwohnsitz in Deutschland haben. Damit wird eine allgemeine Volksversicherung geschaffen, die unabhängig vom Einkommen und von Vorerkrankungen eine Grundsicherung gegen Krankheit garantiert. Sie wird allein von den gesetzlichen Krankenkassen getragen. Private Krankenversicherungsunternehmen können aber weiterhin Zusatzversicherungen anbieten.

zu § 2: Die Vorschrift entspricht im Wesentlichen § 223 Abs. 3 SGB V. Sie verhindert, dass besonders hohe Einkommen überproportional zur Finanzierung der Bürgerversicherung herangezogen werden.

zu § 3: Die Vorschrift ist aus Gründen des Vertrauensschutzes für bestehende private Krankenversicherungsverträge verfassungsrechtlich zwingend.

Der Jungmediziner Wüller-Mohlfahrt (WM) hat 2019 sein zweites medizinisches Staatsexamen erfolgreich abgeschlossen und befindet sich in der Weiterbildung zum Facharzt für Orthopädie. Aufgrund dieser Tätigkeit unterliegt er derzeit nach § 5 Abs. 1 Nr. 1

SGB V noch der Versicherungspflicht. Nach Abschluss der Weiterbildung möchte er aber Anfang 2024 die gut gehende Praxis seines Vaters am Starnberger See übernehmen. WM hält das geplante Vorhaben für verfassungswidrig. Der Bund sei für eine Krankenversicherung, die die gesamte Bevölkerung erfasse, nicht zuständig. Denn eine Bürgerversicherung sei keine „Sozialversicherung" im Sinne von Art. 74 Abs. 1 Nr. 12 GG. Außerdem verletze das Gesetz seine Grundrechte aus Art. 2 Abs. 1, 9 Abs. 1, 12 und 14 GG. Die gesetzliche Krankenversicherung diene sozial schwachen Menschen. Aufgrund seines avisierten Jahreseinkommens von 500.000 € gehöre er jedenfalls ab 2024 nicht mehr dazu und bedürfe daher dieses aufgezwungenen Schutzes nicht. WM ist vielmehr davon überzeugt, dass er aufgrund seiner überragenden körperlichen Gesamtverfassung einen günstigen Versicherungsvertrag mit einem privaten Versicherungsunternehmen aushandeln kann. Er trage dann aufgrund seiner hohen Steuerlast bereits wesentlich zur gesellschaftlichen Solidarität bei und sehe nicht ein, dass nunmehr daneben noch ein weiteres Umverteilungssystem geschaffen werde.

Auch das private Krankenversicherungsunternehmen K-AG hält das SFAK für verfassungswidrig. Die K-AG erzielt 60% ihrer Einnahmen aus dem Vollversicherungsgeschäft und die übrigen 40% aus dem Zusatzversicherungsgeschäft. Sie fürchtet um ihre wirtschaftliche Existenz, wenn sie in Zukunft keine Krankenvollversicherungsverträge mehr anbieten kann. Selbst wenn die Bürgerversicherung verfassungsgemäß sein sollte, sei nicht einzusehen, warum diese nicht auch von privaten Versicherungsunternehmen angeboten werden könne. Die Bundesregierung hält dem entgegen, dass durch die zunehmenden Leistungsausschlüsse im Bereich der gesetzlichen Krankenversicherung die Notwendigkeit privater Zusatzversicherungen steige und den privaten Krankenversicherungsunternehmen damit insoweit ein erweitertes Betätigungsfeld eröffnet werde.

1. Ist das SFAK verfassungsgemäß?
2. Auch der Freistaat Bayern hält das Gesetz für verfassungswidrig. Er möchte wissen, ob er es vor dem Bundesverfassungsgericht zu Fall bringen kann, nachdem dieses am 1.1.2021 in Kraft getreten sein wird.

Hinweis zur Bearbeitung: Für die Fallbearbeitung sind keine sozialrechtlichen Vorkenntnisse erforderlich. Gleichheitsrechtliche und finanzverfassungsrechtliche Fragen sind nicht zu thematisieren.

Gliederung

Gutachten

Aufgabe 1: Verfassungsmäßigkeit des SFAK

Das SFAK ist verfassungsgemäß, wenn es formell und materiell mit dem Grundgesetz vereinbar ist. 3

Hinweis zum Aufbau: Der Obersatz knüpft an die Fallfrage an. Diese ist entscheidend dafür, ob ein maßstabsbezogener Aufbau (= Grundrechte als Aufhänger) oder ein gegenstandsbezogener Aufbau (= zu prüfendes Gesetz als Aufhänger) gewählt wird:[1] 4

- Wird danach gefragt, ob ein Hoheitsakt die Grundrechte eines Betroffenen verletzt, so gilt der maßstabsbezogene Aufbau, d.h. es sind die möglicherweise verletzten Grundrechte jeweils nach dem klassischen grundrechtlichen Schema (Schutzbereich – Eingriff – Rechtfertigung) durchzuprüfen. Im Rahmen der verfassungsrechtlichen Rechtfertigung bedeutet dies insbesondere die Prüfung der formellen und materiellen Verfassungsmäßigkeit des den Eingriff enthaltenen oder dazu ermächtigenden Gesetzes.
- Bezieht sich hingegen die Fallfrage auf die Verfassungsmäßigkeit eines Gesetzes, so sind dessen formelle und materielle Verfassungsmäßigkeit zu prüfen. Im Rahmen der materiellen Verfassungsmäßigkeit erfolgt dann die Grundrechtsprüfung. Zur Vermeidung eines „juristischen Kreisverkehrs" wird allerdings innerhalb der dortigen Prüfung der verfassungsrechtlichen Rechtfertigung eines Eingriffs nicht noch einmal die formelle und die materielle Verfassungsmäßigkeit des Gesetzes geprüft, sondern im Wesentlichen dessen Verhältnismäßigkeit; vgl. dazu unten B. II. 1. c).

A. Formelle Verfassungsmäßigkeit

Hinweis zum Aufbau: Problematisch ist insbesondere die Gesetzgebungskompetenz des Bundes. Auf das Gesetzgebungsverfahren ist schon deshalb nicht einzugehen, weil es sich bislang nur um einen Gesetzentwurf handelt. 5

Der Bund müsste die Gesetzgebungskompetenz zur Einführung des SFAK haben.[2] Nach Art. 70 Abs. 1 GG liegt die Kompetenz bei den Ländern, wenn das Grundgesetz nicht dem Bund die Gesetzgebungsbefugnis verleiht. Die Kompetenztitel in Kataloge der Art. 73 und 74 GG sind konzeptionell unterschiedlich angelegt. Sie werden entweder 6

1 Dazu *Kingreen/Poscher*, Grundrechte, Rn. 400.
2 Dazu ausführlich *Kingreen/Kühling*, Monistische Einwohnerversicherung, S. 39 ff.

faktisch-deskriptiv durch Benennung der zu regelnden Lebenssachverhalte (z.B. die Hochsee- und Küstenschifffahrt in Art. 74 Abs. 1 Nr. 21 GG) oder normativ-rezeptiv durch Aufnahme eines vorgefundenen Normbereichs (Art. 74 Abs. 1 Nr. 12 GG: „das Arbeitsrecht") als zu regelnde Materie der Kompetenznorm zugeordnet. Wenn die Verfassung eine normativ ausgeformte Materie vorgefunden und sie als solche gleichsam nachvollziehend benannt hat, so ist davon auszugehen, dass die einfachgesetzliche Ausformung in der Regel den Zuweisungsgehalt auch der Kompetenznorm bestimmt.[3] Die Gesetzgebungskompetenz des Bundes könnte hier aus Art. 74 Abs. 1 Nr. 12 GG (Sozialversicherung) folgen. „Sozialversicherung" ist ein weit gefasster Gattungsbegriff[4], der an das durch Otto von Bismarck etablierte System der sozialen Sicherung anknüpft, also an eine Materie, die 1949 bereits normativ (seinerzeit in der Reichsversicherungsordnung, nunmehr im Sozialgesetzbuch) verfasst war. „Sozialversicherung" erfasst dabei nicht das gesamte Sozialrecht, sondern nur diejenigen sozialen Sicherungssysteme, die „in ihren wesentlichen Strukturelementen, insbesondere in der organisatorischen Bewältigung ihrer Durchführung, dem Bild entsprechen, das durch die klassische Sozialversicherung geprägt ist"[5]. Zu den Elementen einer Sozialversicherung in diesem Sinne zählen die öffentlich-rechtliche Organisation, die überwiegende Finanzierung durch Beiträge, das Versicherungsprinzip und das Solidarprinzip[6].

I. Öffentlich-rechtliche Organisation

7 Auch nach dem Erlass des SFAK obliegt die Durchführung der gesetzlichen Krankenversicherung nach wie vor den gesetzlichen Krankenkassen. Diese sind nach § 4 Abs. 1 SGB V Körperschaften des öffentlichen Rechts. Die Bürgerversicherung wird damit öffentlich-rechtlich organisiert.

II. Finanzierung durch Beiträge

8 Für den Kompetenztitel „Sozialversicherung" ist darüber hinaus die überwiegende Finanzierung durch Beiträge konstitutiv[7]. Er ist damit abzugrenzen gegenüber denjenigen Sozialleistungsbereichen, die durch Steuern finanziert werden und dem Kompetenztitel der öffentlichen Fürsorge (Art. 74 Abs. 1 Nr. 7 GG) unterfallen[8].

9 Gemäß § 220 Abs. 1 S. 1 SGB V werden die Mittel für die Krankenversicherung durch Beiträge und sonstige Einnahmen aufgebracht. Schon daraus erhellt, dass die Beiträge die primäre Finanzierungsquelle sind, die durch „sonstige Einnahmen" lediglich ergänzt wird. Deutlich wird die Fokussierung auf Beiträge auch dadurch, dass das 8. Kapitel das Beitragsrecht mit Regelungen zu den beitragspflichtigen Einnahmen (§§ 226–240

3 BVerfGE 109, 190 (218) und zuletzt BVerfG, Beschl. v. 14.1.2015, 1 BvR 931/12, Rn. 28 (juris).
4 BVerfGE 75, 108 (147 f.); 88, 203 (213); *Axer*, GS-Heinze, S. 1 (2); *Bieback*, VSSR 2003, S. 1 (9); *Schräder*, Bürgerversicherung, S. 43 ff.
5 BVerfGE 62, 354 (366); 75, 108 (146 f.); 87, 1 (34).
6 BVerfGE 109, 96 (109 ff.); 113, 167 (196 f.); *Axer*, in: Kahl/Waldhoff/Walter, BK GG, Art. 74 Nr. 12 Rn. 31 ff.; *Degenhart*, in: Sachs, GG, Art. 74 Rn. 57.
7 BVerfGE 75, 108 (146 f.).
8 *Muckel/Ogorek*, Sozialrecht, § 4 Rn. 3.

SGB V), zu den Beitragssätzen (§§ 241–248 SGB V), zur Tragung (§§ 249–251 SGB V) und Zahlung der Beiträge (§§ 252–256a SGB V) sowie schließlich zu den Beitragszuschüssen (§§ 257, 258 SGB V) detailliert ausformt, während es zu den anderen Finanzierungsquellen, insbesondere zur Steuerfinanzierung, nur wenige Regelungen enthält. Nach § 221 Abs. 1 SGB V beträgt der Steueranteil seit dem Jahr 2017 jährlich 14,5 Milliarden Euro. Er ist damit aber gegenüber dem Beitragsaufkommen schon deshalb vernachlässigenswert, weil ergänzende staatliche Zuschüsse seit jeher kennzeichnend sind für das System der Sozialversicherung[9]. Das SFAK berührt die Finanzierungszuständigkeiten nicht, so dass es sich auch insoweit in das traditionelle Verständnis des Kompetenztitels einfügt.

Hinweis zum Aufbau: Man kann allenfalls darüber diskutieren, ob die Beiträge zur Steuer mutieren, wenn die gesamte Bevölkerung in die obligatorische Krankenversicherung einbezogen wird[10]. Dagegen spricht aber, dass auch der die Gesamtbevölkerung erfassende Beitrag nicht in den allgemeinen Staatshaushalt fließt, sondern in einen parafiskalischen Fonds ohne steuerliche Ertragshoheit (Art. 106 GG)[11]. Die abgabenrechtliche Einordnung ändert sich also durch die Ausweitung der Beitragsverpflichteten nicht. Fraglich ist daher allein, ob ein Abgabensystem, das ebenso wie die Steuer die gesamte Bevölkerung erfasst, finanzverfassungsrechtlich neben der Steuer zulässig ist. Das ist deshalb problematisch, weil für Steuern ein spezifisches Kompetenzregime gilt (Art. 105–108 GG; Prinzip des Steuerstaates: Finanzierung öffentlicher Aufgaben grundsätzlich nur aus Steuern), das nicht dadurch umgangen werden darf, dass steuerähnliche Abgaben als nichtsteuerliche Abgaben ausgeflaggt werden[12]. Die Gefahr dürfte hier allerdings verhältnismäßig gering sein, weil eine Bürgerversicherung nicht der Finanzierung allgemeiner Staatsaufgaben dient, sondern final auf die soziale Absicherung im Krankheitsfalle beschränkt bleibt. Die Bearbeiter müssen diese Frage allerdings aufgrund des Bearbeitervermerks (keine Behandlung finanzverfassungsrechtlicher Fragen) nicht thematisieren. **10**

III. Versicherungsprinzip

Weiteres prägendes Element der Sozialversicherung i.S.v. Art. 74 Abs. 1 Nr. 12 GG ist das Versicherungsprinzip. Versicherung ist „die gegenseitige, gemeinsame Deckung eines im Einzelfall zufälligen, in seiner Gesamtheit aber schätzbaren Bedarfs zahlreicher gleichartig bedrohter Wirtschaften durch Verteilung auf eine organisierte Vielheit“[13]. **11**

An die Definition der Versicherung anknüpfend wird die Auffassung vertreten, Bedarfsdeckung durch eine organisierte Vielheit setzt einen Ausschnitt aus der Bevölkerung voraus, der zur Deckung des Bedarfs herangezogen werde[14]. Wesentlich für das Vorliegen einer Versicherung ist indes eine Gefahrengemeinschaft, die gleichartige Risiken dadurch bewältigt, dass sie den Schaden des Einzelnen trennt von der damit zusammen- **12**

9 BVerfGE 109, 96 (110).
10 So *Isensee*, NZS 2004, 393 (396 ff.); *Kirchhof*, NZS 2004, 1 (6).
11 *Bieback*, SozSich 2003, 416 (419, 425); *Hase*, Versicherungsprinzip, S. 172 f.
12 BVerfGE 75, 108 (147).
13 BSGE 6, 213 (227 f.); daran anknüpfend BVerfGE 75, 108 (146).
14 *Maunz*, in: Maunz/Dürig, GG, Art. 74 Rn. 172; *Sodan*, ZRP 2004, 217 (218).

hängenden finanziellen Einbuße, die auf die Versichertengemeinschaft verlagert wird[15]. Das ihr zugrunde liegende Versicherungsprinzip fordert eine grundsätzliche Äquivalenz zwischen Beitrag und Leistung[16]. Der Versicherungscharakter lässt sich also allenfalls im Hinblick auf Personen in Frage stellen, die Leistungsansprüche erhalten, ohne eigene Beiträge zu leisten, etwa Familienangehörige (§ 10 SGB V) oder Sozialleistungsempfänger (§ 5 Abs. 1 Nr. 2a SGB V). Deren Versicherung ist indes gerade Ausdruck des Solidarprinzips, das das versicherungsrechtliche Äquivalenzprinzip im Bereich der Sozialversicherung ergänzt. Das Versicherungsprinzip trifft also zwar eine Aussage zum Verhältnis zwischen den erbrachten Beiträgen und dem Leistungsversprechen im Schadensfalle, nicht aber zur Anzahl der Personen, die der Gefahrengemeinschaft angehört: Auch eine Volksversicherung ist eine Versicherung, was die Vielzahl von Volksversicherungen in Europa eindrucksvoll belegt[17].

13 **Hinweis zum Aufbau:** Selbst wenn man die Gegenansicht vorzieht, folgt daraus nicht die formelle Verfassungswidrigkeit des SFAK[18], sondern nur, dass die Länder für die Etablierung einer Bürgerversicherung zuständig wären. Das ist indes offensichtlich unsinnig. Tatsächlich bedeutete das Nichtvorliegen des Kompetenztitels „Sozialversicherung" nur, dass die Bürgerversicherung, weil sie keine Versicherung mehr ist, unter Art. 74 Abs. 1 Nr. 7 GG (öffentliche Fürsorge) fallen würde. Die Bundeskompetenz besteht also auf jeden Fall. Konsequenzen hätte das nur für die Voraussetzungen, unter denen der Bund von seiner konkurrierenden Gesetzgebungsbefugnis Gebrauch machen dürfte: Wer Art. 74 Abs. 1 Nr. 12 GG annimmt, muss Art. 72 Abs. 2 GG nicht mehr prüfen, weil die Erforderlichkeit bundeseinheitlicher Regelung insoweit vermutet wird. Unterstellt man das Gesetz Art. 74 Abs. 1 Nr. 7 GG, ist Art. 72 Abs. 2 GG zu prüfen. Die danach erforderliche Notwendigkeit bundeseinheitlicher Regelung kann aber unproblematisch bejaht werden.

IV. Solidarprinzip

14 Nach ständiger Rechtsprechung des Bundesverfassungsgerichts basiert die Sozialversicherung nicht allein auf dem Versicherungsprinzip, sondern beinhaltet seit jeher auch ein Stück staatlicher Fürsorge[19]. Sie beinhaltet einen nach Maßgabe des Solidarprinzips ausgestalteten sozialen Ausgleich und geht damit über die reine Risikoabsicherung nach dem Versicherungsprinzip hinaus[20]. Das Solidarprinzip ermöglicht soziale Sicherheit jenseits des Prinzips der Beitragsäquivalenz: Insbesondere in der Kranken- und Rentenversicherung durchbricht es die versicherungstechnische Äquivalenz zwischen Beitrag und Risiko (sog. horizontales Solidarprinzip), indem es die Beitragshöhe, ja zum Teil überhaupt die Beitragsverpflichtung nicht nach Alter, Geschlecht oder gesundheitlichen Risiken bemisst, sondern nach der wirtschaftlichen Leistungsfähigkeit. Durch die Stan-

15 Vgl. dazu *Kingreen*, Sozialstaatsprinzip, S. 177 f.
16 BVerfGE 79, 87 (101).
17 *Bieback*, Reformoption Bürgerversicherung, S. 129; *Jaeger*, NZS 2003, 225 (232).
18 So aber *Sodan*, ZRP 2004, 217 (219).
19 BVerfGE 11, 105 (114); 76, 256 (301).
20 Vgl. etwa BVerfGE 14, 312 (317); 22, 241 (253); 48, 346 (358); 66, 66 (76).

dardisierung des Leistungskataloges koppelt es zudem den Leistungsumfang von der Höhe der geleisteten Beiträge ab (vertikales Solidarprinzip). Vorteile und Beitragslasten sind also nicht äquivalent, also nicht nach individuellen Leistungen und Risiken, sondern nach sozialen Gesichtspunkten gestaffelt[21].

Nach § 2 SFAK sollen die Beiträge, wie bislang, nach den Einnahmen und nicht nach dem individuellen Risiko des Versicherten bemessen werden. Das Solidarprinzip bleibt damit erhalten. **15**

Man kann damit festhalten, dass das SFAK an der Grundstruktur, wie sie der Kompetenztitel „Sozialversicherung" 1949 rezipiert hat, nichts Grundsätzliches geändert hat. Damit ist der Kompetenztitel Art. 74 Abs. 1 Nr. 12 GG (Sozialversicherung) begrifflich einschlägig. Weitere Voraussetzungen für das Gebrauchmachen des Bundes von dieser Kompetenz bestehen nicht. Folglich ist der Bund für den Erlass des SFAK zuständig. Das SFAK ist damit insgesamt formell verfassungsgemäß. **16**

B. Materielle Verfassungsmäßigkeit

Das SFAK ist materiell verfassungsgemäß, wenn es in Einklang mit den Grundrechten steht. **17**

I. Grundrechte der Versicherten

1. Art. 12 Abs. 1 GG

Die in § 1 SFAK enthaltene Versicherungspflicht könnte die Versicherten (wie im Ausgangsfall WM) in ihrem Grundrecht der Berufsfreiheit (Art. 12 Abs. 1 GG) verletzen. Beruf ist jede Tätigkeit, die der Schaffung und Erhaltung einer Lebensgrundlage dient[22]. Das ist etwa bei der Tätigkeit des Arztes zu bejahen. **18**

Hinweis zur Bewertung: Das ist so unproblematisch, dass der Urteilsstil angebracht, wenn nicht gar geboten ist. Auf den persönlichen Schutzbereich ist gar nicht einzugehen, da die Versicherungspflicht jedenfalls auch deutsche Versicherte betrifft. **19**

Fraglich ist aber, ob die Freiheit, über den Schutz im Krankheitsfalle selbst zu entscheiden, überhaupt zu den durch die Berufsfreiheit geschützten Verhaltensweisen gehört. Weder die Wahl noch die Ausübung des Berufes beinhalten nämlich die Entscheidung über den Versicherungsschutz im Krankheitsfalle. Es handelt sich also nicht um eine berufsspezifische Handlung, so dass der sachliche Schutzbereich nicht berührt ist. **20**

Hinweis zur Bewertung: Man kann diese Frage auch von der Eingriffsseite her behandeln[23]. Regelungen, die keinen unmittelbaren Berufsbezug haben, enthalten danach nur **21**

21 Vgl. etwa BVerfGE 76, 256 (305 f.); BSGE 6, 213 (227); 57, 179 (182).
22 BVerfGE 102, 197 (212); 111, 10 (28).
23 Vgl. *Kingreen/Poscher*, Grundrechte, Rn. 951.

für den Fall einen Eingriff, dass sie eine berufsregelnde Tendenz aufweisen, d.h. „nach Entstehungsgeschichte und Inhalt im Schwerpunkt Tätigkeiten betreffen, die typischerweise beruflich ausgeübt werden"[24]. Daran fehlt es bei der Entscheidung über die individuelle Absicherung gegen den Versicherungsfall Krankheit.

2. Art. 14 Abs. 1 GG

22 Durch die Beitragszahlungspflicht könnte die Eigentumsfreiheit nach Art. 14 Abs. 1 GG verletzt sein. Art. 14 Abs. 1 GG schützt als Eigentum die rechtliche Zuordnung eines vermögenswerten Gutes an einen Rechtsgutträger, also konkrete Eigentumspositionen[25]. Nicht vom sachlichen Schutzbereich des Art. 14 Abs. 1 GG erfasst ist das Vermögen als solches[26]. Art. 14 Abs. 1 GG wird daher durch die Auferlegung von Abgaben grundsätzlich nicht beeinträchtigt[27], es sei denn, diese haben eine erdrosselnde Wirkung[28] oder knüpfen an eine konkrete Rechtsposition an[29]. § 2 SFAK legt fest, dass sich die Beitragshöhe an den Einnahmen orientiert. Zur Verhinderung einer überproportionalen Belastung von Personen mit besonders hohem Einkommen werden Einnahmen, welche die Beitragsbemessungsgrenze überschreiten, nicht berücksichtigt. Die Beitragspflicht hat daher keine erdrosselnden Wirkungen, und sie belastet auch nicht eine konkrete Eigentumsposition. Ein Verstoß gegen Art. 14 Abs. 1 GG scheidet damit aus.

3. Art. 9 Abs. 1 GG

23 Durch die in § 1 SFAK festgelegte allgemeine Versicherungspflicht könnte die Vereinigungsfreiheit verletzt sein.

a) Schutzbereich

24 Art. 9 Abs. 1 GG umfasst nicht nur das Recht, Vereinigungen zu bilden, sondern auch die Freiheit, diesen fernzubleiben oder aus ihnen auszutreten (negative Vereinigungsfreiheit)[30]. Es ist allerdings umstritten, ob sich Art. 9 Abs. 1 GG auf öffentlich-rechtliche Vereinigungen wie die gesetzlichen Krankenkassen (§ 4 Abs. 1 SGB V) bezieht. Rechtsprechung und Teile der Literatur lehnen das unter Hinweis auf die Definition des Vereins in § 2 Abs. 1 VereinsG ab. Öffentlich-rechtliche Vereinigungen basierten nämlich nicht auf einer privatautonomen Entscheidung, sondern auf einem staatlichen Hoheitsakt. Wenn daher Art. 9 Abs. 1 GG die öffentlich-rechtliche Vereinigung nicht positiv

---

24 BVerfGE 97, 228 (254).
25 *Jarass*, in: ders./Pieroth, GG, Art. 14 Rn. 5; *Wendt*, in: Sachs, GG, Art. 14 Rn. 21.
26 BVerfGE 4, 7 (17); 91, 207 (220); 96, 375 (397).
27 BVerfGE 75, 108 (154); 91, 207 (220); anders zwischenzeitlich, mit der gewagten Konstruktion eines aus dem Wort „zugleich" in Art. 14 Abs. 2 S. 2 GG abgeleiteten Halbteilungsgrundsatzes, der Zweite Senat des Bundesverfassungsgerichts in BVerfGE 93, 121 (136 ff.); dagegen mit Recht etwa *Wieland*, in: Dreier, GG, Art. 14 Rn. 65 f. und nunmehr auch der 2. Senat selbst in BVerfGE 115, 97 (114).
28 BVerfGE 63, 312 (327); 95, 267 (301).
29 BVerfGE 115, 97 (112).
30 BVerfGE 50, 290 (354); 85, 360 (370).

schütze, könne er auch nicht negativ die Freiheit vor dem Zwangszusammenschluss enthalten. Einschlägig sei daher allein Art. 2 Abs. 1 GG[31].

Zwar trifft es zu, dass Art. 9 Abs. 1 GG die Bildung öffentlich-rechtlicher Vereinigungen nicht schützt, weil juristische Personen des öffentlichen Rechts grundsätzlich keine Grundrechtsträger sind (Art. 19 Abs. 3 GG). Bei der negativen Vereinigungsfreiheit geht es aber nicht um eine Betätigung der Vereinigung, sondern um eine Entscheidung des Einzelnen, der dieser fern bleiben möchte. Diese Entscheidung ist gerade „keine für den Privaten unmögliche Inanspruchnahme öffentlich-rechtlicher Gestaltungsformen"[32], sondern vielmehr Ausdruck freier sozialer Gruppenbildung[33]. Der Schutzbereich des Art. 9 Abs. 1 GG ist damit berührt. **25**

Hinweis zur Bewertung: Wer hingegen der Rechtsprechung folgt, muss nunmehr die allgemeine Handlungsfreiheit (Art. 2 Abs. 1 GG) prüfen. Der praktische Unterschied ist nicht sonderlich groß: Es liegt ein Eingriff vor, dessen Rechtfertigung insbesondere die Beachtung des Grundsatzes der Verhältnismäßigkeit voraussetzt. Dessen Prüfung entspricht im Wesentlichen derjenigen zu Art. 9 Abs. 1 GG[34]. **26**

b) Eingriff

§ 1 SFAK enthält die Verpflichtung zur Mitgliedschaft in einer gesetzlichen Krankenkasse. Er beeinträchtigt damit zum einen die Freiheit, dieser fernzubleiben. Zum anderen wird auch die Freiheit beeinträchtigt, einen Krankenversicherungsschutz ohne Elemente des sozialen Ausgleichs zu wählen. **27**

c) Verfassungsrechtliche Rechtfertigung

Es liegen also zwei Eingriffe vor, die jeweils gesonderter Prüfung im Rahmen der Rechtfertigung bedürfen[35]: Rechtfertigungspflichtig ist zum einen die Versicherungspflicht als solche und zum anderen die gesetzliche Zuweisung an einen Träger der Sozialversicherung, die eine vom Äquivalenzprinzip abgekoppelte Umverteilung impliziert und damit eine spezifische Belastung für diejenigen enthält, die sich in der umverteilungsneutralen Privatpflichtversicherung zu einem für sie günstigeren Verhältnis von Beitrag und Leistung versichern könnten. Diese Eingriffe sind verfassungsrechtlich gerechtfertigt, wenn die Vereinigungsfreiheit einschränkbar ist und das SFAK verfassungsgemäß ist. **28**

aa) Verfassungsrechtliche Eingriffsermächtigung

Art. 9 Abs. 2 GG enthält einen Gesetzesvorbehalt lediglich für das Verbot von Vereinigungen, nicht aber für den Schutz vor Zwangszusammenschlüssen. Die verfassungs- **29**

31 *Jarass*, in: ders./Pieroth, GG, Art. 9 Rn. 4, 7; *Kemper*, in: v. Mangoldt/Klein/Starck, GG, Art. 9 Abs. 1 Rn. 29; speziell für die Sozialversicherung *Kaltenborn*, NZS 2001, 300 (301).
32 *Kingreen/Poscher*, Grundrechte, Rn. 850.
33 *Bauer*, in: Dreier, GG, Art. 9 Rn. 47; *Höfling*, in Sachs, GG, Art. 9 Rn. 23; *Kingreen/Poscher*, Grundrechte, Rn. 850.
34 Vgl. c). Zur daher geringen praktischen Auswirkung des Meinungsstreits *Kaltenborn*, NZS 2001, 300 (301).
35 *Butzer*, Freiheitsrechtliche Grenzen, S. 104 ff.

rechtliche Beschränkungsgrundlage kann sich aber aus anderen Verfassungsnormen ergeben. In Betracht kommt insbesondere Art. 20 Abs. 1 GG (Sozialstaatsprinzip).

30 Das Sozialstaatsprinzip enthält einen Gestaltungsauftrag an den Gesetzgeber. Es verpflichtet ihn, für einen Ausgleich der sozialen Gegensätze zu sorgen und zur Fürsorge für Einzelne oder Gruppen, die aufgrund ihrer persönlichen Lebensumstände oder gesellschaftlicher Benachteiligungen an ihrer persönlichen oder sozialen Entfaltung gehindert sind[36]. Es enthält daher nicht nur einen Gestaltungsauftrag, sondern auch eine Eingriffsermächtigung, die insbesondere bei schrankenlosen Grundrechten zum Tragen kommt[37] und etwa die soziale Zwangsversicherung grundsätzlich legitimiert[38]. Das Sozialstaatsprinzip ist damit eine im Prinzip taugliche Ermächtigung für Eingriffe auch in die negative Vereinigungsfreiheit.

31 **Hinweis zum Aufbau:** Eine ausführliche Prüfung ist nicht erforderlich. Es muss nur geprüft werden, ob eine verfassungsrechtliche Eingriffsermächtigung existiert. Ob diese das SFAK im konkreten Einzelfall deckt, ist eine Frage insbesondere der Verhältnismäßigkeitsprüfung.

bb) Verfassungsmäßigkeit von § 1 SFAK

32 Fraglich ist, ob § 1 SFAK die Eingriffsermächtigung des Art. 20 Abs. 1 GG (Sozialstaatsprinzip) in verfassungsgemäßer und das heißt insbesondere in verhältnismäßiger Weise ausfüllt.

(1) Legitimer Zweck

33 Dazu müsste das SFAK zunächst einen legitimen Zweck erfüllen. Zentrales Anliegen der sozialstaatlichen Sozialversicherung ist der soziale Schutz des zwangsversicherten Personenkreises: Die Sozialversicherung dient „dem Schutz der wirtschaftlich und sozial schwachen Bevölkerungsteile, die der Wechselfälle des Lebens nicht Herr zu werden vermögen“[39]. Das Bundesverfassungsgericht hat dabei die Ausweitung des Versichertenkreises in der Vergangenheit stets unter Hinweis auf den sozialpolitischen Primat des Gesetzgebers hingenommen und etwa die Aufhebung der Jahresarbeitsentgeltgrenze in der gesetzlichen Rentenversicherung[40] ebenso akzeptiert wie die als Volksversicherung konzipierte Pflegeversicherung[41].

34 Ein grundsätzlich legitimes Regelungsziel ist darüber hinaus die Sicherung der finanziellen Stabilität der gesetzlichen Krankenversicherung[42]. Dieses Ziel ist zwar aufgrund seiner Weite nicht unproblematisch, weil es als Freibrief für den Gesetzgeber missver-

36 BVerfGE 100, 271 (284).
37 Vgl. *Butzer*, Fremdlasten, S. 394 ff.; *Kingreen*, Sozialstaatsprinzip, S. 141 ff.
38 *Jarass*, in: ders./Pieroth, GG, Art. 20 Rn. 115.
39 BVerfGE 18, 257 (270).
40 BVerfGE 29, 221 (235 ff.).
41 BVerfGE 103, 172 (184); 103, 197 (215 ff.).
42 Vgl. etwa BVerfGE 103, 293 (307); ausführlich *Schräder*, Bürgerversicherung S. 219 ff.

standen werden könnte, jegliche Zwangssolidarisierung zu rechtfertigen[43]. Doch delegitimiert diese Gefahr nicht das Ziel selbst, sondern ist allenfalls Grund für eine strengere Rechtfertigungsprüfung.

(2) Geeignetheit

Das SFAK müsste des Weiteren zum Erreichen der genannten Zwecke geeignet sein, **35** diese also zumindest fördern[44]. Dabei muss zwischen den beiden Zwecken des Gesetzes differenziert werden:

Fraglich ist, ob das Gesetz das Ziel, Schutzbedürftige sozial gegen das Risiko Krankheit **36** zu versichern, erreicht. Es ist grundsätzlich ein legitimes Anliegen, alle Bürger dazu anzuhalten, sich gegen das Risiko Krankheit zu versichern, um zu verhindern, dass im Falle eintretender Bedürftigkeit die steuerfinanzierten Grundsicherungssysteme (SGB II, SGB XII) für die Krankheitskosten aufkommen müssen. Aus diesem Grunde sind nach § 5 Abs. 1 Nr. 13 SGB V nunmehr alle Personen pflichtversichert, die keinen Versicherungsschutz aufweisen[45]. Es ist aber aus dem gleichen Grunde auch legitim, die Gesamtbevölkerung zu verpflichten, sich zu versichern. Denn Krankheitskosten können, insbesondere im Alter, Dimensionen erreichen, die die Leistungsfähigkeit auch der heute privat Versicherten übersteigen können. Insoweit ist es jedenfalls nicht unvertretbar, ebenso wie beim Risiko Pflegebedürftigkeit (vgl. §§ 20, 23 SGB XI) eine generelle Schutzbedürftigkeit auch im Hinblick auf das soziale Risiko Krankheit anzunehmen. Legitimationsbedürftig ist aber nicht nur die Verpflichtung zur Versicherung als solche, die auch durch den Abschluss privater Versicherungsverträge erfüllt werden kann, sondern auch die pflichtige Einbeziehung in die solidarische Sozialversicherung. Hier ließe sich argumentieren, dass der betroffene Personenkreis sozialen Schutz in der Regel bislang schon durch den Abschluss privatrechtlicher Versicherungsverträge hat sicherstellen können. Doch berührt dieser Einwand nicht die grundsätzliche Legitimität der Sicherung Schutzbedürftiger, sondern die Frage des Sicherungsmodus und damit der Erforderlichkeit.

Zu prüfen ist darüber hinaus die Geeignetheit des Gesetzes im Hinblick auf das zweite **37** Ziel (Rn. 34), die Finanzierung der gesetzlichen Krankenversicherung. Ausweislich des Sachverhaltes stützt sich die Bürgerversicherung auf ein Sachverständigengutachten, das dem Projekt bescheinigt, zumindest mittelfristig die Finanzsituation der Krankenversicherung zu verbessern. Zwar entstehen durch die Einbeziehung der bislang nicht Pflichtversicherten neue Leistungsansprüche und kann die medizinische Infrastruktur oftmals nur durch die höheren Vergütungen für die Behandlung privat Versicherter aufrechterhalten werden. Doch ist die Leistungsfähigkeit dieses Personenkreises tendenziell überdurchschnittlich groß. Da die Beitragspflicht an die Leistungsfähigkeit geknüpft ist, ist daher die Annahme nicht unplausibel, dass die Bürgerversicherung die finanzielle

43 Kritisch daher etwa *Butzer*, Fremdlasten, S. 429 ff.; *Hase*, Versicherungsprinzip, S. 65 f.; *Hufen*, NJW 2004, 14 (16 f.).
44 BVerfGE 96, 10 (23); 100, 313 (373).
45 Es handelte sich Ende 2006 um etwa 188 000 Personen; vgl. BT-Drucks. 16/3100, S. 94.

Gesamtsituation der Gesetzlichen Krankenversicherung verbessert[46]. § 1 SFAK ist daher geeignet.

(3) Erforderlichkeit

38 Erforderlich ist eine Maßnahme, wenn es kein milderes, zur Zweckerreichung gleichermaßen geeignetes Mittel gibt[47].

39 Das Ziel, die Gesamtbevölkerung zum Schutz vor dem sozialen Risiko Krankheit anzuhalten, ließe sich auch durch die Verpflichtung zum Abschluss eines Privatversicherungsvertrages erreichen. Wegen der vergleichsweise hohen Prämien kommt das zwar derzeit nur für überdurchschnittlich leistungsfähige Personen in Betracht. Auch dürfen sie keine Vorerkrankungen haben, die den Abschluss eines Versicherungsvertrages ausschließen. Für den genannten Personenkreis hat die private Krankenversicherung aber den unbestreitbaren Vorteil, dass das Leistungsniveau insgesamt besser ist und keine Finanzierungsverantwortung für Mitglieder besteht, die wegen fehlender Leistungsfähigkeit keine äquivalenten Beiträge erbringen.

40 Dennoch ist fraglich, ob es sich bei einer pflichtigen Privatversicherung um ein gleich geeignetes Mittel handelt. Zwischen den beiden Zielen der Sicherung Schutzbedürftiger und der Finanzierung dieses Schutzes besteht nämlich ein untrennbarer Zusammenhang. Reduziert man die Versicherungspflicht „auf die wirklich Schutzbedürftigen“[48], so wirft das die Frage auf, wer deren Schutz finanzieren soll. Die Umverteilung zwischen leistungsfähigen und weniger leistungsfähigen Personen gehört gerade zum Wesen einer auf dem Solidarprinzip beruhenden Sozialversicherung. Zwar legitimiert das Ziel der Finanzierung der gesetzlichen Krankenversicherung nicht jeden Zwang zur Solidarität. Ein System, das aber nur aus „Nettoempfängern“ besteht, müsste weitgehend extern aus Steuermitteln finanziert werden, was wiederum den Status als Sozialversicherung in Frage stellen würde. Die Bürgerversicherung beseitigt zudem die problematische Versicherungspflichtgrenze, die es ausgerechnet den leistungsfähigsten Mitgliedern der Gesellschaft ermöglicht, sich der Solidargemeinschaft zu entziehen[49]. § 1 SFAK ist daher auch erforderlich.

41 **Hinweis zum Aufbau:** In der Diskussion um die Finanzierungsreform der Krankenversicherung gibt es eine Fülle von Modellen, deren Kenntnis von den Bearbeitern nicht erwartet wird, deren Behandlung aber auch methodisch überflüssig ist. Denn es ist jeweils eine Frage der gesundheitspolitischen Einschätzung, ob die Gleichwertigkeit des als Alternative vorgeschlagenen geringeren Eingriffs „in jeder Hinsicht eindeutig feststeht“[50]. Die Erforderlichkeitsprüfung ist also nicht der richtige Ort, Konzepte zur Finanzierung des Gesundheitssystems zu entwickeln, die dem gesetzgeberischen Konzept (vermeint-

46 Vgl. etwa *Muckel*, SGb 2004, 583 (591).

47 BVerfGE 67, 157 (177); 92, 262 (273); 102, 197 (217).

48 So *Sodan*, VVDStRL 64 (2005), 144 (155).

49 *Ebsen*, Handbuch des Sozialversicherungsrechts Bd. III, § 4 Rn. 47; *Huster*, JZ 2002, 371 (373); *Schulin*, Handbuch des Sozialversicherungsrechts Bd. I, § 6 Rn. 182 ff.

50 BVerfGE 105, 17 (36).

lich) überlegen sind, und diese durch die Behauptung der fehlenden Erforderlichkeit der Bürgerversicherung mit verfassungsrechtlichen Weihen zu versehen.

(4) Angemessenheit

Die Beeinträchtigungen müssten außerdem angemessen sein. Das setzt voraus, dass das Maß der den Einzelnen treffenden Belastung in einem vernünftigen Verhältnis zu den der Allgemeinheit erwachsenden Vorteilen stehen muss[51]. § 1 SFAK führt zwar eine allgemeine Versicherungspflicht ein und erfasst damit auch Personen wie WM, die es möglicherweise vorziehen würden, sich bei einem privaten Krankenversicherungsunternehmen zu versichern. Allerdings wird diese Versicherungspflicht auch mit sozialen Leistungsansprüchen im Krankheitsfalle verbunden. Gemäß § 2 SFAK bleibt darüber hinaus die Beitragsbemessungsgrenze (§ 223 Abs. 3 SGB V) unberührt. Einnahmen, die diese Grenze (2018: 53 100 € jährlich bzw. 4425 € monatlich) überschreiten, bleiben bei der Beitragsbemessung unberücksichtigt. Damit wird eine unangemessene Disproportionalität zwischen Beiträgen und Leistungen verhindert. Das Gesetz ist insoweit also auch angemessen. **42**

Hinweis zur Bewertung: Abweichende Auffassungen sind auf allen Stufen der Verhältnismäßigkeitsprüfung gut vertretbar. **43**

Der Eingriff in Art. 9 Abs. 1 GG ist daher verhältnismäßig und damit verfassungsrechtlich gerechtfertigt. **44**

4. Zwischenergebnis

Das SFAK verletzt die Versicherten nicht in ihren Grundrechten. **45**

II. Grundrechte der Krankenversicherungsunternehmen

1. Art. 12 Abs. 1 GG

a) Schutzbereich

Der Betrieb eines privaten Krankenversicherungsunternehmens stellt eine berufliche Betätigung i.S.v. Art. 12 Abs. 1 GG dar. Das Grundrecht ist gemäß Art. 19 Abs. 3 GG seinem Wesen nach auch auf Aktiengesellschaften und damit auf K anwendbar. **46**

b) Eingriff

Das Gesetz müsste in den Schutzbereich eingreifen. § 1 SFAK normiert eine allgemeine Versicherungspflicht für alle Personen, die ihren Hauptwohnsitz in Deutschland haben. Der Abschluss privater Krankenversicherungsverträge wird dadurch zwar nicht verboten, so dass kein unmittelbarer Eingriff in das Grundrecht vorliegt. Ein Eingriff in **47**

51 BVerfGE 76, 1 (51); 100, 313 (375 f.).

Art. 12 Abs. 1 GG liegt aber auch dann vor, wenn eine Regelung objektiv berufsregelnde Tendenz hat. Das ist insbesondere der Fall, wenn eine Regelung die Rahmenbedingungen der Berufsausübung verändert und in Folge ihrer Gestaltung in einem engen Zusammenhang mit der Ausübung eines Berufes steht[52]. Die Aufhebung der Pflichtversicherungsgrenze in § 1 SFAK führt dazu, dass alle Einwohner einen Krankenversicherungsvollschutz in der gesetzlichen Krankenversicherung genießen. Der Abschluss von privaten Vollversicherungsverträgen ist daneben wirtschaftlich sinnlos. § 1 SFAK zwingt die privaten Krankenversicherungsunternehmen damit zur Aufgabe des Vollversicherungsgeschäfts und verändert damit das ihr zur Verfügung stehende Geschäftsfeld grundlegend. Damit liegt ein Eingriff in Art. 12 Abs. 1 GG vor.

c) Verfassungsrechtliche Rechtfertigung

48 Art. 12 Abs. 1 S. 2 GG enthält einen sowohl für die Berufswahl[53] als auch für die Berufsausübung geltenden Gesetzesvorbehalt. Zu prüfen ist, ob das SFAK diesen in verfassungsgemäßer Weise ausfüllt. Das setzt insbesondere voraus, dass seine Regelungen verhältnismäßig sind.

aa) Drei-Stufen-Theorie

49 Der Verhältnismäßigkeitsgrundsatz wird bei Art. 12 Abs. 1 GG durch die sog. Drei-Stufen-Theorie[54] konkretisiert. Diese unterscheidet drei Stufen zunehmender Eingriffsintensität und aus diesem Grunde abnehmender Gestaltungsfreiheit des Gesetzgebers. Berufsausübungsregelungen werden durch jede vernünftige Erwägung des Gemeinwohls legitimiert[55]. Subjektive Berufszulassungsregelungen (die auf persönliche Fähigkeiten und Eigenschaften abstellen) müssen hingegen dem Schutz überragender Gemeinschaftsgüter dienen[56]. Objektive Berufszulassungsregelungen schließlich machen die Berufszulassung von Umständen abhängig, auf deren Eintreten der Einzelne keinen Einfluss hat; sie sind daher nur zulässig, um nachweisbare oder höchst wahrscheinliche schwere Gefahren für ein überragend wichtiges Gemeinschaftsgut abzuwehren[57].

50 **Hinweis zum Aufbau:** Es gibt diverse Möglichkeiten zum Einbau der Drei-Stufen-Theorie in die Prüfung von Art. 12 Abs. 1 GG. Es ist zu empfehlen, die recht aufwändige und auch nicht zweifelsfreie Theorie erst dort zu erwähnen, wo es wirklich auf sie ankommt. Da sie eine Abstufung legitimer Eingriffszwecke enthält und davon ausgehend unterschiedliche Anforderungen an die eingreifende Hoheitsgewalt stellt, spielt sie erst in der Verhältnismäßigkeitsprüfung eine Rolle, und zwar erstmals beim legitimen Zweck[58]. Sie kann daher innerhalb der Prüfung des legitimen Zwecks geprüft oder der Verhältnismäßigkeitsprüfung vorangestellt werden.

---

52 BVerfGE 111, 191 (213); kritisch dazu *Manssen*, Staatsrecht II, Rn. 626 f.
53 BVerfGE 54, 237 (246); 110, 304 (321).
54 BVerfGE 7, 377 (405 f.).
55 BVerfGE 70, 1 (28); 103, 1 (10).
56 BVerfGE 69, 209 (218); 103, 172 (183).
57 BVerfGE 75, 284 (296); 102, 197 (214).
58 Wie hier *Epping*, Grundrechte, Rn. 410, 417.

Vorliegend ist fraglich, ob der faktische Ausschluss der privaten Krankenversicherungsunternehmen aus dem Vollversicherungsgeschäft eine Berufsausübungsregelung oder eine objektive Zulassungsschranke darstellt. Dies hängt davon ab, welches Berufsbild zugrunde gelegt wird. Wenn man das Krankenvollversicherungsgeschäft als Modalität des Berufsbildes „Krankenversicherer" ansieht[59], liegt lediglich eine Berufsausübungsregelung vor, da Zusatzverträge weiterhin angeboten werden können und sogar eine verstärkte Nachfrage für diese bestehen wird. Es ist aber auch vertretbar, ein Berufsbild „Krankenvollversicherer" anzunehmen oder jedenfalls die Regelung als „berufswahlnahe Ausübungsregelung" aufzufassen, da die Belastung der Versicherungsunternehmen, die ihre Tätigkeit hauptsächlich auf das Anbieten von Krankenvollversicherungsverträgen ausgerichtet haben, erheblich ist[60]. Sie kann eine der objektiven Zulassungsbeschränkung vergleichbare Wirkung haben und wäre deshalb an dem entsprechenden Maßstab zu messen. **51**

Das Abgrenzungsproblem belegt die Fragwürdigkeit der Schematisierung von Eingriffstypen und Rechtfertigungsanforderungen[61]. Die Konstruktion eines Berufsbildes „Krankenvollversicherer" ist zwar problematisch, weil private Krankenversicherungsunternehmen neben dem Voll- stets auch das Zusatzversicherungsgeschäft betreiben. Das SFAK enthält indes eine Berufsausübungsregelung, die das Geschäftsfeld der privaten Krankenversicherungsunternehmen grundlegend verändert. Das spricht dafür, an die Rechtfertigung die strengen Anforderungen für objektive Zulassungsregelungen zu stellen oder sich, wie es das Bundesverfassungsgericht in derartigen Grenzfällen ebenfalls gelegentlich praktiziert[62], auf eine Verhältnismäßigkeitsprüfung ohne Stufenzuordnung zu beschränken. **52**

bb) Grundsatz der Verhältnismäßigkeit

(1) Legitimer Zweck

Das SFAK verfolgt mit der Absicherung der wirtschaftlichen Folgen von Krankheiten und der stabilen Finanzierung der gesetzlichen Krankenversicherung legitime Ziele. Als überragend wichtiges Gemeinschaftsgut im Sinne der dritten Stufe der Drei-Stufen-Theorie ist zum einen die Volksgesundheit anerkannt[63]. Deren Erhaltung setzt auch voraus, dass die wirtschaftlichen Voraussetzungen für die Inanspruchnahme von Gesundheitsleistungen gegeben sind. Wenn der Gesetzgeber daher eine Pflichtversicherung zum Schutz vor den wirtschaftlichen Folgen von Krankheiten etabliert, so dient das dem Zweck der Volksgesundheit. Ein überragend wichtiges Gemeinschaftsgut ist darüber hinaus die finanzielle Stabilität und Funktionsfähigkeit der gesetzlichen Krankenversicherung[64]. **53**

59 So *Bieback*, SozSich 2003, 416 (423); *Muckel*, SGb 2004, 670 (675); *Schmidt*, SGb 2004, 732 (734).
60 BVerfGE 11, 30 (43).
61 *Manssen*, in: v. Mangoldt/Klein/Starck, GG, Art. 12 Rn. 139 ff.
62 Typologie bei *Mann*, in: Sachs, GG, Art. 12 Rn. 137 ff.
63 BVerfGE 7, 377 (414).
64 BVerfGE 103, 172 (184).

(2) Geeignetheit

54 Das SFAK ist zur Erreichung dieser Ziele auch grundsätzlich geeignet[65].

(3) Erforderlichkeit

55 Fraglich ist, ob der vollständige Ausschluss der privaten Versicherungsunternehmen erforderlich ist. Man könnte überlegen, ob eine auch von Privatversicherungsunternehmen getragene Bürgerversicherung ein milderes, gleich geeignetes Mittel darstellt. Denkbar wäre etwa eine der privaten Pflegeversicherung vergleichbare Konstruktion. Die privaten Krankenversicherungsunternehmen müssen hier den privat Krankenversicherten den Abschluss von Pflegeversicherungsverträgen anbieten. Für diese Verträge gelten Regelungen, die mit denjenigen der in der sozialen Pflegeversicherung Versicherten vergleichbar sind, u.a. ein Kontrahierungszwang sowie Verbote, Vorerkrankungen auszuschließen und Prämien nach Geschlecht zu staffeln (§ 110 Abs. 1, 3 SGB XI). Diese Regelungen belegen, dass es für das Ziel des Gesetzgebers, eine solidarische Pflegeversicherung einzuführen, weniger auf die Rechtsform des Versicherungsträgers ankommt, sondern auf die gesetzlichen Regelungen über den zwingenden Inhalt der Versicherungsverträge. Das belegt auch die zunehmende Angleichung zwischen gesetzlicher und privater Krankenversicherung: Auf der einen Seite müssen gesetzliche Krankenkassen nunmehr Wahltarife (etwa Selbstbehalte und Beitragsrückerstattung, § 53 Abs. 1, 2 SGB V) anbieten, die bislang nur im Privatversicherungsgeschäft üblich waren. Auf der anderen Seite müssen private Krankenversicherungsunternehmen nunmehr einen Basistarif (§ 12 Abs. 1a VAG) anbieten, dessen Bedingungen denjenigen der gesetzlichen Krankenversicherung ähneln[66]. Das Gesetz ist also insoweit nicht erforderlich[67]. Der Eingriff in Art. 12 Abs. 1 GG ist damit nicht zu rechtfertigen.

56 **Hinweis zur Bewertung:** Die gegenteilige Ansicht ist, insbesondere unter Hinweis auf die Gestaltungsfreiheit des Gesetzgebers, vertretbar. Die Begründung muss aber die Notwendigkeit einer strengen Prüfung wegen der berufswahlnahen Auswirkungen des Gesetzes berücksichtigen.

2. Art. 14 Abs. 1 GG

57 Der Schutzbereich des Art. 14 Abs. 1 GG ist, in Abgrenzung zu Art. 12 Abs. 1 GG, nur dann betroffen, wenn der Betrieb durch die staatliche Maßnahme in seinem konkreten Bestand betroffen ist. Die zu schützenden Rechtspositionen müssen dem Betrieb schon zugeordnet sein, zukünftige Erwerbshoffnungen, günstige Umweltbedingungen und ein zukünftiger Kundenstamm werden nicht geschützt, da sie dem Rechtssubjekt noch nicht konkret zugeordnet werden können[68]. Im vorliegenden Fall werden die bestehenden Versicherungsverträge gemäß § 3 SFAK nicht angetastet. Betroffen ist lediglich das zukünftige Vollversicherungsgeschäft, das zum Erliegen kommen wird. Die Hoffnung auf den

65 Vgl. oben B. I. 3. c) bb)), Rn. 35 ff.
66 Vgl. zum Ganzen *Kingreen*, ZESAR 2007, 141 (145 ff.).
67 A.A. etwa *Schräder*, Bürgerversicherung, S. 226 f.
68 BVerfGE 105, 252 (277); *Bryde*, in: v. Münch/Kunig, GG, Art. 14 Rn. 21.

zukünftigen Abschluss von Vollversicherungsverträgen und einen nachwachsenden Kundenstamm wird aber durch Art. 14 Abs. 1 GG nicht geschützt[69]. Auch ist nicht ersichtlich, dass der Bestand des Unternehmens insgesamt gefährdet ist, da Übergangsregelungen und das verbleibende Zusatzversicherungsgeschäft den Versicherungsunternehmen die Möglichkeit eröffnen, sich auf die veränderten Marktbedingungen einzustellen. Der Schutzbereich des Art. 14 Abs. 1 GG ist damit nicht betroffen.

C. Ergebnis

Das SFAK verstößt gegen die Berufsfreiheit (Art. 12 Abs. 1 GG) insoweit als es privaten **58** Krankenversicherungsunternehmen das Angebot von Versicherungsverträgen zu den Bedingungen der solidarischen Bürgerversicherung verwehrt. Im Übrigen ist es verfassungsgemäß.

Aufgabe 2: Verfassungsrechtlicher Rechtsschutz des Freistaates Bayern

In Betracht kommt eine abstrakte Normenkontrolle (Art. 93 Abs. 1 Nr. 2 GG, §§ 13 **59** Nr. 6, 76 ff. BVerfGG). Im Hinblick auf die gerügten Kompetenzverletzungen ist zwar auch ein Bund-Länder-Streit (Art. 93 Abs. 1 Nr. 3 GG, §§ 13 Nr. 7, 68 ff. BVerfGG) denkbar. Weil sich der Streitgegenstand aber dann auf die bundesstaatlichen Fragen verengen würde, der Freistaat Bayern aber auch die Verletzung von Grundrechten rügt, ist die abstrakte Normenkontrolle vorzuziehen[70].

A. Zuständigkeit des Bundesverfassungsgerichts

Die Zuständigkeit des Bundesverfassungsgerichts für die abstrakte Normenkontrolle **60** ergibt sich aus Art. 93 Abs. 1 Nr. 2 GG, §§ 13 Nr. 6, 76 ff. BVerfGG.

B. Antragsberechtigung

Aus Art. 93 Abs. 1 Nr. 2 GG, §§ 13 Nr. 6 BVerfGG folgt, dass die bayerische Landes- **61** regierung antragsberechtigt im Rahmen der abstrakten Normenkontrolle ist.

C. Antragsgegenstand

Bei dem SFAK handelt es sich um Bundesrecht. Ein tauglicher Beschwerdegegenstand **62** i.S.v. Art. 93 Abs. 1 Nr. 2 GG, § 76 Abs. 1 BVerfGG liegt damit vor.

69 *Jarass*, in: ders./Pieroth, GG, Art. 14 Rn. 21.

70 *Schlaich/Korioth*, Bundesverfassungsgericht, Rn. 104.

D. Antragsbefugnis

63 Der Antragssteller ist antragsbefugt, wenn Meinungsverschiedenheiten und Zweifel über die Vereinbarkeit von Bundesrecht oder Landesrecht mit dem Grundgesetz bestehen[71]. Der Freistaat Bayern hält das Gesetz für formell und materiell verfassungswidrig und ist daher antragsbefugt.

E. Form

64 Der Freistaat Bayern muss die Formerfordernisse nach § 23 Abs. 1 BVerfGG einhalten.

F. Ergebnis

65 Die abstrakte Normenkontrolle des Freistaats Bayern ist damit zulässig.

Literaturverzeichnis

66	*Axer, Peter*	Verfassungsrechtliche Fragen einer Bürgerversicherung, in: Gedächtnisschrift für Meinhard Heinze, München 2005, S. 1 ff.
	Bieback, Karl-Jürgen	Verfassungsrechtliche Aspekte einer Bürgerversicherung: Der Bund hat die Kompetenz zur Einführung einer umfassenden Versicherung, in: SozSich 2003, S. 416 ff.
	ders.	Begriff und verfassungsrechtliche Legitimation von „Sozialversicherung“, in: VSSR 2003, S. 1 ff.
	ders.	Verfassungsrechtliche Aspekte einer „Bürgerversicherung“, in: U. Engelen-Kefer (Hrsg.), Reformoption Bürgerversicherung, Hamburg 2004, S. 126 ff.
	Butzer, Hermann	Freiheitsrechtliche Grenzen der Steuer- und Sozialabgabenlast, Berlin 1999
	ders.	Fremdlasten in der Sozialversicherung, Tübingen 2001
	Degenhart, Christoph	Staatsrecht I. Staatsorganisationsrecht, 34. Aufl., Heidelberg 2018
	Kahl, Wolfgang/ Waldhoff, Christian/ Walter, Christian (Hrsg.)	Bonner Kommentar zum Grundgesetz, Loseblattslg., Heidelberg, Stand: Dezember 2014
	Dreier, Horst (Hrsg.)	Grundgesetz Kommentar Bd. I, 3. Aufl., Tübingen 2013

71 *Degenhart*, Staatsrecht I, Rn. 830.

Ebsen, Ingwer	Verfassungs- und europarechtliche Grundlagen, in: B. Schulin (Hrsg.), Handbuch des Sozialversicherungsrechts Bd. III, München 1999, § 4
Epping, Volker	Grundrechte, 7. Aufl., Heidelberg 2017
Hartmann, Bernd J.	Die Möglichkeitsprüfung im Prozessrecht der Verfassungsbeschwerde, in: JuS 2003, S. 897 ff.
Hase, Friedhelm	Versicherungsprinzip und sozialer Ausgleich, Tübingen 2000
Hufen, Friedhelm	Grundrechtsschutz der Leistungserbringer und privaten Versicherer in Zeiten der Gesundheitsreform, in: NJW 2004, S. 14 ff.
Huster, Stefan	Die Beitragsbemessung in der gesetzlichen Krankenversicherung, in: JZ 2002, S. 371 ff.
Isensee, Josef	„Bürgerversicherung" im Koordinatensystem der Verfassung, in: NZS 2004, S. 393 ff.
Jaeger, Renate	Die Reformen in der gesetzlichen Sozialversicherung im Spiegel der Rechtsprechung des Bundesverfassungsgerichts, in: NZS 2003, S. 225 ff.
Jarass, Hans D./ Pieroth, Bodo	Grundgesetz für die Bundesrepublik Deutschland. Kommentar, 15. Aufl., München 2018
Kaltenborn, Markus	Negative Vereinigungsfreiheit als Schutz vor Einbeziehung in die Sozialversicherung?, in: NZS 2001, S. 300 ff.
Kingreen, Thorsten	Das Sozialstaatsprinzip im europäischen Verfassungsverbund. Gemeinschaftsrechtliche Einflüsse auf das deutsche Recht der gesetzlichen Krankenversicherung, Tübingen 2003
ders.	Soziale und private Krankenversicherung: Gemeinschaftsrechtliche Implikationen eines Annäherungsprozesses, in: ZESAR 2007, S. 141 ff.
ders./Kühling, Jürgen	Monistische Einwohnerversicherung. Konzeptionelle und rechtliche Fragen der dualen in eine integrierte Krankenversicherungsordnung, Schriften zum Sozialrecht, Band 28, 1. Aufl., Baden-Baden 2013
Kingreen, Thorsten/ Poscher, Ralf	Grundrechte. Staatsrecht II, 34. Aufl., Heidelberg 2018
Kirchhof, Ferdinand	Verfassungsrechtliche Probleme einer umfassenden Kranken- und Renten-„Bürgerversicherung", in: NZS 2004, S. 1 ff.
Mangoldt, Hermann von/ Klein, Friedrich/Starck, Christian (Begr./Hrsg.)	Kommentar zum Grundgesetz Bd. I, 7. Aufl., München 2018
Manssen, Gerrit	Staatsrecht II. Grundrechte, 15. Aufl., München 2018
Maunz, Theodor/ Dürig, Günther (Begr.)	Grundgesetz Kommentar, Loseblattslg., München, Stand: November 2018
Merten, Detlef	Die Ausweitung der Sozialversicherungspflicht und die Grenzen der Verfassung, in: NZS 1998, S. 545 ff.
Muckel, Stefan	Verfassungsrechtliche Grenzen der Reformvorschläge zur Krankenversicherung, in: SGb 2004, S. 583 ff., 670 ff.

Muckel, Stefan/ Ogorek, Markus Sozialrecht, 4. Aufl., München 2011

Münch, Ingo von/ Kunig, Philip (Hrsg.) Grundgesetz-Kommentar Bd. I, 6. Aufl., München 2012

Sachs, Michael (Hrsg.) Grundgesetz, Kommentar, 8. Aufl., München 2018

Schlaich, Klaus/ Korioth, Stefan Das Bundesverfassungsgericht, 11. Aufl. München 2018

Schmidt, Tillmann Die Berufsfreiheit privater Krankenversicherungsunternehmen in einer Bürgerversicherung ohne Beteiligung der PKV, in: SGb 2004, S. 732 ff.

Schräder, Jutta Bürgerversicherung und Grundgesetz. Verfassungsrechtliche Grenzen der Ausweitung von Versicherungspflicht und Beitragsbemessungsgrundlage in der gesetzlichen Krankenversicherung, Baden-Baden 2008

Schulin, Bertram Rechtliche Grundprinzipien der gesetzlichen Krankenversicherung und ihre Probleme, in: B. Schulin (Hrsg.), Handbuch des Sozialversicherungsrechts Bd. I, München 1994, § 7

Sodan, Helge Die „Bürgerversicherung“ als Bürgerzwangsversicherung, in: ZRP 2004, S. 217 ff.

ders. Die Zukunft der sozialen Sicherungssysteme, in: VVDStRL 64 (2005), S. 144 ff.

Hausarbeit 5

Verfassungsmäßigkeit eines gesetzlichen Mindestlohns

von Tristan Barczak

Im Jahr 2014 verfügten von den 28 Mitgliedstaaten der Europäischen Union 21 Staaten über eine gesetzliche Lohnuntergrenze. Im April 2014 beschließt auch der Deutsche Bundestag auf Initiative der von einer Großen Koalition geführten Bundesregierung die Einführung eines branchenübergreifenden Mindestlohns. Von diesem sollen nach Berechnungen der Bundesregierung rund 6,6 Millionen abhängig Beschäftigte in zahlreichen Berufszweigen profitieren. In der Begründung des neuen Mindestlohngesetzes (MiLoG) heißt es: 1

„Die Ordnung des Arbeitslebens durch Tarifverträge ist in den letzten Jahren deutlich zurückgegangen, weil sich die Arbeitswelt in der modernen Industrie- und Dienstleistungsgesellschaft zunehmend fragmentiert hat. In Deutschland hat die Beschäftigung zu niedrigen Löhnen in den vergangenen Jahren zugenommen. Insbesondere im Bereich einfacher Tätigkeiten sind die Tarifvertragsparteien oftmals nicht mehr selbst in der Lage, Arbeitnehmerinnen und Arbeitnehmer vor unangemessen niedrigen Löhnen zu schützen. Diesem Schutz dient insbesondere die Einführung eines flächendeckenden gesetzlichen Mindestlohns. Zugleich trägt der Mindestlohn dazu bei, dass der Wettbewerb zwischen den Unternehmen nicht zu Lasten der Arbeitnehmer durch die Vereinbarung immer niedrigerer Löhne stattfindet. Darüber hinaus schützt der Mindestlohn die finanzielle Stabilität der sozialen Sicherungssysteme, weil nicht existenzsichernde Arbeitsentgelte durch staatliche Leistungen der Grundsicherung für Arbeitssuchende ‚aufgestockt' werden können, was bislang einen Anreiz für einen Lohnunterbietungswettbewerb zwischen den Unternehmen setzte. Viele geringfügig Beschäftigte, die unter die Mindestlohnregelung fallen werden, müssen derzeit noch ihren Lohn über ergänzende Grundsicherungsleistungen in Form von ALG II ‚aufstocken'. Dies betrifft nach einer statistischen Bereinigung der Bundesagentur für Arbeit aus dem Januar 2014 insgesamt rund 1,3 Millionen Beschäftigte".

Das Gesetzt tritt am 31. Dezember 2014 in Kraft und sieht im Wesentlichen folgende Regelungen vor:

§ 1 Mindestlohn

(1) Jede Arbeitnehmerin und jeder Arbeitnehmer hat Anspruch auf Zahlung eines Arbeitsentgelts mindestens in Höhe des Mindestlohns durch den Arbeitgeber.

(2) [1]Die Höhe des Mindestlohns beträgt ab dem 1. Januar 2015 brutto 8,50 Euro je Zeitstunde. [2]Die Höhe des Mindestlohns kann auf Vorschlag einer ständigen Kommission der Tarifpartner (Mindestlohnkommission) durch Rechtsverordnung der Bundesregierung geändert werden.

§ 2 Aufgabe und Zusammensetzung der Mindestlohnkommission

(1) Die Bundesregierung errichtet eine ständige Mindestlohnkommission, die über die Anpassung der Höhe des Mindestlohns befindet.

(2) [1]Die Mindestlohnkommission wird alle fünf Jahre neu berufen. [2]Sie besteht aus einer oder einem Vorsitzenden, sechs weiteren stimmberechtigten ständigen Mitgliedern aus Kreisen der Vereinigungen von Arbeitgebern und Gewerkschaften und zwei Mitgliedern aus Kreisen der Wissenschaft ohne Stimmrecht (beratende Mitglieder).

§ 3 Rechtsverordnung

[1]Die Bundesregierung kann die von der Mindestlohnkommission vorgeschlagene Anpassung des Mindestlohns durch Rechtsverordnung ohne Zustimmung des Bundesrates für alle Arbeitgeber sowie Arbeitnehmerinnen und Arbeitnehmer verbindlich machen. [2]Die Rechtsverordnung gilt, bis sie durch eine neue Rechtsverordnung abgelöst wird.

§ 4 Pflichten des Arbeitgebers zur Zahlung des Mindestlohns

Arbeitgeber mit Sitz im In- oder Ausland sind verpflichtet, ihren im Inland beschäftigten Arbeitnehmerinnen und Arbeitnehmern ein Arbeitsentgelt mindestens in Höhe des Mindestlohns nach § 1 Abs. 2 zu zahlen.

§ 5 Bußgeldvorschriften

(1) Ordnungswidrig handelt, wer vorsätzlich oder fahrlässig entgegen § 4 das dort genannte Arbeitsentgelt nicht oder nicht rechtzeitig zahlt.

(2) Die Ordnungswidrigkeit kann mit einer Geldbuße bis zu fünfhunderttausend Euro geahndet werden.

§ 6 Persönlicher Anwendungsbereich

(1) Dieses Gesetz gilt für Arbeitnehmerinnen und Arbeitnehmer.

(2) Von diesem Gesetz nicht geregelt wird die Vergütung von zu ihrer Berufsausbildung Beschäftigten, Personen im Sinne von § 2 Abs. 1 und 2 des Jugendarbeitsschutzgesetzes (Kinder und Jugendliche), ehrenamtlich Tätigen sowie Langzeitarbeitslosen im Sinne des § 18 Abs. 1 SGB III in den ersten sechs Monaten der Beschäftigung.

§ 7 Übergangsregelung

Bis zum 31. Dezember 2017 gehen abweichende Regelungen eines Tarifvertrages repräsentativer Tarifvertragsparteien dem Mindestlohn vor, wenn sie für alle unter den Geltungsbereich des Tarifvertrages fallende Arbeitgeber mit Sitz im In- oder Ausland sowie deren Arbeitnehmerinnen und Arbeitnehmer verbindlich gemacht worden sind; ab dem 1. Januar 2017 müssen abweichende Regelungen in diesem Sinne mindestens ein Entgelt von brutto 8,50 Euro je Zeitstunde vorsehen.

Die Regierung des Bundeslandes L, die in der Vergangenheit durch arbeitgeberfreundliche Entscheidungen für L als unternehmerischen Standort geworben hat (Erlass eines liberalen Ladenschlussgesetzes, etc.), hält das MiLoG für verfassungswidrig und bereitet ein abstraktes Normenkontrollverfahren vor. Formell fehle dem Bundesgesetzgeber bereits die Gesetzgebungsbefugnis, da eine gesetzliche Lohnuntergrenze als Teil der „öffentlichen Fürsorge" im Sinne des Art. 74 Abs. 1 Nr. 7 GG anzusehen und eine bundeseinheitliche Regelung nicht erforderlich sei. Auch sei die Gesetzesbegründung mangelhaft, da sich diese überhaupt nicht mit den Auswirkungen des Gesetzes auf die einzelnen betroffenen Berufsgruppen auseinandersetze. Das MiLoG verletze in materieller Hinsicht die Koalitions- und Berufsfreiheit und die in § 6 Abs. 2 vorgesehenen Ausnahmen seien mit Art. 3 Abs. 1 GG nicht vereinbar. Das Aushandeln des Arbeitsentgelts mit der Gegenseite zähle als Teil der Tarifautonomie seit jeher zum Kernbereich der Koalitionsfreiheit. Diese sei vorbehaltslos gewährleistet und ein den Mindestlohn rechtfertigender kollidierender Verfassungsbelang nicht ersichtlich. Eine staatlich verfügte Lohnuntergrenze „gängele" die Wirtschaft und lasse von der Tarifautonomie nur noch eine „leere Hülle" übrig. Der Mindestlohn sei auch nicht erforderlich, da die Tarifvertragspartner für ihre jeweilige Branche eine Lohnuntergrenze festlegen könnten. Im Übrigen könne die Bundesregierung gem. § 3 Satz 1 MiLoG die von der Mindestlohnkommission vorgeschlagene Anpassung des Mindestlohns nur unverändert in eine Rechtsverordnung übernehmen, ohne eine Möglichkeit zur inhaltlichen Abweichung zu haben. Diese Bindung an das Votum der Mindestlohnkommission sei verfassungswidrig, weil diese „außerstaatliche Kommission" weder materiell noch personell über eine ausreichende demokratische Legitimation verfüge.

Die Bundesregierung wendet in ihrer Stellungnahme ein, sie sei gesetzlich nicht verpflichtet, den Vorschlag der Mindestlohnkommission per Rechtsverordnung verbindlich zu machen. Die Mindestlohnkommission treffe mithin keine Entscheidung mit Außenwirkung, die demokratischer Legitimation bedürfe. Der Bund müsse im Übrigen für arbeitnehmerschützende Regelungen wie den Mindestlohn zuständig sein, da abweichende landesspezifische Regelungen den betroffenen Menschen kaum vermittelbar erscheinen. Eine detaillierte Begründung der streitigen Mindestlohnregelungen habe schon deshalb nicht gegeben werden können, weil die Auswirkungen auf die einzelnen Berufsbranchen viel zu komplex seien, um sie im Einzelnen darstellbar prognostizieren zu können. Der Gesetzgeber „schulde nichts als das Gesetz", insbesondere keine Begründung. Die Koalitionsfreiheit sei nicht verletzt. Auf sie könne der Gesetzesvorbehalt des Art. 9 Abs. 2 GG übertragen werden. Selbst wenn man dies ablehnen wollte, ließe sich der Mindestlohn auf kollidierende Verfassungsbelange stützen. Der Schutz der sozialen Sicherungssysteme sei Teil des Sozialstaatsprinzips (Art. 20 Abs. 1 GG). Daneben treffe den Staat nach neuerer Rechtsprechung des Bundesverfassungsgerichts eine Pflicht zu Gewährleistung eines menschenwürdigen Existenzminimums, welche auch eine Inpflichtnahme Privater rechtfertige; jedenfalls schütze aber eine gesetzliche Lohnuntergrenze die soziale Selbstachtung des Einzelnen und damit sein Allgemeines Persönlichkeitsrecht. Eine gesetzliche Lohnuntergrenze sei auch erforderlich, da – was zutrifft – ein funktionsfähiges Tarifwesen im Niedriglohnsektor nicht existiere.

1. Wäre die beabsichtigte abstrakte Normenkontrolle der Landesregierung begründet?
2. Die V-GmbH, die als Verlagsgesellschaft u.a. mehrere Tageszeitungen herausgibt, sieht ihre Existenz durch das neue MiLoG bedroht. Dieses gelte auch – was zutrifft – für Zeitungszustellerinnen und Zusteller, die bei V bislang einen Stücklohn weit unterhalb des Mindestlohns erhielten (0,20 EUR pro zugestellte Zeitung). V erhebt Verfassungsbeschwerde mit der Begründung, das MiLoG verletze die Pressefreiheit (Art. 5 Abs. 1 Satz 2 GG), welche auch die Zustellung des Presseerzeugnisses durch Zeitungsboten erfasse. Diese Zustellform werde durch den Mindestlohn jedoch wirtschaftlich unrentabel. Hat die Verfassungsbeschwerde Erfolg?

Hinweis zur Bearbeitung: Es ist auf alle aufgeworfenen Rechtsfragen – gegebenenfalls im Rahmen eines Hilfsgutachtens – einzugehen. Sozialrechtliche Kenntnisse sind nicht erforderlich.

Gliederung

Gutachten

Aufgabe 1: Verfassungsmäßigkeit des MiLoG

Die beabsichtigte abstrakte Normenkontrolle der Landesregierung wäre begründet, wenn das MiLoG „förmlich oder sachlich" mit dem Grundgesetz unvereinbar ist (vgl. Art. 93 Abs. 1 Nr. 2 GG, §§ 76 Abs. 1 Nr. 1, 78 S. 1 BVerfGG). 3

Hinweis zum Aufbau: Entscheidend für den Obersatz ist die Fallfrage. Hier war allein nach der Begründetheit der abstrakten Normenkontrolle gefragt; der Maßstab für die Begründetheitsprüfung lässt sich Art. 93 Abs. 1 Nr. 2 GG sowie den Vorschriften des BVerfGG entnehmen. 4

A. Formelle Verfassungsmäßigkeit

Das Gesetz ist insbesondere dann formell verfassungskonform, wenn der Bund über die Gesetzgebungsbefugnis verfügt und der Einwand der Landesregierung, die Begründung des Gesetzes genüge formell-verfassungsrechtlichen Anforderungen nicht, nicht zutrifft. 5

Hinweis zum Aufbau: Da der Sachverhalt keine Zweifel an einem ordnungsgemäßen Gesetzgebungsverfahren aufwirft, ist hierauf nicht einzugehen. 6

I. Gesetzgebungskompetenz

Nach Art. 30, 70 Abs. 1 GG liegt das Recht zur Gesetzgebung grundsätzlich bei den Ländern, es sei denn, das Grundgesetz verleiht dem Bund ausdrücklich die Legislativbefugnis. Fraglich ist somit, ob der Bund sich für den Erlass des MiLoG auf einen Kompetenztitel der Art. 73, 74 GG berufen kann. In Betracht kommen die Kompetenztitel 7 der Art. 74 Abs. 1 Nr. 7 („öffentliche Fürsorge"), Nr. 11 („Recht der Wirtschaft") und Nr. 12 („Arbeitsrecht") GG.

8 **Hinweis zur Bewertung:** Bei der Prüfung potentiell einschlägiger Kompetenztitel für ein Gesetz sollte man stets mehrere Kompetenzmaterien im Blick haben.

9 Die kompetenzrechtliche Qualifikation einer gesetzlichen Regelung erfordert jedoch die eindeutige Zuordnung zu einem bestimmten Kompetenztitel. Zwar kann ein Gesetzeswerk in seiner Gesamtheit auch auf mehrere Materien gestützt sein, aber seine einzelnen, eigenständigen Regelungsinhalte müssen jeweils einer bestimmten Materie zugeordnet (qualifiziert) werden können[1]. Kommen hierfür mehrere Kompetenzmaterien in Betracht, ist für die Abgrenzung der „unmittelbare Zweck"[2], der „Hauptzweck"[3], der „Schwerpunkt" bzw. das „Schwergewicht"[4], die „unmittelbare Wirkung"[5], der „Kern"[6], das „Spezifische"[7] bzw. das „Spezielle"[8] der jeweiligen Regelung entscheidend.

10 Sowohl der Kompetenztitel der „öffentlichen Fürsorge" als auch das „Recht der Wirtschaft" werden weit bzw. „nicht eng" ausgelegt[9]. Ob sie hier sachlich-inhaltlich greifen, kann jedoch dahinstehen, da der Schwerpunkt der Regelung im Bereich des „Arbeitsrechts" liegt. Darunter ist das Sonderrecht der unselbstständigen Arbeitnehmer einschließlich des Arbeitsschutzrechts zu verstehen, welches die öffentlich-rechtlichen Regelungen des Schutzes vor Gefahren der Arbeit sowie Regelungen zum Arbeitslohn umfasst[10]. Das „Arbeitsrecht" ist nach Art. 74 Abs. 1 Nr. 12 GG eine Materie der konkurrierenden Gesetzgebung, die eine ausreichende Kompetenzgrundlage für eine bundesrechtliche Mindestlohnregelung bereithält. Weil Art. 74 Abs. 1 Nr. 12 GG in Art. 72 Abs. 1 GG nicht explizit als sog. Bedarfskompetenz aufgeführt wird, handelt es sich bei dem „Arbeitsrecht" um eine *Kernkompetenz* des Bundes im Sinne des Art. 72 Abs. 1 GG. Deren Wahrnehmung steht nicht unter dem Vorbehalt der Erforderlichkeit einer bundeseinheitlichen Regelung (vgl. Art. 72 Abs. 2 GG).

II. Legislative Begründungspflicht?

11 Zur formellen Verfassungsmäßigkeit gerechnet werden kann die Frage, ob die Legislative verfassungsrechtlich angehalten ist, ihre Gesetze insbesondere mit Blick auf ihre empirische Notwendigkeit, Grundrechtsrelevanz und Eingriffsfolgen zu begründen. Den Vorschriften über das Gesetzgebungsverfahren (Art. 76-82 GG) lässt sich eine entspre-

---

1 *Zimmermann*, NVwZ 2008, 705 (707).
2 BVerfGE 8, 143 (148 ff.); 24, 300 (353); 26, 281 (298).
3 BVerfGE 13, 181 (196).
4 BVerfGE 80, 124 (132); *Barczak*, JuS 2012, 156 (159), m.w.N. zum Überschneidungsbereich von ausschließlicher und konkurrierender Gesetzgebungszuständigkeit.
5 BVerfGE 36, 314 (319); 78, 249 (266).
6 BVerfGE 28, 119 (147).
7 BVerfGE 3, 407 (433); 15, 1 (22).
8 BVerfGE 14, 197 (220); eingehend zum Ganzen auch *Pieroth*, in: Jarass/Pieroth, GG, Art. 70 Rn. 7; *Pieroth/Barczak*, DÖV 2014, 66 (70).
9 Vgl. *Pieroth*, in: Jarass/Pieroth, GG, Art. 74 Rn. 17, 21, m.w.N.
10 BVerfGE 11, 105 (115 f.); 65, 104 (119); *Degenhart*, in: Sachs, GG, Art. 74 Rn. 53.

chende Verpflichtung der Legislative jedoch ebenso wenig entnehmen wie Art. 19 Abs. 1, 2 GG, wo eine grundrechtlich geprägte Begründungsobliegenheit normativ-systematisch zu erwarten wäre.

Hinweis zum Aufbau: Aus diesem Grund kann die Frage der gesetzgeberischen Begründungspflicht auch als Teil der *materiellen* Verfassungsmäßigkeit angesehen und im Gutachten behandelt werden. 12

Die These einer verfassungsrechtlich fundierten Pflicht zur Begründung formeller Gesetze erfährt zwar in der Literatur vereinzelt Zuspruch[11], sie stößt jedoch auf mindestens ebenso erheblichen Widerstand[12]. 13

Die Gegner betonen, dass die umfassende „Richtigkeit" einer parlamentarischen Entscheidung weder einfach zu beurteilen noch verfassungsrechtlicher Maßstab sei, sodass das Ausweichen auf die Ebene des Verfahrens bequem erscheine und vorgebe, den Gestaltungsspielraum des Gesetzgebers zu wahren. Im Bereich der Verwaltung sei dieses „Ausweichen" zwar möglicherweise angemessen: Dem – nur ausnahmsweise mit Blick auf die funktionale Gewaltenteilung – eingeräumten Spielraum entspreche hier die Kontrolle auf Ermessens-, Beurteilungs- und Abwägungsfehler. In der parlamentarischen Demokratie sei der Spielraum aber nicht „eingeräumt", sondern – jedenfalls im geltenden Verfassungsrecht – Grundlage der staatlichen Souveränität[13]. 14

Das Begründungserfordernis wird demgegenüber von seinen Befürwortern teils alternativ, teils kumulativ auf das Gebot effektiven gerichtlichen Rechtsschutzes (Art. 19 Abs. 4 GG), auf das aus dem Rechtsstaatsprinzip (Art. 20 Abs. 3 GG) gefolgerte Primat der Rechtssicherheit bzw. die „Selbstkontrollfunktion" des Staates zur Vermeidung verfassungswidriger Gesetze gestützt oder – subjektiv-rechtlich – aus der in Art. 1 Abs. 1 GG verankerten Befriedungsfunktion hergeleitet, wonach der Einzelne nicht zum Objekt (nicht unwesentlich) belastender staatlicher Entscheidungen werden soll[14]. Darüber hinaus wird erwogen, eine Begründungspflicht zur Kompensation für eine ansonsten kaum gegebene materiell-rechtliche Kontrollmöglichkeit des Gesetzgebers durch die Verfassungsgerichte oder im Interesse einer Rationalisierung gesetzgeberischer Abwägungs- und Prognoseentscheidungen zu verankern[15]. Dabei handelt es sich jedoch primär um außerverfassungsrechtliche Überlegungen[16]. Das Bundesverfassungsgericht hat bislang allenfalls im Einzelfall kontextspezifische Begründungspflichten angenommen[17]. 15

11 *Lücke*, Begründungszwang und Verfassung, insb. S. 214 ff.; *Pestalozza*, NJW 1981, 2081 (2086).
12 *Groß*, DÖV 2006, 856 (859 f.); *Hebeler*, DÖV 2010, 754 (759 ff.); *Schwarz/Bravidor*, JZ 2011, 653 ff; *Waldhoff*, in: Depenheuer/Heintzen/Jestaedt/Axer, FS-Isensee, S. 325 ff.
13 *Tappe*, Die Begründung von Steuergesetzen, S. 427.
14 *Lücke*, Begründungszwang und Verfassung, passim sowie insb. S. 37 ff.; eingehend auch *Kischel*, Die Begründung, S. 63 ff.
15 Zu beiden Ansätzen *Hebeler*, DÖV 2010, 754 (760).
16 *Hebeler*, DÖV 2010, 754 (760, 762).
17 Vgl. BVerfGE 95, 1 (22 f.) – *Südumfahrung Stendal*; 125, 175 (238) – *Hartz IV*.

16 Der Streit bedarf vorliegend keiner Entscheidung: Unabhängig von der Frage, ob eine den Gesetzgeber treffende Begründungspflicht eine Grundlage in der Verfassung findet, wäre diese vorliegend jedenfalls nicht verletzt. Aufgrund seiner gerade bei der Ordnung von Massenerscheinungen – als solche kann die Einführung eines flächendeckenden gesetzlichen Mindestlohns unzweifelhaft angesehen werden, betrifft sie doch nach Berechnungen der Regierung bis zu 6,6 Millionen abhängig Beschäftigte in zahlreichen Berufszweigen – bestehenden *Typisierungs- und Generalisierungsbefugnis* musste sich die Gesetzesbegründung insbesondere nicht mit sämtlichen Auswirkungen der gesetzlichen Regelung auf sämtliche betroffenen Personengruppen befassen[18].

17 **Hinweis zur Bewertung:** Andere Auffassung bei entsprechender Argumentation vertretbar.

III. Ergebnis

18 Das MiLoG ist mithin formell verfassungsgemäß.

B. Materielle Verfassungsmäßigkeit

19 Das MiLoG ist materiell verfassungsgemäß, wenn es mit Grundrechten und sonstigen objektiven Werten mit Verfassungsrang in Einklang steht. Im vorliegenden Fall stellt sich zunächst die Frage nach der demokratischen Legitimation der Mindestlohnkommission (I.), sodann ist auf die als verletzt gerügten Grundrechte einzugehen (II.).

20 **Hinweis zum Aufbau:** Die umgekehrte Prüfung (erst Verletzung von Grundrechten, sodann Verfassungsmäßigkeit der Mindestlohnkommission) erscheint ebenso gut denkbar.

I. Demokratische Legitimation der Mindestlohnkommission

21 Die Verfassungswidrigkeit des MiLoG könnte sich zunächst aus einer mangelnden demokratischen Legitimation der Mindestlohnkommission ergeben. Nach § 3 S. 1 MiLoG kann die Bundesregierung die von der Kommission vorgeschlagene Anpassung des Mindestlohns durch eine Rechtsverordnung ohne Zustimmung des Bundesrates für alle Arbeitgeberinnen und Arbeitgeber sowie Arbeitnehmerinnen und Arbeitnehmer verbindlich machen. Für den Fall der Ablehnung des Kommissionsvorschlags durch die Bundesregierung enthält das Gesetz jedoch keine Regelung, gibt der Regierung insbesondere keine Möglichkeit zur inhaltlichen Abweichung. Dies könnte mit Blick auf das in Art. 20 Abs. 2 S. 1, 2 GG enthaltene Gebot demokratischer Legitimation problematisch sein.

---

18 Näher hierzu *Barczak/Pieroth*, Mindestlohnausnahme für Zeitungszusteller?, S. 116 ff.

Zutreffend ist zwar, dass § 3 S. 1 MiLoG keine Möglichkeit zur inhaltlichen Abweichung gibt und die Bundesregierung den Mindestlohn insbesondere nicht selbstständig durch Rechtsverordnung festsetzen kann, insofern der Kommissionsvorschlag eine gewisse konstitutive Wirkung entfaltet. Als Ausübung von Staatsgewalt, die demokratischer Legitimation bedarf, stellt sich nach der Rechtsprechung des Bundesverfassungsgerichts jedenfalls alles amtliche Handeln mit *Entscheidungscharakter* dar[19]. Dabei kommt es zwar nicht darauf an, ob es unmittelbar nach außen wirkt oder nur behördenintern die Voraussetzungen für die Wahrnehmung der Amtsaufgaben schafft; auch solche Entscheidungen bedürfen daher grundsätzlich der demokratischen Legitimation[20]. Die Bundesregierung ist jedoch nach § 3 S. 1 MiLoG („kann") nicht verpflichtet, den Anpassungsvorschlag anzunehmen, der erst über die Rechtsverordnung verbindliche Außenwirkung entfaltet und hierdurch *uno actu* abgeleitete demokratische Legitimation erfährt (sog. *materielle* Legitimation). Amtlichen Entscheidungscharakter im Sinne der Rechtsprechung des Bundesverfassungsgerichts besitzt danach allein die gubernative Rechtsverordnung. Darüber hinaus ist die Bundesregierung bei der Prüfung des Kommissionsvorschlags – mangels gegenteiliger Anhaltspunkte – nicht auf Rechtmäßigkeitserwägungen beschränkt, sondern kann eine eigene umfassende Recht- und Zweckmäßigkeitsprüfung vornehmen. Sie behält demnach die *Letztentscheidungsbefugnis*, sodass das MiLoG mit Blick auf die nach Art. 20 Abs. 2 S. 1, 2 GG erforderliche demokratische Legitimation des Entscheidungsprozesses keinen verfassungsrechtlichen Bedenken begegnet[21]. 22

Hinweis zur Bewertung: Besonders gute Bearbeiter können zudem anführen, dass die Mitglieder der Mindestlohnkommission, die nach § 2 Abs. 1, 2 MiLoG von der Bundesregierung ernannt werden, auch über die erforderliche *personelle* Legitimation verfügen. Die nach Art. 20 Abs. 2 GG notwendige ununterbrochene Legitimationskette vom Volk zu den mit staatlichen Aufgaben betrauten Amtswaltern bleibt nicht nur bei einer Volkswahl, sondern grundsätzlich auch bei anderen kompetenzgemäßen Handlungen, namentlich Ernennungen und Bestellungen, aufrechterhalten[22]. 23

II. Vereinbarkeit des MiLoG mit Grundrechten

1. Koalitionsfreiheit

Das MiLoG könnte zunächst die Koalitionsfreiheit des Art. 9 Abs. 3 S. 1 GG verletzen. Dies wäre dann der Fall, wenn das MiLoG in den Schutzbereich des Grundrechts eingreift (a) und dieser Eingriff verfassungsrechtlich nicht gerechtfertigt ist (b). 24

19 BVerfGE 83, 60 (73); 93, 37 (68).
20 BVerfGE 93, 37 (68).
21 Vgl. *Barczak*, RdA 2014, 290 (292 f.).
22 BVerfGE 47, 253 (275 f.); 77, 1 (40); 83, 60 (72); BSGE 82, 41 (46 f.); *Pieroth*, in: Jarass/Pieroth, GG, Art. 20 Rn. 12.

a) Eingriff in den Schutzbereich

25 Das Doppelgrundrecht des Art. 9 Abs. 3 S. 1 GG schützt sowohl den Einzelnen in seiner Freiheit, eine Vereinigung zur Wahrung der Arbeits- und Wirtschaftsbedingungen zu gründen, ihr beizutreten oder sie zu verlassen, als auch – i.S. eines Kollektivgrundrechts – die Koalition selbst in ihrem Bestand und ihrer Betätigung[23]. Dazu zählt auch die Tarifautonomie als das Recht, Arbeits- und Wirtschaftsbedingungen mit der Gegenseite auszuhandeln und durch Verträge verbindlich zu regeln. Zu den der Regelungsbefugnis der Koalitionen überlassenen Materien gehören insbesondere das Arbeitsentgelt und die anderen materiellen Arbeitsbedingungen[24]. Dies folgt aus der Bedeutung des Art. 9 Abs. 3 S. 1 GG als Freiheitsrecht der Koalitionen und aus dem Umstand, dass die Koalitions- von einer gewissen Staatsfreiheit gekennzeichnet ist[25].

26 Die staatliche Festlegung eines Mindestlohns durch Gesetz beschränkt den Gestaltungsfreiraum der Koalitionen, niedrigere Entgelte als den Mindestlohn zu vereinbaren. Sie entzieht den Koalitionspartnern – jedenfalls teilweise – die Regelungsmacht über die Vergütung und greift damit „eindeutig“[26] in Art. 9 Abs. 3 S. 1 GG ein.

27 **Hinweis zum Aufbau:** Weil der Eingriff in den Schutzbereich des Art. 9 Abs. 3 S. 1 GG vergleichsweise evident ist, bietet sich an dieser Stelle eine zweistufige Prüfung des Grundrechts an.

b) Rechtfertigung

aa) Gesetzesvorbehalt oder Vorbehaltslosigkeit?

28 Die Koalitionsfreiheit kennt nach ihrem Wortlaut keinen Gesetzesvorbehalt. Die wohl h.M. im Schrifttum[27] überträgt daher die Schranke des Art. 9 Abs. 2 GG, der als einfacher Gesetzesvorbehalt verstanden wird, auf Art. 9 Abs. 3 S. 1 GG.

29 Dies vermag aus mehreren Gründen nicht zu überzeugen[28]: Die Koalitionsfreiheit stellt in systematischer Hinsicht keinen bloßen Annex zur Vereinigungsfreiheit, sondern ein eigenständiges Grundrecht dar. Sofern man die Koalitionsfreiheit mit guten Gründen als „Spezialfall“ der Vereinigungsfreiheit betrachtet[29], entbindet dies gerade nicht von dem Erfordernis eines eigenen Gesetzesvorbehalts für das speziellere Grundrecht. Speziellere Grundrechte zeichnen sich gegenüber dem jeweils allgemeineren typischerweise durch ihr spezifischeres, oftmals weitergehendes Schutzniveau in persönlicher und/oder

---

23 BVerfGE 103, 293 (304); NZA 2007, 394 (395); BAGE 123, 134 (136); 132, 140 (149); *Stern*, Staatsrecht IV/1, S. 2077 ff.

24 BVerfGE 100, 271 (282); 103, 293 (304); BAG, NZI 2014, 129 (130).

25 Ähnlich BVerfG-K, NZA 2014, 493 (494): „Staatsferne“.

26 So explizit *Cornils*, in: Epping/Hillgruber, BeckOK GG, Art. 9 Rn. 78.1; ähnlich *Ludwig*, in: Grobys/Panzer-Heemeier, SwK Arbeitsrecht, Stichwort „Mindestlohn“, Rn. 5.

27 *Franzen/Thüsing/Waldhoff*, Arbeitskampf in der Daseinsvorsorge, S. 62; *Kemper*, in: Huber/Voßkuhle, vMKS-GG I, Art. 9 Abs. 3 Rn. 196; *Löwer*, in: v. Münch/Kunig, GG, Bd. I, Art. 9 Rn. 110; *Scholz*, in: Isensee/Kirchhof, HdbStaatsR VIII, § 175 Rn. 140.

28 Darauf, dass der Verweis auf „die h.M.“ ohnehin nicht die eigene Argumentation zu ersetzen vermag, weist zutreffend *Pilniok*, JuS 2009, 394 ff. hin.

29 So etwa *Löwer*, in: v. Münch/Kunig, GG, Bd. I, Art. 9 Rn. 110.

sachlicher Hinsicht aus. Es widerspräche folglich dem Willen des Verfassungsgebers, den spezifischen Gehalt des spezielleren Grundrechts durch Rückgriff auf den Vorbehalt des *lex generalis* zu entwerten. Auch der Sinn und Zweck einer Übertragung des Art. 9 Abs. 2 GG erschließt sich nicht, da kaum jemals anzunehmen sein wird, dass Koalitionen i.S.d. Verfassungsvorschrift die Tatbestandsvoraussetzungen des Art. 9 Abs. 2 GG erfüllen[30]. Aus systematisch-teleologischen Gründen ist daher eine „Schrankenleihe" bei Art. 9 Abs. 2 GG abzulehnen. Die Koalitionsfreiheit steht lediglich unter dem Vorbehalt der Einschränkung durch kollidierendes Verfassungsrecht[31].

Hinweis zum Aufbau: An dieser Stelle wäre denkbar, den Streitstand dahinstehen zu lassen und direkt auf die Einschränkung durch kollidierendes Verfassungsrecht „zu springen", da verfassungsunmittelbare Schranken auch bei Grundrechten, die einen Gesetzesvorbehalt aufweisen, möglich sein müssen, um Wertungswidersprüche zu vorbehaltslos gewährleisteten Grundrechten zu vermeiden[32]. Das Erfordernis des Streitentscheids folgt jedoch daraus, dass ein existierender Gesetzesvorbehalt zunächst zu prüfen ist, bevor auf kollidierende Grundrechte oder sonstige Verfassungsgüter zurückzugreifen ist. Nur so kann ein Unterlaufen der geschriebenen Vorbehalte verhindert werden[33]. **30**

bb) Einschränkung durch kollidierendes Verfassungsrecht

Fraglich ist somit, ob sich das MiLoG auf kollidierendes Verfassungsrecht stützen lässt. **31**

In Betracht kommt zum einen das Sozialstaatsprinzip des Art. 20 Abs. 1 GG mit Blick **32** auf den Schutz der finanziellen Stabilität der sozialen Sicherungssysteme: Nach der Gesetzesbegründung müssen derzeit noch viele geringfügig Beschäftigte, die unter die Mindestlohnregelung fallen, ihren Lohn über sog. ergänzende Grundsicherungsleistungen in Form von ALG II „aufstocken" (vgl. §§ 11 ff. SGB II). Zum anderen lässt sich das Allgemeine Persönlichkeitsrecht gem. Art. 2 Abs. 1 i.V.m. 1 Abs. 1 GG zur Rechtfertigung heranziehen, da eine angemessene Entlohnung der Arbeit nach verfassungsgerichtlicher Rechtsprechung zur Selbstachtung der Person beiträgt. „Arbeit dient der Entfaltung der Persönlichkeit. Durch Arbeit erfährt der Einzelne Achtung und Selbstachtung. Gesetzliche Entgeltvorgaben können damit auch dem Ziel von Art. 1 Abs. 1 und Art. 2 Abs. 1 GG Rechnung tragen"[34]. Schließlich lässt sich als legitimes Ziel eines Mindestlohngesetzes die von Art. 12 Abs. 1 GG geschützte Vertragsfreiheit der Arbeitnehmer nennen, da ein flächendeckender Mindestlohn, der bei einem spezifischen Vertrags- und Tarifversagen das unterste Maß an Austauschgerechtigkeit markiert, geeignet ist, die entstandenen Strukturen privatrechtswidriger einseitiger Fremdbestimmung im Niedriglohnsektor zu bekämpfen[35].

---

30 Zutreffend *Höfling*, in: Sachs, GG, Art. 9 Rn. 136; *Kingreen/Poscher*, Grundrechte, Rn. 817.

31 So auch BVerfGE 100, 214 (224); 103, 293 (306); BAGE 99, 112 (118); *Höfling*, in: Sachs, GG, Art. 9 Rn. 135 ff.; *Jarass*, in: ders./Pieroth, GG, Art. 9 Rn. 53; *Pieroth*, in: Badura/Dreier, FS-50 Jahre BVerfG, Bd. II, S. 293 (307 ff.).

32 BVerfGE 66, 116 (136); 73, 301 (315); 111, 147 (157 f.).

33 Siehe *Jarass*, in: ders./Pieroth, GG, Vorb. vor Art. 1 Rn. 50.

34 So ausdrücklich BVerfG-K, NJW 2002, 2023 (2024), unter Bezugnahme auf BVerfGE 100, 271 (284); in Bezug auf den Mindestlohn auch *Schubert/Jerchel/Düwell*, Das neue Mindestlohngesetz, Rn. 60.

35 *Picker*, RdA 2014, 25 (30); ähnlich *Bayreuther*, NJW 2007, 2022 (2023 f.).

33 Das Grundrecht auf ein menschenwürdiges Existenzminimum aus Art. 1 Abs. 1 GG i.V.m. dem als „leistungsrechtlicher Hebel"[36] fungierenden Sozialstaatsprinzip (Art. 20 Abs. 1 GG) stellt demgegenüber hingegen keinen tauglichen kollidierenden Verfassungsbelang dar. Dieses richtet sich ausschließlich *gegen den Staat* und erstreckt sich nur auf diejenigen Mittel, die zur Aufrechterhaltung eines menschenwürdigen Daseins unbedingt erforderlich sind[37]. Entledigt sich der Staat seiner Pflicht durch Inpflichtnahme Privater und hebt er den Arbeitgeber somit aus der Allgemeinheit heraus, indem er ihn zur Zahlung des Mindestlohns verpflichtet, legt er ihm ein verfassungsrechtlich unzulässiges Sonderopfer auf[38].

cc) Verhältnismäßigkeit

(1) Legitimer Zweck

34 Das MiLoG verfolgt mit dem Schutz der sozialen Sicherungssysteme, der Vertragsfreiheit und der Selbstachtung der abhängig Beschäftigten legitime Ziele.

(2) Geeignetheit

35 Das Gesetz ist auch nicht ungeeignet, diese Ziele zu erreichen. Dem Gesetzgeber steht an dieser Stelle ein weiter Einschätzungs- und Prognosespielraum zu.

(3) Erforderlichkeit

36 Zweifelhaft könnte die Erforderlichkeit der gesetzlichen Mindestlohnregelung sein. Insbesondere freiwillige, namentlich kollektivvertragliche Vereinbarungen zwischen Arbeitgeber und Arbeitnehmer stellen sicherlich ein milderes Mittel gegenüber einer bußgeldbewehrten gesetzlichen Lohnuntergrenze dar. Sie sind jedoch schon deshalb nicht ebenso effektiv, weil ein funktionsfähiges Tarifwesen in vielen Niedriglohnbranchen nicht existiert[39].

(4) Angemessenheit

37 Dass das MiLoG den kollidierenden Verfassungsgütern einseitig den Vorzug gegenüber der Koalitionsfreiheit gegeben hätte, lässt sich nicht erkennen. Zudem enthält § 7 MiLoG eine Übergangsregelung, wonach Abweichungen für einen Übergangszeitraum von zwei Jahren durch Tarifverträge repräsentativer Tarifpartner auf Branchenebene zulässig bleiben. Damit wird den Tarifvertragsparteien die Möglichkeit eingeräumt, von ihrer Freiheit nach Art. 9 Abs. 3 S. 1 GG Gebrauch zu machen. Zugleich wird hierdurch eine stufenweise Heranführung an den zum 1. Januar 2017 geltenden Mindestlohn so-

36 *Aubel*, in: Emmenegger/Wiedmann, Linien der Rspr. des BVerfG, Bd. II, S. 273 (278), m.w.N.

37 BVerfGE 125, 175 (223).

38 *Fischer*, ZRP 2007, 20 (21 f.); *Hanau*, ZfA (43) 2012, 269 (283); *Lobinger*, in: Anderheiden/Keil/Kirste/Schaefer, GS-Brugger, S. 355 (360 ff.); *Picker*, RdA 2014, 25 (29).

39 Übereinstimmend *Schubert/Jerchel/Düwell*, Das neue Mindestlohngesetz, Rn. 62; die Erforderlichkeit in Bezug auf den Schutz der sozialen Sicherungssysteme verneinend, da der Gesetzgeber zur Zweckerreichung auch die Beitragssätze erhöhen und damit die Einnahmen von Sozialversicherungsbeiträgen ohne Eingriff in die Tarifautonomie steigern könnte, *Zeising/Weigert*, NZA 2015, 15 (16).

wie eine ausreichende Vorlaufzeit für entsprechende Anpassungserfordernisse in den jeweiligen Branchen ermöglicht[40].

Hinweis zur Bewertung: Andere Ansicht[41] bei entsprechender Argumentation vertretbar. **38**

c) Ergebnis

Der Eingriff in die Koalitionsfreiheit ist gerechtfertigt. Art. 9 Abs. 3 S. 1 GG wird durch den gesetzlichen Mindestlohn folglich nicht verletzt. **39**

2. Berufsfreiheit

Die Berufsfreiheit umfasst die Freiheit, das Entgelt für berufliche Leistungen einzel- **40** vertraglich – d.h. privatautonom – und verbindlich auszuhandeln[42]. Das einheitliche[43] Grundrecht des Art. 12 Abs. 1 GG schützt als wirtschaftsbezogenes *lex generalis* gerade vor solchen staatlichen Handlungen, die sich spezifisch auf Beruf und Ausbildung beziehen[44]. Die Normierung eines gesetzlichen Mindestlohns greift gezielt, d.h. mit subjektiv-berufsregelnder Tendenz in die Freiheit ein, ein niedrigeres als das staatlich festgesetzte Mindestentgelt auszuhandeln, und stellt mithin eine Berufs*ausübungs*regelung dar. Diese lässt sich jedoch über den Vorbehalt des Art. 12 Abs. 1 S. 2 GG durch vernünftige Erwägungen des Gemeinwohls[45] rechtfertigen, zu denen sozialpolitische Ziele wie die Entlastung der sozialen Sicherungssysteme zu rechnen sind[46].

Hinweis zum Aufbau: Während die Koalitionsfreiheit das Recht umfasst, den Arbeits- **41** lohn kollektivvertraglich auszuhandeln, schützt die Berufsfreiheit die einzelvertragliche Abrede des Arbeitsentgelts. Da die Berufsfreiheit jedoch – zumindest im konkreten Fall – nicht weiterreicht als die Koalitionsfreiheit, kann die Prüfung des Art. 12 Abs. 1 GG weitgehend im Urteilsstil stattfinden.

3. Allgemeine Handlungsfreiheit

Als subsidiäres Auffanggrundrecht der Freiheitsgrundrechte tritt Art. 2 Abs. 1 GG hinter **42** Art. 9 Abs. 3 S. 1 GG bzw. Art. 12 Abs. 1 GG zurück.

---

40 So i.E. auch *Greiner*, in: Rolfs/Giesen/Kreikebohm/Udsching, BeckOK Arbeitsrecht, MiLoG, § 1 Rn. 16; *Ludwig*, in: Grobys/Panzer-Heemeier, SwK Arbeitsrecht, Stichwort „Mindestlohn“, Rn. 5.

41 Siehe etwa *Henssler*, RdA 2015, 43 (46); differenzierend *Zeising/Weigert*, NZA 2015, 15 (19 ff.); offenlassend *Lembke*, NZA 2015, 70 (71).

42 BVerfGE 101, 331 (347); NJW 2014, 46 (46 f.).

43 Grundlegend BVerfGE 7, 377 (402) – *Apotheken-Urteil*.

44 *Kingreen/Poscher*, Grundrechte, Rn. 892 f.

45 BVerfGE 103, 1 (10); 123, 186 (238).

46 Vgl. *Barczak*, RdA 2014, 290 (296); *Fischer-Lescano*, Verfassungs-, völker- und europarechtlicher Rahmen für die Gestaltung von Mindestlohnausnahmen, S. 10; *Schubert/Jerchel/Düwell*, Das neue Mindestlohngesetz, Rn. 63 f.

43 **Hinweis zur Bewertung:** Dieser Satz könnte auch ohne Nachteil für die Bewertung entfallen.

4. Allgemeiner Gleichheitssatz

44 Es fragt sich, ob die in § 6 Abs. 2 MiLoG enthaltenen Personengruppen in gleichheitsgerechter Art und Weise vom Mindestlohn ausgenommen werden können. Dazu ist zunächst das Vorliegen einer Ungleichbehandlung festzustellen (a), um anschließend auf eine mögliche Rechtfertigung derselben einzugehen (b).

a) Feststellung einer Ungleichbehandlung

45 Gem. § 6 Abs. 2 MiLoG sind zur Berufsausbildung Beschäftigte, Minderjährige, ehrenamtlich Tätige und (ehemals) Langzeitarbeitslose in den ersten sechs Monaten der Beschäftigung von einem allgemeinverbindlichen gesetzlichen Mindestlohn ausgenommen. Sämtliche ausgeklammerte Personengruppen lassen sich unter den gemeinsamen Oberbegriff des „Arbeitnehmers" subsumieren. Danach ist Arbeitnehmer, wer aufgrund eines privatrechtlichen Vertrags im Dienste eines anderen zur Leistung weisungsgebundener, fremdbestimmter Arbeit in persönlicher Abhängigkeit verpflichtet ist[47]. Eine rechtfertigungsbedürftige Ungleichbehandlung von wesentlich Gleichem liegt mithin vor.

b) Rechtfertigung der Ungleichbehandlung

46 Die Anforderungen des Allgemeinen Gleichheitssatzes reichen von einer bloßen Willkürprüfung bis zu einer strengen Bindung an Verhältnismäßigkeitserfordernisse[48], je nachdem, ob sich die Ungleichbehandlung eher sach- oder personenbezogen darstellt, zugleich die Wahrnehmung grundrechtlich geschützter Freiheit beeinträchtigt oder sich den unzulässigen Differenzierungskriterien des Art. 3 Abs. 3 S. 1, 2 GG oder des Art. 21 Abs. 1 EUGRCh annähert[49].

47 Zwar muten die in § 6 Abs. 2 MiLoG enthaltenen Ausnahmen auf den ersten Blick personenbezogen an, jedoch geht es bei ihnen jeweils nicht um einen *personen*bezogenen Status, sondern um die Gruppenbildung nach einem *sach*bezogenen Merkmal, nämlich der Absicherung durch anderweitige Einkommens- oder Unterhaltsleistungen bzw. der Förderung sozialversicherungspflichtiger Beschäftigung[50]. Auch wirkt sich die Ungleichbehandlung – bezogen auf die betroffenen Arbeitnehmergruppen – nicht auf die Wahrnehmung sonstiger grundrechtlicher Freiheiten aus und nähert sich nicht den verbotenen Unterscheidungsmerkmalen des Art. 3 Abs. 3, S. 1, 2 GG an, sodass die Ausnahmen lediglich daraufhin zu untersuchen sind, ob sie einer *Willkürprüfung* standhalten. Die Ausklammerung Minderjähriger ist im Interesse der Aufnahme einer Berufsausbil-

---

47 Vgl. BAGE 27, 163 (167); 80, 256 (260); 93, 310 (314 f.); st. Rspr.
48 BVerfGE 127, 224 (244); BSGE 82, 83 (90); BVerwGE 125, 21 (29).
49 BVerfGE 124, 199 (220); *Jarass*, in: ders./Pieroth, GG, Art. 3 Rn. 18 ff.
50 *Grzeszick*, ZRP 2014, 66 (67).

dung wohl ebenso als willkürfrei anzusehen wie die Ausnahme Langzeitarbeitsloser, um ihnen den Wiedereinstieg in eine Beschäftigung zu erleichtern. Das Gleiche gilt dem Grunde nach mit Blick auf ehrenamtlich Tätige, da deren Tätigkeit typischerweise freiwillig erfolgt und eine höhere materielle Vergütung wegen des entsprechenden Gemeinwohlbezugs regelmäßig nicht zu erzielen sein dürfte[51].

Hinweis zum Aufbau: Zweifel wirft in diesem Zusammenhang allerdings die Ausnahme für Minderjährige auf, da eine Ungleichbehandlung nach dem Alter von Art. 21 Abs. 1 EUGRCh ausdrücklich untersagt wird, sich die Ungleichbehandlung somit den verbotenen Kriterien des Art. 3 Abs. 3 GG annähert; selbst wenn man jedoch mit Blick auf die Ausnahme Minderjähriger eine strenge Verhältnismäßigkeitsprüfung anlegte, dürften an dieser i.E. keine verfassungsrechtlichen Zweifel aufkommen (andere Ansicht gut vertretbar). **48**

c) Ergebnis

Die Ungleichbehandlung durch die Ausnahmen vom Mindestlohn ist gerechtfertigt; **49** Art. 3 Abs. 1 GG wird nicht verletzt.

III. Ergebnis

Das MiLoG ist auch materiell verfassungsgemäß. **50**

C. Endergebnis

Das MiLoG ist sowohl formell als auch materiell verfassungsgemäß. Die beabsichtigte **51** abstrakte Normenkontrolle der Landesregierung wäre somit unbegründet.

Aufgabe 2: Erfolgsaussichten der Verfassungsbeschwerde

Die Verfassungsbeschwerde der V-GmbH hat Erfolg, wenn sie zulässig (A.) und begrün- **52** det (B.) ist.

A. Zulässigkeit

I. Zuständigkeit

Das Bundesverfassungsgericht ist nach Art. 93 Abs. 1 Nr. 4a GG i.V.m. §§ 13 Nr. 8a, **53** 90 ff. BVerfGG für die Entscheidung über eine Verfassungsbeschwerde zuständig.

---

51 *Barczak*, RdA 2014, 290 (298); *Grzeszick*, ZRP 2014, 66 (68); *Lakies*, ArbRAktuell 2014, 189 (190); eingehend ferner *Greiner*, NZA 2015, 285 ff.

II. Beschwerdegegenstand

54 Die Regelungen des MiLoG stellen als Maßnahme der Legislative einen Akt der „öffentlichen Gewalt" i.S.d. Art. 1 Abs. 3 GG und damit einen tauglichen Beschwerdegegenstand dar (vgl. § 90 Abs. 1 BVerfGG).

III. Beschwerdeberechtigung

55 Die V-GmbH kann über Art. 19 Abs. 3 GG – zumindest theoretisch – Trägerin von Grundrechten sein und ist mithin beschwerdeberechtigt.

IV. Beschwerdebefugnis

56 Um beschwerdebefugt zu sein, müsste V durch den Beschwerdegegenstand möglicherweise selbst, gegenwärtig und unmittelbar in Grundrechten oder grundrechtsgleichen Rechten betroffen sein.

1. Möglichkeit der Grundrechtsverletzung

57 Eine Verletzung der V in ihrem Grundrecht der Pressefreiheit gem. Art. 5 Abs. 1 S. 2 GG i.V.m. Art. 19 Abs. 3 GG erscheint hier nicht von vornherein ausgeschlossen. Nach ihrem Vortrag lässt sie ihre Presseerzeugnisse durch Zeitungsboten verteilen, die unter den Mindestlohn fallen, weshalb diese Zustellform unrentabel geworden sei.

2. Betroffenheit der V

58 V ist von der angegriffenen gesetzlichen Regelung selbst und gegenwärtig betroffen. Da sich die Pflicht zur Zahlung des Mindestlohns direkt aus § 4 MiLoG ergibt und es keines weiteren Vollzugsaktes mehr bedarf (sog. *self executing*-Norm), ist V auch unmittelbar betroffen.

V. Rechtswegerschöpfung und Subsidiarität der Verfassungsbeschwerde

59 Gegen Gesetze steht der Rechtsweg grundsätzlich nicht offen (vgl. § 93 Abs. 3 BVerfGG), d.h. der Fachgerichtsbarkeit ist die *prinzipale* Rechtssatzkontrolle des formellen Gesetzgebers entzogen, sodass V nicht auf den Grundsatz der Rechtswegerschöpfung (§ 90 Abs. 2 BVerfGG) verwiesen werden kann. Gleichwohl muss der Beschwerdeführer unter dem Gesichtspunkt der materiellen Subsidiarität der Verfassungsbeschwerde zuvor zumutbare fachgerichtliche Möglichkeiten der *inzidenten* Normenkontrolle in Anspruch nehmen, um eine Korrektur der geltend gemachten Verfassungsverletzung zu erwirken oder eine Grundrechtsverletzung zu verhindern[52]. Hierdurch sollen insbesondere die „sachnäheren" Fachgerichte in den Stand gesetzt werden, die tatsächlichen Auswirkun-

52 BVerfGE 123, 148 (172); 134, 242 (Rn. 150); 138, 261 (Rn. 23); 143, 246 (Rn. 209); st. Rspr.

gen eines (zumal neuen) Gesetzes auszuloten und den Streitstoff dem „sachferneren“ Bundesverfassungsgericht aufzubereiten[53].

Hier könnte man V darauf verweisen, gegen die Pflicht zur Zahlung des Mindestlohns gem. § 4 MiLoG zu verstoßen und im anschließenden, auf § 5 Abs. 1, 2 MiLoG gestützten Ordnungswidrigkeitsverfahren die Verfassungswidrigkeit der zugrundeliegenden gesetzlichen Regelung geltend zu machen. Der Grundsatz der Subsidiarität verlangt nach ständiger Rechtsprechung des Bundesverfassungsgerichts jedoch gerade nicht, dass ein Betroffener vor Erhebung der Verfassungsbeschwerde gegen eine straf- oder bußgeldbewehrte Rechtsnorm verstößt und dann erst im Straf- oder Bußgeldverfahren die Verfassungswidrigkeit der Norm rügt[54]. Da auch V im vorliegenden Fall nicht zuzumuten war, sich ordnungswidrigkeitsrechtlicher Verfolgung auszusetzen, steht auch der Grundsatz der Subsidiarität der Zulässigkeit der Verfassungsbeschwerde nicht entgegen. **60**

VI. Form und Frist

Mangels gegenteiliger Sachverhaltsangabe ist auch von der Einhaltung der Jahresfrist des § 93 Abs. 3 BVerfGG und der notwendigen Substantiierung der Verfassungsbeschwerde i.S.d. §§ 23 Abs. 1 S. 2, 92 BVerfGG auszugehen. **61**

Ergänzender Hinweis: Die ausreichende Begründung der Verfassungsbeschwerde hat zwar in der juristischen Ausbildung keine Relevanz, in der Praxis scheitert jedoch die weit überwiegende Zahl der Verfassungsbeschwerden an der mangelnden Substantiierung einer Grundrechtsverletzung. Dies lässt sich indes statistisch nicht genau nachweisen, weil gerade die Verfassungsbeschwerden, die als nicht ordnungsgemäß begründet und deswegen als unzulässig beurteilt werden, meist gemäß § 93d Abs. 1 S. 3 BVerfGG ohne Begründung nicht zur Entscheidung angenommen werden und die einer solchen Entscheidung zugrunde liegenden Voten der wissenschaftlichen Mitarbeiter am Bundesverfassungsgericht nicht bekannt gemacht werden[55]. **62**

VII. Ergebnis

Die Verfassungsbeschwerde der V ist zulässig. **63**

B. Begründetheit

Die Verfassungsbeschwerde ist begründet, wenn das MiLoG gegen die Pressefreiheit verstößt. **64**

53 *Barczak*, in: Modrzejewski/Naumann, Linien der Rspr. des BVerfG V, S. 17 (25 ff.), m.w.N; *Bethge*, in: Maunz/Schmidt-Bleibtreu/Klein/Bethge, BVerfGG, § 90 Rn. 403.

54 BVerfGE 81, 70 (82 f.); 97, 157 (165); 138, 261 (Rn. 23); 142, 268 (Rn. 44).

55 *Barczak*, in: ders., BVerfGG, § 92 Rn. 2; *Lenz/Hansel*, BVerfGG, § 92 Rn. 13 f.

65 **Hinweis zum Aufbau:** Auch wenn das Bundesverfassungsgericht bei einer zulässigen Verfassungsbeschwerde die angegriffene Maßnahme über das zulässigerweise gerügte Grundrecht hinaus unter jedem in Betracht kommenden verfassungsrechtlichen Gesichtspunkt nachprüft[56], verlangt die Aufgabenstellung hier ausdrücklich nur eine Prüfung der Pressefreiheit.

I. Schutzbereich

1. Sachlich

66 Art. 5 Abs. 1 S. 2 GG („Die Pressefreiheit und die Freiheit der Berichterstattung durch Rundfunk und Film werden gewährleistet") lässt eine Unterscheidung zwischen geschützten und nicht geschützten Tätigkeiten einer Zeitung oder eines Verlages nicht erkennen[57]. Über den engeren Begriff der „Presse" hinaus gewährleistet Art. 5 Abs. 1 S. 2 Var. 1 GG grundsätzlich sämtliche Druckerzeugnisse wie Zeitungen, Bücher, Flugblätter und Plakate, wobei es auf die Eigenart oder das Niveau des Presseerzeugnisses sowie die Art und Weise der Berichterstattung nicht ankommt. Hinsichtlich des geschützten Verhaltens reicht die Pressefreiheit von der Beschaffung der Information bis zur Verbreitung der Nachricht und der Meinung[58]. Auf der letzten Stufe schützt die Pressefreiheit diejenigen Tätigkeiten, bei denen die kommerzielle Verwertung der Druckerzeugnisse im Mittelpunkt steht, d.h. den Vertrieb bis zum Kiosk oder Briefkasten durch Post- oder hauseigene Botenzustellung[59]. Von dieser sogenannten *Presseverbreitungsfreiheit*[60] bzw. *-vertriebsfreiheit*[61] umfasst sind grundsätzlich der Zeitpunkt, Ort sowie die Modalitäten der Verbreitung[62].

67 Die Zustellung der Zeitung durch Zeitungsboten wird daher als von Art. 5 Abs. 1 S. 2 Var. 1 GG geschützt angesehen[63]. Der sachliche Schutzbereich ist auch mit Blick auf eine Neuregelung der Anstellungsverhältnisse der Zeitungszusteller durch das MiLoG eröffnet, der auch die Freiheit zur privatautonomen Gestaltung der Anstellungsverträge umfasst.

2. Persönlich

68 Träger des Grundrechts sind alle Personen und Unternehmen, welche die in sachlicher Hinsicht geschützten Tätigkeiten vornehmen, über Art. 19 Abs. 3 GG auch juristische

56 Vgl. statt aller *Schlaich/Korioth*, Das Bundesverfassungsgericht, Rn. 205.
57 *Bethge*, in: Sachs, GG, Art. 5 Rn. 85a.
58 Grundlegend BVerfGE 10, 118 (121) – *Berufsverbot*; siehe ferner BVerfGE 12, 205 (260); 20, 162 (176); BVerfG-K, NJW 2003, 3189 (3189) – *Tendenzschutz im verbundenen Unternehmen (Zustellunternehmen für Tageszeitungen)*; siehe auch m.w.N. *Schulze-Fielitz*, in: Dreier, GG, Bd. I, Art. 5 I, II Rn. 95.
59 *Hufen*, Staatsrecht II, § 27 Rn. 5; *Starck/Paulus*, in: Huber/Voßkuhle, vMKS-GG I, Art. 5 Rn. 135; *Wendt*, in: v. Münch/Kunig, GG I, Art. 5 Rn. 33.
60 Siehe zu diesem Begriff *Kemper*, Pressefreiheit und Polizei, S. 36.
61 Vgl. exemplarisch BayObLGSt 1986, 106 (107).
62 *Schulze-Fielitz*, in: Dreier, GG, Bd. I, Art. 5 I, II Rn. 95.
63 BVerfG-K, NJW 1999, 2106 (2106); NJW 2003, 3189 (3190).

Personen des Privatrechts und sonstige Vereinigungen[64]. Die V-GmbH kann sich als juristische Person des Privatrechts (vgl. § 13 Abs. 1 GmbHG) somit auf Art. 5 Abs. 1 S. 2 GG berufen.

II. Eingriff

Die gesetzliche Normierung eines flächendeckenden Mindestlohns ohne pressebezogene Ausnahme müsste auch in das Grundrecht der Pressefreiheit eingreifen. **69**

1. Klassisch

Unter einem Grundrechtseingriff wird nach klassischem Verständnis ein rechtsförmiger Vorgang verstanden, der unmittelbar und gezielt (final) durch ein vom Staat verfügtes, erforderlichenfalls zwangsweise durchzusetzendes Ge- oder Verbot, also imperativ, zu einer Verkürzung grundrechtlicher Freiheiten führt[65]. Fraglich ist, ob diese Voraussetzungen hier gegeben sind. Das Ziel des Gesetzes liegt darin, den Arbeitnehmerinnen und Arbeitnehmern durch die Festsetzung eines Mindestlohns als unterste Grenze des Arbeitsentgeltes ein ihre Existenz sicherndes Einkommen zu gewährleisten und eine angemessene Teilhabe am gesellschaftlichen und soziokulturellen Leben zu ermöglichen. Mithin geht es nicht darum, staatlicherseits gezielt regulierend auf Presseerzeugnisse und im Pressewesen tätige Personen einzuwirken, sodass es an einem *finalen*, d.h. pressebezogenen Eingriff im Sinne des überkommenen klassischen Eingriffsverständnisses mangelt[66]. **70**

2. Mittelbar-faktisch

Doch auch für bloß unbeabsichtigte Nebenfolgen eines auf andere Ziele gerichteten Handelns muss sich der Staat unter bestimmten Voraussetzungen rechtfertigen. Nach dem seit langem allgemein anerkannten modernen Eingriffsbegriff liegt ein Eingriff in jedem staatlichen Handeln, das dem Einzelnen ein Verhalten, welches in den Schutzbereich eines Grundrechts fällt, ganz oder teilweise unmöglich macht, gleichgültig ob diese Wirkung final oder unbeabsichtigt, unmittelbar oder mittelbar, rechtlich oder tatsächlich (faktisch, informal), mit oder ohne Befehl und Zwang eintritt[67]. Ein solches *funktionales Eingriffsäquivalent* lässt sich mit Blick auf einen ausnahmslosen gesetzlichen Mindestlohn aus den folgenden Gesichtspunkten bejahen: Zunächst führt die Einführung des Mindestlohns bei der V-GmbH dazu, dass sie die Löhne ihrer Zeitungszusteller erhöhen und von der Stücklohn- auf einen Stundenlohnberechnung umstellen muss. Zwar ist nicht zwingend zu erwarten, dass V hierdurch in ihrer wirtschaftlichen Existenz konkret bedroht wird. Gleichwohl dürften die Folgen des Inkrafttretens des MiLoG für V derart „spürbar" sein, dass mit Blick auf die Intensität der Auswirkungen **71**

64 BVerfGE 66, 116 (130); 80, 124 (131); 95, 28 (34); 113, 63 (75); *Jarass*, in: ders./Pieroth, GG, Art. 5 Rn. 26.
65 Siehe beispielhaft BVerfGE 105, 279 (300).
66 *Barczak*, RdA 2014, 290 (296 f.); so i.E. auch *Greiner*, in: Rolfs/Giesen/Kreikebohm/Udsching, BeckOK Arbeitsrecht, MiLoG, § 1 Rn. 17: „[r]eflexhaft betroffen".
67 *Kingreen/Poscher*, Grundrechte, Rn. 253, m.w.N.

ein grundrechtlich relevanter Eingriff in die Pressefreiheit angenommen werden kann. Im Zusammenhang mit der Eingriffsintensität ist ferner zu beachten, dass die Einhaltung des Mindestlohns auch „mit Befehl und Zwang" durchsetzbar ist. So können Verstöße des Arbeitgebers als Ordnungswidrigkeit mit einer Geldbuße bis zu fünfhunderttausend Euro geahndet werden (vgl. § 5 Abs. 1, 2 MiLoG).

72 Diese Auswirkungen sind dem Bundesgesetzgebers auch zuzurechnen. Zwar verkürzt er nicht *subjektiv*, d.h. in zielgerichteter Weise die Freiheitsgewährleistung des Art. 5 Abs. 1 S. 2 Var. 1 GG. Gleichwohl sind dem Staat die aufgezeigten Folgen *objektiv* zuzurechnen: Normiert er in bewusster Abkehr von dem bisherigen System sektoraler, branchenspezifischer Mindestentgelte einen ausnahmslosen branchenübergreifenden Mindestlohn, ist die „Streubreite" einer solchen gesetzlichen Regelung besonders groß. Von ihr erfasst werden danach typischerweise auch solche Tätigkeiten, die der Gesetzgeber bei Erlass der betreffenden Regelung nicht unmittelbar vor Augen gehabt haben mag. So liegt es auch mit Blick auf die Pressefreiheit der V[68].

73 **Hinweis zum Aufbau:** Denkbar erscheint im Rahmen der Eingriffsprüfung auch, sich auf eine „Jedenfalls"-Argumentation zu beschränken und festzuhalten, dass das MiLoG zumindest die Anforderungen des modernen Eingriffsbegriffs erfüllt. Für die Fortführung der differenzierten Prüfung von klassischem und modernem Eingriffsbegriff spricht dagegen, dass die vier Kriterien des klassischen Eingriffs zwar keine notwendige, aber doch eine *hinreichende* Voraussetzung für die Annahme einer Grundrechtsbeeinträchtigung darstellen[69].

III. Rechtfertigung

74 Staatliche Eingriffe in die Pressefreiheit sind jedoch verfassungsrechtlich gerechtfertigt, wenn sie insbesondere durch oder aufgrund der Vorschriften der allgemeinen Gesetze erfolgen (1.) und darüber hinaus diejenigen Anforderungen einhalten, welche an ein grundrechtsbeschränkendes Staatshandeln zu stellen sind, mithin insbesondere dem Verhältnismäßigkeitsgrundsatz Rechnung tragen (2.).

1. Vorbehalt des allgemeinen Gesetzes

75 Die Pressefreiheit steht nach Art. 5 Abs. 2 Var. 1 GG unter dem Vorbehalt der allgemeinen Gesetze, neben denen die Bestimmungen zum Schutze der Jugend und das Recht der persönlichen Ehre nur eine untergeordnete Bedeutung haben[70].

76 Unter einem allgemeinen Gesetz sind zunächst solche Gesetze zu verstehen, die nicht eine Meinung als solche verbieten, die sich nicht gegen die Äußerung der Meinung als solche richten, sondern dem Schutz eines schlechthin ohne Rücksicht auf eine bestimm-

68 Siehe auch *Barczak/Pieroth*, Mindestlohnausnahme für Zeitungszusteller?, S. 94 ff.
69 Siehe *Voßkuhle/Kaiser*, JuS 2009, 313 (313).
70 Für den vorliegenden Fall spielen diese keine Rolle und bleiben daher im Folgenden außer Acht.

te Meinung zu schützenden Rechtsguts dienen[71]. Dieses Rechtsgut muss in der Rechtsordnung allgemein und damit unabhängig davon geschützt sein, ob es durch Meinungsäußerungen oder auf andere Weise verletzt werden kann[72]. Übertragen auf die Medienfreiheiten des Art. 5 Abs. 1 S. 2 GG, zu denen auch die Pressefreiheit zählt, kommt es darauf an, ob sich Gesetze speziell gegen die Medien oder gegen eine bestimmte Meinung richten oder aber dem Schutz eines schlechthin, ohne Rücksicht auf bestimmte Informationen oder Meinungen zu schützenden Rechtsguts dienen, das dem Grundrechtsschutz der Medien nicht nachsteht[73]. Umgekehrt bedeutet dies, dass „Sondermaßnahmen jeder Art, die die Pressefreiheit beeinträchtigen", verboten sind (vgl. § 1 Abs. 3 PresseG NRW).

Keine Sonderregelungen, sondern „allgemeine Gesetze" im Sinne des Art. 5 Abs. 2 Var. 1 GG stellen dagegen die arbeitsrechtlichen Bestimmungen zur Wahrung der Belange der Arbeitnehmerinnen und Arbeitnehmer dar, was das Bundesverfassungsgericht etwa mit Blick auf das Betriebsverfassungsgesetz und das Arbeitszeitgesetz ausdrücklich angenommen hat[74]. Nichts anderes kann jedoch für das MiLoG gelten, denn dieses zielt – meinungs- und medienneutral – auf die soziale Sicherung der Arbeitnehmer und die Entlastung der sozialen Sicherungssysteme. **77**

Hinweis zum Aufbau: Ob sich das MiLoG über Art. 5 Abs. 2 Var. 1 GG hinaus auf kollidierendes Verfassungsrecht stützen lässt[75], bedarf hier somit keiner Entscheidung. **78**

2. Verhältnismäßigkeit

Das MiLoG verfolgt einen legitimen Zweck und ist zur Zweckerreichung geeignet und erforderlich[76]. Vorliegend ist nicht ersichtlich, dass der Gesetzgeber die Abwägung zwischen der sozialen Sicherung der Arbeitnehmerschaft einerseits und der Pressefreiheit der Verlage andererseits einseitig zum Nachteil letzterer vorgenommen haben könnte. Dies wäre nur dann anders zu beurteilen, wenn die Auswirkungen des MiLoG zu einer unzumutbaren Belastung für die Verlage und Zustellgesellschaften führen würden, wofür jedoch nach dem Sachverhalt nichts spricht[77]. **79**

3. Ergebnis

Der Eingriff in die Pressefreiheit ist gerechtfertigt, Art. 5 Abs. 1 S. 2 GG mithin nicht verletzt. **80**

71 BVerfGE 7, 198 (209 f.); 28, 282 (292); 71, 162 (175 f.); 93, 266 (291); 124, 300 (322), st. Rspr.; zu den zur Bestimmung des „allgemeinen" Gesetzes vertretenen Argumentationslinien vgl. zusammenfassend statt aller *Schulze-Fielitz*, in: Dreier, GG, Bd. I, Art. 5 I, II Rn. 136 ff., m.w.N.

72 BVerfGE 111, 147 (155); 117, 244 (260); 124, 300 (322).

73 BVerfGE 91, 125 (135); ähnlich BVerfGE 113, 63 (78); ferner *Jarass*, in: ders./Pieroth, GG, Art. 5 Rn. 67.

74 BVerfG-K, NJW 2003, 3189 (3190).

75 Siehe oben Aufgabe 1.

76 Siehe oben Aufgabe 1.

77 So i.E. auch *Zeising/Weigert*, NZA 2015, 15 (21); *Barczak/Pieroth*, Mindestlohnausnahme für Zeitungszusteller?, S. 85 ff.

C. Endergebnis

81 Die Verfassungsbeschwerde ist zulässig, aber unbegründet. Sie hat keinen Erfolg.

Literaturverzeichnis

82 *Aubel, Tobias* Das Gewährleistungsrecht auf ein menschenwürdiges Existenzminimum, in: Emmenegger, Sigrid/Wiedmann, Ariane (Hrsg.), Linien der Rechtsprechung des Bundesverfassungsgerichts, Band II, Berlin/Boston 2011, S. 273-298

Barczak, Tristan Referendarexamensklausur – Öffentliches Recht: Sexualstraftäter auf Abstand, in: JuS 2012, S. 156-162

ders. Mindestlohngesetz und Verfassung, in: RdA 2014, S. 290-298

ders./Pieroth, Bodo Mindestlohnausnahme für Zeitungszusteller?, Baden-Baden 2014

ders. (Hrsg.) BVerfGG – Mitarbeiterkommentar zum Bundesverfassungsgerichtsgesetz, Berlin/Boston 2018

ders. Feststellungsklage gegen Parlamentsgesetze und Subsidiarität der Rechtssatzverfassungsbeschwerde – Eine notwendige Neubestimmung des Verhältnisses von inzidenter fach- und prinzipaler verfassungsgerichtlicher Kontrolle formellen Gesetzesrechts, in: Modrzejewski, Matthias/Naumann, Kolja (Hrsg.), Linien der Rechtsprechung des Bundesverfassungsgerichts, Band V, Berlin/Boston 2019, S. 17-49

Bayreuther, Frank Gesetzlicher Mindestlohn und sittenwidrige Arbeitsbedingungen, in: NJW 2007, S. 2022-2025

Dreier, Horst (Hrsg.) Grundgesetz-Kommentar, Band I: Art. 1-19, 3. Aufl., Tübingen 2013

Epping, Volker/Hillgruber, Christian (Hrsg.) Beck'scher Online Kommentar zum GG, Stand 15.11.2017, München

Fischer, Mattias G. Gesetzlicher Mindestlohn – Verstoß gegen die Koalitionsfreiheit?, in: ZRP 2007, S. 20-22

Fischer-Lescano, Andreas Verfassungs-, völker- und europarechtlicher Rahmen für die Gestaltung von Mindestlohnausnahmen, Rechtsgutachten im Auftrag des Wirtschafts- und Sozialwissenschaftlichen Instituts in der Hans-Böckler-Stiftung (WSI) und des Deutschen Gewerkschaftsbundes (DGB), Bremen 2014

Franzen, Martin/Thüsing, Gregor/Waldhoff, Christian Arbeitskampf in der Daseinsvorsorge – Vorschläge zur gesetzlichen Regelung von Streik und Aussperrung in Unternehmen der Daseinsvorsorge, Tübingen 2012

Greiner, Stefan	Mindestlohn und Ehrenamt, in: NZA 2015, S. 285-287
Grobys, Marcel/ Panzer-Heemeier, Andrea (Hrsg.)	Stichwort-Kommentar Arbeitsrecht, 3. Aufl., Baden-Baden 2017
Groß, Thomas	Von der Kontrolle der Polizei zur Kontrolle des Gesetzgebers – Transformationen rechtsstaatlicher Kontrollinstrumente, in: DÖV 2006, S. 856-861
Grzeszick, Bernd	Ausnahmen vom gesetzlichen Mindestlohn: Verfassungsrechtlich zulässiger Kompromissweg?, in: ZRP 2014, S. 66-69
Hanau, Peter	Mindestlohn und Natur des Arbeitsverhältnisses, in: ZfA (43) 2012, S. 269-290
Hebeler, Timo	Ist der Gesetzgeber verfassungsrechtlich verpflichtet, Gesetze zu begründen? – Grundsätzliche Überlegungen anlässlich des Bundesverfassungsgerichtsurteils zur Leistungsgestaltung im SGB II, in: DÖV 2010, S. 754-762
Henssler, Martin	Mindestlohn und Tarifrecht, in: RdA 2015, S. 43-56
Huber, Peter M./Voßkuhle, Andreas (Hrsg.)/Mangoldt, Hermann von (Begr.)/Klein, Friedrich/Starck, Christian (fortgef.)	Grundgesetz-Kommentar, Band I: Art. 1-19, 7. Aufl., München 2018
Hufen, Friedhelm	Staatsrecht II – Grundrechte, 7. Aufl., München 2018
Isensee, Josef/Kirchhof, Paul (Hrsg.)	Handbuch des Staatsrechts, Band VIII – Grundrechte: Wirtschaft, Verfahren, Gleichheit, 3. Aufl., Heidelberg 2010
Jarass, Hans D./ Pieroth, Bodo	Grundgesetz-Kommentar, 15. Aufl., München 2018
Kemper, Gerd H.	Pressefreiheit und Polizei, Berlin 1964
Kingreen, Thorsten/ Poscher, Ralf	Grundrechte – Staatsrecht II, 34. Aufl., Heidelberg u.a. 2018
Kischel, Uwe	Die Begründung – Zur Erläuterung staatlicher Entscheidungen gegenüber dem Bürger, Tübingen 2003
Lakies, Thomas	Das „Tarifautonomiestärkungsgesetz“: Der Mindestlohn ist auf dem Weg, in: ArbRAktuell 2014, S. 189-193
Lembke, Mark	Das Mindestlohngesetz und seine Auswirkungen auf die arbeitsrechtliche Praxis, in: NZA 2015, S. 70-78
Lenz, Christofer/ Hansel, Ronald	Bundesverfassungsgerichtsgesetz Handkommentar, 2. Aufl., Baden-Baden 2015
Lobinger, Thomas	Mindestlohn und Menschenwürde, in: Anderheiden, Michael/Keil, Rainer/Kirste, Stephan/Schaefer, Jan P. (Hrsg.), Verfassungsvoraussetzungen – Gedächtnisschrift für Winfried Brugger, Tübingen 2013, S. 355-385
Lücke, Jörg	Begründungszwang und Verfassung – Zur Begründungspflicht der Gerichte, Behörden und Parlamente, Tübingen 1987

Maunz, Theodor/Schmidt-Bleibtreu, Bruno/Klein, Franz/Bethge, Herbert (Hrsg.)	Bundesverfassungsgerichtsgesetz, 55. Ergänzungslieferung, München 2018
Münch, Ingo von/ Kunig, Philip (Hrsg.)	Grundgesetz-Kommentar, Band I: Art. 1-69, 6. Aufl., München 2012
Pestalozza, Christian	Gesetzgebung im Rechtsstaat, in: NJW 1981, S. 2081-2087
Picker, Christian	Niedriglohn und Mindestlohn, in: RdA 2014, S. 25-36
Pieroth, Bodo	Koalitionsfreiheit, Tarifautonomie und Mitbestimmung, in: Badura, Peter/Dreier, Horst (Hrsg.), Festschrift 50 Jahre Bundesverfassungsgericht, Band II, Klärung und Fortbildung des Verfassungsrechts, Tübingen 2001, S. 293-317
ders./Barczak, Tristan	Dürfen die Länder Tabakwarenautomaten verbieten?, in: DÖV 2014, S. 66-73
Pilniok, Arne	„h.M." ist kein Argument – Überlegungen zum rechtswissenschaftlichen Argumentieren für Studierende in den Anfangssemestern, in: JuS 2009, S. 394-397
Rolfs, Christian/Giesen, Richard/Kreikebohm, Ralf/ Udsching, Peter (Hrsg.)	Beck'scher Onlinekommentar zum Arbeitsrecht, Stand: 1.3.2019, München
Sachs, Michael (Hrsg.)	Grundgesetz-Kommentar, 8. Aufl., München 2018
Schlaich, Klaus/ Korioth, Stefan	Das Bundesverfassungsgericht, 11. Aufl., München 2018
Schubert, Jens M./Jerchel, Kerstin/Düwell, Franz J.	Das neue Mindestlohngesetz – Grundlagen und Auswirkungen, Baden-Baden 2014
Schwarz, Kyrill-A./ Bravidor Christoph	Kunst der Gesetzgebung und Begründungspflichten des Gesetzgebers, in: JZ 2011, S. 653-659
Stern, Klaus	Staatsrecht, Band IV/1, Die einzelnen Grundrechte – Der Schutz und die freiheitliche Entfaltung des Individuums, München 2006
Tappe, Henning	Die Begründung von Steuergesetzen, Habilitationsschrift, unveröffentlichtes Manuskript, Münster 2012
Voßkuhle, Andreas/ Kaiser, Anna-B.	Grundwissen – Öffentliches Recht: Der Grundrechtseingriff, in: JuS 2009, S. 313-315
Waldhoff, Christian	„Der Gesetzgeber schuldet nichts als das Gesetz" – Zu alten und neuen Begründungspflichten des parlamentarischen Gesetzgebers, in: Depenheuer, Otto/Heintzen, Markus/ Jestaedt, Matthias/Axer, Peter (Hrsg.), Staat im Wort, Festschrift für Josef Isensee, Heidelberg 2007, S. 325-343
Zimmermann, Markus	Landesrechtliche Rauchverbote in Gaststätten und die Grundrechte der Betreiber von (Klein-)Gaststätten, in: NVwZ 2008, S. 705-710
Zeising, Patrick/ Weigert, Daniel-R.	Verfassungsmäßigkeit des Mindestlohngesetzes, in: NZA 2015, S. 15-22

Hausarbeit 6

Der Europäische Finanzausgleich

von Jan Henrik Klement und Annchristin Knoth

Die Mitgliedstaaten der Europäischen Union verhandeln seit geraumer Zeit über eine Vertiefung der Wirtschafts- und Währungsunion. Im Gespräch ist unter anderem die Errichtung eines Finanzausgleichsystems zwischen den Mitgliedstaaten, welches dazu beitragen soll, bestehende soziale und wirtschaftliche Ungleichheiten abzuschwächen. Ursprünglich hatten die Kommission und einzelne mitgliedstaatliche Regierungen beabsichtigt, einen solchen Finanzausgleich durch eine Änderung des europäischen Primärrechts einzuführen. Nachdem entsprechende Vorschläge politisch gescheitert sind, will die Kommission auf Grundlage der geltenden Verträge tätig werden. Gestützt auf Art. 125 Abs. 2 AEUV erarbeitet sie den Entwurf einer Europäischen Finanzausgleichsverordnung (EU-FAVO). Am 5. November 2018 wird die Verordnung auf Vorschlag der Kommission und nach Anhörung des Parlaments vom Rat erlassen. Dabei stimmt auf Anweisung der Bundesregierung auch der deutsche Vertreter im Rat für die Annahme der Verordnung. An der Vorbereitung des Ratsbeschlusses wirkte der Wirtschafts- und Finanzausschuss nach Maßgabe des Art. 134 Abs. 2 S. 1 AEUV mit. 1

Dem deutschen Länderfinanzausgleich vergleichbar sieht die EU-FAVO eine Umverteilung öffentlicher Einnahmen zwischen den Mitgliedstaaten vor. Mitgliedstaaten mit unterdurchschnittlicher Finanzkraft sollen Ausgleichszahlungen erhalten, die durch Ausgleichsverpflichtungen von Mitgliedstaaten mit überdurchschnittlicher Finanzkraft finanziert werden. Die Ausgleichszahlungen sind so bemessen, dass die öffentlichen Einnahmen der EU-Mitgliedstaaten (ohne Kreditaufnahme) nur noch um maximal zwanzig Prozent voneinander abweichen. Eine absolute Obergrenze für die Transferbelastung einzelner Mitgliedstaaten ist nicht vorgesehen. Im Jahr 2019 wird die Bundesrepublik Deutschland nach einer methodisch einwandfrei erstellten Prognose der Kommission von Ende 2018 eine Transferlast von rund 150 Milliarden Euro zu tragen haben.

Die EU-FAVO tritt am 1. Januar 2019 in Kraft. Der wahlberechtigte deutsche Staatsbürger A ist entsetzt, als er am Tag darauf von den neuen Regelungen erfährt. Er ist der Ansicht, dass „Brüssel" keine derart weitreichenden Entscheidungen über die Staatsfinanzen der Bundesrepublik treffen darf. Der Rat habe mit dem Erlass der Verordnung seine Kompetenzen klar überschritten. Angesichts der finanziellen „Gleichmacherei" in Europa frage er sich außerdem, wozu er überhaupt noch einen Bundestag wähle, wenn dieser nicht mehr souverän über den Haushalt entscheiden könne.

Aufgabe 1: Ist ein von A am 3. Januar 2019 eingelegter, unmittelbar gegen die EU-FAVO gerichteter Rechtsbehelf zulässig?

Abwandlung

A hat schon Ende Oktober 2018 aus den Medien von den Plänen zum Erlass der EU-FAVO und dem entsprechenden Verordnungs-Entwurf der Kommission erfahren. Nach den zutreffenden Berichten haben die Ratsmitglieder der Mitgliedstaaten – unter ihnen der Bundesminister der Finanzen als Vertreter der Bundesrepublik Deutschland – bereits angekündigt, dem Erlass der EU-FAVO in der nächsten Sitzung des Rates zustimmen zu wollen.

Aufgabe 2: Kann A gegen das Zustandekommen der Verordnung mit gerichtlicher Hilfe vorgehen?

Bearbeiterhinweis: Bearbeiten Sie die Aufgaben in einem Rechtsgutachten, das auf alle im Sachverhalt aufgeworfenen Rechtsfragen eingeht. Soweit die Einholung einer Vorabentscheidung des Gerichtshofes der Europäischen Union zur Gültigkeit der EU-FAVO für erforderlich gehalten wird, ist davon auszugehen, dass ein solches Verfahren stattgefunden und der Gerichtshof die Gültigkeit der Verordnung bestätigt hat. Auf Rechtsbehelfe des einstweiligen Rechtsschutzes ist nicht einzugehen.

Gliederung

Gutachten

Aufgabe 1: Rechtsbehelf unmittelbar gegen die EU-FAVO

A. Rechtsbehelf beim EuGH

Ein unmittelbar gegen die EU-FAVO gerichteter Rechtsbehelf wäre zunächst eine beim Gerichtshof der Europäischen Union (EuGH) zu erhebende Nichtigkeitsklage. A könnte damit möglicherweise erreichen, dass die EU-FAVO für nichtig erklärt wird (Art. 264 Abs. 1 AEUV). Zu prüfen sind die sich aus Primär- und Sekundärrecht ergebenden Zulässigkeitsvoraussetzungen. 3

I. Sachliche Zuständigkeit

Die Zuständigkeit des EuGH (Art. 19 EUV) für die Entscheidung über eine Nichtigkeitsklage ergibt sich aus Art. 263 Abs. 2–4 AEUV. Innerhalb des EuGH ist für Entscheidungen im ersten Rechtszug über Nichtigkeitsklagen gemäß Art. 256 Abs. 1 S. 1 AEUV grds. das Gericht (EuG) zuständig. Die in Art. 256 Abs. 1 UAbs. 1 S. 1 a.E. AEUV i.V.m. Art. 51 EuGH-Satzung vorgesehenen Ausnahmen sind bei Individualklagen nicht einschlägig. 4

II. Aktive Parteifähigkeit

A ist als natürliche Person gemäß Art. 263 Abs. 4 AEUV aktiv parteifähig. 5

III. Richtiger Beklagter sowie passive Parteifähigkeit

Die Nichtigkeitsklage ist gegen dasjenige EU-Organ zu richten, das den angegriffenen Gesetzgebungsakt erlassen oder die sonstige Handlung vorgenommen hat (Art. 263 Abs. 1 AEUV).[1] Die EU-FAVO wurde im besonderen Gesetzgebungsverfahren gemäß Art. 125 Abs. 2 AEUV i.V.m. Art. 289 Abs. 2 AEUV erlassen. Zwar wurde das Verfahren durch einen Vorschlag der Kommission eingeleitet und das Parlament durch eine Anhörung beteiligt, die abschließende Entscheidung über den Erlass der Verordnung traf der Rat aber allein und in eigener Verantwortung. Die Nichtigkeitsklage ist daher 6

1 *Dörr*, in: Grabitz/Hilf/Nettesheim, Das Recht der Europäischen Union, Art. 263 AEUV Rn. 23.

gegen den Rat zu richten.[2] Dessen passive Parteifähigkeit ergibt sich aus Art. 263 Abs. 4, Abs. 1 AEUV.

IV. Tauglicher Klagegegenstand

7 Gegenstand einer Nichtigkeitsklage können gemäß Art. 263 Abs. 4 i.V.m. Abs. 1 S. 1 AEUV Gesetzgebungsakte und sonstige Handlungen der europäischen Organe sein, die verbindliche Rechtswirkungen erzeugen.[3] Ein Gesetzgebungsakt ist nach Art. 289 Abs. 3 AEUV ein Rechtsakt, der gemäß einem Gesetzgebungsverfahren angenommen wurde. Die Verträge unterscheiden zwischen dem ordentlichen Gesetzgebungsverfahren, in dem ein Rechtsakt nur mit Zustimmung sowohl des Parlaments als auch des Rates zustande kommt (Art. 289 Abs. 1, Art. 294 AEUV), und verschiedenen besonderen Gesetzgebungsverfahren, die sich dadurch auszeichnen, dass eines dieser beiden Organe alleine entscheidet und das jeweils andere lediglich beteiligt wird (Art. 289 Abs. 2 AEUV). Vorliegend wurde die EU-FAVO gemäß Art. 125 Abs. 2 AEUV i.V.m. Art. 289 Abs. 2 AEUV vom Rat nach Anhörung des Parlaments, also in einem besonderen Gesetzgebungsverfahren verabschiedet. Sie ist damit ein Gesetzgebungsakt i.S.d. Art. 289 Abs. 3 AEUV. Des Weiteren leidet die Verordnung nicht an einem besonders schweren und offensichtlichen Fehler, der *ipso iure* zu ihrer Unwirksamkeit führen würde[4] und damit der Zulässigkeit eines gerichtlichen Aufhebungsverfahrens entgegenstehen könnte.[5] Die EU-FAVO ist somit ein tauglicher Klagegegenstand.

V. Klagegrund

8 A müsste einen Klagegrund geltend machen. Taugliche Klagegründe sind die in Art. 263 Abs. 2 AEUV abschließend aufgeführten Gründe für die Rechtswidrigkeit eines Gesetzgebungsaktes. Vorliegend kommt der Klagegrund der Unzuständigkeit in Betracht. Unter diesen Oberbegriff fallen Verstöße gegen die Verbandskompetenz,[6] die Organkompetenz sowie die örtliche und sachliche Zuständigkeit.[7] Nach Ansicht des A hat der Rat bei Erlass der Verordnung die der EU in den Verträgen eingeräumten Zuständigkeiten überschritten, also die Verbandskompetenz der EU verletzt. A kann diesen Klagegrund geltend machen, indem er die Unzuständigkeit der EU in der Klageschrift rügt.

VI. Klageberechtigung

9 Als natürliche Person gehört A zu den nichtprivilegierten Klägern i.S.d. Art. 263 Abs. 4 AEUV, sodass es für die Zulässigkeit seiner Klage einer besonderen Klageberechtigung

2 Vgl. EuG, Urt. v. 8. Okt. 2008, Sogelma/EAR, T-411/06, EU:T:2008:419, Rn. 49; *Dörr*, in: Grabitz/Hilf/Nettesheim, Das Recht der Europäischen Union, Art. 289 AEUV Rn. 23.

3 EuGH, Urt. v. 3. Okt. 2013, Inuit Tapiriit Kanatami, C-583/11 P, EU:C:2013:625, Rn. 56.

4 Vgl. EuGH, Urt. v. 26. Feb. 1987, Consorzio Cooperative d'Abruzzo/Kommission, Rs. 15/85, EU:C:1987:111, Rn. 10.

5 Zur Nichtangreifbarkeit von sog. „Nichtakten" mit der Nichtigkeitsklage *Ehricke*, in: Streinz/Michl, EUV/AEUV, Art. 263 AEUV Rn. 12.

6 Zum Begriff *Ehricke*, in: Streinz/Michl, EUV/AEUV, Art. 263 AEUV Rn. 75.

7 *Ehricke*, in: Streinz/Michl, EUV/AEUV, Art. 263 AEUV Rn. 74 ff.

bedarf.[8] Natürliche oder juristische Personen können gemäß Art. 263 Abs. 4 AEUV Nichtigkeitsklage nur erheben gegen „an sie gerichtete Handlungen“ (Var. 1), gegen sie „unmittelbar und individuell betreffende Handlungen“ (Var. 2) sowie gegen „Rechtsakte mit Verordnungscharakter, die sie unmittelbar betreffen und keine Durchführungsmaßnahmen nach sich ziehen“ (Var. 3).

1. An den A gerichtete Handlung (Art. 263 Abs. 4 Var. 1 AEUV)

Die EU-FAVO könnte eine an den A gerichtete Handlung i.S.v. Art. 263 Abs. 4 Var. 1 **10** AEUV sein. Der Begriff der Handlung wird in Art. 263 Abs. 4 Var. 1 und Var. 2 AEUV als Oberbegriff für alle rechtserheblichen Maßnahmen verwendet. Anders als in Art. 263 Abs. 1 S. 1 AEUV schließt er auch Gesetzgebungsakte wie die EU-FAVO ein. An den Kläger „gerichtet“ ist eine Handlung, wenn dieser Adressat der angegriffenen Maßnahme ist.[9] Adressat ist nur, wer in dem betreffenden Rechtsakt als verpflichtete Person individualisiert wird. Eine Individualisierung der Verpflichteten erfolgt in der Praxis vor allem bei Beschlüssen nach Art. 288 Abs. 4 S. 2 AEUV.[10] Durch die EU-FAVO werden allenfalls die der EU im Zeitpunkt des Verordnungserlasses angehörenden Mitgliedstaaten als Verpflichtete individualisiert, nicht aber einzelne Privatpersonen. Eine an den A gerichtete Handlung liegt mithin nicht vor.

2. Unmittelbare und individuelle Betroffenheit des A (Art. 263 Abs. 4 Var. 2 AEUV)

Fraglich ist, ob sich eine Klageberechtigung des A aus Art. 263 Abs. 4 Var. 2 AEUV er- **11** gibt. Zu prüfen ist die unmittelbare und individuelle Betroffenheit des A durch die EU-FAVO.

a) Betroffenheit

Betroffen ist der Kläger durch eine Handlung, die ihn rechtlich beschwert.[11] Die Rechts- **12** wirkungen der Maßnahme müssen für ihn rechtlich nachteilige Auswirkungen zeitigen können, so dass er ein besonderes, rechtlich relevantes Interesse an der Aufhebung hat.[12] Liegt die Beeinträchtigung in der Zukunft, muss der Kläger nachweisen, dass sie bereits im Klagezeitpunkt „feststeht“.[13] Vorliegend ergeben sich aus der EU-FAVO erhebliche Zahlungsverpflichtungen der Bundesrepublik Deutschland, die sich höchstwahrscheinlich auch auf die staatsbürgerlichen Rechte und Pflichten des A auswirken werden. So könnte er als Steuerzahler von zur Finanzierung der Transferleistung notwendigen Steuererhöhungen betroffen sein oder als Empfänger staatlicher Leistungen (etwa im

8 *Ehricke*, in: Streinz/Michl, EUV/AEUV, Art. 263 AEUV Rn. 57.

9 *Dörr*, in: Grabitz/Hilf/Nettesheim, Das Recht der Europäischen Union, Art. 263 AEUV Rn. 57.

10 *W. Cremer*, in: Calliess/Ruffert, EUV/AEUV, Art. 263 AEUV Rn. 32.

11 EuG, Urt. v. 17. Sept. 1992, NBV und NVB/Kommission, T-138/89, EU:T:1992:95, Rn. 31; *Dörr*, in: Grabitz/Hilf/Nettesheim, Das Recht der Europäischen Union, Art. 263 AEUV Rn. 60.

12 Vgl. *Dörr*, in: Grabitz/Hilf/Nettesheim, Das Recht der Europäischen Union, Art. 263 AEUV Rn. 60; *Ehricke*, in: Streinz/Michl, EUV/AEUV, Art. 263 AEUV Rn. 58.

13 EuG, Urt. v. 17. Sept. 1992, NBV und NVB/Kommission, T-138/89, EU:T:1992:95, Rn. 33; *Ehricke*, in: Streinz/Michl, EUV/AEUV, Art. 263 AEUV Rn. 58.

Bereich der Daseinsvorsorge, der Bildung oder von Sozialleistungen) Kürzungen hinzunehmen haben. Dies genügt für eine Betroffenheit i.S.v. Art. 263 Abs. 4 Var. 2 AEUV.

13 **Hinweis:** Die gesonderte Prüfung der Betroffenheit ist nicht allgemein üblich. Die hier angesprochenen Gesichtspunkte können auch in die nachfolgend dargestellte Prüfung der *unmittelbaren* und *individuellen* Betroffenheit einbezogen werden.

b) Individuelle Betroffenheit

14 A müsste durch die EU-FAVO außerdem individuell betroffen sein. Nach der „Plaumann-Formel" des EuGH ist eine individuelle Betroffenheit nur zu bejahen, wenn die streitige Vorschrift den Kläger „wegen bestimmter persönlicher Eigenschaften oder besonderer, ihn aus dem Kreis aller übrigen Personen heraushebender Umstände berührt und ihn daher in ähnlicher Weise individualisiert wie den Adressaten einer Entscheidung."[14] Vorliegend ist A von den wahrscheinlichen rechtlichen Folgewirkungen der EU-FAVO in Deutschland (z.B. Steuererhöhungen, Leistungsabsenkungen) nur als ein Staatsbürger unter vielen betroffen. Er ist nicht aufgrund ihn kennzeichnender Besonderheiten aus dem Kreis der Normadressaten herausgehoben und unterscheidet sich damit deutlich von einer Person, die formal Adressat einer Entscheidung ist. A ist mithin nicht individuell betroffen.

Eine Klageberechtigung ergibt sich daher nicht aus Art. 263 Abs. 4 Var. 2 AEUV.

3. Den A unmittelbar betreffender Rechtsakt mit Verordnungscharakter (Art. 263 Abs. 4 Var. 3 AEUV)

15 Eine Klageberechtigung könnte sich schließlich aus Art. 263 Abs. 4 Var. 3 AEUV ergeben. Nach dieser mit dem Vertrag von Lissabon in das Unionsrecht eingefügten Vorschrift können nicht privilegierte Kläger – ohne i.S.d. § 264 Abs. 4 Var. 2 AEUV individuell betroffen zu sein – Nichtigkeitsklagen gegen Rechtsakte „mit Verordnungscharakter" erheben, die sie unmittelbar betreffen und keine Durchführungsmaßnahmen nach sich ziehen.

a) Rechtsakt mit Verordnungscharakter

16 Die EU-FAVO wurde vom Rat in der Form der Verordnung (Art. 288 Abs. 2 AEUV) erlassen. Auf den ersten Blick liegt es daher nahe, sie für einen Rechtsakt „mit Verordnungscharakter" zu halten.[15] Im Schrifttum wird sogar die Ansicht vertreten, angesichts des Wortlauts der Norm sei es schlechthin unvertretbar anzunehmen, dass es Verordnungen ohne „Verordnungscharakter" geben könnte.[16] Dem ist allerdings zu widersprechen. In Art. 263 Abs. 4 Var. 3 AEUV wird gerade nicht der durch Art. 288 Abs. 2 AEUV definierte Begriff der Verordnung verwendet, sondern mit dem „Verordnungscharakter" ein

---

14 EuGH, Urt. v. 15. Juli 1963, Plaumann/Kommission, Rs. 25/62, EU:C:1963:17; Urt. v. 13. Dez. 2005, Kommission/Aktionsgemeinschaft Recht und Eigentum, C-78/03 P, EU:C:2005:761, Rn. 33.

15 So im Ergebnis etwa *Schwarze/Voet van Vormizeele*, in: Schwarze/Becker/Hatje/Schoo, EU-Kommentar, Art. 263 AEUV Rn. 51; *Everling*, EuZW 2010, S. 572 (575).

16 *Everling*, EuZW 2010, S. 572 (575).

im übrigen Unionsrecht nicht geläufiger und damit auslegungsfähiger und -bedürftiger Ausdruck. Nach der Rspr. des EuGH,[17] der die herrschende Lehre nachgefolgt ist,[18] umfasst der Begriff des Rechtsaktes mit Verordnungscharakter zwar grds. alle Normen des abgeleiteten Unionsrechts, nicht aber die in einem Gesetzgebungsverfahren erlassenen und damit als Gesetzgebungsakte zu qualifizierenden Normen (Art. 289 Abs. 3 AEUV), zu denen nach dem oben Gesagten auch die in einem besonderen Gesetzgebungsverfahren erlassene EU-FAVO gehört. Diese Auslegung misst der auf den gescheiterten Verfassungsvertrag zurückgehenden Entwicklungsgeschichte der Vorschrift[19] entscheidende Bedeutung bei.[20] Im Entwurf des Verfassungsvertrags war abweichend vom geltenden Recht die eigenständige Rechtsform eines Europäischen Gesetzes und eines Europäischen Rahmengesetzes vorgesehen (Art. I-33 Abs. 1 UAbs. 1). Als Verordnung hingegen sollte nur noch ein Rechtsakt mit zwar allgemeiner Geltung, aber ohne Gesetzescharakter bezeichnet werden (Art. I-33 Abs. 1 UAbs. 4). Hätte der Verfassungsvertrag Geltung erlangt, wäre der Verordnungsbegriff also enger als bisher gefasst und auf solche Rechtsnormen beschränkt worden, die ohne eine Beteiligung des Parlaments ergehen (insb. sog. Tertiärrechtsakte). Nur auf diese Rechtsnormen hätte sich das erweiterte Individualklagerecht gegen Rechtsnormen „mit Verordnungscharakter" bezogen. Nach dem Scheitern des Verfassungsvertrags wurden einige der im Entwurf vorgesehenen Änderungen in den Vertrag von Lissabon und damit in das heute geltende Unionsrecht überführt. Dazu gehörte auch das erweiterte Individualklagerecht gegen Verordnungen. Nach dem heute vorherrschenden Verständnis sollte mit dieser Regelung genau das in Geltung gesetzt werden, was im Verfassungsvertrag vorgesehen war:[21] Der Einzelne sollte die Möglichkeit haben, sich gegen ihn unmittelbar, aber nicht individuell betreffende untergesetzliche Rechtsakte zur Wehr zu setzen, wenn es mangels Vollzugsakts ansonsten keine Rechtsschutzmöglichkeit gäbe.[22] Hingegen wollten die Mitgliedstaaten als „Herren der Verträge" kein erweitertes Klagerecht gegen die mit besonderer demokratischer Legitimation ausgestatteten Gesetzgebungsakte einführen, die nach dem Verfassungsentwurf ja keinen „Verordnungscharakter" gehabt hätten. Nur aus Unachtsamkeit ist die an sich erforderliche Anpassung an den abweichenden terminologischen Rahmen des heutigen Art. 288 AEUV unterblieben, wodurch die hier diskutierte weite Auslegung möglich geworden ist.

Angesichts der erheblichen Bedeutung, die ein erweitertes Klagerecht gegen Gesetzgebungsakte für die institutionelle Balance in der EU hätte, ist der engen Auslegung durch Rspr. und h.L. im Ergebnis zu folgen. Zwar rechtfertigt es allein eine angebliche oder tatsächliche Regelungsabsicht der Mitgliedstaaten nicht, den Wortlaut der Verträge zu ignorieren. Doch spricht der Wortlaut des Art. 263 Abs. 4 Var. 3 AEUV – wie dargelegt – eben nicht eindeutig für eine Einbeziehung aller Verordnungen in das Klagerecht. **17**

17 EuGH, Urt. v. 3. Okt. 2013, Inuit Tapiriit Kanatami, C-583/11 P, EU:C:2013:625, Rn. 51 ff.

18 Siehe etwa *W. Cremer*, in: Calliess/Ruffert, EUV/AEUV, Art. 263 AEUV Rn. 56; *Dörr*, in: Grabitz/Hilf/Nettesheim, Das Recht der Europäischen Union, Art. 263 AEUV Rn. 81 f.; schon zuvor *Hatje/Kindt*, NJW 2008, S. 1761 (1767).

19 *Ehricke*, in: Streinz/Michl, EUV/AEUV, Art. 263 AEUV Rn. 54; *Everling*, EuR Beiheft 1/2009, S. 71 (73 f.).

20 *Ehricke*, in: Streinz/Michl, EUV/AEUV, Art. 263 AEUV Rn. 54; *Hatje/Kindt*, NJW 2008, S. 1761 (1767).

21 In diesem Sinne EuGH, Urt. v. 3. Okt. 2013, Inuit Tapiriit Kanatami, C-583/11 P, EU:C:2013:625, Rn. 59.

22 *Dörr*, in: Grabitz/Hilf/Nettesheim, EUV/AEUV, Art. 263 AEUV Rn. 81.

Eine derart weitreichende Abweichung von einer „vor Lissabon" etablierten Auslegung der Verträge hätte indes einer klaren Regelung bedurft.

Die EU-FAVO stellt mithin keinen Rechtsakt mit Verordnungscharakter i.S.v. Art. 263 Abs. 4 Var. 3 AEUV dar.

b) Unmittelbare Betroffenheit

18 Sieht man in der EU-FAVO einen Rechtsakt mit Verordnungscharakter, müsste A zudem unmittelbar betroffen sein. Unmittelbarkeit ist jedenfalls dann gegeben, wenn die Rechtsstellung des Betroffenen direkt durch die angegriffene EU-Handlung verändert wird, ohne dass es eines weiteren, ausführenden Rechtsaktes bedarf (sog. formelle Unmittelbarkeit).[23] Richtet sich die Maßnahme – wie hier – an die Mitgliedstaaten, ist eine Unmittelbarkeit in diesem strengen Sinne nicht gegeben.[24] Darüber hinaus ist eine unmittelbare Betroffenheit aber auch dann zu bejahen, wenn für die Veränderung der Rechtsstellung des Einzelnen zwar noch ein behördlicher Durchführungsakt erforderlich ist, dieser aber eine unausweichliche Folge des mit der Nichtigkeitsklage angegriffenen Rechtsaktes und inhaltlich vollständig durch diesen determiniert ist (sog. materielle Unmittelbarkeit).[25] Dafür spricht im vorliegenden Fall, dass die prognostizierten Transferzahlungen von 150 Mrd. EUR angesichts eines Bundeshaushalts von 356 Mrd. EUR im Jahr 2019[26] voraussichtlich nur finanziert werden können, wenn entweder erheblich höhere Staatseinnahmen herbeigeführt oder Ausgaben drastisch gekürzt werden. Jedoch obliegt es von Rechts wegen der Bundesrepublik zu entscheiden, wie sie die Zahlungen finanziert. Theoretisch könnte die Bundesrepublik die Ausgleichspflicht durch eine Absenkung ihrer öffentlichen Einnahmen sogar in mehr oder weniger großem Umfang zu vermeiden suchen. Auch wenn Steuern erhöht werden, ist nicht absehbar, ob und in welchem Umfang A hiervon betroffen ist. Das gleiche gilt für die Kürzung staatlicher Leistungen. Die Bundesrepublik ist angesichts dieser Umstände weder rechtlich noch tatsächlich[27] auf ein bestimmtes Handeln zu Lasten des A festgelegt. Eine unmittelbare Betroffenheit ist deshalb zu verneinen.

19 **Hinweis:** Wird eine unmittelbare Betroffenheit bejaht, bleibt noch das Merkmal „keine Durchführungsmaßnahmen nach sich ziehen" zu prüfen. Dieses Merkmal verengt die Klageberechtigung im Ergebnis auf Rechtsakte, die den Kläger in einem *formellen Sinne* unmittelbar treffen.[28] Das ist vorliegend – wie gezeigt – eindeutig nicht der Fall.

---

23 *Dörr*, in: Grabitz/Hilf/Nettesheim, Das Recht der Europäischen Union, Art. 263 AEUV Rn. 63.

24 *Ehricke*, in: Streinz/Michl, EUV/AEUV, Art. 263 AEUV Rn. 60.

25 In diesem Sinne EuGH, Urt. v. 5. Mai 1998, Dreyfus/Kommission, C-386/96 P, EU:C:1998:193, Rn. 43; Urt. v. 5. Mai 1998, Glencore Grain/Kommission, C-403/96 P, EU:C:1998:195, Rn. 43; EuG, Urt. v. 25. Okt. 2011, Microban/Kommission, T-262/10, EU:T:2011:623, Rn. 27; *Dörr*, in: Grabitz/Hilf/Nettesheim, Das Recht der Europäischen Union, Art. 263 AEUV Rn. 63, 66.

26 https://www.bundesfinanzministerium.de/Content/DE/Pressemitteilungen/Finanzpolitik/2018/07/2018-07-06-PM-Haushalt2019.html (abgerufen am 14. September 2019).

27 Zur Unmittelbarkeit der Betroffenheit bei einer (nur) tatsächlichen Determination des Ausführungshandelns *Dörr*, in: Grabitz/Hilf/Nettesheim, Das Recht der Europäischen Union, Art. 263 AEUV Rn. 67.

28 *Dörr*, in: Grabitz/Hilf/Nettesheim, Das Recht der Europäischen Union, Art. 263 AEUV Rn. 85; *Pechstein*, EU-Prozessrecht, Rn. 434, 522; *Thiele*, EuR 2010, S. 30 (44).

4. Zwischenergebnis

A ist nicht klageberechtigt. 20

VII. Ergebnis

Eine von A erhobene Nichtigkeitsklage gegen die EU-FAVO wäre mangels Klagebe- 21
rechtigung unzulässig.

B. Rechtsbehelf im deutschen Verwaltungsrechtsweg

Fraglich ist, ob ein unmittelbar gegen die EU-FAVO gerichteter Rechtsbehelf bei einem 22
deutschen Verwaltungsgericht zulässig wäre. Eine prinzipale Normenkontrolle – also eine unmittelbar auf eine abstrakt-generelle Vorschrift und nicht auf einen Vollzugsakt bezogene gerichtliche Prüfung der Vereinbarkeit mit höherrangigem Recht – ist in der VwGO nur in § 47 Abs. 1 vorgesehen. Nach dem Wortlaut dieser Vorschrift kann eine Entscheidung über die Gültigkeit der Norm nur „im Rahmen der Gerichtsbarkeit" des für diese Verfahren zuständigen OVG[29] erfolgen. Damit verweist § 47 Abs. 1 VwGO auf die Vorschriften über die Eröffnung des Verwaltungsrechtswegs und insb. die Generalklausel des § 40 Abs. 1 S. 1 VwGO. Üblicherweise steht bei der Anwendung der Generalklausel (nur) die Abgrenzung der öffentlich-rechtlichen von der zivilrechtlichen Streitigkeit in Rede. Vorliegend geht es hingegen nicht um die Trennlinie zwischen der Verwaltungsgerichtsbarkeit und der ordentlichen Gerichtsbarkeit, sondern um die vertikale Abgrenzung der Kompetenzen der deutschen Verwaltungsgerichtsbarkeit im europäischen Rechtsschutzsystem. Der Begriff der öffentlich-rechtlichen Streitigkeit ist dabei im Lichte der Vorgaben des Unionsrechts auszulegen, das gegenüber dem mitgliedstaatlichen Recht Anwendungs- und Geltungsvorrang hat. Der unmittelbar gegen Handlungen von Stellen der EU gerichtete Rechtsschutz wird durch den AEUV exklusiv dem EuGH zugewiesen (siehe die Nichtigkeitsklage in Art. 263 AEUV).[30] Eine unmittelbare Kontrolle europäischer Hoheitsakte durch deutsche Verwaltungsgerichte scheidet deshalb im Ergebnis aus. Der Begriff der öffentlich-rechtlichen Streitigkeit ist dementsprechend so auszulegen, dass nur solche Streitigkeiten gemeint sind, die unmittelbar ein der deutschen Hoheitsgewalt zurechenbares Handeln zum Gegenstand haben.[31] Eine europäische Verordnung kann deshalb nur vorfrageweise Gegenstand der verwaltungsgerichtlichen Prüfung sein, wobei die sich aus Art. 267 Abs. 1 lit. b AEUV ergebende Verwerfungskompetenz des EuGH[32] zu beachten ist.

Hinweis: Vertretbar ist es auch, eine § 40 Abs. 1 S. 1 VwGO vorausliegende Prüfung der 23
„internationalen Zuständigkeit" der deutschen Gerichte vorzunehmen.[33]

29 Bzw. des VGH (§ 184 VwGO).
30 Zum sog. Trennungsmodell des europäischen Rechtsschutzes *Gärditz*, JuS 2009, S. 385.
31 *Ruthig*, in: Kopp/Schenke, VwGO, § 40 VwGO Rn. 37c; *Sodan*, in: ders./Ziekow, VwGO, § 40 Rn. 124.
32 EuGH, Urt. v. 13. Feb. 1979, Granaria BV, Rs. 101/78, EU:C:1979:38, Rn. 4 f.; Urt. v. 22. Okt. 1987, Foto Frost, Rs. 314/85, EU:C:1987:452, Rn. 15 ff.; *Mächtle*, JuS 2015, S. 28 (29).
33 Vgl. *Schenke*, Verwaltungsprozessrecht, Rn. 166a.

24 Eine prinzipale Normenkontrolle einer EU-Verordnung ist im Übrigen auch deshalb unzulässig, weil Kontrollgegenstand nach § 47 Abs. 1 Nr. 1 und Nr. 2 VwGO nur Normen des Landesrechts sein können.

C. Verfassungsbeschwerde

25 Eine beim BVerfG erhobene Verfassungsbeschwerde des A unmittelbar gegen die EU-FAVO wäre zulässig, wenn die Sachentscheidungsvoraussetzungen des Art. 93 Abs. 1 Nr. 4a GG und der § 13 Nr. 8a, §§ 90 ff. BVerfGG vorliegen.

I. Beteiligungsfähigkeit des Beschwerdeführers

26 A müsste beteiligungsfähig sein. Nach Art. 93 Abs. 1 Nr. 4a GG, § 90 Abs. 1 BVerfGG kann „jedermann" mit der Behauptung Verfassungsbeschwerde erheben, durch die öffentliche Gewalt in einem seiner Grundrechte oder grundrechtsgleichen Rechte verletzt zu sein. Mit Rücksicht auf die Funktion der Verfassungsbeschwerde, Grundrechtsverletzungen prozessual geltend zu machen, setzt die Beschwerdefähigkeit allerdings die materiell-rechtlich zu beurteilende Grundrechtsfähigkeit des Beschwerdeführers voraus. Beschwerdefähig ist damit jedenfalls, wer Träger eines im konkreten Fall für die Beurteilung der Verfassungskonformität des angegriffenen Hoheitsakts relevanten Grundrechts ist und die Verletzung dieses Grundrecht in der Beschwerdeschrift gerügt hat.[34] Im vorliegenden Fall kommt eine Verletzung des grundrechtsgleichen Rechts auf Teilhabe an den Wahlen zum Deutschen Bundestag (Art. 38 Abs. 1 S. 1, Abs. 2 Hs. 1 GG) in Betracht. Das aktive Wahlrecht steht gemäß Art. 38 Abs. 2 Hs. 1, Abs. 3 GG i.V.m. § 12 BWG grds. allen Deutschen (Art. 116 Abs. 1 GG) zu, die das 18. Lebensjahr vollendet haben. A ist mithin jedenfalls dann beschwerdeberechtigt, wenn er die Verletzung des Art. 38 Abs. 1 S. 1 GG in der Beschwerdeschrift rügt.

II. Tauglicher Beschwerdegegenstand

27 Die EU-FAVO müsste ein tauglicher Beschwerdegegenstand sein. Gegenstand einer Verfassungsbeschwerde kann gemäß Art. 93 Abs. 1 Nr. 4a GG, § 90 Abs. 1 BVerfGG jeder Akt der „öffentlichen Gewalt" sein, und zwar sowohl ein Handeln wie auch ein Unterlassen (vgl. §§ 92, 95 Abs. 1 S. 1 BVerfGG). Problematisch ist vorliegend, dass die EU-FAVO vom Rat erlassen wurde, also einem Organ der EU (Art. 13 Abs. 1 EUV).

---

34 Das ist der kleinste gemeinsame Nenner der unterschiedlichen Ansätze zur Bestimmung der Beschwerdeberechtigung. Nach Ansicht des BVerfG und von Teilen der Lit. muss der Beschwerdeführer Träger gerade eines von ihm als verletzt gerügten Grundrechts oder grundrechtsgleichen Rechts sein (BVerfGE 115, 205 (227); BVerfG, Beschl. v. 10. Mai 2016 – 1 BvR 2871/13, juris Rn. 3; *Hillgruber/Goos*, Verfassungsprozessrecht, Rn. 104). Andere Autoren wollen auf das Rügeerfordernis verzichten und schlagen eine „objektive" Betrachtung vor (*Benda/Klein/Klein*, Verfassungsprozessrecht, Rn. 506 f.). Noch weitergehend wird die Ansicht vertreten, es genüge, dass der Beschwerdeführer überhaupt Träger eines Grundrechts oder grundrechtsgleichen Rechts sein könne – es komme nicht darauf an, ob dieses Recht als verletzt gerügt wurde oder bei der Beurteilung der Verfassungskonformität des angegriffenen Hoheitsakts eine Rolle spiele (sog. abstrakte Theorie, siehe *Sachs*, Verfassungsprozessrecht, Rn. 515 ff.).

Öffentliche Gewalt i.S.d. Art. 93 Abs. 1 Nr. 4a GG, § 90 Abs. 1 BVerfGG ist aber nur die *deutsche* Staatsgewalt.[35] Nur diese wird durch das Grundgesetz verfasst und darf völkerrechtlich durch das Grundgesetz verfasst werden, deshalb ist auch nur sie gemäß Art. 1 Abs. 3 GG an die Grundrechte des Grundgesetzes gebunden. Eine Ausdehnung der Verfassungsbeschwerde auf eine nicht an die Grundrechte gebundene fremde Hoheitsgewalt wäre sinnlos.[36]

Möglicherweise üben allerdings auch die Organe und sonstigen Stellen der EU deutsche Hoheitsgewalt aus. Gemäß Art. 23 Abs. 1 S. 2 GG ist die Bundesrepublik verfassungsrechtlich ermächtigt, Hoheitsrechte auf die EU zu „übertragen“. Dies könnte so zu verstehen sein, dass die Hoheitsakte der EU-Organe, soweit sie im Hoheitsgebiet der Bundesrepublik Deutschland wirken, substanziell deutsche und mithin grundrechtsgebundene Staatsgewalt sind.[37] Die Rspr. des BVerfG war in der Frage der Grundrechtsbindung der EU schwankend. Zunächst beschränkte das Gericht den Kreis der mit der Verfassungsbeschwerde angreifbaren Hoheitsakte auf die von deutschen Staatsorganen ausgeübte öffentliche Gewalt. So erklärte es im Jahr 1967 die erste gegen eine Verordnung der damaligen EWG gerichtete Verfassungsbeschwerde, über die es zu entscheiden hatte, mit der Begründung für unzulässig, dass es sich um einen Akt „einer besonderen, durch den Vertrag geschaffenen, von der Staatsgewalt der Mitgliedstaaten deutlich geschiedenen ‚supranationalen‘ öffentlichen Gewalt“ handele.[38] In der Entscheidung „Solange-I“ von 1974 prüfte das Gericht zwar die Wirksamkeit einer Verordnung der damaligen EWG im abstrakten Normenkontrollverfahren (Art. 100 Abs. 1 GG) am Maßstab der Grundrechte, wies aber zugleich – nicht konsequent – darauf hin, dass eine unmittelbar gegen eine solche Verordnung gerichtete Verfassungsbeschwerde unzulässig wäre.[39] Im Maastricht-Urteil von 1993 vertrat das BVerfG dagegen die Auffassung, dass auch Akte der EG bzw. EU unmittelbar selbst Angriffsgegenstand der Verfassungsbeschwerde sein können.[40] Gedanklicher Ansatzpunkt hierfür war, dass infolge der Übertragung von Hoheitsrechten auf die EU diese bei materieller Betrachtung gegenüber dem Bürger an die Stelle der deutschen öffentlichen Gewalt getreten ist und auf die Rechtsstellung der Grundrechtsberechtigten in Deutschland unmittelbar einwirken kann.[41] In dieser Situation sah sich das BVerfG in der Pflicht, einen „Grundrechtsschutz in Deutschland“[42] zu gewährleisten – was implizierte, dass es die Hoheitsakte der Union auch materiell-rechtlich nach Art. 1 Abs. 3 GG für an die deutschen Grundrechte gebun- 28

35 St. Rspr. seit BVerfGE 1, 10 (11); 6, 15 (18); 22, 91 (92); *Hillgruber/Goos*, Verfassungsprozessrecht, Rn. 143a; *Sachs*, Verfassungsprozessrecht, Rn. 534.

36 *Eifert/Gerberding*, Jura 2016, S. 628 (635); *Hillgruber/Goos*, Verfassungsprozessrecht, Rn. 142.

37 Zu diesem Ansatz *Ruppert*, Die Integrationsgewalt, S. 91 ff.; anders die ganz h.M.: BVerfGE 22, 293 (295, 297); BVerfGE 89, 155 (158) – Maastricht; *Calliess*, in: Maunz/Dürig, GG, Art. 24 Rn. 38; *Classen*, in: v. Mangoldt/Klein/Stark, GG, Art. 24 Rn. 11.

38 BVerfGE 22, 293 (295 f.).

39 BVerfGE 37, 271 (283) – Solange I. Ebenso im Ergebnis hinsichtlich der Verfassungsbeschwerde BVerfGE 58, 1 (27) – Eurocontrol I.

40 BVerfGE 89, 155 (174 f.) – Maastricht; so auch die Interpretation von *Hillgruber/Goos*, Verfassungsprozessrecht, Rn 163; *Sachs*, Verfassungsprozessrecht, Rn. 536. Siehe auch BVerfGE 102, 147 (162–164) – Bananenmarktordnung.

41 *Sauer*, Staatsrecht III, § 9 Rn. 50.

42 BVerfGE 89, 155 (175) – Maastricht.

den hielt. Allerdings schränkte das BVerfG seine Prüfungskompetenz insoweit ein, dass es seine Gerichtsbarkeit in einem „Kooperationsverhältnis" zum EuGH ausübe.[43] Das BVerfG habe sich auf die generelle Gewährleistung der unabdingbaren Grundrechtsstandards zu beschränken, während der EuGH den Grundrechtsschutz im Einzelfall garantieren müsse.[44] Verfassungsbeschwerden gegen mutmaßlich grundrechtswidriges sekundäres Unionsrecht seien deshalb von vornherein unzulässig, wenn ihre Begründung nicht darlege, dass die europäische Rechtsentwicklung einschließlich der Rspr. des EuGH unter den erforderlichen Grundrechtsstandard generell abgesunken sei.[45] Mit dieser Einschränkung trug das BVerfG dem verfassungsrechtlichen Auftrag zur Herstellung und Entwicklung einer europäischen supranationalen Rechtsgemeinschaft in Art. 23 Abs. 1 S. 1 GG Rechnung: Eine solche Rechtsgemeinschaft könnte nicht funktionieren, wenn die Akte der gemeinsam ausgeübten Hoheitsgewalt an die nationalen Verfassungsrechte gebunden wären und unter der Aufsicht nationaler Gerichte stünden.

29 Die jüngere Rspr. des BVerfG hat die von der Maastricht-Entscheidung beanspruchte Prüfungskompetenz – unter Hinweis auf die frühere Rspr., aber ohne Begründung in der Sache selbst – wieder aufgegeben:[46] Maßnahmen von Organen, Einrichtungen und sonstigen Stellen der EU seien „keine Akte deutscher öffentlicher Gewalt i.S.v. Art. 93 Abs. 1 Nr. 4a GG, § 90 Abs. 1 BVerfG und daher auch nicht unmittelbarer Beschwerdegegenstand im Verfahren der Verfassungsbeschwerde".[47] Auch in der Lit. wird mit unterschiedlichen Begründungen überwiegend davon ausgegangen, dass ein Akt der Unionsgewalt nicht tauglicher Beschwerdegegenstand sein kann.[48]

30 **Hinweis:** Wohl nicht zuletzt angesichts der eigenen schwankenden Rechtsprechung hat das BVerfG Beschwerdeführern mit einer korrigierenden Auslegung von Rechtsschutzbegehren „geholfen", die dem Wortlaut nach unmittelbar gegen einen Unionsrechtsakt gerichtet waren und mit diesem Inhalt als unzulässig hätten verworfen werden müssen.[49]

31 Der Ausschluss der EU-Hoheitsakte aus dem Kreis der tauglichen Gegenstände einer Verfassungsbeschwerde ist im Ergebnis richtig. Der Begriff der „Übertragung" von Hoheitsrechten auf die EU (Art. 23 Abs. 1 S. 2 GG) ist nicht wörtlich in dem Sinne zu verstehen, dass sich die Bundesrepublik hierdurch ihrer Hoheitsgewalt „entledige" und mit gleichsam „dinglicher" Wirkung auf die EU übertrage.[50] Vielmehr wird die deutsche

---

43 BVerfGE 89, 155 (175) – Maastricht.

44 BVerfGE 89, 155 (175) – Maastricht.

45 BVerfGE 102, 147 (164) – Bananenmarktordnung; BVerfGE 123, 267 (399) – Lissabon.

46 Siehe nur BVerfGE 118, 79 (95); 129, 124 (175 f.) – EFS; 134, 366 (Rn. 132) – OMT-Beschluss; 142, 123 (Rn. 97) – OMT-Urteil; BVerfG, NJW 2017, S. 149 (Rn. 16 f.); BVerfG, Urt. v. 30.7.2019 – 2 BvR 1685/14, 2 BvR 2631/14, juris Rn. 112 – Bankenunion; s. dazu *Hillgruber/Goos*, Verfassungsprozessrecht, Rn. 163, 966c.

47 BVerfGE 142, 123 (Rn. 97) – OMT-Urteil; BVerfG, NJW 2017, S. 149 (Rn. 16); BVerfG, Urt. v. 30.7.2019 – 2 BvR 1685/14, 2 BvR 2631/14, juris Rn. 112 – Bankenunion; vgl. auch BVerfGE 129, 124 (175 f.).

48 *Bethge*, in: Maunz/Schmidt-Bleibetreu/Klein, BVerfGG, § 90 Rn. 333; *Eifert/Gerberding*, Jura 2016, S. 628 (635); *Hellmann*, in: Barczak, BVerfGG, § 90 Rn. 142; *Hillgruber/Goos*, Verfassungsprozessrecht, Rn. 965, 966 ff.; a.A. *Sauer*, Staatsrecht III, § 9 Rn. 52; differenzierend *Wollenschläger*, in: Dreier, GG, Bd. II, Art. 23 Rn. 170.

49 BVerfGE 134, 366 (Rn. 1); Zweifel an dieser Auslegung im Sondervotum der Richterin *Lübbe-Wolf*, Rn. 106; siehe auch *Eifert/Gerberding*, Jura 2016, S. 628 (636).

50 *Sauer*, in: Kahl/Waldhoff/Walter, GG, Art. 24 Rn. 37; *Calliess*, in: Maunz/Dürig, GG, Art. 24 Rn. 38.

Rechtsordnung lediglich für die Handlungen der EU geöffnet.[51] Hierzu wird den deutschen Staatsorganen die Anwendung und Ausführung der EU-Rechtsakte sowie die Duldung eigener Vollzugsakte der EU befohlen. Die nationale Rechtsordnung nimmt korrespondierend den Geltungsanspruch ihrer eigenen Vorschriften zurück.[52] Was als europäische Hoheitsgewalt bezeichnet wird,[53] ist damit im Kern die Möglichkeit der EU-Organe, die Tatbestände der nationalen Rechtsanwendungs- und Duldungsbefehle auszufüllen. Üben die Organe der EU mithin nicht deutsche Hoheitsgewalt aus, vermag die rein funktionale Argumentation des BVerfG im Maastricht-Urteil (Grundrechtsschutz wird gewährt, weil es erforderlich ist) kein anderes Ergebnis zu begründen. Hinzuweisen ist außerdem darauf, dass die Bindungswirkung bundesverfassungsgerichtlicher Urteile supranationale Organisationen schon nach dem Wortlaut des § 31 Abs. 1 BVerfGG nicht erfasst und aus völkerrechtlichen Gründen auch nicht erfassen kann.[54] Ebenso wenig kann das Bundesverfassungsgericht einen Akt der Unionsgewalt gemäß § 95 BVerfGG aufheben oder einen Gesetzgebungsakt für nichtig erklären. Auch deshalb kann die Verwirklichung des grundgesetzlichen Kontrollanspruchs sinnvollerweise nur bei den Trägern der deutschen öffentlichen Gewalt ansetzen.[55] Schutzlücken ergeben sich hierdurch nicht: Meist werden grundrechtliche Schutzgegenstände vermittelt durch unionsrechtlich determinierte deutsche öffentliche Gewalt beeinträchtigt, sodass die Mitwirkungsakte der deutschen Stellen als Beschwerdegegenstände herangezogen werden können.[56] Bei nicht umsetzungsbedürftigen Handlungen der Unionsorgane kommt eine Geltendmachung staatlicher Schutz- und Handlungspflichten in Betracht, womit wiederum ein nationaler Akt als tauglicher Beschwerdegegenstand vorliegt.[57]

Die EU-FAVO ist somit kein tauglicher Beschwerdegegenstand einer Verfassungsbeschwerde.

Hinweis: Unter bestimmten Voraussetzungen prüft das BVerfG bei der Beurteilung der Grundrechtskonformität eines deutschen Hoheitsaktes *vorfrageweise*, ob ein diesen Hoheitsakt veranlassender EU-Rechtsakt den Anforderungen des Grundgesetzes genügt. Mittelbar wird so auch eine Kontrolle der Grundrechtskonformität des EU-Rechtsaktes möglich. Zum einen ermöglicht es die sog. *Identitätskontrolle*, die Vereinbarkeit des EU-Rechtsakts mit den sog. Ewigkeitsgarantien des Grundgesetzes zu prüfen, zu denen auch der Menschwürdegehalt der Grundrechte gehört (Art. 79 Abs. 3 GG). Zum anderen erachtet sich das BVerfG unter bestimmten, eng gefassten Voraussetzungen für zuständig, einen EU-Rechtsakt ohne die Beschränkung auf den Menschenwürdekern am Maßstab der Grundrechte zu messen. So heißt es im Lissabon-Urteil, das BVerfG übe seine Ge- 32

51 BVerfGE 37, 271 (280) – Solange I; 58, 1 (28) – Eurocontrol; *Streinz*, in: Sachs, GG, Art. 23 Rn. 59 f.

52 BVerfGE 37, 271 (280) – Solange I; 58, 1 (28) – Eurocontrol; *Calliess*, in: Maunz/Dürig, GG, Art. 24 Rn. 40; *Classen*, in: v. Mangoldt/Klein/Starck, GG, Art. 24 Rn. 12; *König*, Übertragung von Hoheitsrechten, S. 77.

53 Nach h.M. haben die Mitgliedstaaten die EU völkervertraglich als Trägerin von Hoheitsrechten konstituiert, siehe nur BVerfGE 22, 293 (295 f.); *Calliess*, in: Maunz/Dürig, GG, Art. 24 Rn. 39.

54 *Hillgruber/Goos*, Verfassungsprozessrecht, Rn. 966a.

55 *Eifert/Gerberding*, Jura 2016, S. 628 (634).

56 *Eifert/Gerberding*, Jura 2016, S. 628 (636); *Wollenschläger*, in: Dreier, GG, Bd. II, Art. 23 Rn. 170.

57 *Eifert/Gerberding*, Jura 2016, S. 628 (636); *Wollenschläger*, in: Dreier, GG, Bd. II, Art. 23 Rn. 170. Diesen Ansatz wählte das BVerfG in BVerfGE 134, 366 (Rn. 44 ff.) – OMT-Beschluss – sowie zuletzt in BVerfG, NJW 2019, S. 3204 (Rn. 141).

richtsbarkeit über die Anwendbarkeit von sekundärem Unionsrecht, das die Rechtsgrundlage für ein Handeln deutscher Staatsgewalt ist, lediglich solange nicht mehr aus, wie die EU eine Grundrechtsgeltung gewährleistet, die nach Inhalt und Wirksamkeit dem Grundrechtsschutz, wie er nach dem Grundgesetz unabdingbar ist, im Wesentlichen gleichkomme (sog. *Solange-Vorbehalt*).[58]

III. Ergebnis

33 Eine Verfassungsbeschwerde gegen die EU-FAVO ist unzulässig.

D. Gesamtergebnis

34 Dem A steht unmittelbar gegen die EU-FAVO kein zulässiger Rechtsbehelf zur Verfügung.

Aufgabe 2: Vorgehen gegen das Zustandekommen der Verordnung

35 A fragt, ob er im Rechtsweg gegen das Zustandekommen der EU-FAVO vorgehen kann.

A. Rechtsbehelf beim EuGH

36 Zunächst könnte A eine Nichtigkeitsklage nach Art. 263 Abs. 4, Abs. 1 AEUV bei dem hierfür zuständigen Gericht (Art. 19 Abs. 1 S. 1 EUV) erheben. Diese hat Erfolg, wenn sie zulässig und begründet ist.

I. Zulässigkeit

1. Tauglicher Klagegenstand

37 Hinsichtlich der Zulässigkeit stellt sich zunächst die Frage, ob ein noch nicht verabschiedeter Verordnungsentwurf ein tauglicher Klagegegenstand ist. Grundsätzlich sind die von Art. 263 Abs. 1, Abs. 4 AEUV erfassten Unionshandlungen erst dann mit der Nichtigkeitsklage angreifbar, wenn sie in dem dafür vorgesehenen Verfahren verabschiedet worden sind.[59] Zuvor hat sich der Gestaltungswille des für die abschließende Entscheidung zuständigen Organs noch nicht endgültig in einem Rechtsakt manifestiert, auch wenn die Absicht zum Erlass eines Rechtsaktes in naher Zukunft kundgetan worden sein mag. Es ist in einer auf Rechtsstaatlichkeit gegründeten Ordnung (Art. 2 EUV) zunächst die Pflicht der rechtsetzenden und vollziehenden Gewalten selbst, ein beabsichtigtes Handeln auf seine Rechtmäßigkeit zu prüfen und rechtswidriges Handeln unbedingt zu unterlassen. Die gerichtliche Kontrolle kann zur Wahrung der Effektivität

58 BVerfGE 123, 267 (335) – Lissabon.

59 *Dörr*, in: Grabitz/Hilf/Nettesheim, Das Recht der Europäischen Union, Art. 263 AEUV Rn. 38.

und der politischen Unabhängigkeit der Justiz grds. erst eingreifen, wenn der Willensbildungsprozess der anderen Hoheitsgewalten abgeschlossen ist und die rechtswidrige Handlung vorgenommen wurde. Aus dem gleichen Grund können auch vorbereitende Maßnahmen wie z.B. die Vorschläge der Kommission für einen Rechtsetzungsakt[60] oder Zwischenmaßnahmen in einem mehrphasigen Verfahren nicht selbstständig angefochten werden.[61] Erst recht stellt die bloße Ankündigung eines EU-Organs, eine bestimmte Handlung vornehmen zu wollen, keinen tauglichen Klagegegenstand dar.[62]

2. Klageberechtigung

Der Zulässigkeit einer Nichtigkeitsklage steht außerdem die fehlende Klageberechtigung des A entgegen. Wenn A nach dem oben Gesagten durch die Verordnung noch nicht einmal nach ihrem Erlass unmittelbar betroffen ist (siehe Aufgabe 1), kann vor dem Erlass der Verordnung erst recht nichts anderes gelten. Das Erfordernis der unmittelbaren Betroffenheit nach Art. 263 Abs. 4 Var. 2 und Var. 3 AEUV schließt vorbeugende Nichtigkeitsklagen im Gegenteil selbst gegen solche Rechtsakte grds. aus, die den Kläger nach ihrem Inkrafttreten unmittelbar betreffen.[63] **38**

Hinweis: Ob von dem Grundsatz der Unzulässigkeit vorbeugender Nichtigkeitsklagen zur Gewährleistung eines effektiven Rechtsschutzes (Art. 47 Abs. 1 GRC) in bestimmten Konstellationen Ausnahmen zu machen sind, bedarf vorliegend keiner Entscheidung. **39**

II. Ergebnis

Eine Nichtigkeitsklage des A ist unzulässig. **40**

B. Rechtsbehelf im deutschen Verwaltungsrechtsweg

Fraglich ist, ob A im deutschen Verwaltungsrechtsweg erreichen kann, dass die Bundesrepublik Deutschland dazu verurteilt wird, im Rat nicht für den Erlass der EU-FAVO zu stimmen. **41**

Hinweis: Es kommt nicht darauf an, ob sich der deutsche Vertreter im Rat der Stimme enthält oder gegen die Verordnung stimmt. Nicht anders als eine Nein-Stimme trägt auch eine Stimmenthaltung nicht zur Erreichung der für die Annahme des Rechtsaktes erforderlichen qualifizierten Mehrheit i.S.v. Art. 16 Abs. 4 UAbs. 1 EUV bei.[64] Auch für die **42**

---

60 *Dörr*, in: Grabitz/Hilf/Nettesheim, Das Recht der Europäischen Union, Art. 263 AEUV Rn. 39.

61 EuGH, Urt. v. 14. März 1990, Nashua Corporation u.a./Kommission und Rat, C-133/87 und C-150/87, EU:C:1990:115, Rn. 9; Urt. v. 22. Juni 2000, Niederlande/Kommission, C-147/96, EU:C:2000:335, Rn. 26; *Dörr*, in: Grabitz/Hilf/Nettesheim, Das Recht der Europäischen Union, Art. 263 AEUV Rn. 39.

62 EuGH, Beschl. v. 8. März 1991, Emerald Meats, C-66/91 und C 66/91 R, EU:C:1991:110, Rn. 27 f.; Urt. v. 5. Mai 1998, Vereinigtes Königreich/Kommission, C-180/96, EU:C:1998:192, Rn. 27 ff.; *Dörr*, in: Grabitz/Hilf/Nettesheim, Das Recht der Europäischen Union, Art. 263 AEUV Rn. 40.

63 Vgl. *Pechstein/Görlitz*, in: Pechstein/Nowak/Häde, EUV/GRC/AEUV, Art. 263 AEUV Rn. 107.

64 Vgl. *Nettesheim*, in: Grabitz/Hilf/Nettesheim, Das Recht der Europäischen Union, Art. 238 AEUV Rn. 40.

Sperrminorität im Sinne des Art. 16 Abs. 4 UAbs. 2 EUV zählen Enthaltungen und Gegenstimmen gleichermaßen.

I. Eröffnung des Verwaltungsrechtswegs

43 Zu prüfen ist, ob für einen Rechtsbehelf des A der Verwaltungsrechtsweg eröffnet ist. Gemäß § 40 Abs. 1 S. 1 VwGO ist der Verwaltungsrechtsweg in allen öffentlich-rechtlichen Streitigkeiten nichtverfassungsrechtlicher Art gegeben, soweit keine abdrängende Sonderzuweisung eingreift.

1. Öffentlich-rechtliche Streitigkeit

44 Die Rechtsnatur einer Streitigkeit richtet sich nach der streitentscheidenden Norm.[65] A macht einen Anspruch auf ein bestimmtes Abstimmungsverhalten der Bundesrepublik Deutschland bei der anstehenden Abstimmung über die EU-FAVO im Rat geltend. Dieser Anspruch kann, wenn er besteht, aufgrund der öffentlich-rechtlichen Natur der Erfüllungshandlung selbst nur öffentlich-rechtlicher Art sein.[66] Als mögliche Anspruchsgrundlage kommt insb. Art. 38 Abs. 1 GG in Betracht. Es liegt damit eine öffentlich-rechtliche Streitigkeit vor.

2. Nichtverfassungsrechtlicher Art

45 Die Streitigkeit müsste zudem nichtverfassungsrechtlicher Art sein. Nichtverfassungsrechtlich ist nicht jede Streitigkeit, für die keine Zuständigkeit des BVerfG oder eines Landesverfassungsgerichts begründet ist.[67] Andernfalls wäre das Merkmal der Streitigkeit nichtverfassungsrechtlicher Art weitgehend überflüssig, weil die eine verfassungsgerichtliche Zuständigkeit eröffnende Norm zugleich eine abdrängende Sonderzuweisung i.S.v. § 40 Abs. 1 S. 1 VwGO wäre.[68] Der Begriff der nichtverfassungsrechtlichen Streitigkeit und der Komplementärbegriff der verfassungsrechtlichen Streitigkeit sind daher auch anhand inhaltlicher Kriterien zu definieren.

a) Doppelte Verfassungsunmittelbarkeit

46 Nach einer weit verbreiteten Auffassung ist eine verfassungsrechtliche Streitigkeit durch eine doppelte Verfassungsunmittelbarkeit gekennzeichnet:[69] Zum einen müssen die Verfahrensbeteiligten unmittelbar am Verfassungsleben beteiligt sein und zum anderen muss es in der Streitsache materiell im Kern um die Anwendung oder Auslegung von

---

65 *Ehlers*, in: ders./Schoch, Rechtsschutz im öffentlichen Recht, § 21 Rn. 72; abweichend GmS OGB, BGHZ 97, 312 (313 f.).

66 Zu diesem Zusammenhang *Ehlers/Schneider*, in: Schoch/Schneider/Bier, VwGO, Bd. 1, § 40 Rn. 210.

67 *Schenke*, Verwaltungsprozessrecht, Rn. 126.

68 *Schenke*, Verwaltungsprozessrecht, Rn. 126.

69 BayVerfGH, BayVBl. 2015, S. 154 (156); OVG Berlin-Brandenburg, NVwZ-RR 2017, S. 126 (Rn. 12); *Erbguth/Guckelberger*, Allgemeines Verwaltungsrecht, § 5 Rn. 25; *Hufen*, Verwaltungsprozessrecht, § 11 Rn. 49. Kritisch: *Bethge*, JuS 2001, S. 1100; *Ehlers*, Jura 2008, S. 183 (186 f.); *Ruthig*, in: Kopp/Schenke, VwGO, § 40 Rn. 32a ff.

Verfassungsrecht gehen.[70] Unmittelbar am Verfassungsleben nehmen nur solche Akteure teil, die ihre rechtliche Existenz direkt aus dem Verfassungsrecht ableiten, also insb. Verfassungsorgane und Teile von solchen.[71] Streitigkeiten, an denen – wie hier – ein Bürger beteiligt ist, sind deshalb bei strikter Anwendung der Formel von der doppelten Verfassungsunmittelbarkeit niemals verfassungsrechtlicher Art, und zwar auch dann nicht, wenn die inhaltlichen Maßstäbe zur Streitentscheidung dem Verfassungsrecht entstammen (Grundrechte).[72] Allerdings gibt es Fälle, in denen ein Rechtsschutzbegehren direkt die verfassungsrechtlichen Kompetenzen eines Verfassungsorgans berührt, so dass trotz Beteiligung eines Bürgers eine verfassungsrechtliche Streitigkeit anzunehmen sein soll.[73] So verhält es sich etwa dann, wenn ein formelles Gesetz unmittelbar angegriffen wird.[74] Die stark am Organstreit als „Urbild" einer verfassungsrechtlichen Streitigkeit ausgerichtete Formel von der doppelten Verfassungsunmittelbarkeit wird insoweit also nicht angewandt oder jedenfalls stark modifiziert.

Fraglich ist, ob im vorliegenden Fall ein vergleichbar enger Bezug zum Verfassungsrecht gegeben ist und die Streitigkeit deshalb nicht im Verwaltungsrechtsweg ausgetragen werden kann. A begehrt ein bestimmtes Handeln des deutschen Vertreters im Rat und damit einen Akt der auswärtigen Gewalt, der einem grds. von der Bundesregierung (Art. 32 Abs. 1 GG) oder ausnahmsweise vom Bundesrat (Art. 23 Abs. 6 GG i.V.m. § 6 Abs. 2 EUZBLG) benannten Vertreter obliegt. Im Binnenverhältnis der Verfassungsorgane zueinander könnte Rechtsschutz hinsichtlich des Abstimmungsverhaltens nur im Wege des Organstreits (Art. 93 Abs. 1 Nr. 1 GG) und im Bund-Länder-Verhältnis mit dem Bund-Länder-Streit (Art. 93 Abs. 1 Nr. 3 GG) erlangt werden, nicht aber im Verwaltungsrechtsweg. Dem Grundgesetz ist damit die Wertung zu entnehmen, dass Streitigkeiten, die das Abstimmungsverhalten der Bundesrepublik im Rat betreffen, verfassungsrechtlicher Art sind. Diese Rechtsnatur haben sie auch dann, wenn ausnahmsweise ein einzelner Bürger um Rechtsschutz nachsucht. Ohne diesem Aspekt in den Entscheidungsgründen Aufmerksamkeit zu schenken, ging auch das BVerfG in seiner OMT[75]-Entscheidung[76] davon aus, dass die Zulässigkeit einer gegen die Beteiligung deutscher Verfassungsorgane an einem Ultra-vires-Akt gerichteten, ohne vorherige Einlegung fachgerichtlicher Rechtsbehelfe erhobenen Verfassungsbeschwerde nicht an der fehlenden Erschöpfung des Rechtswegs (§ 90 Abs. 2 S. 1 BVerfGG) scheitert. **47**

Auch wer im Ausgangspunkt die Formel von der doppelten Verfassungsunmittelbarkeit anwendet, wird hier deshalb eine verfassungsrechtliche Streitigkeit anzunehmen haben.

70 OVG Berlin-Brandenburg, NVwZ-RR 2017, S. 126 (Rn. 12); *Detterbeck*, Allgemeines Verwaltungsrecht, Rn. 1327; *Hufen*, Verwaltungsprozessrecht, § 11 Rn. 49.

71 *Detterbeck*, Allgemeines Verwaltungsrecht, Rn. 1327; *Erbguth/Guckelberger*, Allgemeines Verwaltungsrecht, § 5 Rn. 25.

72 *Detterbeck*, Allgemeines Verwaltungsrecht, Rn. 1328; *Erbguth/Guckelberger*, Allgemeines Verwaltungsrecht, § 5 Rn. 25; *Ruthig*, in: Kopp/Schenke, VwGO § 40 Rn. 32.

73 BayVerfGH, BayVBl. 2015, S. 154 (156); *Detterbeck*, Allgemeines Verwaltungsrecht, Rn. 1328.

74 BVerfGE 70, 35 (55); BVerwGE 80, 355 (358); *Detterbeck*, Allgemeines Verwaltungsrecht, Rn. 1328; *Ruthig*, in: Kopp/Schenke, VwGO, § 40 Rn. 32a.

75 „OMT" steht für „Outright Monetary Transactions". In der Sache ging es um die Ankündigung der EZB, unter bestimmten Bedingungen in unbegrenztem Umfang Staatsanleihen von „Euroländern" zu erwerben und damit den Marktpreis für die Kreditaufnahme zu korrigieren.

76 BVerfGE 142, 123 (Rn. 76 ff.) – OMT-Urteil.

b) Andere Konzeptionen des Begriffs der verfassungsrechtlichen Streitigkeit

48 Nach einer vom BVerwG vertretenen Ansicht liegt eine verfassungsgerichtliche Streitigkeit vor, wenn die Auslegung und Anwendung verfassungsrechtlicher Normen den eigentlichen Kern des Rechtsstreits bilden[77] oder – anders ausgedrückt – das streitige Rechtsverhältnis entscheidend vom Verfassungsrecht geprägt ist.[78] Vorliegend geht es im Kern um den Gewährleistungsgehalt des Art. 38 Abs. 1 S. 1 GG und die daraus folgenden (Unterlassungs-)Pflichten deutscher Verfassungsorgane im Zusammenhang mit (drohenden) Ultra-vires-Akten und Verletzungen der Verfassungsidentität. Auch auf Grundlage der Rspr. des BVerwG wäre die Streitigkeit deshalb als verfassungsrechtliche zu qualifizieren.

49 **Hinweis:** In der Literatur finden sich weitere Ansätze zur Bestimmung des Begriffs der verfassungsrechtlichen Streitigkeit, die den erkennbaren Defiziten der Formel von der doppelten Verfassungsunmittelbarkeit und ihrer unterkomplexen Ausrichtung an der Organstreitigkeit Rechnung tragen. So liegt nach der sog. materiellen Subjektstheorie eine verfassungsrechtliche Streitigkeit vor, wenn der Rechtsschutz*gegner* ein Verfassungssubjekt ist, das als solches verpflichtet werden soll.[79] Eine weitere Ansicht stellt darauf ab, ob die Streitigkeit aufgrund verfassungsrechtlicher Zuständigkeitsvorschriften grds. den Verfassungsgerichten vorbehalten sein soll.[80]

II. Ergebnis

50 Eine Klage vor einem deutschen Verwaltungsgericht, die darauf gerichtet ist, dass der deutsche Vertreter im Rat der EU-FAVO nicht zustimmt, wäre unzulässig.

C. Verfassungsbeschwerde gegen die Zustimmung des deutschen Vertreters im Rat

51 Zu prüfen sind schließlich die Erfolgsaussichten einer Verfassungsbeschwerde des A beim BVerfG gegen die vom Bundesminister der Finanzen angekündigte Zustimmung der Bundesrepublik Deutschland zur EU-FAVO im Rat. Ein solcher Rechtsbehelf hätte Aussicht auf Erfolg, soweit er zulässig und begründet wäre.

I. Zulässigkeit

52 Eine Verfassungsbeschwerde ist zulässig, wenn die Sachentscheidungsvoraussetzungen des Art. 93 Abs. 1 Nr. 4a GG und der § 13 Nr. 8a, §§ 90 ff. BVerfGG gegeben sind.

77 BVerwGE 80, 355 (357).

78 BVerwGE 80, 355 (357); BVerwG, NJW 1985, S. 2344 (2344); BVerwGE 109, 258 (259 f.).

79 *Ehlers*, Jura 2008, S. 183 (187); *ders./Schneider*, in: Schoch/Schneider/Bier, VwGO, Bd. 1, § 40 Rn. 144; *Rennert*, in: Eyermann, VwGO, § 40 Rn. 21; *Sodan*, in: ders./Ziekow, VwGO, § 40 Rn. 215.

80 *Kraayvanger*, Verfassungsrechtliche Streitigkeit, S. 49 f.; *Ruthig*, in: Kopp/Schenke, VwGO, § 40 Rn. 32d; *Schenke*, Verwaltungsprozessrecht, Rn. 129 ff.

1. Beteiligungsfähigkeit des Beschwerdeführers

Die Beteiligungsfähigkeit des A gemäß Art. 93 Abs. 1 Nr. 4a GG, § 90 Abs. 1 BVerfGG ist nach dem oben Gesagten[81] jedenfalls dann zu bejahen, wenn A in der Beschwerdeschrift eine Verletzung des grundrechtsgleichen aktiven Wahlrechts aus Art. 38 Abs. 1 S. 1 GG geltend macht. **53**

2. Tauglicher Beschwerdegegenstand

Die angekündigte Zustimmung zum Erlass der EU-FAVO müsste zudem einen tauglichen Beschwerdegegenstand darstellen. Tauglicher Gegenstand einer Verfassungsbeschwerde ist gemäß Art. 93 Abs. 1 Nr. 4a GG, § 90 Abs. 1 BVerfGG jeder Akt der deutschen[82] öffentlichen Gewalt. Zu klären ist, ob der Vertreter der Bundesrepublik im Rat bei der Abstimmung über Rechtsakte der EU deutsche Staatsgewalt ausübt. Gemäß Art. 13 Abs. 1 UAbs. 2 EUV ist der Rat ein Organ der EU, das gemäß Art. 16 Abs. 2 EUV aus je einem Vertreter jedes Mitgliedstaates auf Ministerebene zusammengesetzt ist. Im Rat wirken die Angehörigen der mitgliedstaatlichen Regierungen mithin an der Willensbildung eines EU-Organs mit und üben europäische Hoheitsgewalt aus. Zugleich bleiben sie aber – anders als etwa die Mitglieder der Kommission (Art. 17 Abs. 3 u. 8 EUV) – eben auch Vertreter ihrer jeweiligen Mitgliedstaaten.[83] Ihre unionsrechtlichen Kompetenzen knüpfen an eine aus dem mitgliedstaatlichen Verfassungsrecht und der aus ihm abgeleiteten Rechtsordnung resultierende Bevollmächtigung an. Das Unionsrecht nimmt dieses Vertretungsmodell nicht nur als Folge der quasi-föderalen Verfasstheit der EU hin, sondern es sieht darin eine notwendige Abstützung der demokratischen Legitimation der EU-Hoheitsgewalt. Gemäß Art. 10 Abs. 2 UAbs. 2 EUV beruht die Demokratie in der EU auch auf der – in den meisten Staaten über die nationalen Parlamente vermittelte – Verantwortlichkeit der Ratsmitglieder gegenüber dem eigenen Staatsvolk. Die Vertreter im Rat haben mithin funktional eine Doppelstellung; sie üben (auch) die Staatsgewalt ihres Mitgliedstaats aus.[84] Die Zustimmung zu einem Sekundär- **54**

81 Aufgabe 1, C. II., Rn. 26.

82 Siehe Aufgabe 1, C. III., Rn. 27 ff.

83 *W. Cremer*, EuR 2014, S. 195 (206).

84 *Cornils*, AöR 129 (2004), S. 336 (350 f.); *W. Cremer*, EuR 2014, S. 195 (206); *Huber*, AöR 116 (1991), S. 210 (231); a.A. *Heintzen*, Der Staat 31 (1992), S. 367 (380 ff.); wohl auch *Nicolaysen*, EuR 2015, S. 215 (218 f.). Die Rspr. des BVerfG war in der Vergangenheit nicht eindeutig. Zwar sprach BVerfG NVwZ 1993, S. 883 (883) davon, dass die Zustimmung im Rat „der letzte von der deutschen Staatsgewalt gesetzte Mitwirkungsakt" an einer möglichen Grundrechtsverletzung sei. Dennoch gelangt das Gericht zu der Auffassung, es liege „kein Akt öffentlicher Gewalt gegenüber der Beschwerdeführerin" vor. Ähnlich verneinte es in BVerfGE 129, 124 (174 f.) die Zulässigkeit der Verfassungsbeschwerde, da die Beschwerdeführer nicht „unmittelbar beschwert" seien, sprach aber gleichzeitig davon, dass die Mitwirkungshandlungen der Bundesregierung keine „mit der Verfassungsbeschwerde angreifbaren Akte öffentlicher Gewalt gegenüber den Beschwerdeführern" seien. Dies wurde teilweise so verstanden, dass das Gericht schon das Vorliegen eines tauglichen Beschwerdegegenstands verneinte und nicht – was das vorzugswürdige Verständnis sein dürfte – mangels unmittelbarer Betroffenheit erst die Beschwerdebefugnis. In seinem jüngsten Urteil zur Bankenunion hat das BVerfG nun klargestellt, dass Mitwirkungsakte deutscher Verfassungsorgane beim Zustandekommen von Sekundärrechtsakten der EU taugliche Beschwerdegegenstände der Verfassungsbeschwerde sind, BVerfG, Urt. v. 30.7.2019 – 2 BvR 1685/14, 2 BvR 2631/14, juris Rn. 102 f. Vgl. zur Angreifbarkeit der Abstimmungsweisung der Bundesregierung an ihren Vertreter im Rat im Organstreit BVerfGE 92, 203 (227).

rechtsakt ist der letzte Akt der mitgliedstaatlichen Staatgewalt vor der Entstehung eines unionsrechtlichen Aktes.[85]

55 Allerdings könnte der Begriff des Aktes der öffentlichen Gewalt angesichts der Funktion der Verfassungsbeschwerde, die Grundrechtsbindung der Staatsgewalt prozessual durchzusetzen, einschränkend auszulegen sein. So könnte es hier an einem tauglichen Beschwerdegegenstand dann fehlen, wenn der Vertreter der Bundesrepublik Deutschland bei der Abstimmung im Rat nicht an die Grundrechte und die grundrechtsgleichen Rechte gebunden und eine Verletzung dieser Rechte schon deshalb unter jedem Gesichtspunkt auszuschließen wäre. Grundsätzlich ist die Grundrechtsbindung indes die unmittelbare Folge der soeben getroffenen Feststellung, dass der deutsche Vertreter durch sein Abstimmungsverhalten im Rat deutsche Staatsgewalt ausübt. Die Grundrechtsbindung aller drei Staatsgewalten ist grundsätzlich umfassend und lückenlos (Art. 1 Abs. 3, Art. 20 Abs. 3 GG).[86] Zwar erfährt dieser Grundsatz – wie noch zu zeigen sein wird – mit Rücksicht auf die Europarechtsfreundlichkeit[87] gewisse Durchbrechungen. Eine vollständige Aufhebung der Grundrechtsbindung bei der Mitwirkung an Angelegenheiten der EU widerspräche jedoch der Regelung des Art. 23 Abs. 1 S. 3 GG, der zufolge selbst der Hoheitsrechte übertragende Gesetzgeber zumindest an einen Kerngehalt der Verfassung (Art. 79 Abs. 3 GG) gebunden bleibt. Allein unter Hinweis auf die Europarechtsfreundlichkeit des Grundgesetzes kann die Grundrechtsbindung daher nicht gänzlich ausgeschlossen werden, mag damit auch wie mit jeder inhaltlichen Vorabfestlegung die Kompromissfindung im Rat erschwert werden. Es ist im Übrigen auch nicht ersichtlich, dass das geltende europäische Recht überhaupt den Anspruch erhebt, die Bindung des mitgliedstaatlichen Vertreters an das jeweilige Verfassungsrecht per se auszuschließen.

Damit ist die angekündigte Zustimmung zum Erlass der EU-FAVO ein tauglicher Beschwerdegegenstand.

56 **Hinweis:** Es ist gut vertretbar, die Grundrechtsbindung erst im Prüfungspunkt „Beschwerdebefugnis" anzusprechen.

3. Beschwerdebefugnis

57 A müsste beschwerdebefugt sein. Nach Art. 93 Abs. 1 Nr. 4a GG, § 90 Abs. 1 BVerfGG setzt die Beschwerdebefugnis die Behauptung des Beschwerdeführers voraus, durch den angegriffenen Hoheitsakt in einem Grundrecht oder grundrechtsgleichen Recht verletzt zu sein. Eine Rechtsverletzung ist behauptet, wenn sie zumindest möglich erscheint

85 *Kahl*, in: ders./Waldhoff/Walter, GG, Art. 1 Abs. 3 Rn. 71.

86 Eine Bindung an das GG bejahend BVerfGE 92, 203 (227 f.); 123, 267 (395, 411, 413 f., 424 f.); *W. Cremer*, EuR 2014, S. 195 (206); a.A. *Heintzen*, Der Staat 31 (1992), S. 367 (380 ff.); *Nicolaysen*, EuR 2015, S. 215 (218 f.).

87 BVerfGE 123, 267 (354 f.) – Lissabon.

(nachfolgend a).[88] Darüber hinaus muss der Beschwerdeführer selbst, gegenwärtig und unmittelbar betroffen sein (b).[89]

a) Möglichkeit der Verletzung in einem Grundrecht oder grundrechtsgleichen Recht

Möglich ist eine Rechtsverletzung, die nicht von vornherein ausgeschlossen ist.[90] **58**

aa) Mögliche Verletzung von Freiheitsgrundrechten

A wird durch die EU-FAVO unmittelbar zu nichts verpflichtet, so dass ein Eingriff in **59**
den grundrechtlichen Schutzbereich einer Handlungsfreiheit nicht ersichtlich ist. Unberührt bleiben auch der Bestand, die Zuordnung und die Ausübung von subjektiven Rechten des A, die Gegenstand eines Schutzes insb. durch Art. 14 Abs. 1 GG sein könnten. Ferner verpflichtet die Verordnung auch nicht die Mitgliedstaaten zu Grundrechtseingriffen oder veranlasst sie in anderer Weise dazu, so dass es nicht in Betracht kommt, die Zustimmung zur Verordnung als mittelbaren Grundrechtseingriff zu qualifizieren. Wie oben[91] ausführlich dargestellt, können sich die Mitgliedstaaten die zur Erfüllung einer aus der EU-FAVO folgenden Zahlungsverpflichtung erforderlichen finanziellen Mittel auf unterschiedliche Weise beschaffen und zudem die Höhe der Zahlungsverpflichtung beeinflussen. Eine Verletzung von Freiheitsgrundrechten durch die Zustimmung zu der Verordnung im Rat scheidet deshalb von vornherein aus.

bb) Mögliche Verletzung eines Rechts aus Art. 38 Abs. 1 S. 1 GG

In Betracht zu ziehen ist die Möglichkeit einer Verletzung eines grundrechtsgleichen **60**
Rechts aus Art. 38 Abs. 1 S. 1 GG.

(1) Mögliche Verletzung des Anspruchs auf Wahrung der Verfassungsidentität

Seinem Wortlaut nach gewährt Art. 38 Abs. 1 S. 1 GG ein subjektives Recht, an der **61**
Wahl der Abgeordneten des Deutschen Bundestages teilzunehmen. Nach Ansicht des BVerfG ist damit nicht nur das formale Wahlrecht und die Einhaltung der verfassungsrechtlichen Wahlrechtsgrundsätze garantiert, sondern es wird dem Einzelnen auch ein Anspruch darauf gegeben, mit seiner Stimme Einfluss auf die politische Willensbildung zu nehmen und damit tatsächlich etwas bewirken zu können.[92] Daraus folgert das Gericht, dass die Kompetenzen des Bundestags nicht dergestalt ausgehöhlt werden dürfen, dass die Ausübung des Wahlrechts seine Schlüsselrolle bei der politischen Selbstbestimmung des deutschen Volkes verliert[93] und damit das Demokratieprinzip als einer der

---

88 St. Rspr., siehe nur BVerfGE 125, 39 (73); 129, 78 (91).

89 BVerfGE 140, 42 (Rn. 55); *Hillgruber/Goos*, Verfassungsprozessrecht, Rn. 166; *Sachs*, Verfassungsprozessrecht, Rn. 560 ff.

90 BVerfGE 125, 39 (73); *Hellmann*, in: Barczak, BVerfGG, § 90 Rn. 193.

91 Aufgabe 1, A. VI. 3. b), Rn. 18.

92 BVerfGE 89, 155 (171 f.) – Maastricht; BVerfGE 123, 267 (358) – Lissabon; BVerfGE 142, 123 (Rn. 81) – OMT-Urteil; BVerfG, Urt. v. 30.7.2019 – 1 BvR 1685/14, 2 BvR 2631/14, juris Rn. 91 – Bankenunion.

93 *Eifert/Gerberding*, Jura 2016, S. 628 (638).

Identitätskerne des Grundgesetzes (Art. 79 Abs. 3 i.V.m. Art. 20 Abs. 1 u. 2 GG) verletzt wird.[94] Der Verfassungsgrundsatz der Demokratie wird vom BVerfG mithin nicht nur als formales Zurechnungsprinzip zwischen Staatsvolk und Hoheitsgewalt verstanden, sondern als tatsächliche Gestaltungsmacht des deutschen Volkes über seine Angelegenheiten.[95] Selbst wenn dem Bundestag *rechtlich* hinreichende Kompetenzen verbleiben, könne eine Verletzung der Verfassungsidentität daraus resultieren, dass diese Kompetenzen *faktisch* entwertet werden. Dies sei der Fall, wenn der Bundestag nicht mehr über hinreichende „freie" finanzielle Mittel zur politischen Gestaltung verfüge oder er die Kontrolle über die Ein- und Ausnahmen des Staates (Budgethoheit) verliere.[96]

62 Vorliegend bewirkt die EU-FAVO angesichts der erheblichen Unterschiede zwischen den Volumina der öffentlichen Haushalte in der EU voraussichtlich eine sehr große Ausgleichsverpflichtung der Bundesrepublik Deutschland. Allein im Jahr 2019 liegt die Transferlast nach den Prognosen bei 150 Milliarden Euro. Eine erhebliche Beeinträchtigung der Gestaltungsmöglichkeiten des Bundestages und seiner Kompetenz, über die Verwendung der Staatseinnahmen nach eigenem politischen Ermessen zu entscheiden, ist damit nicht von der Hand zu weisen.

63 Die Möglichkeit einer Rechtsverletzung könnte allerdings auszuschließen sein, wenn und soweit der deutsche Vertreter im Rat nur einer inhaltlich beschränkten Grundrechtsbindung unterliegt.[97] Für eine Einschränkung der Bindung spricht die Regelung zur Übertragung von Hoheitsrechten auf die EU in Art. 23 Abs. 1 S. 3 GG, die es dem deutschen Gesetzgeber ermöglicht, an Änderungen des europäischen Primärrechts auch dann mitzuwirken, wenn hierdurch das Grundgesetz „seinem Inhalt nach" geändert wird. Schranken ergeben sich hierfür nur aus den Vorgaben des Art. 79 Abs. 2 GG und der sog. Ewigkeitsklausel in Art. 79 Abs. 3 GG, die wiederum auf die in Art. 1 und Art. 20 GG niedergelegten Grundsätze, nicht aber auf das vollständige grundrechtliche „Prüfprogramm" verweist. Dann aber kann für die Grundrechtsbindung des deutschen Vertreters im Rat beim Erlass von abgeleitetem Recht (Sekundärrecht) nichts anderes gelten.[98] Aus der Perspektive des Grundgesetzes kommt es nicht darauf an, ob das Primärrecht eine grundrechtswidrige Entscheidung unmittelbar selbst trifft oder eine EU-Stelle dazu ermächtigt, dies im Wege der Rechtsetzung zu tun. Einschlägig ist auch die Ratio des Art. 23 Abs. 1 S. 3 GG, der darauf abzielt, einerseits einen bestimmten „Identitätskern" der Verfassung der Bundesrepublik zu bewahren und andererseits dem Fortgang der europäischen Integration nicht durch überhöhte verfassungsrechtliche Vor-

---

94 BVerfGE 89, 155 (172) – Maastricht; 123, 267 (330) – Lissabon; 134, 366 (Rn. 51) – OMT-Beschluss; 142, 123 (Rn. 81) – OMT-Urteil; BVerfG, Urt. v. 30.7.2019 – 1 BvR 1685/14, 2 BvR 2631/14, juris Rn. 91 – Bankenunion.

95 *Klement*, ZG 2014, S. 169 (180 ff.).

96 BVerfGE 135, 317 (Rn. 161, 174) – ESM; 146, 216 (Rn. 129) – PSPP-Vorlagebeschluss.

97 Für eine uneingeschränkte Bindung des Ratsmitglieds an die Grundrechte *Friauf/Scholz*, Europarecht und Grundgesetz, S. 41 ff., 52; *Höfling*, in: Sachs, GG, Art. 1 Rn. 94; *Jarass*, in: ders./Pieroth, GG, Art. 23 Rn. 49; *Rickert*, Grundrechtsgeltung, S. 196; für eine eingeschränkte Bindung: *Cornils*, AöR 129 (2004), S. 336 (341); *W. Cremer*, EuR 2014, S. 195 (223); *Herdegen*, Europarecht, § 7 Rn. 39 ff.; *Kahl*, in: ders./Waldhoff/Walter, GG, Art. 1 Abs. 3 Rn. 71; siehe auch schon *Huber*, AöR 116 (1991), S. 210 (232).

98 Siehe *Calliess*, in: ders./Ruffert, EUV/AEUV, Art. 16 EUV Rn. 8; *W. Cremer*, EuR 2014, S. 195 (223, 229).

gaben im Wege zu stehen.[99] Mit einer umfassenden Grundrechtsbindung des deutschen Vertreters würde der Raum für eine politische Kompromissfindung im Rat und die Entwicklung eines von deutschen Konzepten abweichenden europäischen Rechts sehr stark eingeschränkt, was mit dem Loyalitätsgebot des Art. 4 Abs. 3 UAbs. 1, 3 EUV unvereinbar wäre.

Vorliegend wäre mit einem Verstoß gegen Art. 38 Abs. 1 S. 1 GG allerdings mittelbar **64** auch das Demokratieprinzip (Art. 20 Abs. 1, 2 GG) verletzt und damit der „Identitätskern" der Verfassung betroffen. Dies zu unterlassen, ist der deutsche Vertreter im Rat entsprechend Art. 23 Abs. 1 S. 3 GG auch bei Annahme einer nur eingeschränkten Grundrechtsbindung verpflichtet. Eine Verletzung des aus Art. 38 Abs. 1 GG i.V.m. Art. 79 Abs. 3 GG und Art. 20 Abs. 1 u. 2 GG abgeleiteten grundrechtsgleichen Rechts auf Demokratie ist damit möglich.

(2) Mögliche Verletzung eines Abwehrrechts gegen Ultra-vires-Akte (Art. 38 Abs. 1 S. 1 GG i.V.m. Art. 79 Abs. 3 GG und Art. 20 Abs. 1 und 2 GG)

Darüber hinaus könnte das Recht aus Art. 38 Abs. 1 GG i.V.m. Art. 79 Abs. 3 GG und **65** Art. 20 Abs. 1 und 2 GG auch deshalb möglicherweise verletzt sein, weil mit der EU-FAVO ein nicht hinreichend demokratisch legitimierter Hoheitsakt in der deutschen Rechtsordnung Geltung erlangte und zur Grundlage des weiteren Handelns der deutschen Staatsgewalt würde. Nach Ansicht des BVerfG gewährt Art. 38 Abs. 1 GG auch einen Schutz vor hinreichend qualifizierten Kompetenzüberschreitungen durch Stellen der EU,[100] und zwar unabhängig davon, ob der einzelne Wahlberechtigte von der EU-Maßnahme überhaupt materiell betroffen ist.[101] Jede hinreichend qualifizierte Kompetenzüberschreitung sei zugleich eine Verletzung des Demokratieprinzips, weil die Kompetenzen der EU durch den deutschen Gesetzgeber (mit-)definiert werden (Art. 23 Abs. 1 S. 2 GG) und nur insoweit auf den Willen des deutschen Volkes zurückzuführen seien. Aus diesen Überlegungen leitet das BVerfG ein subjektiv-rechtlich bewehrtes Verbot einer Mitwirkung deutscher Verfassungsorgane an Ultra-vires-Akten ab; seit den OMT-Entscheidungen sogar die *Pflicht*, aktiv etwas gegen das Zustandekommen von Ultra-vires-Akten zu unternehmen.[102]

Der Rat stützt den Erlass der EU-FAVO auf Art. 125 Abs. 2 AEUV. Dieser ist nach sei- **66** nem Wortlaut eine Grundlage für eine sekundärrechtliche Konkretisierung der Verbote aus Art. 123–125 AEUV.[103] Dass die Vorschrift zur Einrichtung eines Europäischen Finanzausgleichssystems ermächtigt, ist hingegen nicht direkt ersichtlich. Andere Kompetenzgrundlagen für die EU-FAVO drängen sich nicht auf. Es erscheint daher jeden-

99 Würden die Ratsvertreter aller Mitgliedstaaten auf die strikte Einhaltung ihrer nationalen Verfassungen bestehen, würde dies den europäischen Integrationsprozess erheblich erschweren: *Herdegen*, Europarecht, § 7 Rn. 39.

100 BVerfGE 142, 123 (Rn. 83) – OMT-Urteil; 146, 216 (Rn. 75) – PSPP-Vorlagebeschluss; BVerfG, Urt. v. 30.7. 2019 – 1 BvR 1685/14, 2 BvR 2631/14, juris Rn. 92 – Bankenunion.

101 Kritisch *Gerhardt*, Abweichende Meinung zu BVerfGE 134, 366 (Rn. 6 f.).

102 BVerfGE 134, 366 (Rn. 33, 49) – OMT-Beschluss; 142, 123 (Rn. 83, 166 ff.) – OMT-Urteil; 146, 216 (Rn. 71 ff.) – PSPP-Vorlagebeschluss; BVerfG, Urt. v. 30.7.2019 – 1 BvR 1685/14, 2 BvR 2631/14, juris Rn. 94, 140 ff.– Bankenunion.

103 *Häde*, in: Calliess/Ruffert, EUV/AEUV, Art. 125 AEUV Rn. 4.

falls möglich, dass der Rat mit dem Erlass der EU-FAVO seine Kompetenzen überschritten hat. Auch die weiteren Bedingungen, die das BVerfG für eine Aktivierung der Ultra-vires-Kontrolle formuliert, nämlich die Offensichtlichkeit und strukturelle Bedeutsamkeit der Kompetenzüberschreitung (sog. hinreichend qualifizierte Kompetenzüberschreitung),[104] könnten erfüllt sein.[105] Auch insoweit ist daher die Möglichkeit einer Verletzung des grundrechtsgleichen Rechts aus Art. 38 Abs. 1 GG zu bejahen.

67 **Hinweis:** Das weite Verständnis des Art. 38 Abs. 1 S. 1 GG und die damit verbundene Subjektivierung des Demokratiegrundsatzes wird in der rechtswissenschaftlichen Literatur mit guten Argumenten kritisiert.[106] Die Lösung folgt der Linie des BVerfG, eine kritische Auseinandersetzung mit der Rechtsprechung würde bei der Bewertung einer Hausarbeit aber honoriert.

cc) Zwischenergebnis

68 A ist möglicherweise in einem grundrechtsgleichen Recht aus Art. 38 Abs. 1 S. 1 GG verletzt.

b) Eigene, gegenwärtige und unmittelbare Betroffenheit

69 A müsste von dem hoheitlichen Handeln, das Gegenstand der Verfassungsbeschwerde ist, zudem selbst, gegenwärtig und unmittelbar in seinen Rechten betroffen sein.

aa) Eigene Betroffenheit

70 Die EU-FAVO, deren Geltung durch die Zustimmung im Rat herbeigeführt werden könnte, betrifft jeden wahlberechtigten deutschen Staatbürger und damit auch den A in seinem grundrechtsähnlichen Recht aus Art. 38 Abs. 1 S. 1 GG.

bb) Gegenwärtige Betroffenheit

71 Gegenwärtig betroffen ist der Beschwerdeführer, wenn der angegriffene Hoheitsakt aktuell und nicht nur potentiell wirkt.[107] Vorliegend ist die gegenwärtige Betroffenheit zweifelhaft, weil A die Verfassungsbeschwerde bereits vor der Abstimmung im Rat und damit zu einem Zeitpunkt erhebt, in dem noch nicht mit Sicherheit feststeht, wie sich der deutsche Vertreter im Rat verhalten wird und welchen Inhalt der Entwurf der EU-FAVO bei der abschließenden Abstimmung haben wird.

72 Allerdings liegt die Funktion des ungeschriebenen Kriteriums der gegenwärtigen Betroffenheit lediglich darin zu verhindern, dass das BVerfG über ein Rechtsschutzbegehren früher als notwendig in der Sache entscheidet. Es dient einerseits der Entlastung des

---

104 BVerfGE 142, 123 (Rn. 147) – OMT-Urteil.

105 Das BVerfG prüft in seinen jüngeren Urteilen in der Zulässigkeit die Möglichkeit eines hinreichend qualifizierten Kompetenzverstoßes, vgl. BVerfGE 142, 123 (Rn. 79) – OMT-Urteil; BVerfG, Urt. v. 30.7.2019 – 2 BvR 1685/14, 2 BvR 2631/14, juris Rn. 95 – Bankenunion; anders insoweit zuvor der Honeywell-Beschluss BVerfGE 126, 286.

106 Siehe statt vieler *Klement*, ZG 2014, S. 169 (177); *Ruffert*, EuGRZ 2017, S. 241 (248).

107 BVerfGE 146, 71 (Rn. 117). Siehe auch BVerfGE 1, 97 (102); *Scherzberg/Mayer*, Jura 2004, S. 513 (515).

BVerfG und andererseits der Wahrung der Gewaltenteilung, darf dabei aber nicht die Effektivität des Rechtsschutzes beeinträchtigen. Aus diesem Grund ist der Begriff der unmittelbaren Betroffenheit nicht formal, sondern materiell zu bestimmen. Unmittelbare Betroffenheit liegt mithin auch dann vor, wenn der angegriffene Hoheitsakt den Beschwerdeführer bereits zum Zeitpunkt der Einlegung der Verfassungsbeschwerde zu einer später nicht mehr korrigierbaren Entscheidung zwingt[108] oder klar abzusehen und gewiss ist, dass und wie der Beschwerdeführer in Zukunft betroffen sein wird.[109] Vorbeugende Verfassungsbeschwerden werden außerdem mit Blick auf Zustimmungsgesetze zu völkerrechtlichen Verträgen i.S.v. Art. 59 Abs. 2 GG zugelassen: Um zu vermeiden, dass ein Vertrag im Außenverhältnis völkerrechtlich verbindlich wird, der mit den Grundrechten oder grundrechtsgleichen Rechten nicht vereinbar ist, kann ein Zustimmungsgesetz ausnahmsweise schon vor seinem Inkrafttreten Gegenstand einer Verfassungsbeschwerde sein.[110]

Fraglich ist, ob die angekündigte Zustimmung des deutschen Ratsvertreters zu einer **73**
Verordnung mit dieser letzten Konstellation vergleichbar ist. Dagegen wird vorgebracht, dass im Fall des Zustimmungsgesetzes zu einem völkerrechtlichen Vertrag immerhin der Inhalt des Gesetzes schon endgültig feststehe,[111] während über den Inhalt eines Sekundärrechtsakts noch bis zur Abstimmung im Rat beraten werden könne.[112] Dieses Argument überzeugt zumindest dann nicht, wenn – wie vorliegend – der Entwurf des zu erlassenden Sekundärrechtsakts öffentlich diskutiert worden ist und die Vertreter der Mitgliedstaaten bereits angekündigt haben, dem Entwurf in der letzten bekannten Fassung zuzustimmen. In diesem Fall sind die Rechtsfolgen einer Zustimmungserklärung hinreichend konkretisiert. Vergleichbar mit dem Fall des Zustimmungsgesetzes zu einem völkerrechtlichen Vertrag käme es bei einer Zustimmung des deutschen Ratsvertreters zum Erlass einer Verordnung, die später vom BVerfG als Ultra-vires-Akt qualifiziert oder als für mit der Verfassungsidentität unvereinbar angesehen wird, zu einem offenen Konflikt zwischen der Bindung der deutschen Verfassungsorgane an das Grundgesetz und den völkervertraglichen Verpflichtungen der Bundesrepublik. Folge einer Nichtanwendung der Verordnung in Deutschland könnte insb. die Einleitung eines Vertragsverletzungsverfahrens (Art. 258 ff. AEUV) sein.[113] Das spricht dafür, die grundrechtliche Kontrolle vorzuziehen. Mit einer der Verfassungsbeschwerde stattgebenden Entscheidung würde die Verabschiedung der Verordnung zwar nicht rechtlich unmöglich, aber doch weniger wahrscheinlich.

Für die Zulässigkeit einer vorbeugenden Verfassungsbeschwerde spricht auch der Ge- **74**
danke des effektiven Rechtsschutzes, der allen genannten Fallgruppen im Kern zugrunde liegt. Nach ihrem Erlass gilt die Verordnung nämlich unmittelbar (Art. 288 Abs. 2 AEUV) und mit Anwendungsvorrang grds. auch gegenüber nationalem Verfassungs-

108 BVerfGE 43, 291 (386); 74, 297 (320); 102, 197 (207); 106, 225 (230 f.); 146, 71 (Rn. 117).
109 BVerfGE 26, 246 (251 f.); 97, 157 (164); 101, 54 (73 f.); 146, 71 (Rn. 117).
110 BVerfGE 24, 33 (53 f.); 112, 363 (367); 123, 267 (329) – Lissabon.
111 *Nicolaysen*, EuR 1989, S. 215 (218).
112 *Nicolaysen*, EuR 1989, S. 215 (218).
113 *Mayer/Walter*, Jura 2011, S. 532 (539).

recht.[114] Zwar könnte der Einzelne auch nachträglich im Wege der Verfassungsbeschwerde gegen die Anwendung der EU-FAVO durch deutsche Staatsorgane vorgehen. Doch wären diese bis zu einer Entscheidung des BVerfG verpflichtet, die EU-FAVO umzusetzen.[115] Diese vorläufige Umsetzung könnte bereits nicht mehr korrigierbare Folgen für den Staatshaushalt der Bundesrepublik haben, was die Gewährung vorbeugenden Rechtsschutzes gebietet.[116] Zudem wäre nicht klar, ob sich die deutschen Staatsorgane einer Entscheidung des BVerfG Folge leisten würden, die sie nach europäischem Recht dem Risiko eines Vertragsverletzungsverfahrens aussetzt.

A ist mithin gegenwärtig betroffen.

cc) Unmittelbare Betroffenheit

75 A müsste durch den Zustimmungsakt zudem unmittelbar betroffen sein. Eine unmittelbare Betroffenheit des Beschwerdeführers ist gegeben, wenn die grundrechtsbeeinträchtigenden Rechtswirkungen eintreten, ohne dass es weiterer Vollzugsakte bedarf.[117]

76 Teilweise wird vertreten, gegen Mitwirkungsakte der Bundesregierung im Rahmen des Rats beim Erlass von Sekundärrecht sei eine Verfassungsbeschwerde mangels unmittelbarer Betroffenheit grds. nicht zulässig.[118] Mit dieser Begründung hat auch das BVerfG Rechtsschutzbegehren gegen die Zustimmung der Bundesregierung im Rat zum Erlass bzw. der Änderung von Richtlinien zurückgewiesen.[119] Allerdings ist zu beachten, dass es in den einschlägigen Entscheidungen um den Erlass von Richtlinien ging, die als solche einer Umsetzung in nationales Recht bedurften (Art. 288 Abs. 3 AEUV). Demgegenüber steht vorliegend eine Verordnung in Rede, die ab ihrem Inkrafttreten unmittelbar gilt (Art. 288 Abs. 2 AEUV). Eine unmittelbare Betroffenheit des Grundrechtsträgers ist daher zu bejahen.[120] Folglich ist A durch die bevorstehende Zustimmung zur EU-FAVO auch unmittelbar beschwert.

4. Rechtswegerschöpfung und materielle Subsidiarität

a) Rechtswegerschöpfung, Art. 94 Abs. 2 S. 2 Var. 1 GG, § 90 Abs. 2 S. 1 BVerfGG

77 Gemäß Art. 94 Abs. 2 S. 2 Var. 1 GG, § 90 Abs. 2 S. 1 BVerfGG müsste A vor Einlegung einer Verfassungsbeschwerde zunächst erfolglos alle ihm zur Korrektur der gerügten Rechtsverletzung zur Verfügung stehenden ordentlichen Rechtsbehelfe eingelegt

114 EuGH, Urt. v. 17. Dez. 1970, Internationale Handelsgesellschaft, Rs. 11/70, EU:C:1970:114, Rn. 3.

115 Zur Monopolisierung des nationalen Kontrollzugriffs beim BVerfG: BVerfGE 123, 267 (354) – Lissabon; BVerfGE 140, 317 (Rn. 43) – Europäischer Haftbefehl I; BVerfGE 142, 123 (Rn. 155) – OMT-Urteil.

116 So auch die Argumentation in BVerfGE 134, 366 (Rn. 34 f.) – OMT-Beschluss und BVerfGE 142, 123 (Rn. 91) – OMT-Urteil. Für die Zulässigkeit einer vorbeugenden Verfassungsbeschwerde auch *W. Cremer*, EuR 2014, S. 195 (229).

117 *Sachs*, Verfassungsprozessrecht, Rn. 567.

118 *Kahl*, in: ders./Waldhoff/Walter, GG, Art. 1 Abs. 3 Rn. 71.

119 BVerfG, NJW 1990, S. 974 – Tabaketikettierung; NVwZ 1993, S. 883 (883) – Tabaksteuer; BVerfGK 2, 75 (76).

120 A.A. *W. Cremer*, EuR 2014, S. 195 (212 ff.), der aber eine Ausnahme vom Unmittelbarkeitserfordernis zulassen will.

haben. Ein anderer Rechtsbehelf gegen die angegriffene Zustimmungserklärung steht dem A jedoch, wie bereits geprüft, nicht zur Verfügung.

b) Materielle Subsidiarität

Gemäß dem Gebot der Rechtswegerschöpfung i.e.S. (sog. materielle Subsidiarität) trifft **78**
den Beschwerdeführer auch die Obliegenheit, vor Einlegung einer Verfassungsbeschwerde alle sonstigen nach Lage der Sache zur Verfügung stehenden zumutbaren Rechtsschutzmöglichkeiten zu nutzen, um eine Korrektur der Grundrechtsverletzung zu erwirken.[121] Für A bestehen hier aber keine anderen Möglichkeiten, Rechtsschutz zu erlangen.

5. Ordnungsgemäßer Antrag, § 23 Abs. 1, § 92 BVerfGG

A müsste die Verfassungsbeschwerde schriftlich einreichen (§ 23 Abs. 1 S. 1 BVerfGG) **79**
und entsprechend der Anforderungen des § 92 BVerfGG begründen (§ 23 Abs. 1 S. 2 BVerfGG).

6. Frist, § 93 BVerfGG

Da A die Verfassungsbeschwerde vorbeugend erhebt, ist auch die in § 93 Abs. 1 **80**
BVerfGG geregelte Frist gewahrt.

7. Zwischenergebnis

Eine Verfassungsbeschwerde des A gegen die Zustimmung des deutschen Ratsvertreters **81**
zur EU-FAVO wäre zulässig.

II. Begründetheit

Eine Verfassungsbeschwerde wäre begründet, wenn der deutsche Vertreter im Rat mit **82**
einer Zustimmung zur EU-FAVO das grundrechtsgleiche Recht des A aus Art. 38 Abs. 1 S. 1 GG verletzte.

Hinweis: Das Verhältnis von Ultra-vires-Kontrolle und Identitätskontrolle ist, soweit es **83**
um die Kontrolle des Handelns von Unionsorganen geht, nicht abschließend geklärt.[122] Vorliegend wird entsprechend der Konzeption des BVerfG[123] davon ausgegangen, dass es sich trotz möglicher Überschneidungen um zwei eigenständige Kontrollzugriffe handelt, weshalb diese separat geprüft werden.

---

121 BVerfGE 112, 50 (60); 134, 242 (Rn. 150); *Hillgruber/Goos*, Verfassungsprozessrecht, Rn. 216.

122 Siehe hierzu *Sauer*, EuR 2017, S. 186 (190 ff.).

123 BVerfGE 123, 267 (353 f.) – Lissabon; 126, 286 (302) – Honeywell; 142, 123 (Rn. 153) – OMT-Urteil; BVerfG, NJW 2019, S. 3204 (Rn. 204) – Bankenunion.

1. Verletzung des Abwehrrechts gegen Ultra-vires-Akte

84 Möglicherweise verletzt die angekündigte Zustimmung zur EU-FAVO ein aus Art. 38 Abs. 1 S. 1 GG abzuleitendes Abwehrrecht des A gegen eine Mitwirkung deutscher Staatsorgane an Ultra-vires-Akten der EU.

a) Gewährleistungsgehalt des Art. 38 Abs. 1 S. 1 GG

85 Wie bereits dargelegt, gewährt Art. 38 Abs. 1 S. 1 GG den Wahlberechtigten unabhängig von einer Betroffenheit in materiellen Rechten Schutz vor einer nicht von einem deutschen Zustimmungsgesetz (Art. 23 Abs. 1 S. 2 GG) gedeckten und mithin nicht hinreichend demokratisch legitimierten Ausübung von Hoheitsgewalt durch die EU.[124] Mangels einer unmittelbaren Grundgesetzbindung der europäischen Hoheitsgewalt manifestiert sich dieser Schutzanspruch in einem an die deutschen Verfassungsorgane gerichteten, subjektiv-rechtlich bewehrten Verbot, an der Entstehung eines Ultra-vires-Aktes mitzuwirken oder zu seiner praktischen Wirksamkeit beizutragen.[125] Insb. dürfen die deutschen Verfassungsorgane einem die Kompetenzen der EU überschreitenden Rechtsakt im Rat nicht zustimmen. Allerdings wird das sich daraus ergebende grundrechtsähnliche Recht durch das verfassungsrechtliche Gebot der Europarechtsfreundlichkeit (insbes. Art. 23 Abs. 1 S. 1 GG) immanent beschränkt.[126] Das Abwehrrecht wird daher nicht durch jedes primärrechtswidrige Handeln einer Stelle der Union verletzt, sondern nur durch hinreichend qualifizierte Kompetenzüberschreitungen.[127] Hinreichend qualifiziert ist eine Kompetenzüberschreitung, wenn das kompetenzwidrige Handeln der Unionsgewalt offensichtlich ist und der angegriffene Akt im Kompetenzgefüge zwischen Mitgliedstaaten und Union erheblich ins Gewicht fällt, mithin „strukturell bedeutsam" ist.[128]

b) Voraussetzungen der Rechtsverletzung

aa) Kompetenzüberschreitung

86 Zunächst müsste der Rat mit dem beabsichtigen Erlass der EU-FAVO seine Kompetenzen überschreiten. Zu prüfen ist damit in erster Linie, ob dem Rat durch die europäischen Verträge eine Zuständigkeit zur Regelung eines Europäischen Finanzausgleichs, wie ihn die EU-FAVO vorsieht, übertragen worden ist.

(1) Art. 125 Abs. 2 AEUV

87 Bei Erlass der EU-FAVO stützt sich der Rat ausdrücklich auf Art. 125 Abs. 2 AEUV. Nach dieser Vorschrift kann der Rat erforderlichenfalls die Definitionen für die Anwendung der in Art. 123, 124 und Art. 125 AEUV vorgesehenen Verbote näher bestimmen.

---

124 Siehe oben unter B.I.4.a), Rn. 65.

125 BVerfGE 142, 123 (Rn. 83, 166 f.); 146, 216 (Rn. 70) – PSPP-Vorlagebeschluss; BVerfG, NJW 2019, S. 3204 (Rn. 140) – Bankenunion.

126 BVerfGE 126, 286 (303 f.) – Honeywell; BVerfGE 134, 366 (Rn. 24) – OMT-Beschluss.

127 BVerfGE 124, 123 (Rn. 147) – OMT-Urteil; BVerfG, NJW 2019, S. 3204 (Rn. 150) – Bankenunion.

128 BVerfGE 126, 286 (304) – Honeywell; 142, 123 (Rn. 147) – OMT-Urteil; 146, 216 (Rn. 63) – PSPP-Vorlagebeschluss; BVerfG, NJW 2019, S. 3204 (Rn. 150) – Bankenunion.

Die genannten Vorschriften errichten mit dem Ziel der Sicherung der haushälterischen Eigenverantwortung und der Disziplinierung der Haushaltspolitik der Mitgliedstaaten eine sog. Verbotstrias.[129] Sie enthalten *erstens* das Verbot der monetären Haushaltsfinanzierung durch die Zentralbanken (Art. 123 Abs. 1 AEUV),[130] *zweitens* das Verbot von Maßnahmen, die öffentlichen Stellen der Union und der Mitgliedstaaten einen bevorrechtigten Zugang zu den Finanzinstituten – also eine Kreditaufnahme unter günstigeren als den Marktbedingungen – ermöglichen (Art. 124 AEUV) und *drittens* das Verbot der Übernahme einer Haftung für Verbindlichkeiten eines Mitgliedstaats durch die Europäische Union oder durch einen anderen Mitgliedstaat. Art. 125 Abs. 2 AEUV ist die Grundlage für eine sekundärrechtliche Konkretisierung dieser Verbote.[131] Sekundärrechtliche Regelungen über einen Europäischen Finanzausgleich – also Regelungen zum Ausgleich der finanziellen Möglichkeiten der Mitgliedstaaten unabhängig von konkreten Verbindlichkeiten (siehe Art. 107 Abs. 2 S. 1 GG) – lassen sich hierauf offensichtlich nicht stützen.

(2) Art. 3 Abs. 3 UAbs. 3 EUV

Art. 3 Abs. 3 UAbs. 3 EUV verpflichtet die EU auf das Ziel, den wirtschaftlichen, sozia- **88**
len und territorialen Zusammenhalt sowie die Solidarität zwischen den Mitgliedstaaten zu fördern. Diesen Zielen entspricht die geplante EU-FAVO. Aus Zielen der Union nach Art. 3 EUV lassen sich jedoch grds. keine Kompetenzen der Unionsorgane ableiten.[132] Vielmehr stellt Art. 3 Abs. 6 EUV ausdrücklich klar, dass die Union ihre Ziele nur entsprechend den Zuständigkeiten verfolgt, die ihr in den Verträgen übertragen sind. Somit stellt auch Art. 3 Abs. 3 UAbs. 3 EUV keine taugliche Grundlage für die Einführung eines Europäischen Finanzkraftausgleichs dar.[133]

(3) Art. 122 Abs. 1 AEUV

Gemäß Art. 122 Abs. 1 AEUV kann der Rat „im Geiste der Solidarität zwischen den **89**
Mitgliedstaaten" der „Wirtschaftslage angemessene Maßnahmen" beschließen. Klare Tatbestandsvoraussetzungen lassen sich aus diesem Wortlaut zunächst nicht ableiten. Aus Art. 122 Abs. 1 Hs. 2 AEUV, der beispielhaft das Auftreten „gravierender Schwierigkeiten in der Versorgung mit bestimmten Waren, vor allem im Energiebereich" nennt, lässt sich aber schließen, dass ein Tätigwerden auf Grundlage von Art. 122 Abs. 1 AEUV nur im Fall wirtschaftlicher Schwierigkeiten erfolgen kann.[134] Es handelt sich also um keine umfassende Kompetenzgrundlage für wirtschaftspolitische Maßnahmen, sondern um ein für Ausnahmefälle gedachtes Instrument des Rates zur Krisenbewälti-

129 *Häde*, in: Calliess/Ruffert, EUV/AEUV, Art. 123 AEUV Rn. 3 f.; *Herrmann/Dausinger*, in: Pechstein/Nowak/Häde, EUV/GRC/AEUV, Art. 125 AEUV Rn. 1.

130 *Häde*, in: Calliess/Ruffert, EUV/AEUV, Art. 123 AEUV Rn. 14.

131 *Häde*, in: Calliess/Ruffert, EUV/AEUV, Art. 125 AEUV Rn. 4.

132 *Häde*, in: Hatje/Müller-Graff, Europäisches Organisations- und Verfassungsrecht, § 14 Rn. 144; *Ruffert*, in: Calliess/Ruffert, EUV/AEUV, Art. 3 EUV Rn. 12.

133 *Häde*, in: Hatje/Müller-Graff, Europäisches Organisations- und Verfassungsrecht, § 14 Rn. 144.

134 *Herrmann/Dausinger*, in: Pechstein/Nowak/Häde, EUV/GRC/AEUV, Art. 122 AEUV Rn. 9.

gung.[135] Aus der Systematik des Art. 122 AEUV ergibt sich zudem, dass Art. 122 Abs. 1 AEUV keine geeignete Rechtsgrundlage für Maßnahmen darstellt, die eine finanzielle Unterstützung der Mitgliedstaaten vorsehen, da Abs. 2 insofern die spezielle Vorschrift ist.[136]

Die EU-FAVO kann daher auch nicht auf der Grundlage des Art. 122 Abs. 1 AEUV ergehen.

(4) Art. 122 Abs. 2 AEUV

90 Ist ein Mitgliedstaat aufgrund von Naturkatastrophen oder außergewöhnlichen Ereignissen, die sich seiner Kontrolle entziehen, von Schwierigkeiten betroffen oder von gravierenden Schwierigkeiten ernstlich bedroht, kann der Rat auf Grundlage von Art. 122 Abs. 2 S. 1 AEUV beschließen, dem betreffenden Mitgliedstaat unter bestimmten Bedingungen finanziellen Beistand der Union zu gewähren. Nach dem Wortlaut des Art. 122 Abs. 1 AEUV muss es sich dabei allerdings um einen Beistand „der Union" handeln,[137] d.h. er muss den Unionshaushalt belasten.[138] Auf diese Weise kann die EU mittelbar eine Umverteilung von finanziellen Ressourcen zwischen den Mitgliedstaaten bewirken, indem sie (aufgrund anderer Rechtsgrundlagen geschuldete) Zahlungen finanzstärkerer Mitgliedstaaten an den Unionshaushalt nach bestimmten Kriterien zur Vergabe von Leistungen an schwächere Mitgliedstaaten nutzt.[139] Die EU-FAVO würde die Mitgliedstaaten demgegenüber direkt zu Transferleistungen verpflichten. Das ist auf der Grundlage von Art. 122 Abs. 2 AEUV nicht möglich.[140] Zudem setzt Art. 122 Abs. 2 AEUV das Vorliegen eines „außergewöhnlichen Ereignisses" voraus.[141] „Außergewöhnlich" sind nur Ereignisse, die sich der Kontrolle der betreffenden Mitgliedstaaten entziehen. Auf eine hohe Staatsverschuldung oder die Strukturschwäche eines Mitgliedstaates trifft das nicht zu.[142]

Auch Art. 122 Abs. 2 AEUV ist daher keine Kompetenzgrundlage für den Erlass der EU-FAVO.

---

135 *Herrmann/Dausinger*, in: Pechstein/Nowak/Häde, EUV/GRC/AEUV, Art. 122 AEUV Rn. 9; *Kempen*, in: Streinz/Michl, EUV/AEUV, Art. 122 AEUV Rn. 3.

136 EuGH, Urt. v. 27. Nov. 2012, Pringle, C-270/12, EU:C:2012:756, Rn. 116; *Häde*, in: Calliess/Ruffert, EUV/AEUV, Art. 122 AEUV Rn. 6; *Herrmann/Dausinger*, in: Pechstein/Nowak/Häde, EUV/GRC/AEUV, Art. 122 AEUV Rn. 12.

137 EuGH, Urt. v. 27. Nov. 2012, Pringle, C-270/12, EU:C:2012:756, Rn. 118; *Kempen*, in: Streinz/Michl, EUV/AEUV, Art. 122 AEUV Rn. 11.

138 *Häde*, in: Calliess/Ruffert, EUV/AEUV, Art. 122 AEUV Rn. 23.

139 Ausführlich hierzu *Häde*, in: Hatje/Müller-Graff, Europäisches Organisations- und Verfassungsrecht, § 14 Rn. 133 ff.

140 *Häde*, in: Calliess/Ruffert, EUV/AEUV, Art. 122 AEUV Rn. 23; *Kempen*, in: Streinz/Michl, EUV/AEUV, Art. 122 AEUV Rn. 11.

141 Kritisch zu der in jüngerer Zeit großzügigen Handhabung dieses Merkmals *Hattenberg*, in: Schwarze/Becker/Hatje/Schoo, EU-Kommentar, Art. 122 AEUV Rn. 6.

142 *Hattenberg*, in: Schwarze/Becker/Hatje/Schoo, EU-Kommentar, Art. 122 AEUV Rn. 6; *Herrmann/Dausinger*, in: Pechstein/Nowak/Häde, EUV/GRC/AEUV, Art. 122 AEUV Rn. 17. Siehe auch *Häde*, in: Hatje/Müller-Graff, Europäisches Organisations- und Verfassungsrecht, § 14 Rn. 148; *Seidel*, in: FS Vieregge, S. 793 (797).

(5) Art. 136 Abs. 3 AEUV

Fraglich ist zuletzt, ob der Erlass der EU-FAVO auf die Regelung in Art. 136 Abs. 3 AEUV gestützt werden könnte. Danach können die Mitgliedstaaten, deren Währung der Euro ist, einen Stabilitätsmechanismus einrichten, der aktiviert wird, wenn dies unabdingbar ist, um die Stabilität des Euro-Währungsgebiets insgesamt zu wahren (Art. 136 Abs. 3 S. 1 AEUV). Diese Vorschrift wurde durch Beschluss des Rates (EU) 2011/199 mit Wirkung zum 1. Januar 2013 eingefügt, um die Mitgliedstaaten zur – außerhalb der Verträge bereits zuvor erfolgten – Errichtung des Europäischen Stabilitätsmechanismus (ESM) zu berechtigen.[143] Die Aktivierung eines auf Grundlage des Art. 136 Abs. 3 AEUV geschaffenen Stabilitätsmechanismus ist nach der Rspr. des EuGH nur dann mit dem Unionsrecht vereinbar, wenn sie für die Wahrung der Stabilität des Euro-Währungsgebiets insgesamt unabdingbar ist und strengen Auflagen unterliegt.[144] **91**

Der Stabilitätsbegriff des Art. 136 Abs. 3 AEUV umfasst das Ziel der Preisstabilität und die in Art. 119 AEUV genannten Stabilitätsgrundsätze (gesunde öffentliche Finanzen und monetäre Rahmenbedingungen, tragfähige Zahlungsbilanz).[145] Der in der EU-FAVO vorgesehene Finanzausgleich soll jedoch darüber hinaus der Gewährleistung bzw. Herstellung der sozialen und wirtschaftlichen Einheit innerhalb der EU dienen. Die Maßnahme ist somit kein Stabilitätsmechanismus i.S.d. Art. 136 Abs. 3 AEUV. Zudem ist sie nicht auf die Mitgliedstaaten beschränkt, deren Währung der Euro ist. Die Durchführung des Finanzausgleichs ist schließlich auch nicht auf Situationen begrenzt, in denen seine Aktivierung für die Wahrung der Stabilität unabdingbar ist, und ist an keinerlei Auflagen geknüpft. **92**

Art. 136 Abs. 3 AEUV ist damit keine Rechtsgrundlage für die Einführung eines Europäischen Finanzkraftausgleichs.[146]

(6) Zwischenergebnis

Mit dem Erlass der EU-FAVO handelte der Rat außerhalb der ihm primärrechtlich zugewiesenen Kompetenzen. Umsetzen ließe sich ein EU-Finanzausgleich nur durch eine Änderung des Primärrechts oder möglicherweise durch ein Vorgehen außerhalb des institutionellen Rahmens der EU.[147] **93**

bb) Hinreichend qualifizierte Kompetenzüberschreitung

Die Kompetenzüberschreitung müsste hinreichend qualifiziert sein. Das ist der Fall, wenn die Rechtswidrigkeit des beabsichtigten Handelns der Unionsgewalt offensicht- **94**

143 *Häde*, in: Hatje/Müller-Graff, Europäisches Organisations- und Verfassungsrecht, § 14 Rn. 148. Zur verfassungsrechtlichen Zulässigkeit dieser Vertragsänderung BVerfGE 135, 317 (Rn. 177 ff.) – ESM.

144 EuGH, Urt. v. 27. Nov. 2012, Pringle, C-270/12, EU:C:2012:756, Rn. 136.

145 *Kempen*, in: Streinz/Michl, EUV/AEUV, Art. 136 Rn. 9; *Palm*, in: Grabitz/Hilf/Nettesheim, Das Recht der Europäischen Union, Art. 136 AEUV Rn. 55.

146 *Häde*, in: Hatje/Müller-Graff, Europäisches Organisations- und Verfassungsrecht, § 14 Rn. 148.

147 *Häde*, in: Hatje/Müller-Graff, Europäisches Organisations- und Verfassungsrecht, § 14 Rn. 149.

lich ist und der angegriffene Akt im Kompetenzgefüge zwischen Mitgliedstaaten und Union erheblich ins Gewicht fällt, mithin „strukturell bedeutsam" wäre.[148]

(1) Offensichtlichkeit der Kompetenzüberschreitung

95 Der geplante Erlass der EU-FAVO müsste zunächst offensichtlich außerhalb der dem Rat übertragenen Kompetenzen liegen. Dies ist der Fall, wenn sich die Kompetenz unter Beachtung der allgemeinen methodischen Standards der Rechtswissenschaft unter keinem Gesichtspunkt begründen lässt.[149] Dass der Rat sich bei Erlass der Verordnung nicht auf den von ihm herangezogenen Art. 125 Abs. 2 AEUV stützen könnte, ergibt sich – wie oben gesehen – schon aus dem durch den Wortlaut der Norm hergestellten Bezug auf die Verbotsnormen in Art. 123 und 124 AEUV. Eine andere Ansicht ist nicht vertretbar. Auch alle anderen oben geprüften Kompetenzgrundlagen sind – auch unter Berücksichtigung der verfügbaren juristischen Literatur[150] – unstreitig nicht einschlägig. Die Kompetenzüberschreitung wäre mithin offensichtlich.

(2) Strukturelle Bedeutsamkeit der Kompetenzüberschreitung

96 Die Kompetenzüberschreitung müsste zudem von struktureller Bedeutung für die Kompetenzverteilung zwischen der EU und den Mitgliedstaaten sein.[151] Eine strukturell bedeutsame Verschiebung zulasten mitgliedstaatlicher Kompetenzen liegt vor, wenn die Kompetenzüberschreitung ein für das Demokratieprinzip und die Volkssouveränität erhebliches Gewicht besitzt.[152] Aufgrund der in der EU-FAVO getroffenen Regelungen wird die Bundesrepublik laut Sachverhalt im Jahr 2019 eine Transferlast von rund 150 Milliarden EUR zu tragen haben, wobei eine Obergrenze für die Transferbelastung nicht vorgesehen ist. Angesichts der Tatsache, dass der Bundeshaushalt für das Jahr 2019 Ausgaben in Höhe von insgesamt ca. 356 Mrd. EUR vorsieht,[153] würde damit erheblich in die Haushaltshoheit und die finanziellen Gestaltungsmöglichkeiten des Bundestags eingegriffen. Eine für das Demokratieprinzip und die Souveränität des Bundestags in Haushaltssachen strukturell bedeutsame Verschiebung von Kompetenzen auf die EU durch die EU-FAVO läge daher vor.

148 BVerfGE 126, 286 (304) – Honeywell; 142, 123 (Rn. 147) – OMT-Urteil; 146, 216 (Rn. 63) – PSPP-Vorlagebeschluss; BVerfG, NJW 2019, S. 3204 (Rn. 150) – Bankenunion.

149 BVerfGE 142, 123 (Rn. 149) – OMT-Urteil; BVerfG, NJW 2019, S. 3204 (Rn. 151) – Bankenunion; *Klement*, JZ 2015, S. 754 (756 f.).

150 Die Annahme einer offensichtlichen Kompetenzüberschreitung setzt nach BVerfG, Urt. v. 30.7.2019 – 2 BvR 1685/14, 2 BvR 2631/14, juris Rn. 152 jedoch nicht zwingend voraus, dass keine unterschiedlichen Rechtsauffassungen zu dieser Frage vertreten werden.

151 BVerfGE 142, 123 (Rn. 147) – OMT-Urteil; 146, 216 (Rn. 63) – PSPP-Vorlagebeschluss; BVerfG, NJW 2019, S. 3204 (Rn. 150) – Bankenunion.

152 BVerfGE 142, 123 (Rn. 151) – OMT-Urteil; 146, 216 Rn. 63 – PSPP-Vorlagebeschluss; BVerfG, NJW 2019, S. 3204 (Rn. 153) – Bankenunion.

153 https://www.bundesfinanzministerium.de/Content/DE/Pressemitteilungen/Finanzpolitik/2018/07/2018-07-06-PM-Haushalt2019.html (abgerufen am 14. September 2019).

c) Keine Einschränkung der Prüfungskompetenz des BVerfG

Das BVerfG trägt der sich aus dem Wesen der EU als einer Rechtsgemeinschaft ergebenden Notwendigkeit einer jedenfalls grundsätzlichen Letztentscheidungskompetenz des EuGH (Art. 19 Abs. 1 AEUV) nicht nur durch eine erkennbar zurückhaltende Definition und Anwendung der materiellen Voraussetzungen für die Annahme eines Ultra-vires-Aktes Rechnung. Es nimmt die Kompetenz zur Feststellung eines Ultra-vires-Aktes außerdem erst für sich in Anspruch, nachdem es dem EuGH zuvor Gelegenheit gegeben hat, das streitgegenständliche Unionshandeln primärrechtskonform auszulegen bzw. selbst für ungültig zu erklären (Art. 267 Abs. 1 AEUV).[154] Laut Bearbeitervermerk hat der Gerichtshof die Gültigkeit der EU-FAVO im Wege der Vorabentscheidung bestätigt. Die Prüfungskompetenz des BVerfG ist damit nicht eingeschränkt. Eine Bindung an die vom EuGH geäußerte Rechtsauffassung besteht nicht. **97**

Hinweis: In der Praxis könnte ein bestimmtes Abstimmungsverhalten des deutschen Vertreters im Rat allenfalls in einem Verfahren des einstweiligen Rechtsschutzes nach § 32 BVerfGG verhindert werden. In diesem Verfahren kann eine Vorabentscheidung des EuGH aus Zeitgründen nicht eingeholt werden.[155] **98**

d) Zwischenergebnis

Die angekündigte Zustimmung zur EU-FAVO verletzt A in seinem grundrechtsähnlichen Abwehrrecht gegen Ultra-vires-Akte aus Art. 38 Abs. 1 S. 1 GG. **99**

2. Verletzung des Anspruchs auf Wahrung der Verfassungsidentität

Die angekündigte Zustimmung des deutschen Ratsvertreters zur EU-FAVO könnte A auch in einem aus Art. 38 Abs. 1 S. 1 GG abzuleitenden Anspruch auf Wahrung der in Art. 79 Abs. 3 i.V.m. Art. 1 und Art. 20 GG niedergelegten Grundsätze der Verfassung (sog. Verfassungsidentität) verletzen.[156] **100**

a) Gewährleistungsgehalt des Art. 38 Abs. 1 S. 1 GG

Wie bereits dargelegt,[157] gehört zu der durch Art. 79 Abs. 3 i.V.m. Art. 20 Abs. 1 und 2 GG geschützten und durch Art. 38 Abs. 1 S. 1 GG subjektiv-rechtlich bewehrten Verfassungsidentität, dass dem Bundestag rechtlich Kompetenzen von substantiellem Gewicht zur Gestaltung der Lebensverhältnisse in der Bundesrepublik Deutschland verbleiben und er auch in tatsächlicher Hinsicht in der Lage ist, diese Kompetenzen wirksam auszuüben. Der deutsche Vertreter muss dementsprechend im Rat einem europäischen Rechtsakt seine Stimme verweigern, der die Kompetenzen des Bundestages rechtlich oder faktisch in einer nicht mehr vom Integrationsauftrag des Art. 23 Abs. 1 **101**

154 BVerfGE 126, 286 (304) – Honeywell; 134, 366 (Rn. 24) – OMT-Beschluss; so legte das BVerfG auch im Verfahren um das PSPP-Programm der EZB dem EuGH erneut vor (BVerfGE 146, 216).

155 Siehe die einstweilige Anordnung BVerfG, Beschl. v. 18. Aug. 2017 – Az. 2 BvR 424/17.

156 Zum Prüfungsmaßstab der Identitätskontrolle BVerfGE 140, 317 (Rn. 43).

157 C. I. 3. a) bb) (2), Rn. 61 ff.

S. 1 GG gedeckten, gegen Art. 23 Abs. 1 S. 3 i.V.m. Art. 79 Abs. 3 GG verstoßenden Weise aushöhlen würde.

b) Voraussetzungen der Rechtsverletzung

102 Zu prüfen ist, daher ob die rechtlichen Kompetenzen und faktischen Handlungsmöglichkeiten des Deutschen Bundestags durch die Geltung der EU-FAVO dergestalt beeinträchtigt würden, dass die durch Art. 20 Abs. 2 GG i.V.m. Art. 79 Abs. 3 GG geschützte demokratische Selbstgestaltungsfähigkeit[158] des deutschen Staates nicht mehr gegeben wäre.

103 Die sog. Budgethoheit des Parlaments, das heißt die Befugnis, über Einnahmen und Ausgaben des Staates zu entscheiden, gehört zu den historisch hart erkämpften, für eine parlamentarische Demokratie grundlegenden Errungenschaften. Sie ist eine notwendige Bedingung für die wirksame Wahrnehmung der dem Bundestag vom Grundgesetz zugewiesenen Steuerungs- und Kontrollfunktionen. Ohne die Möglichkeit, über Einnahmen und Ausgaben der öffentlichen Hand zu entscheiden, ist die demokratische Selbstgestaltungsfähigkeit einer Gesellschaft gefährdet.[159] Es könnten dann beispielsweise nicht mehr die Einnahmen erhöht werden, wenn die Wahrnehmung einer neuen Staatsaufgabe für erforderlich gehalten wird. Umgekehrt könnte das Parlament die Abgabenbelastung der Bürger nicht mehr verringern, wenn es der Selbststeuerung der Gesellschaft im marktwirtschaftlichen System breiteren Raum geben möchte. Die haushaltspolitische Gesamtverantwortung[160] muss daher in dem vom Grundgesetz verfassten Staat, in dem die demokratische Legitimation der gesamten Bundesstaatsgewalt exklusiv über die Wahl zum Deutschen Bundestag vermittelt wird, beim Bundestag liegen.[161] Die Abgeordneten müssen über Einnahmen und Ausgaben entscheiden und sich hierfür vor dem Volk verantworten.[162] Das bedeutet, dass supranational vereinbarte, nicht an strikte Vorgaben gebundene und in ihren Auswirkungen nicht begrenzte Leistungsautomatismen, die der Kontrolle und Einwirkung des Bundestags entzogen sind, den unübertragbaren Kern der Verfassungsidentität betreffen. Der Bundestag muss dauerhaft „Herr seiner Entschlüsse“ bleiben.[163]

104 Vorliegend hätte die Bundesrepublik Deutschland aufgrund der in der EU-FAVO getroffenen Regelungen im Jahr 2019 eine Transferlast von rund 150 Mrd. EUR zu tragen, die fast die Hälfte des vorgesehenen Bundeshaushalts in Höhe von insgesamt ca. 356 Mrd. EUR ausmachen würde. Eine Zustimmung des Bundestages hierzu wäre nicht erforderlich, vielmehr würde die Transferschuld jedes Jahr aufgrund der autonomen europäischen Regelungen der EU-FAVO automatisch entstehen. Eine Obergrenze ist nicht vorgesehen, sodass die Transferlast unabhängig von einer Beteiligung des Bundestages

158 BVerfGE 123, 267 (359) – Lissabon; BVerfGE 132, 195 (Rn. 106) – ESM.
159 BVerfGE 132, 195 (Rn. 106) – ESM; 129, 124 (177) – EFS; 123, 267 (359) – Lissabon.
160 BVerfGE 134, 366 (Rn. 28) – OMT-Beschluss; BVerfG, NJW 2019, S. 3204 (Rn. 123) – Bankenunion.
161 BVerfG, BVerfG, NJW 2019, S. 3204 (Rn. 123) – Bankenunion.
162 BVerfGE 132, 195 (Rn. 106) – ESM; 129, 124 (177) – EFS; BVerfG, NJW 2019, S. 3204 (Rn. 123) – Bankenunion.
163 BVerfGE 132, 195 (240) – ESM; 129, 124 (179 f.) – EFS.

oder anderer deutscher Verfassungsorgane in Zukunft noch weiter steigen könnte. Jede Erhöhung der staatlichen Einnahmen hätte zugleich eine Erhöhung der Transferbelastung in nahezu der gleichen Höhe zur Folge, so dass eine Übernahme neuer staatlicher Aufgaben praktisch nur noch durch Umschichtungen innerhalb der bestehenden Haushaltsansätze zu leisten wäre. Dies würde den Deutschen Bundestag in weiten Teilen und ohne eine zeitliche Begrenzung seiner Gestaltungsmacht im Hinblick auf die Ausgaben der öffentlichen Hand und damit mittelbar im Hinblick auf die Gestaltung gesellschaftlicher Aufgaben insgesamt berauben. Mit dem in Art. 79 Abs. 3 GG i.V.m. Art. 20 Abs. 2 GG niedergelegten Grundsatz einer parlamentarischen Demokratie wäre dies nicht zu vereinbaren.

c) Keine Einschränkung der Prüfungskompetenz des BVerfG

Wiederum ist die Kompetenz des BVerfG zur Feststellung einer Verletzung der Verfassungsidentität durch einen europäischen Rechtsakt zur Wahrung der Europarechtsfreundlichkeit durch das Erfordernis einer vorherigen Vorlage zum EuGH beschränkt.[164] Ein Vorabentscheidungsverfahren zum EuGH hat laut Bearbeitervermerk stattgefunden. **105**

d) Zwischenergebnis

Eine Zustimmung des deutschen Ratsvertreters zu EU-FAVO würde eine Mitwirkung an einer Verletzung der Verfassungsidentität des Grundgesetzes (Art. 79 Abs. 3 i.V.m. Art. 20 Abs. 1 und Abs. 2 GG) darstellen und den A auch deshalb in seinem Recht aus Art. 38 Abs. 1 S. 1 GG verletzen. **106**

III. Ergebnis

Eine vorbeugende Verfassungsbeschwerde des A gegen die Zustimmung des deutschen Vertreters im Rat zum Erlass der EU-FAVO hätte Aussicht auf Erfolg. A kann damit das Zustandekommen der EU-FAVO mangels Einstimmigkeitserfordernis im Rat nicht verhindern, aber weniger wahrscheinlich machen. **107**

> **Anregung:** Denken Sie den Fall weiter! Wie wäre es, wenn A zunächst nichts unternimmt und die EU-FAVO erlassen wird? Kann A die deutschen Verfassungsorgane jetzt mit gerichtlicher Hilfe daran hindern, die Verordnung anzuwenden? **108**

164 BVerfGE 134, 366 (Rn. 27) – OMT-Beschluss; 140, 317 (Rn. 46) – Europäischer Haftbefehl.

Literaturverzeichnis

109 Barczak, Tristan (Hrsg.) — BVerfGG. Mitarbeiterkommentar zum Bundesverfassungsgerichtsgesetz, Berlin 2018

Benda, Ernst/Klein, Eckardt/Klein, Oliver — Verfassungsprozessrecht, 3. Auflage, Heidelberg 2012

Bethge, Herbert — Das Phantom der doppelten Verfassungsunmittelbarkeit, in: JuS 2001, S. 1100 ff.

Calliess, Christian/Ruffert, Matthias (Hrsg.) — EUV/AEUV, 5. Auflage, München 2016

Cornils, Matthias — Art. 23 Abs. 1 GG: Abwägungsposten oder Kollisionsregel?, in: AöR 129 (2004), S. 336 ff.

Cremer, Wolfram — Grundgesetzliche Bindungen des deutschen Vertreters bei Abstimmungen im Rat der Europäischen Union und ihre prozessuale Durchsetzbarkeit, in: EuR 2014, S. 195 ff.

Detterbeck, Steffen — Allgemeines Verwaltungsrecht, 17. Auflage, München 2019

Dreier, Horst (Hrsg.) — Grundgesetz, Band II (Artikel 20-82), 3. Auflage, Tübingen 2015

Ehlers, Dirk — Allgemeine Sachentscheidungsvoraussetzungen verwaltungsgerichtlicher Rechtsschutzanträge (Teil II.), in: Jura 2008, S. 183 ff.

Ehlers, Dirk/Schoch, Friedrich — Rechtsschutz im Öffentlichen Recht, Berlin 2009

Eifert, Martin/Epperding, Johannes — Verfassungsbeschwerde und Unionsgewalt, in: Jura 2016, S. 628 ff.

Erbguth, Wilfried/Guckelberger, Annette — Allgemeines Verwaltungsrecht, 10. Auflage, Baden-Baden 2019

Everling, Ulrich — Lissabon-Vertrag regelt Dauerstreit über Nichtigkeitsklage Privater, in: EuZW 2010, S. 572 ff.

ders. — Rechtsschutz in der Europäischen Union nach dem Vertrag von Lissabon, in: EuR 2009 Beiheft 1, S. 71 ff.

Eyermann, Erich (Begr.) — Verwaltungsgerichtsordnung, 15. Auflage, München 2019

Friauf, Karl Heinrich/Scholz, Rupert — Europarecht und Grundgesetz, Berlin 1990

Gärditz, Klaus Ferdinand — Europäisches Verwaltungsprozessrecht, in: JuS 2009, S. 385 ff.

Grabitz, Eberhard/Hilf, Meinhard/Nettesheim, Martin (Hrsg.) — Das Recht der Europäischen Union, 67. Ergänzungslieferung (Stand: Juni 2019)

Häde, Ulrich — § 14 Die Finanzordnung der Europäischen Union, in: Armin Hatje/Peter-Christian Müller-Graff (Hrsg.), Europäisches Organisations- und Verfassungsrecht (EnzEuR Bd. 1), Baden-Baden 2014, S. 795 ff.

Hatje, Armin/Kindt, Anne — Der Vertrag von Lissabon – Europa endlich in guter Verfassung?, in: NJW 2008, S. 1761 ff.

Heintzen, Markus — Zur Frage der Grundrechtsbindung der deutschen Mitglieder des EG-Ministerrats, in: Der Staat 31 (1992), S. 367 ff.

Herdegen, Matthias — Europarecht, 21. Auflage, München 2019

Hillgruber, Christian/Goos, Christoph — Verfassungsprozessrecht, 4. Auflage, Heidelberg 2015

Huber, Peter M. — Bundesverfassungsgericht und Europäischer Gerichtshof als Hüter der Gemeinschaftsrechtlichen Kompetenzordnung, in: AöR 116 (1991), S. 210 ff.

Hufen, Friedhelm — Verwaltungsprozessrecht, 11. Auflage, München 2019

Jarass, Hans D./ Pieroth, Bodo — Grundgesetz, 15. Auflage, München 2018

Kahl, Wolfgang/ Waldhoff, Christian/ Walter, Christian (Hrsg.) — Bonner Kommentar zum Grundgesetz, 200. Aktualisierung September 2019

Klement, Jan Henrik — Der geldpolitische Kompetenzmechanismus, in: JZ 2015, S. 754 ff.

ders. — Der Euro und seine Demokratie, in: ZG 2014, S. 169 ff.

König, Doris — Die Übertragung von Hoheitsrechten im Rahmen des europäischen Integrationsprozesses – Anwendungsbereich und Schranken des Art. 23 des Grundgesetzes, Berlin 2000

Kopp, Ferdinand O./Schenke, Wolf-Rüdiger (Hrsg.) — Verwaltungsgerichtsordnung, 25. Auflage, München 2019

Kraayvanger, Jan — Der Begriff der verfassungsrechtlichen Streitigkeit im Sinne des § 40 Abs. 1 Satz 1 VwGO, Berlin 2004

Mächtle, Cathrin — Individualrechtsschutz in der Europäischen Union, in: JuS 2015, S. 28 ff.

von Mangoldt, Hermann/ Klein, Friedrich/Starck, Christian (Hrsg.) — Grundgesetz, 7. Auflage, München 2018

Maunz, Theodor/Dürig, Günther (Begr.) — Grundgesetz, 87. EL März 2019

Maunz, Theodor/Schmidt-Bleibtreu, Bruno/Klein, Franz/Bethge, Herbert (Hrsg.) — Bundesverfassungsgerichtsgesetz, 57. EL Juni 2019

Mayer, Franz C./ Walter, Maja — Die Europarechtsfreundlichkeit des BVerfG nach dem Honeywell-Beschluss, in: Jura 2011, S. 532 ff.

Nicolaysen, Gert — Tabakrauch, Gemeinschaftsrecht und Grundgesetz, in: EuR 1989, S. 215 ff.

Pechstein, Matthias — EU-Prozessrecht, 4. Auflage, Tübingen 2011

ders./Nowak, Carsten/ Häde, Ulrich (Hrsg.) — Frankfurter Kommentar zu EUV, GRC und AEUV, Tübingen 2017

Rickert, Beate — Die Grundrechtsgeltung bei der Umsetzung europäischer Richtlinien in innerstaatliches Recht, Berlin 1997

Ruffert, Matthias — Das BVerfG als Akteur im Prozess der europäischen Integration, in: EuGRZ 2017, S. 241 ff.

Ruppert, Andreas	Die Integrationsgewalt, Hamburg 1969
Sachs, Michael (Hrsg.)	Grundgesetz, 8. Auflage, München 2018
ders.	Verfassungsprozessrecht, 4. Auflage, Tübingen 2016
Sauer, Heiko	Staatsrecht III, 5. Auflage, München 2018
ders.	Der novellierte Kontrollzugriff des Bundesverfassungsgerichts auf das Unionsrecht, in: EuR 2017, S. 186 ff.
Schenke, Wolf-Rüdiger	Verwaltungsprozessrecht, 16. Auflage, Heidelberg 2019
Scherzberg, Arno/Mayer, Matthias	Die Zulässigkeit der Verfassungsbeschwerde (Teil 2), in: Jura 2004, S. 513 ff.
Schoch, Friedrich/Schneider Jens-Peter/Bier, Wolfgang (Hrsg.)	Verwaltungsgerichtsordnung, Band I, 36. EL Februar 2019
Schwarze, Jürgen/Becker, Ulrich/Hatje, Armin/ Schoo, Johann (Hrsg.)	EU-Kommentar, 4. Auflage, Baden-Baden 2019
Seidel, Martin	Probleme der Währungsunion der Europäischen Union, in: Jürgen F. Baur/Rainer Jacobs/Manfred Lieb/Peter-Christian Müller-Graff (Hrsg.) Festschrift für Ralf Vieregge, 1995, S. 793 ff.
Sodan, Helge/Ziekow, Jan (Hrsg.)	Verwaltungsgerichtsordnung. 5. Auflage, Baden-Baden 2018
Streinz, Rudolf/ Michl, Walther (Hrsg.)	EUV/AEUV, 3. Auflage, München 2018
Thiele, Alexander	Das Rechtsschutzsystem nach dem Vertrag von Lissabon – (K)ein Schritt nach vorn?, in: EuR 2010, S. 30 ff.

Hausarbeit 7

Geheimdienstkooperation und deren parlamentarische Kontrolle

von Fabian Wittreck

Nach diversen Enthüllungen wird die Zusammenarbeit des Bundesnachrichtendienstes (BND) mit der US-amerikanischen National Security Agency (NSA) in der Öffentlichkeit wie im politischen Berlin intensiv diskutiert und in unterschiedlichen Foren durchleuchtet. Soweit bekannt, hat sich folgendes abgespielt: 1

Der BND betrieb gemeinsam mit der NSA auf der Grundlage eines „Memorandum of Agreement" aus dem Jahr 2002 (MoA) unter dem Projektnamen „Joint SIGINT Activity" in Bad Aibling eine Kooperation zur Fernmeldeaufklärung des internationalen Fernmeldeverkehrs zwischen verschiedenen Krisenregionen. Das MoA ist dabei kein förmlicher völkerrechtlicher Vertrag i.S.v. Art. 59 Abs. 2 GG, sondern ein formloses Protokoll über zwischenstaatliche Absprachen; es legte die Modalitäten für die gemeinsame Arbeit fest. Hiernach war eine Aufklärung europäischer Ziele nur beschränkt auf bestimmte Sachbereiche zulässig. Auch sollte ausschließlich solche Kommunikation aufgeklärt werden, an denen kein G 10-geschützter Teilnehmer beteiligt war (im Kern also sog. Ausland-Ausland-Kommunikation, etwa zwischen Terrorverdächtigen im Gebiet des „Islamischen Staates" und ihren mutmaßlichen Geldgebern in der Golfregion).

Im Rahmen dieser Kooperation durchsuchten BND-Mitarbeiter die aus einem Internetknotenpunkt in Frankfurt am Main ausgeleiteten Daten nach von der NSA definierten Merkmalen, den sog. Selektoren. Diese Selektoren wurden von Bad Aibling aus regelmäßig abgerufen und nach entsprechender Prüfung durch den BND in die Erfassungssysteme eingestellt. Aufgrund der hohen Anzahl an Selektoren wurde die Prüfung in einem automatisierten Verfahren durchgeführt. Diese automatisierte Prüfung bezog sich dabei auf eine G 10-Relevanz der Selektoren und auf einen möglichen Verstoß gegen deutsche Interessen.

Bereits Ende des Jahres 2005 fiel BND-Mitarbeitern bei einer Durchsicht von NSA-Selektoren auf, dass die NSA auch Selektoren übergeben hatte, die nach Einschätzung des BND gegen deutsche Interessen verstießen (also namentlich G 10-relevante Inlandskommunikation oder sog. Inland-Ausland-Kommunikation betrafen). Nachdem im Sommer 2013 in der Presse berichtet worden war, dass EU-Vertretungen und auch Deutsche von der Fernmeldeaufklärung im Rahmen der „Joint SIGINT Activity" betroffen seien, führte der BND eine interne Untersuchung der Selektoren durch. Dabei stellte sich heraus, dass die überprüften Selektoren nur zu einem Teil bei der ersten Filterung bereits von der weiteren Verwendung ausgeschlossen und nicht in die Erfassungssysteme übernommen worden waren. Ein anderer Teil war für unterschiedlich lange Zeiträume gesteuert worden. Nachdem der Deutsche Bundestag zur Aufarbeitung des „Selektorenskandals" am 20. März 2014 den I. Untersuchungsausschuss der 18. Wahlperiode (sog. NSA-Untersuchungsausschuss) eingesetzt hatte, wurden die Selektoren, welche von der NSA im Rahmen der Zusammenarbeit in Bad Aibling an den BND übergeben und durch diesen abgelehnt worden waren, aus den nachrichtendienstlichen Datenbanken generiert und sodann zu den sog. NSA-Selektorenlisten zusammengefasst.

Diese Listen, aus denen im Kern hervorgeht, an welchen Personen und Sachverhalten die NSA Interesse hat, werden nun gleich mehrfach zum Objekt der Begierde. Zunächst verlangt die vom Bundestag eingesetzte G 10-Kommission die Herausgabe der Listen (hilfsweise Einsicht in dieselben), um festzustellen, ob Verstöße gegen Art. 10 GG sowie das einschlägige konkretisierende Gesetz (G 10-Gesetz) stattgefunden haben. Dies wird von der Bundesregierung jedoch abgelehnt. Sie übermittelt der Kommission lediglich einen Bericht der von der Regierung eingesetzten Vertrauensperson, die nach Einsichtnahme in die Selektorenlisten auch dem einschlägigen Untersuchungsausschuss des Deutschen Bundestages über den Inhalt der Listen berichten soll.

Die G 10-Kommission ist darüber hochgradig verärgert und beantragt beim Bundesverfassungsgericht form- und fristgerecht die Feststellung, dass die Bundesregierung durch die Verweigerung der Herausgabe der Listen wie der Möglichkeit der Einsichtnahme in dieselben die verfassungsmäßigen Rechte der Kommission verletzt und es ihr unmöglich gemacht habe, ihrem Verfassungsauftrag zum Schutz der Grundrechte der Bürgerinnen und Bürger nachzukommen.

Die Bundesregierung tritt dem entgegen: Der Antrag sei bereits unzulässig, weil die G 10-Kommission im Organstreitverfahren gar nicht parteifähig sei. Sie sei weder oberstes Bundesorgan noch Teil eines solchen; auch werde sie im Grundgesetz nicht explizit mit eigenen Rechten ausgestattet, sondern lediglich als wohlgemerkt *mögliche* institutionelle Absicherung des Grundrechts aus Art. 10 GG erwähnt (anders etwa der Wehrbeauftragte des Bundestages oder das parlamentarische Kontrollgremium, vgl. Art. 45b und 45d GG).

Auch im NSA-Untersuchungsausschuss des Deutschen Bundestages kommt es rasch zum Streit. Dieser verlangt von der Bundesregierung die Herausgabe sämtlicher Beweismittel, die Auskunft darüber geben, welche Erkenntnisse beim BND darüber vorliegen, inwiefern die NSA im Rahmen der Kooperation Aufklärung gegen deutsche Ziele oder deutsche Interessen betrieben hat. Die Bundesregierung stellt in der Folge Beweismaterial zur Verfügung; im Hinblick auf die NSA-Selektorenlisten gelangt sie hingegen zu der Einschätzung, dass eine Herausgabe an den Untersuchungsausschuss ohne Einverständnis der Vereinigten Staaten von Amerika einen Verstoß gegen die gegenseitig zugesagte Vertraulichkeit darstellen und die internationale Kooperationsfähigkeit Deutschlands erheblich beeinträchtigen würde.

Mit ihren form- und fristgerechten Anträgen im Organstreitverfahren begehren die Fraktion DIE LINKE im Deutschen Bundestag, die Fraktion BÜNDNIS 90/DIE GRÜNEN im Deutschen Bundestag sowie zwei Mitglieder des NSA-Untersuchungsausschusses, die den vorgenannten Fraktionen angehören, die Feststellung, dass die Bundesregierung durch die Ablehnung der Herausgabe das Beweiserhebungsrecht des Bundestages aus Art. 44 GG verletzt hat. Die beiden Fraktionen zählen allerdings nur 64 resp. 63 Mitglieder des 18. Deutschen Bundestages, in dem insgesamt 631 Mandate zu verzeichnen sind.

1. Ist der Antrag der G 10-Kommission zulässig?
2. Sind die Anträge der Fraktionen bzw. der Abgeordneten zulässig und begründet?

Auf § 126a GOBT wird hingewiesen. Die Vorschrift lautet in der anwendbaren Fassung:

§ 126a GOBT a.F.

(gültig für die 18. Legislaturperiode vom 22.10.2013 – 23.10.2017)

§ 126a Besondere Anwendung von Minderheitsrechten in der 18. Wahlperiode

(1) Für die Dauer der 18. Wahlperiode gelten folgende Regelungen:

1. Auf Antrag von 120 seiner Mitglieder setzt der Bundestag einen Untersuchungsausschuss gemäß Artikel 44 des Grundgesetzes ein. Die Zahl der Mitglieder des Untersuchungsausschusses wird nach dem vom Bundestag beschlossenen Verteilverfahren (Bundestagsdrucksache 18/212) so bestimmt, dass die Fraktionen, die nicht die Bundesregierung tragen, gemeinsam ein Viertel der Mitglieder stellen.

2. Der Verteidigungsausschuss stellt sicher, dass auf Antrag aller Ausschussmitglieder der Fraktionen, die nicht die Bundesregierung tragen, gemäß Artikel 45a Absatz 2 des Grundgesetzes eine Angelegenheit der Verteidigung zum Gegenstand seiner Untersuchung gemacht wird und die Rechte, die nach dem Untersuchungsausschussgesetz einem Viertel der Ausschussmitglieder zustehen, von diesen Mitgliedern entsprechend geltend gemacht werden können.

3. Auf Antrag von 120 Mitgliedern des Bundestages beruft der Präsident den Bundestag ein.

4. Auf Antrag von 120 seiner Mitglieder erhebt der Bundestag wegen Verstoßes eines Gesetzgebungsakts der Europäischen Union gegen das Subsidiaritätsprinzip Klage vor dem Gerichtshof der Europäischen Union entsprechend Artikel 23 Absatz 1a des Grundgesetzes.

5. Auf Antrag von 120 seiner Mitglieder macht der Bundestag deren Auffassung entsprechend § 12 Absatz 1 des Integrationsverantwortungsgesetzes in Verbindung mit § 93d in der Klageschrift deutlich, sofern sie die Erhebung einer Klage wegen Verstoßes eines Gesetzgebungsakts der Europäischen Union gegen das Subsidiaritätsprinzip vor dem Gerichtshof der Europäischen Union nicht stützen.

6. Einem Verlangen, die Bundesregierung möge nach § 8 Absatz 5 des Gesetzes über die Zusammenarbeit von Bundesregierung und Deutschem Bundestag in Angelegenheiten der Europäischen Union die Gründe erläutern, aus denen nicht alle Belange einer Stellungnahme des Bundestages berücksichtigt wurden, tritt der Bundestag dann bei, wenn es von 120 seiner Mitglieder erhoben wird.

7. Einem Verlangen nach Unterrichtung des Haushaltsausschusses gemäß § 5 Absatz 4 des ESM-Finanzierungsgesetzes durch den von Deutschland nach Artikel 5 Absatz 1 des Vertrags zur Einrichtung des Europäischen Stabilitätsmechanismus ernannten Gouverneur und dessen Stellvertreter wird der Haushaltsausschuss dann beitreten, wenn es von allen Ausschussmitgliedern der Fraktionen, die nicht die Bundesregierung tragen, erhoben wird.

8. Bei Anträgen oder Vorlagen der Bundesregierung gemäß § 5 Absatz 6 des ESM-Finanzierungsgesetzes oder § 4 Absatz 5 des Stabilisierungsmechanismusgesetzes führt der Haushaltsausschuss auf Verlangen aller Ausschussmitglieder der Fraktionen, die nicht die Bundesregierung tragen, eine öffentliche Anhörung entsprechend § 70 Absatz 1 Satz 2 durch.

9. Bei überwiesenen Vorlagen führt der federführende Ausschuss auf Verlangen aller Ausschussmitglieder der Fraktionen, die nicht die Bundesregierung tragen, eine öffentliche Anhörung entsprechend § 70 Absatz 1 Satz 2 durch.

10. Eine Plenarberatung statt einer erweiterten öffentlichen Ausschusssitzung (§ 69a Absatz 5) findet statt, wenn es von allen Mitgliedern des Ausschusses, die nicht die Bundesregierung tragen, verlangt wird.

11. Auf Antrag von 120 seiner Mitglieder setzt der Bundestag entsprechend § 56 Absatz 1 eine Enquete-Kommission ein.

(2) Auf die Regelungen nach Absatz 1 findet § 126 keine Anwendung

Gliederung

Gutachten

Frage 1: Antrag der G 10-Kommission

A. Zulässigkeit

Der Antrag der G 10-Kommission auf Einleitung eines Organstreitverfahrens ist zulässig, wenn er alle Voraussetzungen nach den Art. 93 Abs. 1 Nr. 1 GG, §§ 13 Nr. 5, 23, 63 ff. BVerfGG erfüllt. **3**

I. Zuständigkeit des Bundesverfassungsgerichts, § 13 Nr. 5 BVerfGG

Das Bundesverfassungsgericht ist zur Entscheidung von Organstreitverfahren zuständig. **4**

Hinweis: Das häufig zu lesende Normzitat „Art. 93 Abs. 1 Nr. 1 GG i.V.m. § 13 Nr. 5 BVerfGG ist streng genommen falsch, da es gegen den sog. Anwendungsvorrang des einfachen Rechts verstößt – wenn das Ergebnis wie hier zweifelsfrei aus dem BVerfGG folgt, ist der Rückgriff auf die Verfassungsurkunde versperrt[1]. **5**

II. Parteifähigkeit der Kommission, § 63 BVerfGG bzw. Art. 93 Abs. 1 Nr. 1 GG

Die G 10-Kommission (sowie die Bundesregierung als Antragsgegnerin) müsste parteifähig sein. **6**

Hinweis: Neben der *Parteifähigkeit* begegnen noch die *Antragsberechtigung* oder die *Beteiligungsfähigkeit* (bitte nicht: *Beteiligtenfähigkeit* – dieser Begriff bezeichnet Fähigkeiten der Beteiligten, also etwa das Vermögen des Antragstellers, einen Purzelbaum zu schlagen; dieses hilft aber weder in der Hausarbeit noch in der verfassungsprozessualen Praxis weiter). Wichtig ist ferner, dass derlei begriffliche Variationen keinen „Meinungsstreit“ darstellen, den es zu „entscheiden“ gilt. Sie wählen eine gängige Terminologie aus und halten diese möglichst durch. **7**

1 Näher *Wittreck*, AL 2018, 217 ff.

8 Parteifähig sind nach der vorrangig anzuwendenden Bestimmung in § 63 BVerfGG die dort aufgelisteten obersten Verfassungsorgane sowie die im Grundgesetz oder in den jeweiligen Geschäftsordnungen mit eigenen Rechten ausgestatteten Teile der Verfassungsorgane Bundesrat und Bundestag[2].

1. G 10-Kommission als oberstes Bundesorgan

9 Ungeachtet ihrer fehlenden ausdrücklichen Erwähnung in § 63 BVerfGG könnte die G 10-Kommission zunächst ein oberstes Bundesorgan sein.

10 **Hinweis:** Der Rechtsbegriff *oberstes Bundesorgan* ist (ebenso wie das sinngleich benutzte „Verfassungsorgan") schillernd und in vieler Hinsicht unklar. Unstreitig zählen dazu Bundestag und Bundesrat, die Bundesregierung sowie der Bundespräsident. Das Bundesverfassungsgericht hat sich diesen Status selbst zuerkannt[3].

11 Das Bundesverfassungsgericht hat die in Art. 10 Abs. 2 S. 2 GG nicht ausdrücklich erwähnte Kommission (dort ist lediglich davon die Rede, dass an die Stelle einer gerichtlichen Überprüfung „die Nachprüfung durch von der Volksvertretung bestellte Organe und Hilfsorgane tritt") als „Kontrollorgan eigener Art außerhalb der rechtsprechenden Gewalt, das als Ersatz für den fehlenden gerichtlichen Rechtsschutz dient", bezeichnet[4].

12 Die Kommission werde von der Verfassung nicht in ihrer Existenz, ihrem Status und ihren Kompetenzen konstituiert. Sie werde in Art. 10 Abs. 2 S. 2 GG nicht einmal ausdrücklich erwähnt; der Gesetzgeber „kann" vielmehr an die Stelle des Rechtsweges die Kontrolle durch Organe bzw. Hilfsorgane des Parlaments setzen. Das bedeutet im Umkehrschluss, dass es ihm freisteht, den Schutz des Grundrechts aus Art. 10 Abs. 1 GG wieder den Gerichten zu überantworten und die G 10-Kommission abzuschaffen. Dementsprechend folgt aus Art. 10 Abs. 2 S. 2 GG weder dem Grunde noch dem (Kompetenz-)Umfang nach ein verbindlicher Verfassungsauftrag; Status wie Kompetenzausstattung der G 10-Kommission lassen sich vielmehr allein dem einfachen Recht (G 10-Gesetz) entnehmen[5].

13 Zudem weist die Verfassung der Kommission keine eigenständigen Aufgaben im Bereich der politischen Staatsleitung zu; sie hat keinen „verfassungsunmittelbaren Status im Prozess demokratischer Willensbildung und staatlicher Entscheidungsfindung"[6], sondern übt eine dem gerichtlichen Rechtsschutz gleichwertige Rechtskontrolle aus.

14 Die G 10-Kommission ist daher kein oberstes Bundesorgan und nicht unmittelbar nach § 63 BVerfGG parteifähig im Organstreitverfahren.

---

2 Näher dazu *Barczak*, in: ders., BVerfGG, § 63 Rn. 20 ff.

3 Und zwar in der berühmt-berüchtigten Status-Denkschrift: JZ 1953, 157 f.; knapp dazu *Barczak*, in: ders., BVerfGG, Einl. Rn. 7 sowie *Volp*, ebda., § 1 Rn. 39 ff.

4 BVerfGE 143, 1 (13 f., Rn. 41). Eingehend aus der Literatur *Hornung*, in: Morlok/Schliesky/Wiefelspütz, Parlamentsrecht, § 30 Rn. 67 ff.

5 BVerfGE 143, 1 (14 f., Rn. 45). Aus der Literatur *Jarass*, in: ders./Pieroth, GG, Art. 10 Rn. 28; *Pieroth*, in: Jarass/Pieroth, GG, Art. 93 Rn. 10. Gegenauffassung bei *Walter*, in: Maunz/Dürig, GG, Art. 93, Rn. 212.

6 BVerfGE 143, 1 (15, Rn. 46).

2. G 10-Kommission als Teil des Bundestages

Die G 10-Kommission könnte aber als *Teil* des obersten Bundesorgans Bundestag parteifähig sein[7]. **15**

Das Bundesverfassungsgericht lehnt dies eindeutig ab: „Die G 10-Kommission ist weder durch das Grundgesetz noch durch die Geschäftsordnung des Deutschen Bundestages mit eigenen Rechten ausgestattet. Soweit sich die Befugnisse der G 10-Kommission aus einfachem Recht – hier insbesondere § 15 G 10 – ergeben, wäre dies im Organstreit allenfalls relevant, wenn das Gesetz unmittelbar aus der Verfassung selbst folgende Rechte und Pflichten des am Organstreit Beteiligten widerspiegeln würde; eine Verletzung einfachen Rechts kann im Organstreit nicht geltend gemacht werden“[8]; daran fehlt es aber gerade. **16**

Das Gericht führt weiter aus: „Die G 10-Kommission ist nicht Teil des Deutschen Bundestages. Ungeachtet des Umstandes, dass das Grundgesetz sie schon nicht explizit erwähnt, bezeichnet Art. 10 Abs. 2 Satz 2 GG das Hilfsorgan – anders als den Wehrbeauftragten in Art. 45b GG – nicht als eines ‚des Bundestages'. Auch wird die G 10-Kommission nicht wie das Parlamentarische Kontrollgremium in Art. 45d GG als Pflichtgremium des Deutschen Bundestages statuiert. Zwar wird das Organ oder Hilfsorgan nach Art. 10 Abs. 2 Satz 2 GG von der Volksvertretung bestellt. Diesen Akt hat der Gesetzgeber durch das G 10 auf das Parlamentarische Kontrollgremium delegiert, welches gemäß § 15 Abs. 1 Satz 4 G 10 die Mitglieder der G 10-Kommission nach Anhörung der Bundesregierung für die Dauer einer Wahlperiode des Deutschen Bundestages wählt. Allein die Tatsache, dass die Mitglieder der G 10-Kommission durch ein parlamentarisches Gremium gewählt werden, qualifiziert die G 10-Kommission aber noch nicht als Teil des Deutschen Bundestages, vielmehr wird dadurch die demokratische Legitimation der G 10-Kommission sichergestellt [...]. Zudem gehört zum Wesen von parlamentarischen Hilfsorganen deren Abhängigkeit, Weisungsgebundenheit und Rechenschaftspflicht im Verhältnis zum Parlament. Zwar ist die G 10-Kommission beim Deutschen Bundestag ‚angesiedelt' [...]. Die Mitglieder der G 10-Kommission, die nicht zwingend Abgeordnete sein müssen, sind aber in ihrer Amtsführung unabhängig sowie Weisungen nicht unterworfen (§ 15 Abs. 1 Satz 3 G 10). Sie nehmen ihr Amt ehrenamtlich wahr (§ 15 Abs. 1 Satz 4 G 10). Die G 10-Kommission unterliegt nicht – wie etwa Ausschüsse – dem Grundsatz der Diskontinuität (§ 15 Abs. 1 Satz 4 G 10). Eine Berichtspflicht gegenüber dem Deutschen Bundestag besteht nicht. Die G 10-Kommission ist daher nicht in der Organisationsgewalt des Deutschen Bundestages verankert“[9]. **17**

Schließlich übt die G 10-Kommission auch keine parlamentarische Kontrollfunktion aus. Diese ist wichtige Ausformung der Gewaltenteilung (vgl. Art. 20 Abs. 2 und 3 GG) und dient der gegenseitigen Mäßigung und Kontrolle der Gewalten[10]. Gemeint ist damit **18**

---

7 Näher dazu *Barczak*, in: ders., BVerfGG, § 63 Rn. 30 ff.

8 BVerfGE 143, 1 (16, Rn. 49). Die Literatur stimmt dem zu: *Barczak*, in: ders., BVerfGG, § 64 Rn. 20; Gegenauffassung etwa bei *B. Huber*, NVwZ 2016, 1701 (1707).

9 BVerfGE 143, 1 (16 f., Rn. 50).

10 Näher dazu *Roggan*, G-10-Gesetz, 2. Online-Aufl. 2018, § 15 Rn. 4. – Allgemein zum Grundsatz der Gewaltenteilung und seiner Ausformung im Grundgesetz *Schulze-Fielitz*, in: Dreier, GG II, Art. 20 (Rechtsstaat), Rn. 67 ff.

eine politische, nicht aber administrative Kontrolle. Die *politische* Kontrolle obliegt im Anwendungsbereich des G 10 dem Parlamentarischen Kontrollgremium nach Art. 45d GG; dieses soll losgelöst von Einzelfällen sicherstellen, dass die Beschränkungsmaßnahmen nach dem G 10 nicht überhandnehmen[11]. Die G 10-Kommission wird hingegen im „‚operativen' Bereich"[12] tätig, indem sie über die Zulässigkeit und Notwendigkeit von konkreten Beschränkungsmaßnahmen zu Lasten der in Art. 10 Abs. 1 GG gewährleisteten Grundrechte entscheidet.

3. G 10-Kommission als „anderer Beteiligter" i.S.v. Art. 93 Abs. 1 Nr. 1 GG

19 Fraglich ist schließlich, ob die G 10-Kommission als „anderer Beteiligter" i.S.v. Art. 93 Abs. 1 Nr. 1 GG eingestuft werden kann.

20 Das Bundesverfassungsgericht hat seine Rechtsprechung zu dieser Rechtsfigur wie folgt zusammengefasst: „Neben den obersten Bundesorganen lässt Art. 93 Abs. 1 Nr. 1 GG andere Beteiligte, die durch das Grundgesetz oder in der Geschäftsordnung eines obersten Bundesorgans mit eigenen Rechten ausgestattet sind, zu. Außerhalb des Kreises der Organteile mit eigenen Rechten aus dem Grundgesetz oder der Geschäftsordnung eines Bundesorgans hat das Bundesverfassungsgericht nur zwei Kompetenzträger als ‚andere Beteiligte' anerkannt. Es handelt sich dabei zum einen um einzelne Bundestagsabgeordnete [...] und zum anderen um politische Parteien"[13].

21 Die Erstreckung dieser Rechtsprechung auf die G 10-Kommission hat das Gericht abgelehnt, da sie „keine mit Verfassungsorganen vergleichbare organschaftliche Stellung hat und sie nicht [...] verfassungsrechtlich notwendige Institution ist"[14].

22 Vielmehr diene die Kontrolle durch die G 10-Kommission dem prozeduralen Schutz des Grundrechts der Telekommunikationsfreiheit nach Art. 10 GG. Das Organstreitverfahren sei aber nicht dafür gedacht, etwaige Grundrechtsverstöße zu rügen; dies sei dem einzelnen Grundrechtsträger resp. der einzelnen Grundrechtsträgerin im Verfahren der Verfassungsbeschwerde vorbehalten. Da lediglich in 5% der Fälle keinerlei Mitteilung über die Überwachungsmaßnahme erfolge, sei dem Gros der Betroffenen die nachträgliche gerichtliche Kontrolle eröffnet, die wiederum nach Erschöpfung des Rechtsweges den Gang nach Karlsruhe ermögliche. Im besonderen Fall von § 5 G 10 habe das Gericht überdies klargestellt, dass es ausreiche, wenn der Bürger bzw. die Bürgerin darlegt, er oder sie sei mit einiger Wahrscheinlichkeit von Maßnahmen der strategischen Überwachung betroffen[15].

III. Zwischenergebnis

23 Der Antrag der G 10-Kommission ist bereits mangels Parteifähigkeit unzulässig.

11 Näher zum Parlamentarischen Kontrollgremium nach Art. 45d GG *Hornung*, in: Morlok/Schliesky/Wiefelspütz, Parlamentsrecht, § 30 Rn. 11 ff.

12 BVerfGE 143, 1 (18, Rn. 54).

13 BVerfGE 143, 1 (10, Rn. 32).

14 BVerfGE 143, 1 (19, Rn. 56).

15 BVerfGE 143, 1 (21, Rn. 60).

B. Ergebnis

Der Antrag der G 10-Kommission hat keine Aussicht auf Erfolg. 24

Frage 2: Anträge der Fraktionen und Ausschussmitglieder

Die Anträge der verschiedenen Antragsteller im Organstreitverfahren haben Aussicht auf Erfolg, wenn sie zulässig und begründet sind. 25

A. Zulässigkeit des Organstreitverfahrens

Die Zulässigkeitsvoraussetzungen ergeben sich aus Art. 93 Abs. 1 Nr. 1 GG, §§ 13 Nr. 5, 63 ff. BVerfGG. 26

I. Zuständigkeit des Bundesverfassungsgerichts

Sie folgt aus § 13 Nr. 5 BVerfGG. 27

II. Parteifähigkeit, § 63 BVerfGG bzw. Art. 93 Abs. 1 Nr. 1 GG

Die verschiedenen Antragsteller müssten zunächst parteifähig sein. Parteifähig im Organstreitverfahren sind oberste Bundesorgane (vgl. § 63 BVerfGG) und andere Beteiligte, die durch das Grundgesetz oder die Geschäftsordnung eines obersten Bundesorgans mit eigenen Rechten ausgestattet sind (Art. 93 Abs. 1 Nr. 1 GG). 28

Insofern ist vorliegend zu differenzieren:

1. Fraktionen

Als Fraktionen des Deutschen Bundestages sind die Antragstellerinnen zu 1 und 2 sowohl nach der Geschäftsordnung als auch nach der Verfassung anerkannte Teile des Verfassungsorgans Deutscher Bundestag. Sie sind dabei sowohl als Fraktionen als auch in der Gesamtheit ihrer Mitglieder parteifähig im Organstreit[16]. Dabei ist bezüglich des letzten Punktes allerdings nochmals zu differenzieren: 29

Das Recht nach Art. 44 Abs. 1 GG ist bewusst als Minderheitenrecht ausgestaltet, da das Recht auf Einsetzung eines Untersuchungsausschusses im Kern ein Recht der Opposition auf Sachverhaltsaufklärung unabhängig von der Regierung und der sie tragenden Parlamentsmehrheit darstellt. Danach ist die sog. *konkrete* Einsetzungsminderheit, die sich durch die erfolgreiche Stellung des Antrags nach Art. 44 Abs. 1 S. 1 GG konsti- 30

16 Ganz h.M.: *Wieland*, in: Dreier, GG III, Art. 93 Rn. 59; *Detterbeck*, in: Sachs, GG, Art. 93 Rn. 46.

tuiert hat, vom Grundgesetz als Trägerin kompetenzieller Rechte ausgewiesen und parteifähig im Organstreitverfahren[17].

31 Gleiches gilt für die sogenannte *potentielle* Einsetzungsminderheit, also eine Gruppe von Bundestagsabgeordneten, die ein Viertel der Gesamtzahl der Mandate erreicht[18]. Wäre sie nicht als Organteil anerkannt, hätte es die Mehrheit stets in der Hand, durch Einsetzung einer sog. Mehrheitsenquete die Minderheit zu majorisieren bzw. die Minderheit müsste stets mit einer Minderheitsenquete „dagegenhalten". Es reicht mithin aus, wenn sich die einsetzungsberechtigte Minderheit mit einem Antrag konstituieren *könnte*. Vorliegend bleibt das Problem, dass Linke (64 Sitze) und Grüne (63 Sitze) gemeinsam nur über gut 20% der 631 Sitze des Deutschen Bundestages der 18. Wahlperiode verfügen und damit das Quorum nach Art. 44 Abs. 1 S. 1 GG verfehlen. Allerdings folgt ihre Parteifähigkeit aus § 126a Abs. 1 Nr. 1 S. 1 GOBT, der sie in dieser Situation für die Dauer der 18. Wahlperiode mit eigenen Rechten i.S.v. Art. 93 Abs. 1 Nr. 1 GG ausstattet (danach ist ein Untersuchungsausschuss auf Antrag von 120 Mitgliedern des Bundestages einzusetzen)[19].

2. Einzelne Abgeordnete

32 Fraglich ist, ob auch die einzelnen Abgeordneten parteifähig sind.

Das wird von der Rechtsprechung des Bundesverfassungsgerichts grundsätzlich bejaht: „Der Regelungsgehalt von Art. 44 Abs. 1 Satz 1 GG erschöpft sich nicht in der Pflicht des Bundestages, auf Antrag eines Viertels seiner Mitglieder einen Untersuchungsausschuss einzusetzen. Die bei der Einsetzung des Ausschusses von Verfassungs [sic] wegen vorhandene Spannung zwischen Mehrheit und qualifizierter Minderheit setzt sich daher im Untersuchungsverfahren fort (vgl. BVerfGE 105, 197 [223]). Art. 44 GG wirkt insoweit in den Untersuchungsausschuss hinein. Die in den Untersuchungsausschuss entsandten Abgeordneten einer Fraktion oder mehrerer Fraktionen, die allein oder zusammen mindestens ein Viertel der Mitglieder des Deutschen Bundestages umfassen, repräsentieren den einsetzungsberechtigten Teil des Deutschen Bundestages im Ausschuss jedenfalls so lange, wie kein Dissens zwischen der jeweiligen Fraktion und ihren Vertretern im Ausschuss erkennbar ist (sogenannte Fraktion im Ausschuss)"[20]. Als Repräsentanten der Fraktionen sind mithin auch die einzelnen Abgeordneten parteifähig nach Art. 44 Abs. 1 S. 1 GG i.V.m. § 126a Abs. 1 Nr. 1 S. 1 GOBT.

3. Bundesregierung

33 Als Antragsgegnerin ist die Bundesregierung nach § 63 BVerfGG unmittelbar parteifähig.

17 BVerfGE 143, 101 (124 f., Rn. 76); aus der Literatur *Glauben*, NVwZ 2017, 129 (130).
18 BVerfGE 143, 101 (125, Rn. 77); aus der Literatur *Glauben*, NVwZ 2017, 129 (130).
19 BVerfGE 143, 101 (125 f., Rn. 80); aus der Literatur *Morlok*, in: Dreier, GG II, Art. 44 Rn. 36.
20 BVerfGE 143, 101 (126, Rn. 82); zustimmend *Barczak*, in: ders., BVerfGG, § 64 Rn. 25.

III. Antragsbefugnis, § 64 Abs. 1 BVerfGG

Die verschiedenen Antragsteller müssten ferner antragsbefugt sein. Dies bestimmt sich nach § 64 Abs. 1 BVerfGG. Dessen Voraussetzungen hat das Bundesverfassungsgericht unlängst wie folgt zusammengefasst: **34**

„Nach § 64 Abs. 1 BVerfGG ist der Antrag nur zulässig, wenn der Antragsteller geltend macht, dass er oder das Organ, dem er angehört, durch eine Maßnahme oder Unterlassung des Antragsgegners in seinen ihm durch das Grundgesetz übertragenen Rechten und Pflichten verletzt oder unmittelbar gefährdet ist“[21]. Anders gewendet: „Der Organstreit zielt auf die Auslegung des Grundgesetzes aus Anlass von Streitigkeiten über die Rechte und Pflichten von Verfassungsorganen (Art. 93 Abs. 1 Nr. 1 GG). Die als verletzt geltend gemachte Rechtsposition muss in einem Verfassungsrechtsverhältnis gründen (vgl. BVerfGE 118, 277 [318]; 131, 152 [191]). Ein Verfassungsrechtsverhältnis liegt vor, wenn auf beiden Seiten des Streits Verfassungsorgane oder Teile von Verfassungsorganen stehen und um verfassungsrechtliche Positionen streiten (vgl. BVerfGE 118, 277 [318]). Rechte, die sich lediglich auf Vorschriften einfachen Gesetzesrechts oder der Geschäftsordnung stützen, reichen für die Begründung der Antragsbefugnis nicht aus“[22].

Die Antragstellerinnen wenden sich gegen die Weigerung der Antragsgegnerin, an sie gerichtete Beweisbeschlüsse zu erfüllen. Der Organstreit betrifft damit die Reichweite des aus Art. 44 Abs. 1 GG abzuleitenden Beweiserhebungsrechts des Deutschen Bundestages. Träger dieses Rechts ist das Plenum, das es aber nicht als Ganzes wahrnehmen kann. Es bedient sich dabei des Untersuchungsausschusses. Dementsprechend ist einmal mehr zu differenzieren: **35**

1. Fraktionen

Die Fraktionen können nicht geltend machen, in eigenen Rechten verletzt zu sein, da sie nicht das nötige Quorum nach Art. 44 Abs. 1 S. 1 GG erfüllen. Eine erweiternde Auslegung scheidet aus, da der Verfassungsgeber in Kenntnis des Problems des Minderheitenschutzes das Quorum von 25% bewusst angeordnet hat. Auch § 126a Abs. 1 Nr. 1 GOBT hilft über diese Hürde nicht hinweg. Als Norm des Geschäftsordnungsrechts geht sie über das verfassungsrechtlich Gebotene hinaus, begründet aber keine materielle Position (vgl. oben). **36**

Hinweis: Diese Unterscheidung mag man je nach Geschmack als haarfein oder haarspalterisch einstufen. **37**

Die Fraktionen können aber behaupten, dass sie das Recht des Bundestages auf Beweisvorlage im Wege der sog. Organstandschaft (auch: Prozessstandschaft) geltend machen können[23]; dieses ist durch die Weigerung der Bundesregierung auch möglicherweise **38**

21 BVerfGE 143, 101 (126 f., Rn. 85); aus der Literatur *Sachs*, JuS 2017, 185 (186).

22 BVerfGE 143, 101 (127, Rn. 86); zustimmend statt aller *Schorkopf*, in: Burkiczak/Dollinger/Schorkopf, BVerfGG, § 64 Rn. 7.

23 Dazu näher BVerfGE 140, 160 (185); *Pieroth*, in: Jarass/Pieroth, GG, Art. 93 Rn. 22.

verletzt. Dafür reicht schon die Verzögerung, da sie die Wirksamkeit der parlamentarischen Kontrolle in Frage zu stellen vermag[24].

2. Einzelne Abgeordnete

39 Fraglich ist ferner, ob die einzelnen Abgeordneten antragsbefugt sind. Dagegen spricht, dass die Fraktionen als solche nicht antragsbefugt sind. Dementsprechend können auch ihre Vertreter im Untersuchungsausschuss nicht antragsbefugt sein[25].

40 Sie könnten aber als Viertelminderheit im Untersuchungsausschuss im Wege der Prozessstandschaft gemäß § 18 Abs. 3 PUAG Rechte des Bundestages geltend machen. Das Bundesverfassungsgericht hat das im Ergebnis verneint, weil sich auf diese Weise eine „Loslösung" vom Konzept des Art. 44 Abs. 1 S. 1 GG ergeben würde. Es sei nicht jede Minderheit im Untersuchungsausschuss antragsbefugt, sondern „nur die von der konkreten oder potentiellen Einsetzungsminderheit im Deutschen Bundestag im Sinne des Art. 44 Abs. 1 Satz 1 GG getragene Ausschussminderheit"[26]. Andernfalls würde erneut in Ansehung des Art. 44 Abs. 1 S. 1 GG die Wortlautgrenze überschritten. Das PUAG könne als verfassungsinterpretatorisches und insoweit deklaratorisches Gesetz keine über das Grundgesetz hinausgehenden Rechtspositionen schaffen; das gelte auch für § 18 Abs. 3 PUAG.

41 **Hinweis:** Letztlich geht es hier – wie immer bei der Frage nach Rechten einzelner Abgeordneter – um eine Dreiecks-Abwägung zwischen den Rechten aus dem Abgeordnetenstatus gem. Art. 38 Abs. 1 GG, der Funktionsfähigkeit des Bundestages sowie der Belastung des Bundesverfassungsgerichts. In Teilen ist die Karlsruher Rechtsprechung nur so zu erklären, dass sie schlicht von der Sorge getrieben wird, da könne – klassisches Argument der bayerischen inneren Verwaltung – „ja jeder kommen".

IV. Antragsgegner

42 Die Fraktionen müssten sich an den „richtigen" Antragsgegner halten. Hier wenden sie sich gegen die Bundesregierung, die für das gerügte Unterlassen (Vorlage der Selektorenlisten) die Verantwortung trägt. Die Bundesregierung ist auch parteifähig (s.o.).

43 **Hinweis:** Dieser Eintrag im Schema „vagabundiert" ein wenig (m.a.W.: es gibt mehrere Wege nach Rom). Im Kern geht es darum, dass in der Fallbearbeitung zwei Fragen gedanklich getrennt werden. Die erste lautet, ob der Antragsgegner überhaupt parteifähig ist (Beispiel: Eine Partei wendet sich gegen eine Kommune, deren Oberbürgermeister sie öffentlich für verfassungsfeindlich erklärt hat – hier „trifft" es zwar den Richtigen, eine Stadt ist aber sicher nicht parteifähig im Organstreit). Die zweite Frage lautet, ob sich der Antragsteller auch gegen denjenigen wendet, der für die behauptete Verletzung in eigenen Rechten verantwortlich ist bzw. den Antragsteller „klaglos" stellen kann, indem er nach

24 So BVerfGE 143, 101 (132, Rn. 102).
25 BVerfGE 143, 101 (129, Rn. 94). Kritisch allerdings *Barczak*, in: ders., BVerfGG, § 64 Rn. 26.
26 BVerfGE 143, 101 (129, Rn. 96).

der Entscheidung des Bundesverfassungsgerichts die begehrten Informationen bereitstellt (Beispiel: Wenn sich die Fraktionen im vorliegenden Fall gegen den Bundesrat wendeten, so wäre dieser nach § 63 BVerfGG unzweifelhaft parteifähig, könnte aber mit Fug und Recht darauf hinweisen, dass er mit der ganzen Angelegenheit nun wirklich nichts zu tun hat).

V. Form und Frist, §§ 23 Abs. 1, 64 Abs. 2 und 3 BVerfGG

Die Anträge wahren die Schriftform und die Sechsmonatsfrist. 44

Hinweis: Einmal mehr gilt: Auch im Gutachten darf Offensichtliches im Urteilstil fest- 45
gestellt werden; derlei Dinge müssen auch nicht aufwendig belegt werden.

VI. Rechtsschutzbedürfnis

Als ungeschriebenes Merkmal müssen die Fraktionen ferner rechtsschutzbedürftig 46
sein[27]. Den Fraktionen stehen vorliegend keine anderen Möglichkeiten zu Gebote, die von ihnen geltend gemachten Rechte durchzusetzen.

VII. Zwischenergebnis

Die Anträge der Fraktionen (Bündnis 90/Die Grünen sowie Die Linke) sind teilweise 47
zulässig, die der beiden Abgeordneten im Untersuchungsausschuss sind unzulässig.

B. Begründetheit der Anträge im Organstreitverfahren

Obersatz: Die Anträge der Fraktionen sind begründet, wenn die Bundesregierung nicht 48
berechtigt war, die Vorlage der Selektorenliste zu verweigern.

Hinweis: Der Aufbau der Prüfung der Begründetheit eines Antrags im Organstreitver- 49
fahren gilt aus guten Gründen als anspruchsvoll. Während die Normenkontrollverfahren hier einem klaren Schema folgen (formelle Verfassungsmäßigkeit mit Zuständigkeit, Verfahren und Form, gefolgt von materieller Verfassungsmäßigkeit; vgl. Hausarbeit 4), sind die Verfasserinnen und Verfasser im Verfahren nach Art. 93 Abs. 1 Nr. 1 GG vielleicht nicht auf sich allein gestellt, aber darauf angewiesen, sich ein eigenes Raster oder Schema zu erarbeiten, das für den konkreten Einzelfall „passt“. Dabei hilft als Grundgerüst die Überlegung, dass man in loser Anlehnung an die Grundrechtsprüfung (vgl. Hausarbeit 1) zunächst herauszuarbeiten hat, welche Rechtsposition der Antragsteller überhaupt inne hat. Sodann ist zu erörtern, ob der Antragsgegner diese verkürzt/tangiert hat (bitte nicht: „verletzt“ – das ist das Endergebnis der Prüfung). Daran schließt sich die Überlegung an,

27 Näher *Barczak*, in: ders., BVerfGG, § 64 Rn. 36 ff.

ob es für diese Verkürzung Rechtfertigungsgründe gibt, die in der Sache dann gegen die Rechtsposition des Antragstellers abgewogen werden müssen. Das Ergebnis dieses Abwägungsprozesses ist unter Prüfungsbedingungen kaum einmal eindeutig oder zwingend.

I. Betroffenheit des Untersuchungsrechts nach Art. 44 Abs. 1 GG

50 Das von den beiden Fraktionen geltend gemachte Recht müsste zunächst überhaupt vom sog. parlamentarischen Enqueterecht, das in Art. 44 Abs. 1 GG niedergelegt ist, umfasst oder gedeckt sein.

51 Das Bundesverfassungsgericht hat dazu in seiner jüngsten Entscheidung zur Sache ausgeführt: „Das in Art. 44 GG gewährleistete Untersuchungsrecht gehört zu den ältesten und wichtigsten Rechten des Parlaments (vgl. BVerfGE 124, 78 [114]). Über das Zitierrecht nach Art. 43 Abs. 1 GG und das Frage- und Informationsrecht aus Art. 38 Abs. 1 Satz 2 und Art. 20 Abs. 2 Satz 2 GG hinaus verschafft es die Möglichkeiten der Sachverhaltsaufklärung, die das Parlament zur Vorbereitung seiner Entscheidungen und vor allem zur Wahrung seiner Kontrollfunktion gegenüber der ihm verantwortlichen Regierung benötigt (vgl. BVerfGE 49, 70 [85]; 124, 78 [114]). Der Untersuchungsausschuss ist als Aufklärungsinstrument im Rahmen der politischen Kontroverse (vgl. BVerfGE 105, 197 [225 f.]) dabei ein spezifisches Instrument parlamentarischer Kontrolle“[28].

52 Erfasst sein müsste ferner – über die bloße Information hinaus – konkret das Recht des Ausschusses, Akten vorgelegt zu bekommen. Dazu das Gericht: „Das Recht auf Aktenvorlage gehört zum Kern des Untersuchungsrechts. Der Anspruch auf Vorlage von Akten im Verantwortungsbereich der Regierung folgt nicht lediglich aus dem Recht auf Amtshilfe gemäß Art. 44 Abs. 3 GG; er ist Bestandteil des Kontrollrechts aus Art. 44 Abs. 1 Satz 1 GG und des Rechts der Beweiserhebung nach Art. 44 Abs. 2 Satz 1 GG (vgl. BVerfGE 67, 100 [128 f., 132]; 124, 78 [116]). Akten sind bei der Untersuchung politischer Vorgänge ein besonders wichtiges Beweismittel. Sie haben gegenüber Zeugenaussagen in der Regel einen höheren Beweiswert, weil das Gedächtnis von Zeugen aus mancherlei Gründen unergiebig werden kann (vgl. BVerfGE 67, 100 [132]; 124, 78 [117]). Der Untersuchungsausschuss muss sich nicht mit Aktenauskünften zufrieden geben oder sein Verlangen auf bestimmte Aktenteile beschränken. Vielmehr soll er sich anhand der vollständigen Akten selbst ein Bild vom Umfang ihrer Entscheidungserheblichkeit machen können (vgl. BVerfGE 124, 78 [117]). Der Vorlageanspruch bezieht sich grundsätzlich auf alle Akten, die mit dem Untersuchungsgegenstand in Zusammenhang stehen. Bei einem Ersuchen auf Aktenvorlage muss nicht bereits feststehen, dass die Unterlagen auch tatsächlich entscheidungserhebliches Material oder entsprechende Beweismittel enthalten. Es reicht aus, wenn sie Hinweise hierauf geben könnten (vgl. BVerfGE 124, 78 [117])“[29].

---

28 BVerfGE 143, 101 (133, Rn. 107); siehe ferner *Pieroth*, in: Jarass/Pieroth, GG, Art. 44 Rn. 1-3.

29 BVerfGE 143, 101 (134 f., Rn. 110); aus der Literatur *Peters*, NVwZ 2012, 1574 (1578).

Danach ist der Gewährleistungs- oder Garantiebereich von Art. 44 Abs. 1 S. 1 GG eröffnet; die beiden Fraktionen haben (in Prozessstandschaft für den Bundestag) grundsätzlich einen Anspruch auf Auskunft bzw. Aktenvorlage.

II. Grenzen des Beweiserhebungsrechts

Das Enqueterecht unterliegt allerdings Grenzen; diese folgen lediglich unmittelbar aus dem Verfassungsrecht – auch dann, wenn sie *formaliter* im einfachen Gesetzesrecht niedergelegt sind. **53**

1. Völkerrecht

In Betracht kommen die völkerrechtlichen Verpflichtungen der Bundesrepublik. Allerdings folgt aus Art. 25 GG wie Art. 59 Abs. 2 GG, dass völkerrechtlichen Verpflichtungen als solchen gerade kein Verfassungsrang zukommt[30]; diese Wertung kann auch nicht durch den pauschalen Hinweis auf die sog. Völkerrechtsfreundlichkeit des Grundgesetzes unterlaufen werden[31]. **54**

2. Deckung durch den Einsetzungsbeschluss

Das Verlangen nach Vorlage der Selektorenliste müsste ferner durch den Einsetzungsbeschluss des Bundestages gedeckt sein; die Fraktionen dürften m.a.W. nicht unter dem Deckmantel des Untersuchungsausschusses eine eigene Agenda verfolgen. **55**

Das Begehren ist vorliegend erkennbar vom Einsetzungsbeschluss des Untersuchungsausschusses gedeckt.

3. Gewaltenteilungsgrundsatz

Grenzen des Untersuchungs- bzw. Vorlagerechts könnten sich aus dem Grundsatz der Gewaltenteilung ergeben. Diesen hat das Bundesverfassungsgericht in seiner jüngeren Rechtsprechung wie folgt konkretisiert: „Der Grundsatz der Gewaltenteilung zielt auf Machtverteilung und die sich daraus ergebende Mäßigung staatlicher Herrschaft. In seiner grundgesetzlichen Ausformung als Gebot der Unterscheidung zwischen gesetzgebender, vollziehender und rechtsprechender Gewalt (Art. 20 Abs. 2 Satz 2 GG) dient er zugleich einer funktionsgerechten Zuordnung hoheitlicher Befugnisse zu unterschiedlichen, jeweils aufgabenspezifisch ausgeformten Trägern öffentlicher Gewalt und sichert die rechtliche Bindung aller Staatsgewalt (Art. 20 Abs. 3 GG) (vgl. BVerfGE 124, 78 [120]; 137, 185 [233 Rn. 135]). In der Verfassungsordnung des Grundgesetzes ist die Teilung der Gewalten nicht als absolute Trennung realisiert und geboten. Die Zweige der Staatsgewalt sind aufeinander bezogen und miteinander verschränkt, dürfen aber ihrer jeweiligen Eigenheit und ihrer spezifischen Aufgaben und Zuständigkeiten nicht **56**

30 So auch *Sachs*, JuS 2017, 185 (186); *Jarass*, in: ders./Pieroth, GG, Art. 25 Rn. 2.

31 Näher BVerfGE 143, 101 (135 ff., Rn. 112 ff.). Vgl. ferner *Walter*, 60 Jahre offene Staatlichkeit, in: Wittreck (Hrsg.), 60 Jahre Grundgesetz, 2010, S. 61 ff.

beraubt werden (vgl. BVerfGE 9, 268 [279 f.]; stRspr). Das Gewaltenteilungsprinzip ist damit zugleich Grund und Grenze des Informationsanspruchs des Parlaments gegenüber der Regierung (vgl. BVerfGE 110, 199 [219]; 124, 78 [122]; 137, 185 [233 Rn. 135])“[32]. Dementsprechend kann der Grundsatz der Gewaltenteilung sowohl auf Seiten des Parlaments bzw. des Untersuchungsausschusses als auch auf Seiten der Regierung in Anschlag gebracht werden.

a) Kernbereich exekutiver Eigenverantwortung

57 Auf Seiten oder besser zugunsten der Regierung könnte der Gewaltenteilungsgrundsatz in Gestalt der Figur des Kernbereichs exekutiver Eigenverantwortung wirken[33].

Diesen beschreibt das Bundesverfassungsgericht wie folgt: „Die Verantwortung der Regierung gegenüber Parlament und Volk setzt notwendigerweise einen Kernbereich exekutiver Eigenverantwortung voraus, der einen grundsätzlich nicht ausforschbaren Initiativ-, Beratungs- und Handlungsbereich einschließt. Dazu gehört die Willensbildung der Regierung selbst, sowohl hinsichtlich der Erörterungen im Kabinett als auch bei der Vorbereitung von Kabinetts- und Ressortentscheidungen, die sich vornehmlich in ressortübergreifenden und -internen Abstimmungsprozessen vollzieht“[34]. Geschützt ist neben der Phase der Vorbereitung auch das Verlangen, sich dem nachträglichen parlamentarischen Zugriff zu entziehen.

b) Funktionsgerechte und organadäquate Aufgabenwahrnehmung

58 Zu den fundamentalen Staatszwecken zählen die Sicherheit und der Schutz der Bevölkerung. Es geht in individueller Perspektive um Schutzpflichten zugunsten von Würde, Leben und Freiheit der Bürger (Art. 1 Abs. 1, 2 Abs. 2 S. 1, 2 Abs. 2 S. 2 GG), in überindividueller Hinsicht um den Schutz der verfassungsmäßigen Ordnung sowie den Bestand und die Sicherheit des Bundes und der Länder. Namentlich die Abwehr der Gefahren des internationalen Terrorismus ist vor diesem Hintergrund legitim; das Grundgesetz geht dabei davon aus, dass sich der Bund zu diesem Zweck auch nachrichtendienstlicher Mittel bedient (vgl. Art. 10 Abs. 2, 45d, 73 Abs. 1 Nr. 10 lit. b, 87 Abs. 1 S. 2 GG; vgl. auch die Bestimmungen zur sog. wehrhaften Demokratie, namentlich Art. 9 Abs. 2, 18, 20 Abs. 4, 21 Abs. 2 bis 4, 98 Abs. 2 und 5 GG)[35].

59 **Hinweis:** Die Normketten mögen auf den ersten Blick abschreckend wirken oder zum Weiterblättern verleiten. In der Hausarbeit (wie in der Klausur) zählt es sich allerdings aus, wenn man selbst für an sich selbsterklärende Aussagen (natürlich darf sich die Bundesrepublik gegen Terroristen verteidigen) Normen nennt, die diese Aussage stützen. Hier hilft – auch wenn es banal klingt – der Blick in das Stichwortverzeichnis der gängigen Textausgaben.

---

32 BVerfGE 143, 101 (136 f., Rn. 118); siehe aus der Literatur noch *Morlok*, in: Dreier, GG II, Art. 44 Rn. 26.

33 Aus der Literatur *Morlok*, in: Dreier, GG II, Art. 44 Rn. 27.

34 BVerfGE 143, 101 (137, Rn. 119).

35 Näher *Glauben*, NVwZ 2017, 129 (131).

Dabei erfolgt die Festsetzung der strategischen Ausrichtung der nachrichtendienstlichen Tätigkeit – insbesondere die Entscheidung zu einer internationalen Kooperation – durch die Bundesregierung. Ihr obliegt dabei auch die Gestaltung dieser Kooperation, namentlich der Abschluss der zur Wahrung der gebotenen Vertraulichkeit notwendigen völkerrechtlichen Verpflichtungen[36]. **60**

Gewichtig ist hier auch die traditionelle Zuständigkeit der Regierung für die Ausübung der Auswärtigen Gewalt i.S.v. Art. 32 GG. Zwar hat der Bundestag hier Mitwirkungsrechte (etwa Art. 24 Abs. 2 oder Art. 59 Abs. 2 GG), doch haben diese jeweils Bezug zu seinem Gesetzgebungsrecht. Dementsprechend obliegt das Aushandeln von Geheimschutzabkommen als Grundlage einer nachrichtendienstlichen Kooperation allein der Bundesregierung. Zugleich muss Deutschland in der Lage sein, sich wirksam zur Geheimhaltung zu verpflichten, weil es andernfalls nicht fähig wäre, die Geheimhaltung eigener Verschlusssachen im Partnerstaat zu gewährleisten. **61**

4. Staatswohl bzw. Wohl des Bundes oder eines Landes

Dieses könnte durch das Bekanntwerden geheimhaltungsbedürftiger Informationen gefährdet werden. Dazu einmal mehr das Bundesverfassungsgericht: „Welche Grenzen die Verfassung dem parlamentarischen Untersuchungsrecht setzt, ist unter Berücksichtigung seiner Bedeutung im Verfassungsgefüge zu beantworten. Dies gilt auch für die Auslegung und Anwendung des Begriffs der Gefährdung des Staatswohls. Für die Frage, ob Zeugenaussagen oder die Vorlage von Akten das Staatswohl gefährden würden, ist danach zunächst zu berücksichtigen, dass der Umgang mit Informationen in einem Untersuchungsausschuss eigenen Geheimschutzbestimmungen unterliegt und dass das Staatswohl nicht allein der Bundesregierung, sondern dem Bundestag und der Bundesregierung gemeinsam anvertraut ist (vgl. BVerfGE 124, 78 [123 f.]). Das Parlament und seine Organe können nicht als Außenstehende behandelt werden, die zum Kreis derer gehören, vor denen Informationen zum Schutz des Staatswohls geheimzuhalten sind. Die Berufung auf das Staatswohl kann daher gegenüber dem Deutschen Bundestag in aller Regel dann nicht in Betracht kommen, wenn beiderseits wirksame Vorkehrungen gegen das Bekanntwerden von Dienstgeheimnissen getroffen wurden. Dass auch die Beachtung von Vorschriften zur Wahrung von Dienstgeheimnissen deren Bekanntwerden nicht völlig ausschließt, steht dem nicht entgegen. Diese Tatsache betrifft alle drei Gewalten“[37]. Diesem Zweck dienen neben der Geheimschutzordnung des Bundestages die strafrechtliche Sanktion nach § 353b Abs. 2 Nr. 1 StGB sowie Bestimmungen des PUAG (namentlich §§ 14 Abs. 1 Nr. 4, 15, 16, 18 Abs. 2). Gleichwohl ist die Regierung nicht gehalten, Dienstgeheimnisse dem Parlament vorzulegen, wenn deren Geheimhaltung dort nicht gewährleistet ist. **62**

5. Grundrechte und Rechtsmissbrauch

Diese Grenzen dürften vorliegend fernliegend sein. **63**

36 BVerfGE 143, 101 (140, Rn. 128).
37 BVerfGE 143, 101 (142 f., Rn. 138).

III. Begründungspflicht der Bundesregierung

64 Die Bundesregierung ist unmittelbar nach der Verfassung verpflichtet, eine Begründung zu liefern, sofern sie einem Untersuchungsausschuss Unterlagen vorenthält. Dafür spricht schon das Gebot gegenseitiger Rücksichtnahme, weil andernfalls das Parlament nicht zu einer effektiven Kontrolle der Regierung in der Lage wäre[38]. Dies soll nach § 18 Abs. 2 S. 2 PUAG schriftlich erfolgen. Das schließt eine ergänzende mündliche Unterrichtung nicht aus; diese kann sogar notwendig sein.

IV. Anwendung auf den Einzelfall

1. Umfang des Beweiserhebungsrechts

65 Die NSA-Selektorenlisten sind vom Beweiserhebungsrechts des Untersuchungsausschusses umfasst. Anderenfalls könnte sich die Bundesregierung bloß durch internationale Kooperation der Nachrichtendienste der parlamentarischen Kontrolle entziehen. Dabei ist auch die Schwere der in Rede stehenden möglichen Grundrechtseingriffe zu berücksichtigen.

2. Einsetzung der sachverständigen Vertrauensperson

66 Dem Recht auf Vorlage der Listen ist nicht durch den Bericht der sachverständigen Vertrauensperson Genüge getan. Diese ist im PUAG nicht vorgesehen bzw. kein Sachverständiger i.S.v. § 28 PUAG, der als Hilfsorgan des Ausschusses ermittelt. Die Person ist aber von der Regierung eingesetzt worden; ihre Ausführungen sind als – unvollständige – Antwort auf die Fragen des Ausschusses zu werten.

3. Interesse der Regierung an funktionsgerechter und organadäquater Aufgabenwahrnehmung

67 Die Einschätzung der Bundesregierung, die Herausgabe der Liste ohne das Einverständnis der USA würde die Funktions- und Kooperationsfähigkeit der Nachrichtendienste und damit die außen- und sicherheitspolitische Handlungsfähigkeit erheblich beeinträchtigen, ist verfassungsrechtlich nicht zu beanstanden. Unter Zugrundelegung der allgemein anerkannten „Third Party Rule" (keine Weitergabe ausgetauschter Informationen ohne Zustimmung des Informationsgebers) ist der Untersuchungsausschuss aufgrund der ausdrücklichen Einstufung durch die USA als „Dritter" anzusehen[39]. Die Einschätzung der Bundesregierung, wie die USA auf einen Bruch dieser Regel reagieren würden, unterliegt dabei nur einer eingeschränkten gerichtlichen Kontrolle; hier ist erneut in Rechnung zu stellen, dass die Regierung im Bereich der Auswärtigen Gewalt i.S.v. Art. 32 GG frei sein muss, auf Umstände zu reagieren, die sich ihrem Einfluss entziehen.

---

38 BVerfGE 143, 101 (144, Rn. 143).
39 BVerfGE 143, 101 (152 f., Rn. 167 f.); a.A. etwa *Gärditz*, DVBl. 2015, 903 (907).

Dagegen vertreten ernstzunehmende Stimmen, die parlamentarische Kontrolle gehöre zum Nachrichtendienst wie die Geheimhaltungsbedürftigkeit[40]. Dem folgt das Gericht nicht und malt ein Bild einerseits der terroristischen Bedrohung, andererseits der Gefahr eines Abbruchs der Kooperation durch die USA[41]. Angesichts der offen von den US-Amerikanern gerügten „Lecks" sei die Geheimhaltung im Bundestag offenbar nicht gewährleistet. Ferner sei die Völkerrechtsfreundlichkeit auch in Ansehung der US-Interessen in Anschlag zu bringen; i.ü. entstehe kein „rechtsfreier" Raum, da mit Ausnahme der Selektorenlisten dem Untersuchungsausschuss hinreichend Unterlagen zur Verfügung gestellt worden seien. **68**

4. Begründungspflicht

Schließlich genügt auch die – mündlich ergänzte – Begründung der Bundesregierung den Anforderungen[42]. **69**

V. Zwischenergebnis

Die Anträge der Fraktionen sind unbegründet. **70**

C. Gesamtergebnis

Die Anträge sind teils schon unzulässig, im Übrigen aber unbegründet. Sie haben keine Aussicht auf Erfolg. **71**

40 So namentlich *B. Huber*, NVwZ 2015, 1354 (1357).
41 BVerfGE 143, 101 (153 f., Rn. 171 f.).
42 BVerfGE 143, 101 (157 f., Rn. 181 ff.).

Literaturverzeichnis

Barczak, Tristan (Hrsg.)	BVerfGG. Mitarbeiterkommentar zum Bundesverfassungsgerichtsgesetz, Berlin 2018
Bundesverfassungsgericht	Die Stellung des Bundesverfassungsgerichts, in: JZ 1953, 157 ff.
Burkiczak, Christian/ Dollinger, Franz-Wilhelm/ Schorkopf, Frank (Hrsg.)	Bundesverfassungsgerichtsgesetz, Heidelberg 2015
Dreier, Horst (Hrsg.)	Grundgesetz: Kommentar, Band 2, 3. Aufl., Tübingen 2015
Gärditz, Klaus F.	Anmerkung zu BVerwG, Beschluss vom 29.04.2015 – 20 F 8.14 – Verweigerung der Vorlage von Geheimdienstakten – „Third Party Rule“: Der Vertraulichkeitsvorbehalt als Grenze der Verwertung ausländischer nachrichtendienstlicher Informationen, in: DVBl. 2015, 903 ff.
Glauben, Paul	Minderheitenrechte im Untersuchungsrecht und staatlicher Geheimnisschutz mit Verfassungsrang, in: NVwZ 2017, 129 ff.
Hornung, Gerrit	§ 30 Parlamentarisches Kontrollgremium und G 10-Kommission, in: Morlok, Martin/Schliesky, Utz/Wiefelspütz, Dieter, Parlamentsrecht: Praxishandbuch, Baden-Baden 2016, S. 928 ff.
Huber, Bertold	Keine Parteifähigkeit der G10-Kommission im Organstreitverfahren, in: NVwZ 2016, 1701 ff.
ders.	Selektorenlisten und Sonderermittler, in: NVwZ 2015, 1354 ff.
Jarass, Hans D./ Pieroth, Bodo	Grundgesetz für die Bundesrepublik Deutschland: Kommentar, 15. Aufl., München 2018
Maunz, Theodor/ Dürig, Günter/Herzog, Roman/ Scholz, Rupert/Herdegen, Matthias/Klein, Hans H. (Hrsg.)	Grundgesetz: Kommentar, München, Stand: November 2018
Peters, Butz	Unzulässige Beweiserhebungen durch parlamentarische Untersuchungsausschüsse, in: NVwZ 2012, 1574 ff.
Roggan, Fredrik	G-10-Gesetz, 2. Aufl., Baden-Baden 2018
Sachs, Michael	Staatsorganisationsrecht: Untersuchungsausschüsse, in: JuS 2017, 185 ff.
ders. (Hrsg.)	Grundgesetz: Kommentar, 8. Aufl., München 2018
Walter, Christian	60 Jahre offene Staatlichkeit, in: Wittreck, Fabian (Hrsg.): 60 Jahre Grundgesetz – Verfassung mit Zukunft!?, Baden-Baden 2010, S. 61 ff.
Wittreck, Fabian	Der Anwendungsvorrang des einfachen Rechts – Eine unterschätzte Figur des Öffentlichen Rechts, in: Ad Legendum 2018, S. 217 ff.

Hausarbeit 8

Fraktionsausschluss

von Thorsten Ingo Schmidt

Um ein stärkeres Wirtschaftswachstum zu erreichen, strebt die von den Fraktionen A und B getragene Bundesregierung eine weitere Lockerung des Kündigungsschutzes durch Beschränkung des Geltungsbereichs des Kündigungsschutzgesetzes (KSchG) auf Betriebe mit mehr als 20 Arbeitnehmern an. Dagegen wendet sich in mehreren Fernsehinterviews der Bundestagsabgeordnete und Gewerkschaftssekretär X, der der Bundesregierung eine Demontage des Sozialstaates vorwirft. Er wird von weiteren Abgeordneten unterstützt, die dem Arbeitnehmerflügel der A-Fraktion zuzurechnen sind und der gesamten arbeits- und wirtschaftspolitischen Linie der Bundesregierung ablehnend gegenüberstehen. Die Bundesregierung befürchtet daher, für ihre Politik im Parlament keine eigene Mehrheit mehr zu finden. 1

Der Bundeskanzler verbindet deshalb die Abstimmung über die Änderung des KSchG mit der Vertrauensfrage. Daraufhin beschließt der Bundestag bei Anwesenheit von 706 seiner 709 Abgeordneten mit 356 Ja-Stimmen zu 347 Nein-Stimmen bei drei Enthaltungen, dem Kanzler das Vertrauen auszusprechen und lehnt mit 340 Ja-Stimmen zu 366 Nein-Stimmen die Änderung des KSchG ab. Abgeordneter X hat zusammen mit sieben weiteren Abgeordneten der A-Fraktion gegen die Änderung des KSchG gestimmt.

Der Bundeskanzler fordert nunmehr den Bundespräsidenten auf, den vor zwei Jahren gewählten Bundestag aufzulösen. Der Bundespräsident meint, keine andere Wahl zu haben, teilt in einer Fernsehansprache die Auflösung des Bundestages mit und ordnet für den fünften Sonntag nach der Bundestagsauflösung Neuwahlen an. Eine Gegenzeichnung der Auflösung hält der Bundespräsident für entbehrlich, denn dass er mit Willen des Kanzlers handele, sei ohnehin ersichtlich.

Einen Tag nach der Abstimmung im Bundestag beschließt der Vorstand der A-Fraktion, den X „wegen grob parteischädigenden Verhaltens“ mit sofortiger Wirkung aus der Fraktion auszuschließen. Hinsichtlich der übrigen Abweichler wird keine Entscheidung getroffen.

Der empörte X sieht sich durch die Bundestagsauflösung und den Fraktionsausschluss um seine parlamentarischen Wirkungsmöglichkeiten gebracht. Er meint, der Bundespräsident hätte den Bundestag niemals auflösen dürfen, immerhin sei dem Kanzler das Vertrauen ausgesprochen worden. Als Inhaber eines freien Mandats könne er gar nicht aus der Fraktion ausgeschlossen werden. So enthalte die Fraktionsgeschäftsordnung – was zutrifft – dafür auch keine Regelung. Zumindest möchte er aber an der für den übernächsten Tag angesetzten Fraktionssitzung teilnehmen, um seinen Standpunkt darlegen zu können.

X erwägt die Einleitung gerichtlicher Schritte und möchte von Ihnen wissen:

Aufgaben:

1. Wird ein Verfahren vor dem BVerfG gegen die Bundestagsauflösung Erfolg haben?
2. Erfolgte der Fraktionsausschluss rechtmäßig?
3. Vor welchem Gericht und auf welche Weise kann der Fraktionsausschluss angefochten werden?
4. Wie kann die Teilnahme an der Fraktionssitzung erzwungen werden?

Gliederung

Gutachten

Aufgabe 1: Wird ein Verfahren vor dem BVerfG gegen die Bundestagsauflösung Erfolg haben?

In Betracht kommt ein Organstreitverfahren. Dieses hat Aussicht auf Erfolg, wenn es zulässig (A.) und begründet (B.) ist. **3**

A. Zulässigkeit

Die Rechtsgrundlagen des Organstreitverfahrens liegen in Art. 93 Abs. 1 Nr. 1 GG; §§ 13 Nr. 5, 63 ff. BVerfGG. **4**

I. Antragsteller (Art. 93 Abs. 1 Nr. 1 GG; § 63 BVerfGG)

X müsste beteiligtenfähig sein. Ein einzelner Abgeordneter zählt nicht zu den in § 63 BVerfGG ausdrücklich genannten Antragstellern. Gleichwohl könnte er unter die Alternative Teil des Organs Bundestag gemäß § 63 BVerfGG zu subsumieren sein. Ob einzelne Abgeordnete darunter fallen ist umstritten.[1] Da allerdings unzweifelhaft ist, dass der einzelne Abgeordnete zumindest ein anderer mit eigenen Rechten ausgestatteter Beteiligter nach Art. 93 Abs. 1 Nr. 1 GG und daher beteiligtenfähig ist, sofern er die mit seinem besonderen verfassungsrechtlichen Status verbundenen Rechte geltend macht[2], bedarf es an dieser Stelle keiner vertieften Auseinandersetzung mit dieser Streitigkeit. Vorliegend macht X seine Statusrechte aus Art. 38 Abs. 1 S. 2 GG geltend und ist somit nach Art. 93 Abs. 1 Nr. 1 GG beteiligtenfähig. Da das Verfassungsrecht normhierarchisch über § 63 BVerfGG steht, ist die einfachgesetzliche Norm verfassungskonform extensiv auszulegen. **5**

1 *Benda/Klein*, Verfassungsprozessrecht, § 28 Rn. 1012; *Nellesen/Pützer*, JuS 2018, 429 (430 f.).
2 BVerfGE 2, 143 (166); 10, 4 (10); 60, 374 (378); 104, 310 (325); 108, 251 (271 f.); 112, 363 (365); 118, 277 (317); 137, 185 (223); *Voßkuhle*, in: v. Mangoldt/Klein/Starck, GG, Art. 93 Rn. 106; *Walter*, in: Maunz/Dürig, GG, Art. 93 Rn. 213; *Lechner/Zuck*, BVerfGG, § 63 Rn. 16.

II. Antragsgegner (Art. 93 Abs. 1 Nr. 1 GG; § 63 BVerfGG)

6 Auch der Antragsgegner müsste beteiligtenfähig sein. Fraglich ist hier, wer als Antragsgegner in Betracht kommt. Erwogen werden können der Bundestag, der Bundeskanzler sowie der Bundespräsident. Der Bundestag scheidet als Antragsgegner aus, da er aufgelöst wurde und daher bloßes Objekt der Auflösung ist. Der Bundeskanzler hat die Auflösung vorgeschlagen und muss diese ggf. gegenzeichnen. Insofern könnte er als Antragsgegner in Betracht kommen. Allerdings ordnete letztlich der Bundespräsident die Auflösung an. Folglich ist er richtiger Antragsgegner. Er ist auch als oberstes Bundesorgan beteiligtenfähig gemäß § 63 BVerfGG.

III. Antragsgegenstand (Art. 93 Abs. 1 Nr. 1 GG; § 64 BVerfGG)

7 Es müsste weiterhin ein tauglicher Antragsgegenstand gegeben sein. Dieser liegt bei einer rechtserheblichen Maßnahme oder einem Unterlassen des Antragsgegners vor, § 64 BVerfGG. Vorliegend ordnete der Bundespräsident die Auflösung des Bundestages an. Dies stellt eine rechtserhebliche Maßnahme dar. Ein tauglicher Antragsgegenstand liegt daher vor.

IV. Antragsbefugnis (Art. 93 Abs. 1 Nr. 1 GG; § 64 BVerfGG)

8 Der X müsste auch antragsbefugt sein. Hierfür müsste er gemäß § 64 Abs. 1 BVerfGG geltend machen können, durch eine Maßnahme bzw. Unterlassung des Antragsgegners in seinen ihm durch das Grundgesetz übertragenen Rechten oder Pflichten verletzt oder unmittelbar gefährdet zu sein. Es genügt hierbei, wenn die Rechtsverletzung oder die unmittelbare Gefährdung zumindest möglich, also nicht von vornhinein ausgeschlossen erscheint.[3]

Hier steht eine mögliche Verletzung der Abgeordnetenstellung des X nach Art. 38 Abs. 1 S. 2 GG in Rede, denn das Mandat des Bundestagsabgeordneten erstreckt sich über die gesamte Legislaturperiode. Durch die Bundestagsauflösung wird das Mandat jedoch eingeschränkt. Somit ist eine Verletzung bzw. Gefährdung der Rechte des X jedenfalls nicht von vorhinein ausgeschlossen. Folglich ist er antragsbefugt.

V. Form und Frist (§§ 23; 64 Abs. 2, 3 BVerfGG)

9 Schließlich müsste die Schriftform (§ 23 Abs. 1 BVerfGG) gewahrt und die verletzten Bestimmungen des Grundgesetzes (§ 64 Abs. 2 BVerfGG) im Antrag bezeichnet worden sein. Hiervon ist mangels entgegenstehender Angaben auszugehen. Ferner müsste der Antrag binnen sechs Monaten nach Bekanntwerden der zu beanstandenden Maßnahme gestellt werden (§ 64 Abs. 3 BVerfGG). Von der Einhaltung dieser Frist kann hier ebenfalls ausgegangen werden.

3 BVerfGE 90, 286 (337); 94, 351 (362 f.); 99, 19 (28); *Schlaich/Korioth*, Das Bundesverfassungsgericht, Rn. 94; *Pestalozza*, Verfassungsprozessrecht, § 7 Rn. 35; *Lechner/Zuck*, BVerfGG, § 64 Rn. 13.

VI. Rechtsschutzbedürfnis

Für ein Fehlen des Rechtsschutzbedürfnisses ist nichts ersichtlich. 10

VII. Zwischenergebnis

Der Antrag des Bundestagsabgeordneten X ist zulässig. 11

B. Begründetheit

Der Antrag im Organstreitverfahren ist begründet, soweit der Antragsteller durch die Maßnahme des Antragsgegners in seinen verfassungsmäßigen Organrechten verletzt wird. Dies ist dann der Fall, wenn die Auflösung des Bundestages verfassungswidrig gewesen ist und den X in seinen Rechten als Bundestagsabgeordneter verletzt hat. 12

I. Formelle Voraussetzungen der Bundestagsauflösung

1. Zuständigkeit des Bundespräsidenten

Nach Art. 68 Abs. 1 S. 1 GG ist der Bundespräsident für die Auflösung des Bundestages zuständig. 13

2. Verfahren

Hierbei wird der Bundespräsident auf Vorschlag des Bundeskanzlers gemäß Art. 68 Abs. 1 S. 1 GG aktiv. Dies ist hier der Fall gewesen. 14

3. Form?

Fraglich ist, ob und gegebenenfalls, welche Formerfordernisse der Bundespräsident bei der Auflösung einzuhalten hat (a) und ob eine Gegenzeichnung durch den Bundeskanzler erforderlich ist (b). 15

a) Fernsehansprache?

Eine ausdrückliche Formvorschrift, vergleichbar etwa dem Art. 82 Abs. 1 GG, existiert hier nicht. Daher ließe sich vertreten, dass die Auflösung nicht nur schriftlich, sondern auch mündlich oder in anderer Form erklärt werden kann.[4] Somit wäre auch eine Fernsehansprache möglich. Hiergegen könnte eingewendet werden, dass der Adressat der Auflösung der Bundestagspräsident ist und nicht etwa das Staatsvolk.[5] Darüber hinaus könnte darauf abgestellt werden, dass nur durch die Einhaltung der Schriftform Rechtssicherheit erreicht werden könne. Ferner ließe sich das Formerfordernis der Schriftlichkeit aus der Bedeutung der Auflösung als Staatsakt herleiten.[6] 16

4 *Epping*, in: v. Mangoldt/Klein/Starck, GG, Art. 68 Rn. 44; *Oldiges/Brinktrine*, in: Sachs, GG, Art. 68 Rn. 38.
5 Vgl. *Schenke*, in: Kahl/Waldhoff/Walter, GG, Art. 68 Rn. 303.
6 Siehe dazu *Schreibe/Schnappauf*, AöR 109 (1984), 370 (399).

17 **Hinweis zur Bewertung:** Beide Ansichten sind – mit entsprechender Argumentation – gut vertretbar.

b) Gegenzeichnung notwendig?

18 Für eine Gegenzeichnungspflicht im Fall des Art. 68 GG spricht die Grundregel des Art. 58 S. 1 GG. Danach bedürfen Anordnungen und Verfügungen des Bundespräsidenten zu ihrer Gültigkeit der Gegenzeichnung durch den Bundeskanzler oder durch den zuständigen Bundesminister. Der Satz 2 des Art. 58 GG macht davon eine Ausnahme für die Auflösung des Bundestages nach Art. 63 GG. Allerdings wird die Auflösung nach Art. 68 GG nicht erwähnt. Daher könnte im Wege des Umkehrschlusses gefolgert werden, dass diese einer Gegenzeichnung bedarf.[7]

19 Ferner sichere die Gegenzeichnung die Verantwortung vor der Öffentlichkeit.[8] Auch die Ministerernennung nach Art. 64 Abs. 1 GG bedarf trotz eines Vorschlags des Kanzlers zusätzlich dessen Gegenzeichnung. Schließlich gilt es zu bedenken, dass der Kanzler den Vorschlag der Auflösung als politisches Druckmittel gegenüber dem Bundestag gebraucht haben könnte.[9] Daher müsse ihm auch weiterhin die letzte Entscheidung über dessen Einsatz zustehen.[10] Im Übrigen ändere sich selbst bei erforderlicher Gegenzeichnung verfassungsprozessual nichts, denn der Bundestag könnte sich auch dann immer noch im Wege des Organstreits gegen den Bundespräsidenten wehren.

20 Gegen eine Gegenzeichnungspflicht im Fall des Art. 68 GG spricht, dass neben den in Art. 58 S. 2 GG genannten Fällen weitere Maßnahmen nicht der Gegenzeichnung bedürfen, z.B. der Wahlvorschlag des Bundespräsidenten nach Art. 63 Abs. 1 GG, das Verlangen nach Einberufung des Bundestages nach Art. 39 Abs. 3 S. 3 GG, die Anrufung des BVerfG nach Art. 93 Abs. 1 Nr. 1 GG oder die Delegation der Ernennungsbefugnisse nach Art. 60 Abs. 3 GG[11]. Ferner ließe sich vertreten, die Regelung des Art. 58 S. 2 GG analog auf die Auflösung nach Art. 68 GG heranzuziehen.[12] Auch könnte gegen eine Gegenzeichnungspflicht sprechen, dass die Gegenzeichnung die parlamentarische Verantwortlichkeit des Bundespräsidenten durch Zwischenschaltung des Bundeskanzlers oder eines Bundesministers sichern soll, im Fall der Bundestagsauflösung kann der Bundestag diese Verantwortlichkeit aber nicht mehr einfordern. Die Gegenzeichnung könne das Ziel der Einheitlichkeit der Staatsleitung hier nicht mehr sichern, denn der Bundespräsident kann sich auch gegen die Auflösung und damit gegen den Vorschlag des Bundeskanzlers entscheiden.[13] Auch die Rechte der Regierung können durch die

7 BVerfGE 62, 1 (16, 33, 34 f.); *Epping*, in: v. Mangoldt/Klein/Starck, GG, Art. 68 Rn. 45; *Herzog*, in: Maunz/Dürig, GG, Art. 68 Rn. 55; *Hermes*, in: Dreier, GG, Art. 68 Rn. 25; *Oldiges/Brinktrine*, in: Sachs, GG, Art. 68 Rn. 38; *Schenke*, in: Kahl/Waldhoff/Walter, GG, Art. 68 Rn. 306; *Pieroth*, in: Jarass/Pieroth, GG, Art. 68 Rn. 4.

8 *Fink*, in: v. Mangoldt/Klein/Starck, GG, Art. 58 Rn. 3; *Heun*, in: Dreier, GG, Art. 58 Rn. 1; *Nierhaus*, Präsidialakt, S. 59 f.

9 *Nawiasky*, Grundgedanken, S. 101.

10 *Schenke*, in: Kahl/Waldhoff/Walter, GG, Art. 68 Rn. 306.

11 Weitere Beispiele bei *Nierhaus*, in: Sachs, GG, Art. 58 Rn. 14.

12 Krit. demgegenüber *Schenke*, in: Kahl/Waldhoff/Walter, GG, Art. 68 Rn. 306.

13 Der Wortlaut des Art. 68 GG spricht im Gegensatz zu Art. 67 GG davon, dass der Bundespräsident den Bundestag auflösen „kann", worauf BVerfGE 62, 1 (35) auch hinweist.

Gegenzeichnung nicht gesichert werden, weil der Bundespräsident ohnehin nur auf Vorschlag des Bundeskanzlers tätig werden kann.[14] Art. 68 GG räume dem Bundespräsidenten eine eigene Entscheidungsbefugnis ein, diese könne nicht durch die Gegenzeichnungspflicht eingeschränkt werden.[15] Dem Argument, der Kanzler müsse letztlich über den Einsatz der Auflösung entscheiden können, kann insofern entgegengetreten werden, als bereits in dem Vorschlag des Bundeskanzlers zum Ausdruck kommt, dass dieser mit der Parlamentsauflösung einverstanden ist; der Kanzler würde sich zu seinem früheren Verhalten in Widerspruch setzen, wenn er zuerst die Auflösung vorschlüge und sie sodann durch unterlassene Gegenzeichnung verhinderte. Im Übrigen gehe mit dem Vorschlag das Entscheidungsrecht auf den Bundespräsidenten über, der politisch frei und unabhängig über die Auflösung entscheiden solle[16]. Schließlich sei der Bundeskanzler mittelbar selbst von der Bundestagsauflösung betroffen, weil sein Amt mit Zusammentritt des neuen Bundestages nach Art. 69 Abs. 2 GG ende. In solchen Fällen verzichte das Grundgesetz aber gerade auf die Gegenzeichnungspflicht.

Hinweis zur Bewertung: Beide Ansichten sind – mit entsprechender Argumentation – gut vertretbar. 21

4. Frist zur Auflösung

Mangels gegenteiliger Angaben im Sachverhalt kann von der Einhaltung der 21-Tage-Frist aus Art. 68 Abs. 2 S. 1 GG ausgegangen werden (der im Sachverhalt genannte fünfte Sonntag betrifft den Zeitpunkt der Neuwahl). 22

II. Materielle Voraussetzungen der Bundestagsauflösung

Auf der Tatbestandsseite müsste der Bundestag dem Bundeskanzler das Vertrauen verweigert (1.) sowie eine Situation politischer Instabilität (2.) vorgelegen haben. 23

1. Mangelndes Vertrauen des Bundestages in den Bundeskanzler

a) Ausdrückliche Verweigerung des Vertrauens?

Der Bundestag hat dem Bundeskanzler das Vertrauen ausgesprochen mit 356 Ja-Stimmen zu 347 Nein-Stimmen bei drei Enthaltungen. Art. 68 Abs. 1 S. 1 GG verlangt die Mehrheit der Mitglieder des Bundestages. Das ist nach Art. 121 GG die Mehrheit der gesetzlichen Mitgliederzahl einschließlich etwaiger Überhang- und Ausgleichsmandate. Diese Mehrheit liegt bei 355 von 709 Stimmen und wurde von dem Kanzler erreicht. Eine isolierte Vertrauensfrage hätte der Kanzler gewonnen. 24

14 *Nierhaus*, Präsidialakt, S. 57.
15 *Fink*, in: v. Mangoldt/Klein/Starck, GG, Art. 58 Rn. 76; *Nierhaus*, Präsidialakt, S. 153.
16 *Heun*, in: Dreier, GG, Art. 58 Rn. 22.

b) Verweigerung des Vertrauens durch Ablehnung der verbundenen Sachentscheidung?

25 In der Ablehnung der Lockerung des Kündigungsschutzes könnte aber gleichwohl eine Verweigerung des Vertrauens zu erblicken sein.

aa) Zulässigkeit der Verbindung

26 Die Zulässigkeit der Verbindung von der Vertrauensfrage und der Abstimmung über die Gesetzesvorlage wird in Art. 81 Abs. 1 S. 2 GG vorausgesetzt.[17]

bb) Rechtsfolgen der unzulässigen isolierten Abstimmung

27 Die Rechtsfolge der unzulässigen isolierten Abstimmung ist nicht ausdrücklich im Grundgesetz geregelt und daher aus dem Zweck der kombinierten Vertrauensfrage zu bestimmen. Die förmliche Verbindung von Vertrauensfrage und Gesetzesvorlage soll dem Bundeskanzler ermöglichen, durch Androhung der Auflösung des Bundestages dessen Zustimmung zu einer Sachfrage zu erzwingen, da nunmehr nur noch eine einheitliche Abstimmung möglich ist.[18] Will der Bundestag durch Aufspaltung die Sachfrage ablehnen, gleichzeitig aber von einer möglichen Auflösung verschont bleiben, so kann in dieser Aufspaltung nur eine Verweigerung des Vertrauens für den Kanzler erblickt werden. Folglich hat der Bundestag dem Bundeskanzler das Vertrauen verweigert.

2. Situation politischer Instabilität

28 Ferner setzt Art. 68 GG eine Situation politischer Instabilität zwischen Bundeskanzler und Bundestag voraus. Dieses ungeschriebene Tatbestandsmerkmal, vom BVerfG[19] im Zuge der Parlamentsauflösung 1982/83 entwickelt, wurde zuletzt mit Urteil vom 25. August 2005[20] bestätigt. Der Bundeskanzler darf demnach den Vertrauensantrag nur stellen, „wenn es politisch für ihn nicht mehr gewährleistet ist, mit den im Bundestag bestehenden Kräfteverhältnissen weiterzuregieren. Die politischen Kräfteverhältnisse im Bundestag müssen die Handlungsfähigkeit des Bundeskanzlers so beeinträchtigen oder lähmen, dass er eine vom stetigen Vertrauen der Mehrheit getragene Politik nicht sinnvoll zu verfolgen vermag".[21] Präziser formuliert heißt das, dass „die Handlungsfähigkeit einer parlamentarisch verankerten Bundesregierung verloren gegangen ist. Handlungsfähigkeit bedeutet, dass der Bundeskanzler mit politischen Gestaltungswillen die Richtung der Politik bestimmt und hierfür die Mehrheit der Abgeordneten hinter sich weiß".[22]

---

17 *Hermes*, in: Dreier, GG, Art. 68 Rn. 19; *Herzog*, in: Maunz/Dürig, GG, Art. 68 Rn. 25 ff.; *Schenke*, in: Kahl/Waldhoff/Walter, GG, Art. 68 Rn. 243 ff.; restriktiver *Epping*, in: v. Mangoldt/Klein/Starck, GG, Art. 68 Rn. 11.

18 *Epping*, in: v. Mangoldt/Klein/Starck, GG, Art. 68 Rn. 10; *Herzog*, in: Maunz/Dürig, GG, Art. 68 Rn. 37; *Hermes*, in: Dreier, GG, Art. 68 Rn. 19.

19 BVerfGE 62, 1 (42, 44).

20 BVerfGE 114, 121 (149 ff.).

21 BVerfGE 62,1 (2, 44).

22 BVerfGE 114, 121 (121 f., 149).

Vorliegend hat der Bundestag zwar dem Kanzler persönlich das Vertrauen ausgesprochen, gleichwohl herrschen knappe politische Mehrheitsverhältnisse. Daher erscheint die Abstimmungsniederlage in der Sachfrage nicht zufällig. In der Niederlage manifestiert sich vielmehr eine feste Strömung innerhalb der die Koalitionsregierung tragenden Fraktionen. So lehnen der Abgeordnete X und die anderen Abweichler die gesamte arbeits- und wirtschaftspolitische Linie der Bundesregierung ab, weshalb auch für die Zukunft mit vergleichbaren Abstimmungsergebnissen zu rechnen ist. Daraus folgt, dass die wirtschaftspolitische Handlungsfähigkeit eingeschränkt und die Umsetzung größerer Reformen unwahrscheinlich erscheint. Mithin liegt eine Situation politischer Instabilität vor.

III. Rechtsfolge

Auf der Rechtsfolgenseite eröffnet der Wortlaut von Art. 68 Abs. 1 S. 1 GG Ermessen. **29**
In seiner Entscheidung vom 16. Februar 1983[23] hat das BVerfG umfassend zum Instrument der Vertrauensfrage Stellung genommen und festgestellt, dass die Entscheidung des Bundespräsidenten über die Annahme oder Ablehnung des Vorschlags des Bundeskanzlers auf Auflösung des Bundestages „eine politische Leitentscheidung" in eigener Verantwortung sei und seinem pflichtgemäßen Ermessen obliege (Punkt 2 des Tenors der Entscheidung). Ein Ermessen im Rahmen des Art. 68 GG ist dem Bundespräsidenten allerdings nur eröffnet, wenn im Zeitpunkt seiner Entscheidung die Voraussetzungen des Art. 68 GG erfüllt sind.[24] „Es bedarf keiner abschließenden Entscheidung, ob der Bundespräsident über eine Evidenzkontrolle hinaus verpflichtet ist, die Einhaltung dieser verfassungsrechtlichen Anforderungen vor seiner Entscheidung zu prüfen. Das Bundesverfassungsgericht kann im Organstreitverfahren mit dem Ziel angerufen werden, die Beachtung von Art. 68 GG zu überprüfen. Kommt eine verfassungsgerichtliche Überprüfung zu dem Ergebnis, dass die Tatbestandserfordernisse des Art. 68 GG nicht erfüllt sind, ist die Auflösung des Deutschen Bundestages verfassungswidrig".[25]

Im vorliegenden Fall liegt ein staatsrechtlicher Ermessensnichtgebrauch hinsichtlich des Ob der Auflösung vor, denn der Bundespräsident meint, keine andere Wahl zu haben; darin ist ein Ermessenfehler zu erblicken, wenn keine Ermessensreduktion auf Null vorliegt[26]. Eine solche Ermessensreduktion auf Null könnte hier gegeben sein. Nicht jede Situation politischer Instabilität führt schon zwingend zu einer Bundestagsauflösung. Auch hier erscheint es nicht ausgeschlossen, dass der Bundeskanzler wieder eine Mehrheit im Bundestag zusammenbringt, immerhin haben mehr Bundestagsabgeordnete dem Kanzler als Person das Vertrauen ausgesprochen als ausdrücklich verweigert, und es handelte sich nur um eine – wenngleich bedeutsame – Sachfrage. Folglich wäre auch die Nichtauflösung möglich gewesen. Somit liegt keine Ermessensreduktion auf Null vor. Fraglich ist daher, ob der Ermessensnichtgebrauch einen Ermessensfehler dar-

23 BVerfGE 62, 1.
24 BVerfGE 62, 1 (35); 114, 121 (159).
25 BVerfGE 62, 1 (36).
26 Eine Ermessensreduktion kommt für *Oldiges/Brinktrine*, in: Sachs, GG, Art. 68 Rn. 34 von vornhinein nicht in Betracht.

stellt. Hinsichtlich des Umgangs mit Ermessensfehlern ist zunächst festzuhalten, dass es hierfür keine ausdrückliche verfassungsrechtliche Regelung gibt. In Betracht könnte daher die Heranziehung des Maßstabs des § 114 VwGO kommen. Allerdings ist schon fraglich, ob das hier zugrundeliegende Ermessen überhaupt mit den Kategorien des Verwaltungsermessens in adäquater Weise erfasst werden kann.[27] Ungeachtet dessen ist jedoch offenkundig, dass sich der Bundespräsident vorliegend hinsichtlich der Auflösung gebunden fühlte, daher überhaupt keine Ermessenerwägungen anstellte und somit auch keine Gesamtabwägung vornahm. Sein Ermessensnichtgebrauch führt daher zur Verfassungswidrigkeit der Bundestagsauflösung. Diese verfassungswidrige Bundestagsauflösung verletzt den X in seinem freien Mandat nach Art. 38 Abs. 1 S. 2 GG.

Ergebnis zu Aufgabe 1

30 Das zulässige und begründete Organstreitverfahren hat Aussicht auf Erfolg.

Aufgabe 2: Erfolgte der Fraktionsausschluss rechtmäßig?

31 Der Fraktionsausschluss könnte rechtmäßig erfolgt sein. Dies setzt voraus, dass eine entsprechende Rechtsgrundlage (A.) vorliegt und der Ausschluss formell (B.) und materiell (C.) rechtmäßig, insbesondere ermessensfehlerfrei (D.) war.

A. Rechtsgrundlage

32 Fraglich ist, welche Vorschrift als Rechtsgrundlage heranzuziehen ist.[28] Weder das Grundgesetz noch die §§ 45 ff. AbgG enthalten eine ausdrückliche Regelung. Auch das BGB-Vereinsrecht regelt den Ausschluss nicht. Der § 39 BGB regelt lediglich den Austritt, nicht aber den Ausschluss. Schließlich befindet sich weder in der Geschäftsordnung der Bundestagsfraktion (laut Sachverhalt) noch in der Geschäftsordnung des Bundestages eine Regelung. Somit liegt eine Regelungslücke vor.

33 Dies wirft die Frage auf, ob der Fraktionsausschluss dann überhaupt zulässig ist. Trotz fehlender ausdrücklicher Rechtsgrundlage kommt die Unzulässigkeit des Fraktionsausschusses jedoch allein schon deswegen nicht in Betracht, weil anderenfalls selbst wiederholtes und weitgehendes Abweichen von der Fraktionslinie ohne Folgen bliebe und sich die Fraktion somit nicht von unliebsamen Mitgliedern trennen könnte[29]. Dennoch kann der Fraktionsausschluss nicht im rechtsfreien Raum erfolgen, sondern bedarf im Sinne der Wesentlichkeitstheorie als belastende Maßnahme wegen des Rechtsstaatsprinzips sowie als wesentliche Entscheidung über die Wirkungsmöglichkeiten eines Bun-

27 *Schenke*, in: Kahl/Waldhoff/Walter, GG, Art. 68 Rn. 300.
28 Siehe dazu *Schmidt*, DÖV 2003, 846 ff.
29 *Klein*, in: Maunz/Dürig, GG, Art. 38 Rn. 250; *Lenz*, NVwZ 2005, 364 ff.

destagsabgeordneten angesichts des Demokratieprinzips einer rechtlichen Grundlage[30]. Eine solche kann entweder analog § 10 Abs. 4, 5 PartG entwickelt oder aus allgemeinen Rechtsgrundsätzen hergeleitet werden.

I. § 10 Abs. 4, 5 PartG analog

Zunächst müssten die Voraussetzungen für eine analoge Anwendung gegeben sein. **34**

1. Regelungslücke

Eine Regelungslücke besteht (siehe oben). **35**

2. Planwidrigkeit der Regelungslücke

Diese Regelungslücke ist auch planwidrig, denn hätte der Regelungsgeber den Fraktionsausschluss bedacht, dann hätte er ihn auch ausdrücklich geregelt. Dies ist allerdings nicht geschehen. **36**

3. Tatbestandliche Gleichwertigkeit zwischen dem geregelten und dem ungeregelten Fall

Schließlich fragt sich, ob als weitere Voraussetzung einer Analogie eine tatbestandliche Gleichwertigkeit gegeben ist. **37**

Hierfür spricht, dass die Fraktion geradezu als „Partei im Parlament" auftritt.[31] Ferner wird für die Partei als Sonderform des Vereins eine Regelung getroffen, diese muss dann auch auf die ebenfalls politischen Zwecken dienende Fraktion als weitere Spezialform des Vereins übertragbar sein.

Gegen eine tatbestandliche Gleichwertigkeit spricht, dass eine Partei eine privatrechtliche Vereinigung darstellt, wohingegen die Fraktion den Zusammenschluss von Abgeordneten als Organwalter eines Verfassungsorgans und damit dessen Binnengliederung bildet[32]. Ferner setzt § 10 Abs. 4, 5 PartG Parteisatzung und Parteischiedsgericht voraus, daran fehlt es bei einer Bundestagsfraktion.[33]

Hinweis zur Bewertung: Beide Ansichten sind – mit entsprechender Argumentation – gut vertretbar. **38**

30 *Klein*, in: Maunz/Dürig, GG, Art. 38 Rn. 251 sieht hier kein Bedürfnis für eine ausdrückliche gesetzliche Ermächtigungsgrundlage, da der rechtsstaatliche Gesetzesvorbehalt nicht greife.

31 *Grimm*, in: Schneider/Zeh, Parlamentsrecht, § 6 Rn. 28; *Schmidt*, Der Staat 9 (1970), 481 (488 f.).

32 *Klein*, in: Maunz/Dürig, GG, Art. 38 Rn. 251; *Schmidt*, DÖV 2003, 846 (847).

33 *Schmidt*, DÖV 2003, 846 (847).

4. Übertragbarkeit der Rechtsfolge

39 § 10 Abs. 4, 5 PartG sieht auf Rechtsfolgenseite eine Ermessensentscheidung des Schiedsgerichts vor. Für den Fraktionsausschluss erscheint der Entscheidungsmaßstab (Ermessen) übertragbar, nicht aber das entscheidende Organ (Schiedsgericht).

II. Allgemeine Rechtsgrundsätze, konkretisiert durch Art. 38 Abs. 1 S. 2 GG

40 Die Voraussetzungen des Ausschlusses sind mangels ausdrücklicher Regelung unter direktem Rückgriff auf verfassungsrechtliche Wertungen zu ermitteln.[34] Dabei ist insbesondere auf Art. 38 Abs. 1 S. 2 GG abzustellen, aus dem eine positive und negative Kooperationskompetenz fließt.[35] Kooperationskompetenz meint – vergleichbar dem sachlichen Schutzbereich der Vereinigungsfreiheit aus Art. 9 Abs. 1 GG – die Freiheit des Abgeordneten, Fraktionen zu gründen, ihnen beizutreten oder wieder aus ihnen auszutreten.[36] Durch den Fraktionsausschluss wird in die positive Kooperationskompetenz eingegriffen. Dieser Eingriff ist nur durch kollidierende Verfassungsgüter Dritter, hier insbesondere das freie Mandat der restlichen Fraktionsmitglieder und die Funktionsfähigkeit der Fraktion als Teil des Parlaments, zu rechtfertigen.[37] Ferner hat der Fraktionsausschluss demokratischen und rechtsstaatlichen Grundsätzen zu genügen.

B. Formelle Rechtmäßigkeit des Ausschlusses

I. Zuständigkeit

41 Fraglich ist, ob der Fraktionsvorstand oder das Fraktionsplenum für den Ausschluss zuständig ist. Der Fraktionsvorstand führt die laufenden Geschäfte. Da hier schnell reagiert werden musste, spricht dies für eine Eilkompetenz des Vorstandes. Dagegen ist indes anzuführen, dass das höchste Organ der Fraktion für eine solche Grundsatzentscheidung zuständig sein sollte.[38] Ferner kann der Fraktionsvorstand aufgrund einer etwaigen Eilkompetenz allenfalls vorläufige Maßnahmen treffen, der Fraktionsausschluss ist aber eine endgültige Maßnahme[39]. Auch eine gewisse fraktionsinterne Gewaltenteilung ist zu fordern: Fraktionsdisziplin wird maßgeblich vom Vorstand geprägt, der dann nicht auch noch über die Sanktionen bei Verstößen entscheiden kann[40]. Die genannten Argumente sprechen daher für die Kompetenz des Fraktionsplenums. Hier erfolgte allerdings der Ausschluss durch den unzuständigen Fraktionsvorstand.

---

34 *Bäcker*, Ausschluss, S. 166 ff.; *Hölscheidt*, Parlamentsfraktion, S. 476 ff.; *Schmidt*, DÖV 2003, 846 (847 f.).
35 *Schmidt*, DÖV 2003, 846 (847 f.); *Bäcker*, Ausschluss S. 166.
36 *Schmidt*, DÖV 2003, 846 (847 f.).
37 *Schmidt*, DÖV 2003, 846 (848); *Bäcker*, Ausschluss S. 170 ff.
38 *Klein*, in: Maunz/Dürig, GG, 60. EL Oktober 2010, Art. 38 Rn. 252; *Stevens*, S. 169; *Bäcker*, Ausschluss S. 191; *Hölscheidt*, Parlamentsfraktion S. 477; *Lenz*, NVwZ 2005, 364 (366); *Schmidt*, DÖV 2003, 846 (848).
39 *Schmidt*, DÖV 2003, 846 (848).
40 *Stevens*, S. 169.

II. Verfahren

Hinsichtlich des Verfahrens wird zumindest zu fordern sein, dass dem Auszuschließenden, hier X, vor dem Ausschluss als belastende Maßnahme Gelegenheit zur Stellungnahme gegeben wird[41], vgl. den Rechtsgedanken des § 28 Abs. 1 VwVfG, auch wenn der Ausschluss selbst keinen Verwaltungsakt darstellt. Vorliegend beschloss der Fraktionsvorstand einen Tag nach der Abstimmung im Bundestag den Ausschluss des X, dem damit rechtsstaatswidrig keine Gelegenheit zur Stellungnahme gegeben wurde. **42**

Im Übrigen würde der Ausschluss durch das Fraktionsplenum eine entsprechende Mehrheit voraussetzen[42], vermutlich eine Zweidrittelmehrheit sämtlicher Fraktionsmitglieder. Dies ist hier ebenso unterblieben, da lediglich der Fraktionsvorstand entschieden hat.

III. Form

Hierzu enthält der Sachverhalt keine näheren Angaben. **43**

IV. Begründung

Es wird zumindest verlangt werden dürfen, dass überhaupt eine Begründung vorliegt[43]. **44**
Diese erfolgte hier mit dem Hinweis auf „grob parteischädigendes Verhalten“.

V. Zwischenergebnis

Der Ausschluss ist formell rechtswidrig. **45**

C. Materielle Rechtmäßigkeit des Ausschlusses?

In Analogie zu §§ 737, 723 Abs. 1 S. 2 BGB über den Ausschluss eines Gesellschafters **46**
sowie zu § 314 BGB über die Kündigung von Dauerschuldverhältnissen wird stets ein *wichtiger Grund* für den Ausschluss zu fordern sein.[44] Dieser wichtige Grund kann inhaltlich in Anlehnung an § 10 Abs. 4 PartG präzisiert werden.[45]

Danach ist ein vorsätzlicher Satzungsverstoß (I.) oder ein erheblicher Verstoß gegen Grundsätze und Ordnung der Fraktion (II.) erforderlich, der dieser schweren Schaden zufügt.

41 LVerfG MV, DÖV 2003, 765 (768); *Bäcker*, Ausschluss, S. 197 ff.; *Stevens*, Rechtsstellung, S. 170; *Hölscheidt*, Parlamentsfraktion, S. 476; *Schmidt*, DÖV 2003, 846 (848).

42 Siehe hierzu *Bäcker*, Ausschluss, S. 293 ff.; *Hölscheidt*, Parlamentsfraktion, S. 477 f.; *Stevens*, Rechtsstellung, S. 170 f.; *Morlok*, ZParl 2004, 633 (644 f.); *Schmidt*, DÖV 2003, 846 (848 f.).

43 *Hölscheidt*, Parlamentsfraktion, S. 476; *Stevens*, Rechtsstellung, S. 170.

44 *Klein*, in: Maunz/Dürig, GG, Art. 38 Rn. 252; *Müller*, in: v. Mangoldt/Klein/Starck, GG, Art. 38 Rn. 58; *Morlok*, in: Dreier, GG, Art. 38 Rn. 192; *Bäcker*, Ausschluss, S. 177 ff.; *Stevens*, Rechtsstellung, S. 171 ff.; *Hölscheidt*, Parlamentsfraktion, S. 478 f.; *Lenz*, NVwZ 2005, 364 (368 f.); *Schmidt*, DÖV 2003, 846 (849 f.).

45 *Morlok*, in: Dreier, GG, Art. 38 Rn. 192; *ders.*, ZParl 2004, 633 (640); *Schmidt*, DÖV 2003, 846 (849); *Stevens*, Rechtsstellung, S. 172.

I. Vorsätzlicher Satzungsverstoß

47 1. Eine Fraktionssatzung besteht nicht.

2. Eine Gleichsetzung der Fraktionsgeschäftsordnung mit der Parteisatzung könnte erwogen werden, der Sachverhalt trifft über den Inhalt der Geschäftsordnung indes keine weitere Aussage.

3. Ein möglicher Verstoß gegen die Parteisatzung begründet nicht ohne weiteres einen Fraktionsausschluss. Zumindest wäre die Entscheidung des Parteischiedsgerichts abzuwarten.

II. Verstoß gegen Grundsätze oder Ordnung der Fraktion

48 Der zweite Ausschlussgrund „Verstoß gegen Grundsätze oder Ordnung der Partei" kann übertragen werden als „Verstoß gegen Grundsätze oder Ordnung der Fraktion".

1. Grundsätze der Fraktion

49 Die Grundsätze der Fraktion sind programmatische Entscheidungen zu wesentlichen Fragen der Politik. Die Entscheidung, eine Änderung des KSchG anzustreben, wurde von der Bundesregierung getroffen, nicht von der A-Fraktion. Zwar unterstützt die A-Fraktion regelmäßig die Bundesregierung, daraus kann indes noch auf keine Identität der Meinung der Bundesregierung mit den Grundsätzen der Fraktion geschlossen werden. Vielmehr stellt die Fraktion eine Vereinigung von Bundestagsabgeordneten nach Art. 38 Abs. 1 S. 1 GG dar, deren Kontrollaufgabe gegenüber der Regierung leer liefe, würden sie unkritisch die Regierungsposition zu übernehmen haben. Diese parlamentarische Kontrollaufgabe ist zwar in der Rechtspraxis maßgeblich auf die jeweiligen Oppositionsfraktionen übergegangen, dies entbindet aber auch die die Regierung tragenden Fraktionen nicht von ihrer parlamentarischen Kontrollaufgabe. Dass die Fraktion einen eigenen Grundsatzbeschluss der Lockerung des Kündigungsschutzes gefällt hätte, ist aus dem Sachverhalt nicht ersichtlich. Zwar handelt es sich bei der Lockerung des Kündigungsschutzes um eine Einzelfallentscheidung, so dass deshalb ein Verstoß gegen einen Grundsatz der Fraktion abgelehnt werden könnte, indes ist diese Einzelfallentscheidung so bedeutsam, dass durch sie auch die grundsätzliche Ausrichtung der Fraktion geprägt wird; vgl. die Parallele bei der Richtlinienkompetenz des Kanzlers, die auch Einzelfallentscheidungen umfassen kann[46].

2. Ordnung der Fraktion

50 Zur Ordnung der Fraktion gehören demokratische Grundsätze nach Art. 21 Abs. 1 S. 2 GG sowie ungeschriebene Verhaltensregeln, nach denen jedes Fraktionsmitglied bei öffentlichen Äußerungen zur Rücksichtnahme und Loyalität gegenüber abweichenden Mehrheitsmeinungen in seiner Partei verpflichtet ist.[47] Zwar verpflichtet die Ordnung

46 Siehe hierzu *Herzog*, in: Maunz/Dürig, GG, Art. 65 Rn. 7 ff.

47 *Klein*, in: Maunz/Dürig, GG, Art. 38 Rn. 252; *Morlok*, in: Dreier, GG, Art. 38 Rn. 195 f.

der Fraktion zur Respektierung abweichender Mehrheitsauffassungen in der Fraktion, doch kann dies nur die Form der Auseinandersetzung beeinflussen, letztlich aber die nach Art. 38 Abs. 1 S. 2 GG zu treffende Sachentscheidung nicht determinieren.[48]

3. Verstoß gegen die Grundsätze oder Ordnung der Partei

Ein möglicher Verstoß gegen die Grundsätze oder Ordnung der Partei kann nur zu einem **51** Parteiausschluss führen, nicht aber ipso iure einen Fraktionsausschluss nach sich ziehen. Dem steht die rechtliche Selbstständigkeit der Fraktion gegenüber der Partei entgegen.[49] Im vorliegenden Fall wurde noch gar nicht über einen Parteiausschluss befunden, so dass der Fraktionsvorstand gleichsam „in vorauseilendem Gehorsam" den Ausschluss verfügte. Auch hier wäre zumindest die Entscheidung des Parteischiedsgerichts abzuwarten gewesen.

III. Kausaler Schaden?

Da es an einem Verstoß gegen Grundsätze oder Ordnung der Fraktion fehlt, kommt es **52** auf einen möglichen kausalen Schaden nicht mehr an.[50]

IV. Zwischenergebnis

Ein wichtiger Grund zum Ausschluss des X lag nicht vor. Der Ausschluss ist auch mate- **53** riell rechtswidrig.

D. Rechtsfolge: Ermessen

Selbst bei Vorliegen aller formellen und materiellen Voraussetzungen eines Ausschlus- **54** ses handelte es sich um eine Ermessensentscheidung, wie sich aus der Parallele zu § 10 Abs. 4, 5 PartG und allen übrigen Regelungen, die sich mit dem Ausschluss aus Vereinigungen beschäftigen und stets eine Ermessensentscheidung vorsehen, ergibt[51].

Hier hat der Fraktionsvorstand nur den X, nicht aber die übrigen Abweichler aus der Fraktion ausgeschlossen. Sachliche Gründe für diese ermessenswidrige Ungleichbehandlung liefert der Sachverhalt kaum, allenfalls könnte eine die übrigen Abweichler übertreffende Medienpräsenz des X dem Sachverhalt entnommen werden. Damit wurde auch das Ausschlussermessen fehlerhaft ausgeübt.

Ergebnis zu Aufgabe 2

Der Fraktionsausschluss erfolgte rechtswidrig. **55**

48 *Morlok*, in: Dreier, GG, Art. 38 Rn. 196.
49 *Bäcker*, Ausschluss, S. 179 f.; *Hölscheidt*, Parlamentsfraktion, S. 479; *Schmidt*, DÖV 2003, 846 (850).
50 Siehe hierzu *Morlok*, ZParl 2004, 633 (642).
51 *Schmidt*, DÖV 2003, 846 (851).

Aufgabe 3: Vor welchem Gericht und auf welche Weise kann der Fraktionsausschluss angefochten werden?

56 Der gerichtliche Rechtsschutz gegen den Fraktionsausschluss hängt von dessen Rechtsnatur ab. In Betracht kommt ein Verfahren vor dem Zivilgericht (A.), dem Verwaltungsgericht (B.) oder dem BVerfG (C.):

A. Zivilgerichtliches Verfahren

Eröffnung des Rechtsweges

57 Nach § 13 GVG gehören vor die ordentlichen Gerichte u.a. bürgerliche Rechtsstreitigkeiten. Hier geht es um einen Streit zwischen einem Abgeordneten und seiner Fraktion.

Der Bundestagsabgeordnete X ist Teil des Verfassungsorgans Bundestag und nach Art. 38 Abs. 1 S. 2 GG mit eigenen Rechten ausgestattet. Er hat somit eine öffentlich-rechtliche Stellung inne. Problematisch erscheint die Rechtsnatur der Fraktion.[52] Sie könnte privat- oder auch öffentlich-rechtlicher Natur sein. Für eine privatrechtliche Natur spricht, dass die Fraktion eine Sonderform des Vereins ist und dieser privatrechtlich organisiert ist.[53] Auch ist die Fraktion als „Partei im Parlament" anzusehen[54] und die Partei ist eine privatrechtliche Vereinigung. Schließlich spricht § 46 Abs. 3 AbgG davon, dass die Fraktionen nicht Teil der öffentlichen Verwaltung sind und keine öffentliche Gewalt ausüben.

Für eine öffentlich-rechtliche Natur spricht, dass die Fraktion B eine Binnengliederung des Verfassungsorgans Bundestag und nach Art. 53a Abs. 1 S. 2 GG mit eigenen Rechten ausgestattet ist.[55] Ferner sind Fraktion und Partei rechtlich streng zu trennen.[56] Dem Wortlautargument des § 46 Abs. 3 AbgG kann entgegen gehalten werden, dass es sich nur um eine einfachgesetzliche Definition handelt, die für die verfassungsrechtliche Begriffsbestimmung allenfalls einen Hinweis bietet; im Übrigen kann man § 46 Abs. 3 AbgG auch so verstehen, dass Fraktionen zwar nicht zur öffentlichen Verwaltung zählen, wohl aber zur öffentlichen Gesetzgebung[57]. Ferner sollte § 46 Abs. 3 AbgG lediglich die Anwendung des BetrVG statt des BPersVG ermöglichen, weitergehende Bedeutung kommt ihm nicht zu.[58] Somit sprechen die überzeugenderen Argumente dafür, die Fraktion als eine öffentlich-rechtliche Vereinigung anzusehen.

52 Siehe hierzu *Klein*, in: Maunz/Dürig, GG, Art. 38 Rn. 249; *Müller*, in: v. Mangoldt/Klein/Starck, GG, Art. 38 Rn. 97 ff.; *Morlok*, in: Dreier, GG, Art. 38 Rn. 184; *Hölscheidt*, Parlamentsfraktion, S. 283 ff.; *Bäcker*, Ausschluss, S. 64 ff.; *Stevens*, Rechtsstellung, S. 43 ff; *Ipsen*, NVwZ 2005, 361, (362 ff.).

53 Siehe hierzu *Hölscheidt*, Parlamentsfraktion, S. 303 ff.; *Stevens*, Rechtsstellung, S. 63 ff.

54 Siehe dazu oben Aufgabe 2.

55 *Hölscheidt*, Parlamentsfraktion, S. 316 ff.; *Bäcker*, Ausschluss, S. 89 ff.

56 Siehe dazu oben Aufgabe 2.

57 *Hölscheidt*, Parlamentsfraktion, S. 323 f.; *Bäcker*, Ausschluss, S. 76 f.

58 ArbG Berlin, Urteil v. 17.1.2003 – 96 Ca 30440/02 = NZA-RR 2003, 656; *Kania*, in: Erfurter Kommentar, BetrVG, § 130 Rn. 4; *Annuß*, in: Richardi, BetrVG, § 130 Rn. 3.

Mithin ist das Verhältnis zwischen dem öffentlich-rechtlichen Abgeordneten und der öffentlich-rechtlichen Fraktion ebenfalls öffentlich-rechtlich. Folglich ist der Zivilrechtsweg nach § 13 GVG nicht eröffnet.

B. Verwaltungsgerichtliches Verfahren

Eröffnung des Verwaltungsrechtsweges

Aufgrund des öffentlich-rechtlichen Verhältnisses zwischen dem Abgeordneten und der Fraktion könnte der Verwaltungsrechtsweg eröffnet sein. **58**

Eine aufdrängende Sonderzuweisung ist nicht ersichtlich. Somit könnte sich die Eröffnung des Verwaltungsrechtsweges nach § 40 Abs. 1 VwGO richten.

Es handelt sich um eine öffentlich-rechtliche Streitigkeit. Diese müsste ferner nicht verfassungsrechtlicher Art sein. Die Streitigkeit ist dann verfassungsrechtlicher Art, wenn beide Streitsubjekte Verfassungsorgane bzw. deren Teile oder sonst am Verfassungsleben unmittelbar Beteiligte sind und um Rechte und Pflichten streiten, die unmittelbar dem Verfassungsrecht entnommen werden.[59] Abgeordneter X streitet als Teil des Verfassungsorgans Bundestag mit der A-Fraktion als Teil des Verfassungsorgans Bundestag um seine aus der verfassungsrechtlichen Abgeordnetenstellung nach Art. 38 Abs. 1 S. 2 GG fließenden Rechte. Insofern liegt eine verfassungsrechtliche Streitigkeit vor. Folglich ist der Verwaltungsrechtsweg nach § 40 Abs. 1 VwGO nicht eröffnet.

C. Organstreit vor dem BVerfG[60]

In Betracht kommt ein Organstreitverfahren vor dem Bundesverfassungsgericht nach Art. 93 Abs. 1 Nr. 1 GG; §§ 13 Nr. 5, 63 ff. BVerfGG. **59**

I. Antragsteller (Art. 93 Abs. 1 Nr. 1 GG; § 63 BVerfGG)

Als Abgeordneter ist X kraft eigener Organstellung Antragsteller, da er nach Art. 93 Abs. 1 Nr. 1; 38 Abs. 1 S. 2 GG mit eigenen Rechten ausgestattet ist[61]. **60**

II. Antragsgegnerin (Art. 93 Abs. 1 Nr. 1 GG; § 63 BVerfGG)

Die A-Fraktion ist Antragsgegnerin, da sie mit eigenen Rechten nach Art. 53a Abs. 1 S. 2 GG ausgestattet ist, zudem ist sie Teil des Verfassungsorgans Bundestag. Die Handlung des Fraktionsvorstandes ist entsprechend § 26 Abs. 2 BGB der Fraktion zuzurech- **61**

---

59 *Ehlers/Schneider*, in: Schoch/Schneider/Bier, VwGO, § 40 Rn. 136; *Sodan*, in Sodan/Ziekow, VwGO, § 40 Rn. 189.

60 Siehe hierzu *Ipsen*, NVwZ 2005, 361 ff.

61 Siehe hierzu oben Aufgabe 1.

nen. Auch hat die Fraktion entsprechend § 31 BGB für von dem Vorstand verursachten Schaden einzustehen.

III. Antragsgegenstand (Art. 93 Abs. 1 Nr. 1 GG; § 64 BVerfGG)

62 Vorliegend liegt eine rechtserhebliche Maßnahme der Antragsgegnerin in Form des Ausschlusses des X aus der A-Fraktion vor.

IV. Antragsbefugnis (Art. 93 Abs. 1 Nr. 1 GG; § 64 BVerfGG)

63 X müsste ferner antragsbefugt sein. Dies ist er dann, wenn zumindest die Möglichkeit der Verletzung oder unmittelbaren Gefährdung seiner Rechte oder Pflichten aus dem Grundgesetz besteht, § 64 Abs. 1 BVerfGG. Hier erscheint es zumindest möglich, dass der X in seinem Recht auf Zusammenschluss mit anderen Bundestagsabgeordneten nach Art. 38 Abs. 1 S. 2 GG durch den Fraktionsausschluss verletzt wird. Folglich ist er antragsbefugt.

V. Form und Frist (§§ 23; 64 Abs. 2, 3 BVerfGG)

64 Anträge, die das Verfahren einleiten, bedürfen der Schriftform, § 23 Abs. 1 BVerfGG. Ferner haben sie die verletzte Bestimmung des Grundgesetzes zu bezeichnen, § 64 Abs. 2 BVerfGG, dies stellt hier Art. 38 Abs. 1 S. 2 GG dar. X hat den Antrag im Organstreitverfahren binnen sechs Monaten zu stellen, § 64 Abs. 3 BVerfGG.

VI. Rechtsschutzbedürfnis

65 Grundsätzlich ist das Rechtsschutzbedürfnis gegeben. Es entfällt nur bei Rechtsmissbrauch, Verzicht, Verwirkung, Nutzlosigkeit des erstrebten Ziels oder bei einem einfacheren Weg, das Rechtsschutzziel zu erreichen.[62]

66 **Hinweis zur Bearbeitung:** Hält ein Bearbeiter entgegen der hier vertretenen Ansicht die Auflösung des Bundestages für verfassungsgemäß (vgl. Frage 1), dann endet gemäß Art. 39 Abs. 1 S. 2 GG die Wahlperiode des alten 19. Bundestages mit dem Zusammentritt des neuen 20. Die A-Fraktion war aber eine Untergliederung des 19. Bundestages und endet mit diesem. Ein Rechtsschutzbedürfnis des X, auch nach dem Zusammentritt des neuen Bundestages die Verfassungswidrigkeit seines Ausschlusses aus der A-Fraktion des vergangenen Bundestages festzustellen, besteht nicht. Eine rechtliche Identität zwischen der A-Fraktion des 19. und der eines folgenden Bundestages kann nicht angenommen werden; so könnte beispielsweise die A-Partei im Zuge der Neuwahlen an der 5 %-Hürde scheitern und es würde sich überhaupt keine A-Fraktion konstituieren.

62 *Bethge*, in: Maunz/Schmidt-Bleibtreu/Klein/Bethge, BVerfGG, § 64 Rn. 94 ff.

Ergebnis zu Aufgabe 3

Der Organstreit ist zulässig, sofern der Bearbeiter die Bundestagsauflösung für verfassungswidrig hält. 67

Aufgabe 4: Wie kann die Teilnahme an der Fraktionssitzung erzwungen werden?

In Betracht kommt der Erlass einer einstweiligen Anordnung nach § 32 BVerfGG. Diese müsste zulässig (A.) und begründet (B.) sein. 68

A. Zulässigkeit

I. Statthaftigkeit der einstweiligen Anordnung

Eine einstweilige Anordnung kann nur ergehen, wenn ein Hauptsacheverfahren vor dem BVerfG statthaft wäre.[63] Hier wird in der Hauptsache schon ein Organstreit geführt (vgl. Frage 3). 69

II. Antragsteller

Antragsteller der einstweiligen Anordnung kann nur sein, wer auch in der Hauptsache das Verfahren vor dem BVerfG betreiben kann.[64] X ist ein geeigneter Antragsteller des Organstreits (vgl. Frage 3), er ist folglich auch möglicher Antragsteller im Verfahren auf Erlass einer einstweiligen Anordnung. 70

III. Antragsgegner

Soll die einstweilige Anordnung zur Unterstützung eines kontradiktorischen Hauptsacheverfahrens erlassen werden, wird man auch einen Antragsgegner anzunehmen haben. Hier hat sich die einstweilige Anordnung gegen die A-Fraktion zu richten, die geeignete Antragsgegnerin ist (s.o.). 71

IV. Antragsgegenstand

Die Antragsgegenstände des Hauptsacheverfahrens und des Verfahrens des vorläufigen Rechtsschutzes decken sich nicht. Während der B sich im Hauptsacheverfahren gegen seinen dauernden Ausschluss aus der Fraktion wendet, wehrt er sich im Verfahren auf 72

63 *Lechner/Zuck*, BVerfGG, § 32 Rn. 17; *Graßhof*, in: Maunz/Schmidt-Bleibtreu/Klein/Bethge, BVerfGG, § 32 Rn. 43.

64 *Graßhof*, in: Maunz/Schmidt-Bleibtreu/Klein/Bethge, BVerfGG, § 32 Rn. 44.

Erlass einer einstweiligen Anordnung gegen den Ausschluss von der für den übernächsten Tag angesetzten Fraktionssitzung.

V. Antragsbefugnis

73 Angesichts der von der Prüfung einer einstweiligen Anordnung nach § 123 VwGO abweichenden Rechtsprechung des BVerfG [dazu sogleich bei der Begründetheit] erscheint nicht zweifelsfrei, inwieweit eine Antragsbefugnis zu fordern ist[65]. Indes muss aber auch hier eine Verletzung des X in seinen Rechten durch die Nichtteilnahme an der Fraktionssitzung zumindest als möglich erscheinen. Dies ist hier der Fall.

VI. Form und Frist

74 Die Schriftform richtet sich direkt nach § 23 BVerfGG.

75 **Hinweis zur Bearbeitung:** Anders als im Verwaltungsprozess ist also keine Analogie zur Schriftform der Klage (§ 81 VwGO) erforderlich.

76 Das Erfordernis einer Antragsfrist kann in Verfahren des einstweiligen Rechtsschutzes wegen der diesen innewohnenden besonderen Eilbedürftigkeit keine Rolle spielen.

VII. Rechtsschutzbedürfnis

77 Das Rechtsschutzbedürfnis ist grundsätzlich gegeben. Es entfällt nur bei Rechtsmissbrauch, Verzicht, Verwirkung, Nutzlosigkeit des erstrebten Ziels oder bei einem einfacheren Weg, das Rechtsschutzziel zu erreichen. Hier ist kein einfacherer Weg ersichtlich, insbesondere verspricht ein an die Fraktion gerichteter Antrag auf Zulassung als Gast keinen Erfolg.

VIII. Zwischenergebnis

78 Der Antrag auf Erlass einer einstweiligen Anordnung ist zulässig.

B. Begründetheit

79 Der Antrag auf Erlass einer einstweiligen Anordnung nach § 32 BVerfGG ist begründet, wenn die Folgen, die den Antragsteller träfen, wenn eine einstweilige Anordnung nicht erginge, der Hauptsacheantrag aber Erfolg hätte, schwerer wögen als die Nachteile, die entstünden, wenn die begehrte einstweilige Anordnung zwar erlassen würde, dem Hauptsacheantrag aber der Erfolg zu versagen wäre.

65 Siehe hierzu *Pestalozza*, Verfassungsprozessrecht, § 18 Rn. 6.

Hinweis zur Bearbeitung: Der Antragsteller kann den Erlass einer einstweiligen Anordnung gegen den Antragsgegner gemäß § 32 Abs. 1 BVerfGG beantragen, wenn dies zur Abwehr schwerer Nachteile, zur Verhinderung drohender Gewalt oder aus einem anderen wichtigen Grund dringend geboten ist. Wenngleich diese Gesetzesformulierung erhebliche Ähnlichkeit zu § 123 VwGO aufweist, lehnt das BVerfG es doch ab, in Parallele zu den verwaltungsgerichtlichen Vorschriften den Erlass einer einstweiligen Anordnung von den Erfolgsaussichten in der Hauptsache abhängig zu machen[66]. Vielmehr wägt das BVerfG zwischen den Folgen ab, die eintreten würden, wenn eine einstweilige Anordnung nicht erginge, der Hauptsacheantrag aber Erfolg hätte, gegenüber den Nachteilen, die entstünden, wenn die begehrte einstweilige Anordnung erlassen würde, dem Hauptsacheantrag aber der Erfolg zu versagen wäre. Diese von der materiellen Rechtslage abgelöste, fester Kriterien ermangelnde Folgenabschätzung ist in der Literatur zu Recht auf erhebliche Kritik gestoßen. 80

I. Folgenabwägung

Hinweis zur Bearbeitung: Bei Verfahren nach § 123 VwGO würde an dieser Stelle der Anordnungsanspruch geprüft werden. 81

Würde eine einstweilige Anordnung nicht erlassen, könnte der Antragsteller an der Fraktionssitzung nicht teilnehmen, würde sich der Fraktion weiter entfremden und könnte selbst bei Erfolg seines Hauptsacheantrags nur schwer wieder in die Fraktionsarbeit eingebunden werden. Für die Zwischenzeit würde er seiner parlamentarischen Wirkungsmöglichkeiten beraubt. 82

Würde der Antragsteller vorübergehend zur Fraktionssitzung zugelassen, müsste sich die A-Fraktion inzwischen weiterhin mit dem unliebsamen Mitglied auseinandersetzen, würde aber in ihrer parlamentarischen Arbeit nicht wesentlich eingeschränkt. Gegebenenfalls könnte die A-Fraktion die ihr zustehende Redezeit auf andere Mitglieder verteilen und den X aus Ausschüssen zurückrufen, wobei die rechtliche Zulässigkeit dieser Maßnahmen im Einzelnen indes auch strittig ist. Daher wögen die Folgen bei Nichterlass der einstweiligen Anordnung schwerer als die bei ihrem Erlass.

II. Besondere Eilbedürftigkeit

Hinweis zur Bearbeitung: Bei Verfahren nach § 123 VwGO würde an dieser Stelle der Anordnungsgrund geprüft werden. 83

Die Fraktionssitzung ist schon für den übernächsten Tag angesetzt, bis dahin wird es zu keiner Hauptsacheentscheidung kommen. 84

66 Zur Diskussion siehe *Graßhof*, in: Maunz/Schmidt-Bleibtreu/Klein/Bethge, BVerfGG, § 32 Rn. 90 ff.; *Schoch*, in: FS 50 Jahre BVerfG, Bd. 1, S. 695 (701 ff.).

III. Keine Vorwegnahme der Hauptsache

85 Vorliegend geht es um ein zeitgebundenes Recht auf Teilnahme an der Fraktionssitzung; ein Abwarten der Hauptsacheentscheidung würde dieses Recht leer laufen lassen.

IV. Zwischenergebnis

86 Der zulässige Antrag auf Erlass einer einstweiligen Anordnung ist auch begründet.

Ergebnis zu Aufgabe 4

87 Die Teilnahme an der für den übernächsten Tag angesetzten Fraktionssitzung kann durch einen (zulässigen und begründeten) Antrag auf Erlass einer einstweiligen Anordnung erzwungen werden.

Literaturverzeichnis

88

Bäcker, Alexandra	Der Ausschluss aus der Bundestagsfraktion, Berlin 2011.
Benda, Ernst/Klein, Eckart	Verfassungsprozessrecht. Ein Lehr- und Handbuch, 3. Aufl., Heidelberg 2012.
Dieterich, Thomas/Hanau, Peter/Schaub, Günter (Begr.)/Müller-Glöge, Rudi/Preis, Ulrich/Schmidt, Ingrid (Hrsg.)	Erfurter Kommentar zum Arbeitsrecht, 19. Aufl., München 2019.
Hölscheidt, Sven	Das Recht der Parlamentsfraktionen, Rheinbreitbach 2001.
Dreier, Horst (Hrsg.)	Grundgesetz, Kommentar, Band II (Artikel 20–82), 3. Aufl., Tübingen 2015
Ipsen, Jörn	Rechtsschutz gegen Fraktionsausschluss, in: NVwZ 2005, S. 361–364.
Jarass, Hans D./ Pieroth, Bodo	Grundgesetz für die Bundesrepublik Deutschland, Kommentar, 15. Aufl., München 2018.
Kahl, Wolfgang/Waldhoff, Christian/Walter, Christian (Hrsg.)	Bonner Kommentar zum Grundgesetz, Loseblattsammlung, Ordner 13, Stand: 195. Aktualisierung, Heidelberg 2018.
Lechner, Hans/Zuck, Rüdiger	Bundesverfassungsgerichtsgesetz, Kommentar, 7. Aufl., München 2015.
Lenz, Christofer	Der Fraktionsausschluss – Zwischenbilanz nach den Fällen Möllemann und Hohmann, in: NVwZ 2005, S. 364–370.
Mangoldt, Hermann v./Klein, Friedrich/Starck, Christian/Huber, Peter M./Voßkuhle, Andreas (Hrsg.)	Grundgesetz, Kommentar, Band 2 (Artikel 20–82), 7. Aufl., München 2018, Band 3 (Artikel 83–146), 7. Aufl., München 2018.

Maunz, Theodor/Dürig, Günter (Begr.) — Grundgesetz, Kommentar, Loseblattsammlung, Stand: 84. Lieferung, München 2018.

Maunz, Theodor/Schmidt-Bleibtreu, Bruno/Klein, Franz/Bethge, Herbert (Hrsg.) — Bundesverfassungsgerichtsgesetz, Kommentar, Band 1, Stand: 55. Ergänzungslieferung, München 2018.

Morlok, Martin — Austritt, Ausschluss, Rechte: Der fraktionslose Abgeordnete, in: ZParl. 2004, S. 633–645.

Nawiasky, Hans — Die Grundgedanken des Grundgesetzes für die Bundesrepublik Deutschland. Systematische Darstellung und kritische Würdigung, Stuttgart 1950.

Nellesen, Sebastian/ Pfützer, Benno — Die Stellung des Bundestagsabgeordneten im Organstreitverfahren, in: JuS 2018, S. 429–433.

Nierhaus, Michael — Entscheidung, Präsidialakt und Gegenzeichnung. Ein Beitrag zur verfassungsrechtlichen Stellung des Bundespräsidenten im System des Grundgesetzes, München 1973.

Pestalozza, Christian — Verfassungsprozessrecht. Die Verfassungsgerichtsbarkeit des Bundes und der Länder mit einem Anhang zum Internationalen Rechtsschutz, 3. Aufl., München 1991.

Sachs, Michael (Hrsg.) — Grundgesetz, Kommentar, 8. Aufl., München 2018.

Schlaich, Klaus/Korioth, Stefan — Das Bundesverfassungsgericht – Stellung, Verfahren, Entscheidungen, 11. Aufl., München 2018.

Schmidt, Thorsten Ingo — Der Fraktionsausschluss als Eingriff in das freie Mandat des Abgeordneten, in: DÖV 2003, S. 846–853.

Schmidt, Walter — Chancengleichheit der Fraktion unter dem Grundgesetz, in: Der Staat 9 (1970), S. 481–500.

Schneider, Hans-Peter/ Zeh, Wolfgang (Hrsg.) — Parlamentsrecht und Parlamentspraxis in der Bundesrepublik Deutschland, Berlin 1989.

Schoch, Friedrich — Einstweilige Anordnung, in: Badura, Peter/Dreier, Horst (Hrsg.), Festschrift 50 Jahre Bundesverfassungsgericht, Erster Band, Tübingen 2001, S. 695–723.

Schoch, Friedrich/Schneider, Jens-Peter/Bier, Wolfgang (Hrsg.) — Verwaltungsgerichtordnung, Band I, Kommentar, Stand: 35. Ergänzungslieferung, München 2018.

Schreiber, Wolfgang/ Schnappauf, Klaus-Dieter — Rechtsfragen „im Schatten“ der Diskussion um die Auflösung des deutschen Bundestages nach Art. 68 GG, in: AöR 109 (1984), S. 370–416.

Sodan, Helge/Ziekow, Jan (Hrsg.) — Verwaltungsgerichtsordnung, Großkommentar, 5. Aufl., Baden-Baden 2018.

Stevens, Berthold — Die Rechtsstellung der Bundestagsfraktion, Frankfurt am Main 2010.

Hausarbeit 9

Beschäftigungsverbot an Samstagen

von Bernd J. Hartmann und Stefan Jansen

1 Die A-Fraktion im niedersächsischen Landtag möchte die Lebensbedingungen der Beschäftigten in Verkaufsstellen verbessern und ihnen häufiger als bisher einen arbeitsfreien Samstag gewährleisten. Daher bringt sie einen Entwurf zur Änderung des Niedersächsischen Gesetzes über Ladenöffnungs- und Verkaufszeiten (NLöffVZG) in den Landtag ein. § 7 Abs. 4 NLöffVZG soll folgender Absatz 5 angefügt werden:

„(5) Verkaufspersonal darf an mindestens zwei Samstagen in jedem Kalendermonat nicht beschäftigt werden. Die zuständige Behörde kann in begründeten Einzelfällen Ausnahmen zulassen."

Im Landtag zeichnet sich schnell eine Mehrheit für den Gesetzentwurf ab. Die Landesregierung zweifelt jedoch an der Verfassungsmäßigkeit des Entwurfs und weist daher den Präsidenten des Landtags an, die Abstimmung über den Entwurf für vier Wochen auszusetzen. In dieser Zeit wolle man, auch im Interesse der Abgeordneten, den Entwurf eingehend prüfen. Zwei Monate später kommt es im Landtag zur Abstimmung. Der Gesetzentwurf wird mit einer breiten Mehrheit angenommen; auch die B-Fraktion, die ein Viertel der Mitglieder des Landtags umfasst, stimmt geschlossen zu.

Da den Mitgliedern der B-Fraktion jedoch Zweifel an der Verfassungsmäßigkeit des Gesetzes bleiben, stellen sie nach der Verkündung des Gesetzes im Gesetz- und Verordnungsblatt sowohl beim Bundesverfassungsgericht als auch beim Niedersächsischen Staatsgerichtshof den Antrag, § 7 Abs. 5 NLöffVZG für nichtig zu erklären. Das Gesetz sei schon deshalb verfassungswidrig, weil das Gesetzgebungsverfahren einen schweren Fehler aufweise. Die Intervention der Landesregierung verstoße gegen den Grundsatz der Gewaltenteilung und müsse zur Nichtigkeit des Gesetzes führen. Zudem fehle dem Landesgesetzgeber die Gesetzgebungskompetenz für die betreffende Regelung. Der Bund habe von seiner Kompetenz für das Arbeitszeitrecht abschließend Gebrauch gemacht. Nach dem Arbeitszeitgesetz (ArbZG) sei der Samstag – was zutrifft – ein gewöhnlicher Werktag, und § 17 Abs. 4 des Gesetzes über den Ladenschluss (LadSchlG) normiere einen Anspruch der Beschäftigten in Verkaufsstellen auf lediglich einen arbeitsfreien Samstag je Kalendermonat. Des Weiteren verstoße § 7 Abs. 5 NLöffVZG nicht nur gegen Grundrechte der Arbeitgeber, sondern auch gegen die Berufsfreiheit der Beschäftigten, da diesen nicht nur ein Anspruch auf zwei arbeitsfreie Samstage gewährt, sondern ein Arbeitsverbot normiert werde und sie somit bevormundet würden. Ihnen werde die Möglichkeit genommen, samstags zu arbeiten, um an einem Tag von Montag bis Freitag von der Arbeit freigestellt zu werden und Erledigungen zu tätigen, denen – wie etwa Behördengänge – am Wochenende nicht nachgegangen werden kann. Schließlich sei auch der Gleichheitssatz verletzt, da es eine vergleichbare Vorschrift in anderen Ländern nicht gebe.

Die Landesregierung teilt die Zweifel der Mitglieder der B-Fraktion nicht. § 7 Abs. 5 NLöffVZG diene dem Arbeitsschutz und insbesondere der Vereinbarkeit von Erwerbstätigkeit und Familienleben. Die Norm sei auch kompetenzgemäß erlassen. Das

NLöffVZG regele den Ladenschluss, und diese Materie falle seit der Einfügung der Wörter „ohne das Recht des Ladenschlusses" in Art. 74 Abs. 1 Nr. 11 GG durch die Föderalismusreform I aus dem Jahr 2006 in die Kompetenz der Länder. Zudem verstoße § 7 Abs. 5 NLöffVZG auch nicht gegen das ArbZG, da dieses keine speziellen Schutzvorschriften für die Samstagsarbeit vorsehe.

Wie wird das Bundesverfassungsgericht bzw. der Niedersächsische Staatsgerichtshof entscheiden?

Gliederung

Gutachten

Vorbemerkung: Der Fall war Gegenstand der Ersten Prüfung in Niedersachsen; die Lösungsskizze wurde an den Erwartungshorizont einer Hausarbeit angepasst. Er ist dem Beschluss des Ersten Senats des Bundesverfassungsgerichts vom 14. Januar 2015 (BVerfGE 138, 261) zu einer vergleichbaren Regelung des Thüringer Ladenöffnungsgesetzes nachgebildet. Als prozessuale Einkleidung wurde das Verfahren der Verfassungsbeschwerde durch ein abstraktes Normenkontrollverfahren ersetzt. Die entscheidungserheblichen verfassungsrechtlichen Fragen ändern sich hierdurch (nur) hinsichtlich der rechtlichen Anknüpfung. 3

Teil 1: Entscheidung des Bundesverfassungsgerichts (BVerfG)

Die Entscheidung des BVerfG hängt ab von der Zulässigkeit und Begründetheit des Antrags der Mitglieder der B-Fraktion. 4

Der Antrag ist nur zulässig, soweit die Sachentscheidungsvoraussetzungen vorliegen.

Die Zuständigkeit des BVerfG für das mit dem Antrag eingeleitete Verfahren der abstrakten Normenkontrolle ergibt sich aus § 13 Nr. 6 BVerfGG i.V.m. Art. 93 Abs. 1 Nr. 2 GG.

Antragsberechtigt sind nach § 13 Nr. 6, § 76 Abs. 1 BVerfGG i.V.m. Art. 93 Abs. 1 Nr. 2 GG die Bundesregierung, eine Landesregierung oder ein Viertel der Mitglieder des Bundestags. Die antragstellenden Mitglieder der B-Fraktion sind Mitglieder nicht des Bundestags, sondern des niedersächsischen Landtags und damit im bundesverfassungsgerichtlichen Verfahren der abstrakten Normenkontrolle nicht antragsberechtigt.

§ 13 Nr. 6, § 76 Abs. 1 BVerfGG sowie Art. 93 Abs. 1 Nr. 2 GG benennen den Kreis der Antragsberechtigten abschließend[1]; eine Ausweitung der Antragsberechtigung auf Mitglieder eines Landtags im Wege der Analogie kommt daher nicht in Betracht. Eigenständige verfassungsrechtliche Befugnisse der Landtage auf Bundesebene, etwa in den Verfahren nach § 13 Nr. 6a BVerfGG, Art. 93 Abs. 1 Nr. 2a GG sowie § 13 Nr. 6b BVerfGG, Art. 93 Abs. 2 S. 1 GG, stellen eng begrenzte Ausnahmefälle dar[2]. Es ist daher davon auszugehen, dass der (verfassungsändernde und der einfache) Gesetzgeber bislang bewusst davon abgesehen hat, den Volksvertretungen der Länder im Verfahren nach Art. 93 Abs. 1 Nr. 2 GG eine Antragsberechtigung einzuräumen. Nichts anderes kann für die Antragsberechtigung eines bestimmten Quorums von Mitgliedern eines Landtags gelten[3]. Daher fehlt es schon an der für eine analoge Anwendung einer Norm erforderlichen planwidrigen Regelungslücke[4]. 5

1 *Benda/Klein/Klein*, Verfassungsprozessrecht, Rn. 671; *Graßhof*, in: Burkiczak/Dollinger/Schorkopf, BVerfGG, § 76 Rn. 10 m.w.N.
2 BVerfGE 129, 108 (120 ff.); 136, 1 (Rn. 19 ff.).
3 *Benda/Klein/Klein*, Verfassungsprozessrecht, Rn. 673.
4 Vgl. zur Analogie *Müller/Christensen*, Juristische Methodik, Rn. 371.

Folglich ist der beim BVerfG gestellte Antrag mangels Antragsberechtigung unzulässig. Das BVerfG wird den Antrag verwerfen[5].

6 **Hinweis:** Da nach der Entscheidung des BVerfG gefragt ist, darf der erste Teil der Frage nicht schlicht mit der Feststellung, der Antrag sei unzulässig, habe keinen Erfolg o.Ä. beantwortet werden.

Ein anderes Verfahren als das Verfahren nach § 13 Nr. 6 BVerfGG, Art. 93 Abs. 1 Nr. 2 GG zur Prüfung des § 7 Abs. 5 NLöffVZG kommt offensichtlich nicht in Betracht. Die Verfahren nach § 13 Nr. 6a BVerfGG, Art. 93 Abs. 1 Nr. 2a GG[6] sowie § 13 Nr. 6b BVerfGG, Art. 93 Abs. 2 S. 1 GG erfassen jeweils nur Bundesrecht.

Teil 2: Entscheidung des Niedersächsischen Staatsgerichtshofs (StGH)

7 Die Entscheidung des StGH hängt ab von der Zulässigkeit (A.) und der Begründetheit (B.) des Antrags der Mitglieder der B-Fraktion.

A. Zulässigkeit

8 Der Antrag ist zulässig, soweit die Sachentscheidungsvoraussetzungen vorliegen.

I. Zuständigkeit des StGH

9 Die Zuständigkeit des StGH zur Prüfung des § 7 Abs. 5 NLöffVZG in einem landesverfassungsgerichtlichen Verfahren der abstrakten Normenkontrolle ergibt sich aus § 8 Nr. 8 NStGHG i.V.m. Art. 54 Nr. 3 NV.

II. Antragsberechtigung

10 Nach Art. 54 Nr. 3 NV sind sowohl die Landesregierung als auch ein Fünftel der Mitglieder des Landtags antragsberechtigt. Vorliegend stellen alle Mitglieder der B-Fraktion den Antrag zur Prüfung des § 7 Abs. 5 NLöffVZG. Die B-Fraktion umfasst ein Viertel der Mitglieder des Landtags. Mithin ist das Quorum von einem Fünftel der Landtagsmitglieder gewahrt, und die betreffenden Landtagsmitglieder sind antragsberechtigt.

---

5 So die „allgemeinen prozessualen Gepflogenheiten" (*Lenz/Hansel*, BVerfGG, § 78 Rn. 4).

6 Ein „Gesetz", welches den Voraussetzungen des Art. 72 Abs. 2 GG entsprechen muss, kann nur ein Bundesgesetz sein; insoweit ist § 76 Abs. 2 BVerfGG nur deklaratorischer Natur, vgl. *Benda/Klein/Klein*, Verfassungsprozessrecht, Rn. 702.

III. Antragsbefugnis

Nach § 8 Nr. 8, § 33 NStGHG i.V.m. Art. 54 Nr. 3 NV müssen „Meinungsverschiedenheiten oder Zweifel" über die Vereinbarkeit von Landesrecht mit der Verfassung bestehen. Hier äußern die Antragsteller „Zweifel" über die Verfassungsmäßigkeit des § 7 Abs. 5 NLöffVZG. Sie sind daher antragsbefugt; eines weitergehenden Für-Nichtig-Haltens der Norm bedarf es nicht (mehr)[7]. **11**

Hinweis: Der aus dem bundesverfassungsgerichtlichen Verfahren der abstrakten Normenkontrolle bekannte Streit um das Verhältnis von § 76 Abs. 1 Nr. 1 BVerfGG zu Art. 93 Abs. 1 Nr. 2 GG findet daher im Verfassungsprozessrecht des Landes Niedersachsen keine Entsprechung. Ausführungen zu diesem Streit liegen neben der Sache. **12**

IV. Antragsgegenstand

Antragsgegenstand kann nach § 8 Nr. 8, § 33 NStGHG i.V.m. Art. 54 Nr. 3 NV nur „Landesrecht" sein. § 7 Abs. 5 NLöffVZG ist eine (sogar formell-gesetzliche) Norm des Landesrechts und damit tauglicher Antragsgegenstand. **13**

V. Form und Begründung

Der das Verfahren einleitende Antrag wurde, wie von § 12 Abs. 1 NStGHG i.V.m. § 23 Abs. 1 BVerfGG gefordert, schriftlich und mit einer Begründung gestellt. Dabei wurde § 7 Abs. 5 NLöffVZG als das zu prüfende Landesrecht bezeichnet (vgl. § 33 NStGHG). **14**

VI. Allgemeines Rechtsschutzbedürfnis

Das Rechtsschutzbedürfnis der Antragsteller wird durch die Erfüllung der besonderen Sachentscheidungsvoraussetzungen indiziert. Es fehlt hier auch nicht mit Blick auf den Umstand, dass die Antragsteller dem Gesetzentwurf in der parlamentarischen Abstimmung zugestimmt haben[8]. Das Verfahren der abstrakten Normenkontrolle ist ein objektives Verfahren zum Schutz der Verfassung. Die Antragsteller verteidigen keine eigenen Rechte, sondern treten als Sachwalter des Allgemeinwohls auf[9]. Daher kann ihnen die Rechtsverfolgung auch nicht wegen eines widersprüchlichen Verhaltens verwehrt werden. Für rechtsmissbräuchliches Handeln ist nichts ersichtlich. **15**

VII. Zwischenergebnis

Der Antrag ist daher zulässig. **16**

---

7 Vgl. *Hüpper*, Staatsgerichtshof des Landes Niedersachsen, S. 189.

8 Für das Bundesrecht: *Lenz/Hansel*, BVerfGG, § 76 Rn. 18; ebenso für eine Landesregierung, die einem Gesetz im Bundesrat zugestimmt hat, s. BVerfGE 101, 158 (213); 122, 1 (17); 127, 165 (190).

9 Vgl. *Hagebölling*, NV, Art. 54 Erl. 2.3; *Ipsen*, NV, Art. 54 Rn. 20 (jeweils unter Verweis auf das Bundesrecht).

B. Begründetheit

17 Der Antrag ist begründet, soweit § 7 Abs. 5 NLöffVZG mit der Niedersächsischen Verfassung unvereinbar ist. Dies ist dann der Fall, wenn die Norm nicht formell (I.) und materiell (II.) verfassungsgemäß ist.

Prüfungsmaßstab ist im landesverfassungsgerichtlichen Verfahren der abstrakten Normenkontrolle nur die Landesverfassung. Art. 54 Nr. 3 NV bestimmt ausdrücklich, dass die Vereinbarkeit des zur Prüfung gestellten Landesrechts mit „dieser Verfassung", also der Niedersächsischen Verfassung, zu prüfen ist.

I. Formelle Verfassungsmäßigkeit

1. Gesetzgebungskompetenz

18 **Hinweis:** Für gewöhnlich beginnt die Prüfung der formellen Verfassungsmäßigkeit eines Gesetzes mit der Erörterung der Gesetzgebungskompetenz. In der vorliegenden prozessualen Konstellation ist jedoch Obacht geboten. Zwar ist ein kompetenzwidrig erlassenes Landesgesetz stets – wegen Verstoßes gegen Art. 70 Abs. 1 GG – bundesverfassungswidrig. Ob es auch gegen die Landesverfassung, die vorliegend alleiniger Prüfungsmaßstab ist, verstößt, hängt davon ab, ob diese den Landesgesetzgeber auch auf die Einhaltung der bundesstaatlichen Kompetenzvorschriften verpflichtet[10]. Für die NV hat sich der StGH mit dieser Frage bisher – soweit ersichtlich – nicht eingehend befasst[11]. Letztlich kann diese Frage offen bleiben, da die Gesetzgebungskompetenz jedenfalls bei der Prüfung der Vereinbarkeit des Gesetzes mit Grundrechten erörtert werden muss, da nur ein kompetenzgemäß erlassenes Gesetz einen Grundrechtseingriff rechtfertigen kann. Wer gleichwohl bereits an dieser Stelle (isoliert) die Gesetzgebungskompetenz prüft, muss zu erkennen geben, gegen welche Norm der NV ein kompetenzwidriges Gesetz verstoßen könnte. Als solche käme Art. 2 Abs. 2 NV in Betracht, wonach der Gesetzgeber ausdrücklich auch an die verfassungsmäßige Ordnung des Bundes gebunden wird. Art. 1 Abs. 2 NV („Das Land Niedersachsen ist ein ... Rechtsstaat in der Bundesrepublik Deutschland") hingegen kann eine solche Bindung nur schwerlich entnommen werden.

19 Dem Land Niedersachsen müsste für die betreffende Sachmaterie die Gesetzgebungskompetenz zustehen. Da im vorliegenden Verfahren allein die NV Prüfungsmaßstab ist, müsste der NV eine Verpflichtung des Landesgesetzgebers auf die bundesstaatliche Kompetenzordnung zu entnehmen sein. Nach Art. 2 Abs. 2 NV ist die niedersächsische Gesetzgebung nicht nur an die Vorgaben der Landesverfassung gebunden, sondern auch

10 Zum Problem allgemein siehe *Benda/Klein/Klein*, Verfassungsprozessrecht, Rn. 54; *Degenhart*, in: Sachs, GG, Art. 70 Rn. 69; aus der Rspr: BVerfGE 103, 332 (356 ff.) [als Verfassungsgericht des Landes Schleswig-Holstein]; VerfGH Berlin LVerfGE 25, 115 (124 f.); StGH Bremen LVerfGE 24, 133 (142 ff. sowie 151 ff. [Sondervotum]); StGH Hessen LVerfGE 25, 295 (301 ff.); VerfGH Sachsen LVerfGE 23, 245 (267 f.).

11 In LVerfGE 16, 377 (384 f.) führt der StGH aus, Art. 21 Abs. 3 GG (heute Art. 21 Abs. 5 GG) stehe einer Regelung des NMedienG über den Zugang politischer Parteien zum privaten Rundfunk nicht entgegen. Eine Norm der NV, gegen die eine kompetenzwidrig erlassene Norm des Landesrechts verstoßen soll, nennt er aber nicht. Für eine Bindung kraft NV: *Hagebölling*, NV, Art. 2 Erl. 5; *Hüpper*, Staatsgerichtshof des Landes Niedersachsen, S. 192; wohl auch: *Epping*, in: Epping u.a., NV, Art. 2 Rn. 22 f.; *Ipsen*, NV, Art. 2 Rn. 11; unklar: *Wendeling-Schröder*, in: Epping u.a., NV, Art. 54 Rn. 33.

an die „verfassungsmäßige Ordnung [im] Bund". Damit öffnet sich die NV über Art. 2 Abs. 2 NV für die Vorschriften des Grundgesetzes über die Verteilung der Gesetzgebungskompetenzen, die damit auch vor dem Staatsgerichtshof zum Prüfungsmaßstab des Normenkontrollverfahrens gehören.

Nach Art. 70 Abs. 1 GG haben die Länder das Recht der Gesetzgebung, soweit das **20**
Grundgesetz nicht dem Bund Gesetzgebungsbefugnisse verleiht. Vorliegend könnte sich eine Kompetenz des Landesgesetzgebers einerseits über die dem Bund ausdrücklich entzogene Materie des Rechts des Ladenschlusses (a) ergeben, andererseits könnte der Bund von seiner Kompetenz zur Regelung des Arbeitsrechts nicht abschließend Gebrauch gemacht haben (b).

Angegriffen ist § 7 Abs. 5 NLöffVZG, also sowohl die Verbotsnorm des S. 1 als auch **21**
die Befreiungsmöglichkeit nach S. 2. Die beiden Vorschriften stehen in einem untrennbaren Zusammenhang, da die Befreiungsmöglichkeit einerseits ohne das Beschäftigungsverbot nicht denkbar ist und andererseits die Auswirkungen des Beschäftigungsverbots abmildern soll. Damit ist § 7 Abs. 5 S. 2 NLöffVZG kompetenzgemäß erlassen, wenn eine Kompetenz zur Normierung des Beschäftigungsverbots gem. § 7 Abs. 5 S. 1 NLöffVZG besteht.

a) Recht des Ladenschlusses

Nach Art. 74 Abs. 1 Nr. 11 GG fällt das Recht der Wirtschaft in die Kompetenz des **22**
Bundes. Das Recht des Ladenschlusses ist jedoch ausdrücklich ausgenommen, sodass sich insoweit eine Kompetenz des Landes aus Art. 70 Abs. 1 GG ergibt.

Fraglich ist jedoch, ob sich die vorliegende Regelung des § 7 Abs. 5 S. 1 NLöffVZG, **23**
welche die Beschäftigung von Personal in Verkaufsstellen an zwei Samstagen im Monat untersagt, als Recht des Ladenschlusses qualifizieren lässt. Unerheblich ist insoweit, dass die Regelung im Gesetz über Ladenöffnungs- und Verkaufszeiten zu finden ist, welches an die Stelle des Bundesgesetzes über den Ladenschluss getreten ist (vgl. § 1 Abs. 3 NLöffVZG, Art. 125a Abs. 1 S. 2 GG). Maßgeblich für die Qualifikation ist nicht der Name eines Gesetzes oder dessen zentraler Regelungsbereich, sondern die durch die jeweilige Norm getroffene Regelung[12].

Was zum „Recht des Ladenschlusses" in Art. 74 Abs. 1 Nr. 11 GG gehört, ist im Grund- **24**
gesetz nicht näher definiert. Nach dem Wortlaut erfasst der Ladenschluss diejenigen Regelungen, die sich auf die Schließung von Verkaufsstellen („Läden") beziehen. Es geht – anders formuliert – um Regelungen über die Ladenöffnungszeiten. § 7 Abs. 5 S. 1 NLöffVZG regelt nicht, wann Läden geöffnet werden dürfen bzw. wann sie zu schließen sind, sondern betrifft die Beschäftigung des Personals. Ein inhabergeführter Laden, der ohne Verkaufspersonal auskommt, erfährt durch § 7 Abs. 5 S. 1 NLöffVZG weder unmittelbar noch mittelbar eine Einschränkung der Öffnungszeiten. Bei einem solchen (engen) Verständnis des Wortlauts unterfällt § 7 Abs. 5 S. 1 NLöffVZG dem Recht des Ladenschlusses also nicht.

---

12 Das ist selbstverständlich und wird nur wegen des entsprechenden, im Sachverhalt genannten Arguments der Landesregierung erwähnt.

25 Andererseits finden Verkäufe in Verkaufsstellen typischerweise nur statt, wenn Verkaufspersonal anwesend ist. Eine Regelung über die Beschäftigungsmöglichkeiten des Verkaufspersonals kann somit rein tatsächlich sehr wohl Auswirkungen auf die Ladenöffnungszeiten haben. Versteht man den Begriff des Ladenschlusses in diesem weiten Sinne, könnten auch solche Regelungen als Recht des Ladenschlusses einzuordnen sein. Selbst aus dieser Warte verbietet § 7 Abs. 5 S. 1 NLöffVZG allerdings nicht den Einsatz von (allen) Beschäftigten in Verkaufsstellen an Samstagen, sondern nur den Einsatz einzelner Beschäftigter an zwei Samstagen je Monat. Jeder Verkaufsstelleninhaber kann also bei entsprechender Personalplanung seine Verkaufsstelle an allen Samstagen nach allgemeinen Regeln öffnen. Er muss nur sicherstellen, dass nicht dieselben Verkäuferinnen und Verkäufer an allen (typischerweise) vier Samstagen tätig sind, sondern sein Personal auf die Samstage aufteilen. Daher lässt sich § 7 Abs. 5 S. 1 NLöffVZG auch bei einem erweiterten Verständnis nicht als Recht des Ladenschlusses einordnen.

26 Systematische Erwägungen sprechen ebenfalls dagegen, § 7 Abs. 5 S. 1 NLöffVZG als Recht des Ladenschlusses aufzufassen. § 7 Abs. 5 S. 1 NLöffVZG normiert ein Beschäftigungsverbot an zwei Samstagen je Monat bezogen auf den einzelnen Beschäftigten und enthält damit eine neben die allgemeinen Regelungen des ArbZG tretende Arbeitszeitregelung. Regelungen über die Arbeitszeit, auch wenn sie Beschäftigte in Verkaufsstellen betreffen, unterfallen aber der Materie des Arbeitsrechts aus Art. 74 Abs. 1 Nr. 12 GG. Die insoweit bestehende Bundeskompetenz würde unterlaufen werden, wäre § 7 Abs. 5 S. 1 NLöffVZG als Recht des Ladenschlusses einzuordnen.

27 Fraglich ist, ob sich etwas anderes aus der Genese des mit der Föderalismusreform I neugefassten Art. 74 Abs. 1 Nr. 11 GG ergibt. Zuvor war das Recht des Ladenschlusses als Recht der Wirtschaft bundesrechtlich durch das LadSchlG geregelt. Dieses regelte nicht nur den Ladenschluss (2. Abschnitt), sondern in § 17 LadSchlG (die einzige Norm des 3. Abschnitts) auch einen verkaufsstellenspezifischen Arbeitsschutz. Daher ließe sich argumentieren, dass das Recht des Ladenschlusses in Art. 74 Abs. 1 Nr. 11 GG alle Regelungskomplexe erfasst, die bisher im LadSchlG geregelt waren[13]. Da § 17 Abs. 4 LadSchlG die Samstagsarbeit reguliert, wären damit auch verkaufsstellenspezifische Regelungen zur Samstagsarbeit dem Recht des Ladenschlusses zuzuordnen. Diese Sichtweise überzeugt jedoch nicht. Das LadSchlG wurde nicht nur auf der Grundlage eines Kompetenztitels erlassen[14]. § 17 LadSchlG enthält kein Recht der Wirtschaft, sondern Arbeitsrecht. Nachdem die Norm aber nur Beschäftigte in Verkaufsstellen betrifft, lag es systematisch nahe, diese Regelung in das LadSchlG einzufügen und nicht in das ArbZG. Dass § 17 LadSchlG aber eine Sonderregelung des Arbeitsschutzes enthält, verrät die Überschrift des 3. Abschnitts. Geregelt wird der „[b]esonder[e]" Arbeitsschutz der Beschäftigten, der neben den allgemeinen Schutz durch das ArbZG tritt.

28 Auch der Telos der Herausnahme des Rechts des Ladenschlusses aus dem Recht der Wirtschaft nach Art. 74 Abs. 1 Nr. 11 GG spricht nicht dafür, § 7 Abs. 5 S. 1 NLöffVZG als Recht des Ladenschlusses anzusehen. Der verfassungsändernde Gesetzgeber wollte

13 So VerfGH Sachsen LVerfGE 23, 245 (268 ff.); vgl. auch *Degenhart*, in: Sachs, GG, Art. 74 Rn. 46 m.w.N.
14 Vgl. BVerfGE 13, 230 (233); 111, 10 (28); 138, 261 (Rn. 33).

den Ländern eine eigenständige Regelung der Ladenöffnungszeiten ermöglichen, damit diese die mit einer Ladenöffnung einhergehende Geschäftigkeit des öffentlichen Lebens nach eigenen landespolitischen Vorstellungen regulieren können[15]. § 7 Abs. 5 S. 1 NLöffVZG hat aber keinen Einfluss auf die tatsächlichen Möglichkeiten der Ladenöffnung (s.o.) und kann daher auch nicht die Geschäftigkeit des öffentlichen Lebens beeinflussen.

Im Ergebnis ist § 7 Abs. 5 S. 1 NLöffVZG mithin kein Recht des Ladenschlusses, sodass insoweit eine Kompetenz des Landes nicht besteht (a.A. mit genetischer Argumentation vertretbar). **29**

Hinweis: So prüft auch das BVerfG. Ebenso vertretbar – und eigentlich richtiger – erscheint es, eine Ersetzungsbefugnis des Landes nach Art. 125a Abs. 1 S. 2 GG mit Blick auf § 17 Abs. 4 LadSchlG zu erörtern. Dann wäre zu fragen, ob diese als Bundesrecht erlassene Norm wegen einer Änderung des Art. 74 Abs. 1 GG (Herausnahme des Rechts des Ladenschlusses aus Nr. 11) heute nicht mehr erlassen werden könnte. In der Folge wäre wie vorstehend der Umfang dieses Sachbereichs abzugrenzen mit dem Ergebnis, dass § 17 Abs. 4 LadSchlG kein Recht des Ladenschlusses darstellt und mithin diese Norm auch nicht nach Art. 125a Abs. 1 S. 2 GG ersetzt werden kann. **30**

b) Keine abschließende Regelung des Arbeitsrechts

Nach Art. 74 Abs. 1 Nr. 12 GG erstreckt sich das Gebiet der konkurrierenden Gesetzgebung des Bundes auf das Arbeitsrecht, welches ausdrücklich auch den Arbeitsschutz erfasst. Im Bereich der konkurrierenden Gesetzgebung haben die Länder nach Art. 72 Abs. 1 GG die Befugnis zur Gesetzgebung, solange und soweit der Bund von seiner Gesetzgebungszuständigkeit nicht durch Gesetz Gebrauch gemacht hat. Vorliegend steht nicht im Streit, ob der Bund hiervon in zeitlicher Hinsicht („solange") Gebrauch gemacht hat. Fraglich ist vielmehr, ob der Bundesgesetzgeber in der Sache eine abschließende Regelung betreffend die Samstagsarbeit in Verkaufsstellen getroffen hat („soweit"). **31**

Die Bestimmungen zur Arbeitszeit im ArbZG sowie in § 17 Abs. 4 LadSchlG sind Teil des Arbeitsrechts und damit der Kompetenz aus Art. 74 Abs. 1 Nr. 12 GG zuzuordnen. Eine Gesetzgebungskompetenz des Landes betreffend die Regelung der Samstagsarbeit in Verkaufsstellen kommt damit nur in Betracht, soweit der Bundesgesetzgeber insoweit von seiner Kompetenz aus Art. 74 Abs. 1 Nr. 12 GG keinen abschließenden Gebrauch gemacht hat. **32**

Ein abschließendes Gebrauchmachen von einer Gesetzgebungskompetenz liegt vor, wenn zu erkennen ist, dass der Bundesgesetzgeber einen bestimmten Regelungsbereich erschöpfend regeln wollte. Dies kann auch dadurch geschehen, dass eine Materie bewusst nicht geregelt wird, sodass insoweit die übrigen bundesrechtlichen Regelungen **33**

15 Vgl. BT-Drs. 16/813, S. 9 („Kompetenzen mit besonderem Regionalbezug").

zur Anwendung kommen, ohne dass den Ländern eine Kompetenz zur Schließung einer „Lücke" zusteht[16].

34 Das ArbZG gilt, soweit nicht eine der Sonderregelungen in den §§ 18 ff. ArbZG einschlägig ist, für alle Arbeitsverhältnisse und unterscheidet zwischen Sonn- und Feiertagen (3. Abschnitt: „Sonn- und Feiertagsruhe") sowie Werktagen (2. Abschnitt: „Werktägliche Arbeitszeit …"), zu denen folglich auch der Samstag zählt. Es enthält zwar weder spezielle Regelungen betreffend die Beschäftigung in Verkaufsstellen noch solche zur Samstagsarbeit. Es ist aber nichts dafür ersichtlich, weshalb die Länder neben dieses ausdifferenzierte Regelungssystem ein eigenes – ergänzendes – Arbeitszeitrecht stellen dürften. Soweit für einzelne Arbeitsverhältnisse ergänzende bzw. abweichende Regelungen gelten sollen, hat der Bundesgesetzgeber dies in den §§ 18 ff. ArbZG (6. Abschnitt: „Sonderregelungen") selbst normiert. Die Beschäftigten in Verkaufsstellen sind hiervon nicht erfasst. Für diese hat er vielmehr mit § 17 LadSchlG eine neben das ArbZG tretende Sondervorschrift geschaffen, deren abschließender Charakter sogleich gesondert zu prüfen sein wird. Das ArbZG jedenfalls enthält insoweit abschließende Regelungen, die eine Landesgesetzgebung sperren. Dass es keine Regelung der Samstagsarbeit enthält, stellt eine bewusste Nichtregelung dar, die bewirken soll, dass die allgemeinen Regelungen über die Arbeit an Werktagen gelten. Eine Öffnung zugunsten der Landesgesetzgebung wird dadurch nicht bewirkt.

35 **Hinweis:** BVerfGE 138, 261 geht auf den abschließenden Charakter des ArbZG nicht ein. Da aber dieser Gesichtspunkt im Sachverhalt angesprochen ist, müssen die Prüflinge zur Erstellung eines umfassenden Rechtsgutachtens auch hierauf eine Antwort geben.

36 Fraglich ist jedoch, ob auch § 17 Abs. 4 LadSchlG eine abschließende bundesrechtliche Regelung darstellt oder ob die Länder befugt sind, bezogen auf Verkaufsstellen über den bloßen Freistellungsanspruch hinaus weitere die Samstagsarbeit betreffende Schutzvorschriften zu erlassen.

37 **Hinweis:** § 1 Abs. 3 NLöffVZG hilft nicht weiter. Da § 17 LadSchlG kein Recht des Ladenschlusses darstellt, besteht insoweit auch keine Ersetzungskompetenz des Landes nach Art. 125a Abs. 1 S. 2 GG. Daher kann § 1 Abs. 3 NLöffVZG nicht bestimmen, § 17 LadSchlG gelte im Land Niedersachsen nicht.

38 Nach § 17 Abs. 4 LadSchlG können die Beschäftigten in Verkaufsstellen „verlangen, in jedem Kalendermonat an einem Samstag von der Beschäftigung freigestellt zu werden". Dem Wortlaut der Norm kann eine Öffnung zugunsten der Landesgesetzgebung nicht ausdrücklich entnommen werden. Der Gesetzgeber hätte etwa normieren können, der Freistellungsanspruch bestehe „vorbehaltlich abweichenden / weitergehenden Landesrechts". Dass § 17 Abs. 4 LadSchlG nur eine Mindestgarantie enthält, hätte auch durch die Formulierung „können mindestens verlangen" verdeutlicht werden können. Andererseits hat der Gesetzgeber auch einen abschließenden Charakter des § 17 Abs. 4

16 Ausführlich zur Frage des „Gebrauchmachens" *Degenhart*, in: Sachs, GG, Art. 72 Rn. 27 ff.; *Oeter*, in: v. Mangoldt, GG, Art. 72 Rn. 70 ff.

LadSchlG nicht deutlich zum Ausdruck gebracht. Zwar erscheint es nicht angebracht, insoweit eine Klausel „Diese Norm ist abschließend" zu verlangen. Der Gesetzgeber hätte einen abschließenden Charakter aber unschwer durch eine Verwendung des Wortes „nur" oder eine Festlegung auf „genau" einen Samstag je Kalendermonat vorgeben können. Der Wortlaut des § 17 Abs. 4 LadSchlG ist daher mit Blick auf dessen abschließenden Charakter nicht aussagekräftig.

In systematischer Hinsicht fällt auf, dass § 17 LadSchlG nach seiner amtlichen Über- 39
schrift die „Arbeitszeit an Sonn- und Feiertagen" regelt. § 17 Abs. 4 LadSchlG gewährt allerdings einen Freistellungsanspruch bezogen auf die Samstagsarbeit und wirkt daher wie ein Fremdkörper in § 17 LadSchlG. Daraus könnte geschlossen werden, dass § 17 Abs. 4 LadSchlG kein in sich geschlossenes, ausdifferenziertes und damit abschließendes Regelungskonzept zu Grunde liegt.

Die Entstehungsgeschichte des § 17 Abs. 4 LadSchlG liefert mit Blick auf dessen ab- 40
schließenden Charakter kein eindeutiges Bild. Die Bestimmung wurde erst auf Initiative des Ausschusses für Wirtschaft und Arbeit in das Gesetzgebungsverfahren eingeführt und schließlich mit dem Gesetz zur Verlängerung der Ladenöffnung an Samstagen vom 15. Mai 2003[17] in das LadSchlG eingefügt. Der betreffende Freistellungsanspruch sollte den Beschäftigten als Ausgleich für die beabsichtigte verlängerte Ladenöffnung „zumindest einen arbeitsfreien Samstag im Monat ermöglichen"[18]. Der betreffende Änderungsantrag fand im Ausschuss eine breite Mehrheit. Gleichzeitig lehnten aber die Ausschussmitglieder der Fraktion der SPD eine Länderkompetenz im Bereich des Ladenschlusses ausdrücklich ab[19] und die Begründung des Ausschusses verweist darauf, dass die „Ausgestaltung als Individualanspruch […] eine flexible Handhabung sowohl im Interesse der Beschäftigten als auch des Einzelhandelsbetriebs"[20] zulasse. Damit lässt sich der betreffende Freistellungsanspruch einerseits als Mindestgarantie („zumindest") zugunsten der Beschäftigten in Verkaufsstellen deuten – wobei freilich unklar bleibt, ob die Länder oder nicht vielmehr die Sozialpartner im Wege eines Tarifvertrags weitergehende Schutzvorschriften sollen schaffen können. Andererseits stand dem Ausschuss eine Öffnung zugunsten der Länder nicht vor Augen und sah der Ausschuss offenbar gerade in der Ausgestaltung als Individualanspruch einen sachgerechten Ausgleich der divergierenden Interessen.

Die Staatspraxis ist nach der Föderalismusreform I davon ausgegangen, § 17 Abs. 4 41
LadSchlG stelle keine erschöpfende Regelung über die Samstagsarbeit in Verkaufsstellen dar. Diese Auffassung hat das Bundesministerium für Arbeit und Soziales in zwei Schreiben aus Juli 2006 und Februar 2012 vertreten[21]. In der Folge haben einzelne Länder über § 17 Abs. 4 LadSchlG hinausgehende Schutzvorschriften erlassen[22]. Diese Ent-

17 BGBl. I S. 658.

18 BT-Drs. 15/591, S. 2; siehe auch die Einschätzung der Mitglieder der Fraktion der CDU/CSU („Anspruch auf mindestens einen freien Samstag" [BT-Drs. 15/591, S. 12]).

19 BT-Drs. 15/591, S. 12.

20 BT-Drs. 15/591, S. 13.

21 Vgl. hierzu BVerfGE 138, 261 (Rn. 7).

22 Vgl. § 7 Abs. 5 S. 5 LöffG MV (ein beschäftigungsfreies Wochenende im Kalendermonat); § 12 Abs. 3 S. 1 ThürLadÖffG (zwei beschäftigungsfreie Samstage je Monat).

wicklung kann aber über den abschließenden Charakter des § 17 Abs. 4 LadSchlG nichts aussagen[23]. Ob der Bundesgesetzgeber von einer ihm eingeräumten Kompetenz erschöpfend Gebrauch macht, hat allein dieser zu entscheiden; insoweit fehlt es aber an einer Äußerung des Gesetzgebers, die freilich nicht durch Schreiben eines Bundesministeriums ersetzt werden kann. Generell gilt das Grundgesetz nicht nach Maßgabe der Staatspraxis, sondern hat sich letztere nach den jeweiligen verfassungsrechtlichen Vorgaben zu richten, hier mit Blick auf eine etwaige Sperrwirkung zu Lasten der Länder aus Art. 72 Abs. 1 GG.

42 **Hinweis:** Die Frage, ob § 17 Abs. 4 LadSchlG einen abschließenden, die Landesgesetzgebung sperrenden Charakter aufweist, muss als völlig offen angesehen werden. Das BVerfG hat diese Frage mit 5 zu 3 Stimmen entschieden (Rn. 64). Gefordert ist daher, dass sich die Prüflinge mit der Norm auseinandersetzen und ein begründetes Ergebnis formulieren. Auch die vermittelnde Auffassung, § 17 Abs. 4 LadSchlG sei zwar hinsichtlich der Einräumung eines Freistellungsanspruchs abschließend, nicht aber mit Blick auf die Anzahl der Samstage je Monat, erscheint gut vertretbar.

c) Zwischenergebnis

43 § 7 Abs. 5 NLöffVZG stellt kein Recht des Ladenschlusses dar, sondern ist Arbeits(schutz)recht. Der Bund hat mit § 17 Abs. 4 LadSchlG von seiner Kompetenz aus Art. 74 Abs. 1 Nr. 12 GG keinen abschließenden Gebrauch gemacht. Daher steht dem Land Niedersachsen gem. Art. 72 Abs. 1 GG insoweit die Gesetzgebungskompetenz zu. Der Landesgesetzgeber hat seine Bindung an die verfassungsmäßige Ordnung des Bundes aus Art. 2 Abs. 2 NV nicht verletzt.

2. Gesetzgebungsverfahren

44 Des Weiteren müsste das Gesetzgebungsverfahren verfassungsgemäß vonstatten gegangen sein. Der Gesetzentwurf wurde von der A-Fraktion, mithin aus der Mitte des Landtags gem. Art. 42 Abs. 3 NV, eingebracht. Fraglich ist jedoch, ob die Einwirkung der Landesregierung, die zu einer Verzögerung der Abstimmung geführt hat, einen Verfahrensverstoß darstellt. Nach Art. 42 Abs. 2 NV kann die Landesregierung vor einer Abstimmung über einen Gesetzentwurf im Landtag verlangen, dass diese bis zu 30 Tage ausgesetzt wird. Inhaltliche Voraussetzungen oder auch nur eine Begründungspflicht für die Ausübung des Verzögerungsrechts sieht Art. 42 Abs. 2 NV nicht vor. Da vorliegend eine Suspendierung der Abstimmung um vier Wochen, also um weniger als 30 Tage verlangt wurde, hat die Landesregierung die Grenzen ihres Aussetzungsverlangens nicht überschritten. Anhaltspunkte für eine rechtsmissbräuchliche Ausübung des Rechts sind nicht ersichtlich[24]. Damit liegt kein Verfahrensfehler vor.

45 Art. 42 Abs. 2 NV verstößt auch nicht gegen höherrangiges Recht. Gem. Art. 28 Abs. 1 S. 1 GG muss die Niedersächsische Verfassung den Grundsätzen des demokratischen

---

23 Anders mit Blick auf das durch die Föderalismusreform I gewandelte normative Umfeld BVerfGE 138, 261 (Rn. 49).

24 Zu dieser Grenze vgl. *Mehde*, in: Epping u.a., NV, Art. 42 Rn. 19.

Rechtsstaats im Sinn des Grundgesetzes entsprechen. Dass eine Regierung vom Parlament verlangen kann, dass es die Abstimmung über ein Gesetz für eine begrenzte, kurze (an der Dauer eines typischen Gesetzgebungsverfahrens gemessen) Zeit vertagt, ist mit diesen Grundsätzen vereinbar, wie Art. 76 Abs. 3 S. 3 und 4 GG nahe legen. Auch der Grundsatz der Gewaltenteilung, verstanden nicht als Gebot einer absoluten Trennung, sondern einer gegenseitigen Kontrolle, Hemmung und Mäßigung der Gewalten[25], steht einer (beschränkten[26]) Einwirkungsmöglichkeit der Landesregierung im Gesetzgebungsverfahren nicht entgegen. Insoweit ist zu berücksichtigen, dass in den Ländern – anders als im Bund mit dem Bundesrat – kein weiteres Gesetzgebungsorgan besteht und daher eine *politische* Hemmung der Legislativgewalt nur durch die Landesregierung erfolgen kann. Angesichts der Parlamentsverantwortlichkeit der Landesregierung (vgl. Art. 29 NV) kann schließlich nicht ernsthaft an der Vereinbarkeit des Art. 42 Abs. 2 NV mit Art. 28 Abs. 1 S. 1 GG gezweifelt werden.

Hinweis: Ausführungen zur Vereinbarkeit des Art. 42 Abs. 2 NV mit Art. 28 Abs. 1 S. 1 GG sind zu honorieren, ihr Fehlen aber nicht zu bemängeln. **46**

3. Verkündung des Gesetzes

Das Gesetz zur Änderung des NLöffVZG wurde ordnungsgemäß im Gesetz- und Verordnungsblatt verkündet (vgl. Art. 45 Abs. 1 S. 1 NV). **47**

4. Zwischenergebnis

§ 7 Abs. 5 NLöffVZG wurde formell verfassungsgemäß erlassen. **48**

II. Materielle Verfassungsmäßigkeit

§ 7 Abs. 5 NLöffVZG müsste darüber hinaus auch materiell verfassungsgemäß sein. In Frage steht vorliegend allein die Vereinbarkeit von § 7 Abs. 5 S. 1 NLöffVZG mit den gem. Art. 3 Abs. 2 S. 1 NV inkorporierten Grundrechten des Grundgesetzes. **49**

1. Berufsfreiheit der Arbeitgeber

Eine Verletzung der nach Art. 3 Abs. 2 S. 1 NV i.V.m. Art. 12 Abs. 1 GG gewährleisteten Berufsfreiheit ist gegeben, wenn § 7 Abs. 5 S. 1 NLöffVZG einen Eingriff in den Schutzbereich bewirkt, der verfassungsrechtlich nicht gerechtfertigt werden kann. **50**

a) Eingriff in den Schutzbereich

Art. 3 Abs. 2 S. 1 NV i.V.m. Art. 12 Abs. 1 GG schützt nicht nur die Wahl, sondern auch die Ausübung eines Berufs. Beruf ist jede auf Dauer angelegte Tätigkeit, die der Erhal- **51**

25 BVerfGE 34, 52 (59); 95, 1 (15); 139, 321 (Rn. 125).

26 Das bloße Aussetzungsverlangen ist eine vergleichsweise schwache Einwirkungsmöglichkeit; zum Teil bestehen (noch) Einspruchs- und Einwendungsrechte, die nach einem Gesetzesbeschluss eine erneute Beschlussfassung des Landtags erforderlich machen (vgl. Art. 119 Verf HE).

tung oder Schaffung einer Lebensgrundlage dient, und damit auch eine Tätigkeit als Verkaufsstelleninhaber[27]. Soweit Arbeitgeberin eine juristische Person des Privatrechts (oder ein teilrechtsfähiges Rechtssubjekt) ist, kommt die Berufsfreiheit nach Art. 19 Abs. 3 GG auch ihr zugute[28]. Als Ausübung eines Berufs ist die gesamte Tätigkeit geschützt, in der ein gewählter Beruf seinen Niederschlag findet[29]. Hierzu zählt auch der Abschluss berufsbezogener Verträge; insoweit enthält Art. 12 Abs. 1 GG eine berufsbezogene Vertragsfreiheit[30]. Daher unterfallen dem Schutz der Berufsfreiheit auch arbeitsvertragliche Vereinbarungen über die Arbeitszeiten der Beschäftigten bzw. das Recht der Arbeitgeber, den Tag, an dem die Arbeitsleistung zu erbringen ist, im Rahmen ihres Direktionsrechts (vgl. § 106 S. 1 GewO) einseitig vorzugeben.

52 § 7 Abs. 5 S. 1 NLöffVZG verkürzt diese Freiheit. Die Bestimmung untersagt den Einsatz von Verkaufspersonal an zwei Samstagen je Monat. Damit werden vertragliche Vereinbarungen über eine zu leistende Samstagsarbeit insoweit sinnlos, da eine Erfüllung der vertraglichen Verpflichtungen rechtlich unmöglich ist. Mit Blick auf bestehende Arbeitsverhältnisse wird Arbeitgebern verwehrt, ihr Direktionsrecht dahingehend auszuüben, Beschäftigte an Samstagen zur Arbeit heranzuziehen. Da § 7 Abs. 5 S. 1 NLöffVZG ausschließlich beruflich ausgeübte Tätigkeiten erfasst, kommt der Norm auch die erforderliche (subjektive und/oder objektive) berufsregelnde Tendenz zu[31]. Mithin wird durch § 7 Abs. 5 S. 1 NLöffVZG in die Berufsfreiheit der Inhaber von Verkaufsstellen eingegriffen.

b) Verfassungsrechtliche Rechtfertigung

53 Dieser Eingriff ist gerechtfertigt, soweit das Grundrecht beschränkbar ist und sich die konkrete Beschränkung innerhalb der verfassungsrechtlich vorgegebenen Grenzen („Schranken-Schranken“) bewegt.

aa) Schranke

54 Nach Art. 3 Abs. 2 S. 1 NV i.V.m. Art. 12 Abs. 1 S. 2 GG kann die Berufsausübung durch Gesetz „geregelt“ werden. Dieser Regelungsvorbehalt ist wie ein einfacher Gesetzesvorbehalt zu lesen. Als Schranke der Berufsfreiheit kommt vorliegend § 7 Abs. 5 S. 1 NLöffVZG als förmliches Landesgesetz in Betracht.

bb) Schranken-Schranken

55 § 7 Abs. 5 S. 1 NLöffVZG müsste die über Art. 3 Abs. 2 S. 1 NV inkorporierten, im Grundgesetz verankerten Grenzen der Beschränkbarkeit eines Grundrechts wahren.

56 **Hinweis:** Wer die Gesetzgebungskompetenz nicht bereits im Rahmen der formellen Verfassungsmäßigkeit geprüft hat (s.o., B. I. 1.), muss sich an dieser Stelle hierzu verhalten.

---

27 BVerfGE 104, 357 (364); 111, 10 (28).
28 *Jarass*, in: ders./Pieroth, GG, Art. 12 Rn. 13 m.w.N.
29 Vgl. *Breuer*, in: Isensee/Kirchhof, Handbuch des Staatsrechts, § 170 Rn. 82.
30 BVerfGE 116, 202 (221); 128, 157 (176); 134, 204 (Rn. 66 f.).
31 Vgl. hierzu *Kingreen/Poscher*, Grundrechte, Rn. 951.

Zur Grundrechtsbeschränkung ist § 7 Abs. 5 S. 1 NLöffVZG nur dann in der Lage, wenn die Norm nicht (wegen Verfassungswidrigkeit) nichtig, sondern verfassungsgemäß ist. Dafür ist Voraussetzung, dass ein kompetenziell zuständiger Gesetzgeber über den Grundrechtseingriff entschieden hat.

Bei Eingriffen in die Berufsfreiheit muss der Gesetzgeber das Zitiergebot aus Art. 19 **57**
Abs. 1 S. 2 GG nicht wahren, da nach Art. 12 Abs. 1 S. 2 GG die Berufsausübung durch Gesetz oder aufgrund eines Gesetzes „geregelt" und damit nicht – wie von Art. 19 Abs. 1 S. 1 GG gefordert – „eingeschränkt" werden kann[32]. Damit steht einzig die Vereinbarkeit des § 7 Abs. 5 S. 1 NLöffVZG mit dem Verhältnismäßigkeitsprinzip in Frage. Eine gesetzliche Regelung ist verhältnismäßig, soweit sie zur Erreichung eines legitimen Zwecks geeignet, erforderlich und angemessen ist.

(1) Legitimer Zweck

Das durch § 7 Abs. 5 S. 1 NLöffVZG normierte Beschäftigungsverbot an zwei Samsta- **58**
gen je Monat dient laut Sachverhalt dem Arbeitsschutz sowie der besseren Vereinbarkeit von Erwerbstätigkeit und Familienleben, mithin legitimen Zielen.

(2) Geeignetheit

Eine Maßnahme ist zur Erreichung eines Ziels geeignet, wenn sie das angestrebte Ziel **59**
jedenfalls fördert. Dies setzt vorliegend voraus, dass Samstagsarbeit überhaupt eine Gefahr für die Beschäftigten darstellt. Der Gesetzgeber reguliert vorliegend nicht die zu leistende Wochenarbeitszeit, sondern die Beschäftigungsmöglichkeiten an einem bestimmten Wochentag. Ginge es nur darum, den Beschäftigten einen Zeitraum der Erholung von der Erwerbsarbeit zu gewähren, bedürfte es keiner Festlegung gerade auf einen arbeitsfreien Samstag; Erholung und Regeneration können vielmehr an jedem arbeitsfreien Tag gelingen. Hier geht es jedoch um mehr: Der Samstag ist Teil des Wochenendes. An diesem können bestehende soziale Beziehungen in besonderer Weise gepflegt werden, da die Mehrzahl der Beschäftigten von der Erwerbsarbeit befreit ist. Hiervon sind diejenigen Beschäftigten ausgeschlossen, die an einem Samstag Arbeitsleistungen erbringen (müssen). Damit schützt das (begrenzte) Verbot der Samstagsarbeit den Menschen in seinem bestehenden Sozialgefüge.

Dem Gesetzgeber geht es zudem um eine Verbesserung der Vereinbarkeit von Erwerbstätigkeit und Familienleben. Wer an einem Samstag berufstätig ist, muss eine Betreuung der Kinder sicherstellen. Dies ist am Wochenende mit besonderen Schwierigkeiten verbunden. Insbesondere bei schulpflichtigen Kindern geht den Eltern durch eine Berufstätigkeit am Wochenende zudem eine wesentliche Zeit des gemeinsamen Erlebens mit ihren Kindern verloren. Eine Stärkung der 5-Tage-Woche fördert somit auch die Koordination von Erwerbs- und Familienleben.

---

32 Zu diesem engen Wortlautverständnis allgemein *Kingreen/Poscher*, Grundrechte, Rn. 364; zur Berufsfreiheit s. BVerfGE 64, 72 (80 f.).

60 **Hinweis:** Die Erläuterung der Kausalkette zwischen der gesetzgeberischen Maßnahme und den vom Gesetzgeber verfolgten Zielen kann wahlweise auch bereits im Rahmen der Darstellung des legitimen Zwecks erfolgen.

(3) Erforderlichkeit

61 Eine Maßnahme ist erforderlich, wenn es kein milderes Mittel gibt, durch welches das Ziel gleichermaßen wirksam erreicht werden kann. Ob ein vom Gesetzgeber verfolgtes Ziel bei einer anderen als der ergriffenen Maßnahme gleichermaßen wirksam erreicht werden kann, ist nicht nur eine Prognoseentscheidung, sondern gleichzeitig eine – vornehmlich politische – Frage nach der gewünschten Sicherheit der Zielerreichung; insoweit muss dem Gesetzgeber eine Einschätzungsprärogative hinsichtlich der Wirksamkeit der Zielerreichung zustehen. Ein besonderer Gestaltungsspielraum kommt dem Gesetzgeber bei der Ausgestaltung der Wirtschafts- und Sozialordnung zu[33].

Vorliegend kommt in Betracht, von einem strikten Arbeitsverbot abzusehen und den Beschäftigten entsprechend dem bundesrechtlichen Vorbild in § 17 Abs. 4 LadSchlG einen Anspruch auf zwei arbeitsfreie Samstage je Monat zu gewähren. Nähmen die Beschäftigten diesen Anspruch wahr, würden die angestrebten Ziele gleichermaßen erreicht werden.

62 Es bedarf keiner Entscheidung, ob die Gewährung eines Freistellungsanspruchs aus Sicht der Arbeitgeber tatsächlich eine mildere Maßnahme darstellt. Denn wenn alle Beschäftigten ihre Ansprüche geltend machen, ist das Ergebnis nicht anders als bei einem (begrenzten) Arbeitsverbot. Ein solcher Freistellungsanspruch erscheint jedenfalls nicht gleichermaßen wirksam. Das Arbeitsverhältnis ist gekennzeichnet durch die strukturelle Abhängigkeit des Arbeitnehmers vom Arbeitgeber; für die Beschäftigten in Verkaufsstellen gilt nichts anderes. Es besteht daher die naheliegende Möglichkeit, dass die Beschäftigten aufgrund der mannigfaltigen Abhängigkeiten innerhalb eines Betriebs und mit Blick auf potenzielle zukünftige negative Konsequenzen auf die Geltendmachung ihrer Ansprüche verzichten. Dann aber könnten die vom Gesetzgeber verfolgten Ziele nicht, jedenfalls nicht gleichermaßen wirksam, erreicht werden. Insoweit ist die Einschätzung des Gesetzgebers nicht zu beanstanden, dass nur ein (begrenztes) Verbot der Samstagsarbeit die Erreichung der gesetzgeberischen Ziele hinreichend sicherstellt; seinen Einschätzungsspielraum hat er jedenfalls nicht überschritten.

(4) Angemessenheit

63 Eine Maßnahme ist angemessen, wenn die Schwere des durch sie bewirkten Eingriffs mit Blick auf das Gewicht der vom Gesetzgeber verfolgten Zwecke die Grenze des Zumutbaren nicht überschreitet. Mit der Gewährleistung von Zeiten der Wochenenderholung und der Freizeitgestaltung zur Förderung der sozialen Beziehungen sowie der Verbesserung der Vereinbarkeit von Familienleben und Erwerbstätigkeit verfolgt der Gesetzgeber gewichtige sozial- und familienpolitische Ziele von Verfassungsrang gem. Art. 2 Abs. 1, Art. 2 Abs. 2 S. 1 GG (Schutz bestehender sozialer Beziehungen, Erho-

33 BVerfGE 50, 290 (338); 103, 293 (307); 134, 204 (Rn. 79); 138, 261 (Rn. 59).

lung) bzw. Art. 6 Abs. 1, Art. 3 Abs. 2 GG (Vereinbarkeit von Familie und Beruf), jeweils i.V.m. Art. 3 Abs. 2 S. 1 NV. Diese kommen im Ergebnis auch einem Arbeitgeber zugute, da der Erholungseffekt die Belastbarkeit der Beschäftigten während der Arbeitszeiten erhält. Die Beeinträchtigungen auf Seiten der Arbeitgeber erscheinen gering. Der Gesetzgeber verändert nicht die zu leistende Wochenarbeitszeit, sondern beschränkt den Einsatz der Arbeitskräfte an einem von sechs Werktagen und dies auch nur für (etwa) die Hälfte der Samstage. Dies führt zwar mitunter zu Schwierigkeiten bei der Personalplanung und erfordert insoweit entsprechende organisatorische Voraussicht. Es ist aber nicht ersichtlich, inwieweit dies mit Blick auf die vom Gesetzgeber verfolgten Ziele unzumutbar sein soll. Dass ein Unternehmen aufgrund der beschriebenen Umstellungen nicht mehr wirtschaftlich geführt werden kann, erscheint ausgeschlossen. In Fällen einer besonderen Belastung kann zudem nach § 7 Abs. 5 S. 2 NLöffVZG eine Ausnahme vom (begrenzten) Verbot der Samstagsarbeit zugelassen werden.

Hinweis: Das Gutachten kommt ganz ohne die Drei-Stufen-Lehre aus. Dies verwundert nicht: § 7 Abs. 5 S. 1 NLöffVZG stellt eine Berufsausübungsregelung dar. Insoweit gehen die Anforderungen der Drei-Stufen-Lehre nicht über die „gewöhnlichen" Überlegungen zur Verhältnismäßigkeit hinaus; ein besonderes „Stufendogma" (Eingriff auf einer niedrigeren Stufe; besonderes Gewicht der verfolgten Gemeinwohlbelange) ist nicht zu prüfen. Ausführungen zur Drei-Stufen-Lehre sind selbstredend zulässig, aber nicht erforderlich. 64

c) Zwischenergebnis

Nachdem § 7 Abs. 5 S. 1 NLöffVZG einen verhältnismäßigen Eingriff in den Schutzbereich bewirkt, verletzt er die Berufsfreiheit der Arbeitgeber nicht. 65

2. Koalitionsfreiheit der Arbeitgeber

§ 7 Abs. 5 S. 1 NLöffVZG verletzt auch nicht die Koalitionsfreiheit der Arbeitgeber aus Art. 3 Abs. 2 S. 1 NV i.V.m. Art. 9 Abs. 3 GG. Zwar wird in den Schutzbereich der Koalitionsfreiheit eingegriffen, da das (begrenzte) Verbot der Samstagsarbeit tarifvertraglichen Regelungen über einen großzügigeren Einsatz von Beschäftigten an Samstagen entgegensteht. Eine Abweichung von § 7 Abs. 5 S. 1 NLöffVZG ist nur zu Gunsten („mindestens"), nicht aber zu Lasten der Arbeitnehmerseite möglich. Der Eingriff ist jedoch ebenfalls aus Gründen des Arbeitsschutzes sowie der Verbesserung der Vereinbarkeit von Familienleben und Erwerbstätigkeit gerechtfertigt. Hierbei handelt es sich um kollidierendes Verfassungsrecht; ansonsten ergeben sich keine Unterschiede zur Rechtfertigung des Eingriffs in die Berufsfreiheit. 66

Hinweis: BVerfGE 138, 261 (Rn. 62) begnügt sich mit der Feststellung „Es ist jedoch weder hinreichend vorgetragen noch sonst ersichtlich, dass die hier angegriffene Regelung einen Handlungsrahmen stecken würde, der die Koalitionsfreiheit in unverhältnismäßiger Weise beeinträchtigen würde". Es ist daher bereits zu honorieren, wenn Prüflinge überhaupt auf die Koalitionsfreiheit eingehen und zu erkennen geben, dass Eingriffe insoweit, anders als bei der Berufsfreiheit, nur durch kollidierendes Verfassungsrecht gerechtfertigt werden können. 67

3. Berufsfreiheit der Beschäftigten

68 Schließlich ist zu fragen, ob § 7 Abs. 5 S. 1 NLöffVZG die im Verkauf Beschäftigten in ihrer Berufsfreiheit verletzt.

a) Eingriff in den Schutzbereich

69 Die Berufsfreiheit schützt nicht nur die Selbständigen, sondern auch die abhängig Beschäftigten[34] und gewährt auch ihnen eine berufsbezogene Vertragsfreiheit. Damit ist auch das Bestreben erfasst, mit dem jeweiligen Arbeitgeber eine Vereinbarung über eine samstägliche Arbeitszeit zu schließen bzw. seine Arbeitskraft einem Arbeitgeber an einem Samstag zur Verfügung zu stellen. Dies verhindert § 7 Abs. 5 S. 1 NLöffVZG. Zwar sind die Beschäftigten nicht Adressaten der Regelung: Der Arbeitgeber ist es, dem Verkaufspersonal an Samstagen zu beschäftigen verboten wird. Eine Abweichung hiervon mit dem Ziel, die Beschäftigten in größerem Umfang an Samstagen zu beschäftigen, ist jedoch weder einzel- noch tarifvertraglich möglich („mindestens"). Mittelbar sind die Beschäftigten daher ebenso wie die Arbeitgeberseite in ihrer Berufsfreiheit beeinträchtigt. § 7 Abs. 5 S. 1 NLöffVZG trifft die Beschäftigten nicht nur reflexhaft und greift daher im Sinn des modernen Eingriffsbegriffs[35] subjektiv und objektiv berufsregelnd in deren Berufsfreiheit ein.

b) Verfassungsrechtliche Rechtfertigung

70 Dieser Eingriff ist gerechtfertigt, soweit sich § 7 Abs. 5 S. 1 NLöffVZG auch aus der Sicht der Beschäftigten als verhältnismäßig erweist.

aa) Legitimer Zweck und Geeignetheit

71 Der Gesetzgeber verfolgt mit dem Arbeitsschutz sowie der Verbesserung der Vereinbarkeit von Familienleben und Erwerbstätigkeit legitime Zwecke, zu deren Erreichung das (begrenzte) Verbot der Samstagsarbeit auch geeignet ist (s.o., B. II. 1. b) bb) (2)).

bb) Erforderlichkeit

72 Fraglich ist jedoch, ob die angegriffene Regelung auch aus Sicht der Beschäftigten erforderlich ist. Auch insoweit käme als Alternative die Einräumung eines (bloßen) Freistellungsanspruchs in Betracht. Dann könnte der einzelne Beschäftigte selbst entscheiden, ob er seiner Arbeitstätigkeit an einem Samstag oder an einem der übrigen Werktage nachgehen möchte. Es stellt sich jedoch die Frage, ob eine solche Regelung überhaupt als eine mildere, namentlich als eine weniger belastende, Maßnahme angesehen werden kann. Zwar wäre hierdurch der belastende Eingriff in die Vertragsfreiheit behoben. Geht man jedoch davon aus, dass das Arbeitsverhältnis von der strukturellen Abhängigkeit der Arbeitnehmerseite von der Arbeitgeberseite geprägt ist, wäre zugleich zu befürchten, dass eine Mehrheit der Beschäftigten einen solchen Freistellungsanspruch nicht geltend machen und damit der vom Gesetzgeber bezweckte Schutz für ebendiese

34 St. Rspr. seit BVerfGE 7, 377 (398).

35 Zur Erweiterung des klassischen Eingriffsbegriffs vgl. *Kingreen/Poscher*, Grundrechte, Rn. 293 ff.

Beschäftigten leerlaufen würde. Der Verzicht auf ein striktes, weil nicht disponibles, Arbeitsverbot kann daher insgesamt nicht als begünstigend, sondern muss aus Arbeitnehmersicht sehr wohl als belastend angesehen werden. Daher kommt ein Freistellungsanspruch als mildere Maßnahme insoweit nicht in Betracht. Jedenfalls wäre ein solches Konzept aus den vorgenannten Gründen nicht gleichermaßen wirksam, sodass sich das (begrenzte) Verbot der Samstagsarbeit als erforderlich darstellt.

cc) Angemessenheit

Schließlich müsste sich die Belastung der Beschäftigten im Rahmen des Zumutbaren **73** bewegen. Die aufgezwungene Arbeitsfreistellung an Samstagen mag, wie die Mitglieder der B-Fraktion als Antragsteller vortragen, in der Tat nicht von allen Beschäftigten als Begünstigung begriffen werden. Eine solche aufgezwungene Begünstigung ist nicht nur formal mit Blick auf die Vertragsfreiheit eine Belastung, sondern beschränkt auch die realen Dispositionsmöglichkeiten der Beschäftigten. Sie stellt, da der einzelne Beschäftigte auf ein arbeitsfreies Wochenende aus Samstag und Sonntag festgelegt wird, insofern eine Bevormundung dar.

Diese erfolgt jedoch nicht, um die Beschäftigten vor einem selbstschädigenden Verhal- **74** ten zu bewahren. Vielmehr beruht das Arbeitsverbot auf der strukturellen Unterlegenheit der Arbeitnehmerseite im Arbeitsverhältnis und gleicht diese insoweit aus. Verzichtete der Gesetzgeber hierauf, würde dies zu Lasten der Mehrheit der Beschäftigten gehen. Dass Einzelne Belastungen zum Nutzen der Mehrheit in Kauf nehmen müssen, ist ein Wesensmerkmal des demokratischen Gemeinwesens, solange sichergestellt ist, dass die Einzelnen nicht unzumutbar belastet werden. Daher stellt sich in der vorliegenden Konstellation die Frage nach der Zulässigkeit paternalistischen Staatshandelns in Fällen einer ausschließlichen Selbstgefährdung nicht.

Zudem verbietet § 7 Abs. 5 S. 1 NLöffVZG eine Beschäftigung nicht an allen, sondern **75** nur an zwei Samstagen im Monat. Dem einzelnen Beschäftigten verbleiben daher etwa die Hälfte der Samstage, an denen er einer Beschäftigung nachgehen und einen der übrigen Werktage zur Erholung und Freizeitgestaltung einsetzen kann. Im Vergleich zur Mehrheit der abhängig Beschäftigten, die – nicht gesetzlich, aber tarifvertraglich – auf die klassische 5-Tage-Woche festgelegt sind, verbleibt damit insgesamt sogar noch ein Mehr an Flexibilität. Eine unzumutbare Belastung ergibt sich daher aus dem (begrenzten) Verbot der Samstagsarbeit nicht.

Daneben können Fälle, in denen eine Beschäftigung auch im wahren Interesse der **76** Beschäftigten selbst liegt, etwa weil an einem Samstag bei einem provisionsbasierten Vergütungsmodell besondere Verdienstmöglichkeiten bestehen[36], durch die Gewährung einer Ausnahme im Sinn des § 7 Abs. 5 S. 2 NLöffVZG erfasst werden. Im Ergebnis erweist sich § 7 Abs. 5 S. 1 NLöffVZG damit auch als angemessen.

36 Vgl. BVerfGE 138, 261 (Möbelhaus mit dem Samstag als umsatzstärkstem Verkaufstag).

c) Zwischenergebnis

77 Mithin verletzt § 7 Abs. 5 S. 1 NLöffVZG auch nicht die Berufsfreiheit der Beschäftigten.

4. Gleichheitssatz

78 Der allgemeine Gleichheitssatz aus Art. 3 Abs. 2 S. 1 NV i.V.m. Art. 3 Abs. 1 GG verlangt zur Rechtfertigung einer Ungleichbehandlung das Vorliegen eines sachlichen Grunds. § 7 Abs. 5 S. 1 NLöffVZG führt zu Ungleichbehandlungen, da der Schutz vor Samstagsarbeit nur die in Niedersachsen Beschäftigten erfasst und ebenso nur die Verkaufsstelleninhaber in Niedersachsen zu personalwirtschaftlichen Anpassungen gezwungen sind. Der Gleichheitssatz erfasst jedoch nur Ungleichbehandlungen, die von dem identischen Hoheitsträger ausgehen[37]. In der föderalen Ordnung der Bundesrepublik ist die Verfolgung unterschiedlicher Politiken unter Ausnutzung der bestehenden Gesetzgebungskompetenzen keine zu rechtfertigende Ungleichbehandlung, sondern Ausdruck gelebter Eigenstaatlichkeit der Länder. Das dogmatische Argument ist letztlich ein systematisches: Art. 3 Abs. 1 GG kann, im Zusammenhang mit den Differenzierungen der Art. 70 ff. GG gelesen, nicht so verstanden werden, als müssten die verschiedenen Gesetzgeber stets Regelungen gleichen Inhalts treffen. Die verschiedenen landesgesetzlichen Regelungen über den Schutz vor Samstagsarbeit sind daher nicht am Gleichheitssatz zu messen. Art. 3 Abs. 2 S. 1 NV i.V.m. Art. 3 Abs. 1 GG ist nicht verletzt.

5. Zwischenergebnis

79 Im Ergebnis ist § 7 Abs. 5 S. 1 NLöffVZG und damit auch § 7 Abs. 5 NLöffVZG materiell verfassungsgemäß.

C. Ergebnis

80 Der Antrag der Mitglieder der B-Fraktion ist zulässig, aber unbegründet. Der StGH wird feststellen, dass § 7 Abs. 5 NLöffVZG mit der Niedersächsischen Verfassung vereinbar ist.

37 *Jarass*, in: ders./Pieroth, GG, Art. 3 Rn. 13; *Wollenschläger*, in: v. Mangoldt, GG, Art. 3 Rn. 68; mit Blick auf Landesgesetzgebung: BVerfGE 52, 42 (57 f.); 93, 319 (351); 106, 225 (241); 138, 261 (Rn. 61).

Literaturverzeichnis

Benda, Ernst/Klein, Eckart/ Klein, Oliver	Verfassungsprozessrecht, 3. Aufl., Heidelberg 2012 **81**
Burkiczak, Christian/ Dollinger, Franz Wilhelm/ Schorkopf, Frank (Hrsg.)	Bundesverfassungsgerichtsgesetz, Heidelberg 2015
Epping, Volker/Butzer, Hermann/Brosius-Gersdorf, Frauke/Haltern, Ulrich/ Mehde, Veith/ Waechter, Kay (Hrsg.)	Hannoverscher Kommentar zur Niedersächsischen Verfassung, Baden-Baden 2012
Hagebölling, Lothar	Niedersächsische Verfassung, 2. Aufl., Wiesbaden 2011
Hüpper, Guido	Der Staatsgerichtshof des Landes Niedersachsen, Baden-Baden 2000
Ipsen, Jörn	Niedersächsische Verfassung, Stuttgart 2011
Isensee, Josef/Kirchhof, Paul (Hrsg.)	Handbuch des Staatsrechts der Bundesrepublik Deutschland, Band VIII, 3. Aufl., Heidelberg 2010
Jarass, Hans D./ Pieroth, Bodo	Grundgesetz für die Bundesrepublik Deutschland, 15. Aufl., München 2018
Kingreen, Thorsten/Poscher, Ralf	Grundrechte, 35. Aufl., Heidelberg 2019
Lenz, Christofer/Hansel, Ronald	Bundesverfassungsgerichtsgesetz, 2. Aufl., Baden-Baden 2015
Müller, Friedrich/ Christensen, Ralph	Juristische Methodik, Band I, 11. Aufl., Berlin 2013
Sachs, Michael (Hrsg.)	Grundgesetz, 8. Aufl., München 2018
v. Mangoldt, Hermann (Begr.)/ Huber, Peter M./ Voßkuhle, Andreas (Hrsg.)	Grundgesetz, 7. Aufl., München 2018

Hausarbeit 10

Kostenbeteiligung für Polizeieinsätze

von Henning Tappe und Jan Niklas Klein

1 Der Innenminister des Landes Rheinland-Pfalz möchte Veranstalter gewinnorientierter Großveranstaltungen, insbesondere im Zusammenhang mit dem Profifußball, an den polizeilichen Einsatzkosten finanziell beteiligen.

Er fragt:

1. Ist es schon nach dem gegenwärtigen in Rheinland-Pfalz geltenden Recht möglich, Kosten und/oder Gebühren zu erheben?
2. Angenommen dies wäre nicht möglich: Kann der Landesgesetzgeber eine entsprechende Regelung einführen oder sollte er eine bestehende Regelung ändern?
3. Wie könnte eine solche Regelung ausgestaltet sein? Erläutern Sie Ihren Regelungsvorschlag.

Beantworten Sie die Fragen des Innenministers und begründen Sie Ihre Antworten.

Gliederung

Gutachten

3 **Hinweis zum Aufbau und zur Bewertung:** Die vorliegende Art der Aufgabenstellung ist im Rahmen einer öffentlich-rechtlichen Hausarbeit eher ungewöhnlich. Die Prüfungsaufgabe zielt nicht auf die Prüfung der Zulässigkeit und Begründetheit einer Klage und enthält keine prozessualen Probleme. Vielmehr nähert sich die Hausarbeit durch die offene Fragestellung und die große Freiheit im Aufbau einer Seminararbeit an und kann schon als „Themenarbeit" bezeichnet werden. Inhaltlich greift die Hausarbeit einen rechtlichen Sachverhalt auf, der sich zunächst in Bremen ereignet hat. Dort hat sich der Gesetzgeber dazu entschlossen, gewinnorientierte Großveranstalter (insbesondere von Fußballspielen) an entstehenden Polizeikosten zu beteiligen. Obwohl die Diskussion um das Thema nicht neu ist, hat sie durch diese Regelung und die sich daran anschließenden Rechtsstreitigkeiten Auftrieb bekommen.

A. Frage 1

4 **Hinweis zur Bewertung:** Schwerpunktmäßig befasst sich die erste Frage mit polizeirechtlichen Problemen. Gefordert sind hier vor allem die Auseinandersetzung mit der Figur des Zweckveranlassers und das Erkennen weiterer möglicher Ermächtigungsgrundlagen.

I. Einführung

5 Das Erheben von Kosten und Gebühren auf dem Gebiet des Polizeirechts bewegt sich zwischen den zwei Grundprinzipien der Kostentragung, dem Gemeinlastprinzip und dem Verursacherprinzip.[1] Nach dem Gemeinlastprinzip trägt der Staat die Kosten der polizeilichen Gefahrenabwehr. Die öffentliche Sicherheit ist ein öffentliches Gut, weshalb Polizeikosten in erster Linie als Staatsaufwand betrachtet werden.[2] Einfach-gesetzlich kommt dieser Grundsatz auch in § 75 POG RP[3] zum Ausdruck. Außerhalb dieses „Kernbereichs polizeilicher Gefahrenabwehr"[4] kann auf der Sekundärebene[5] in gesetzlich geregelten Fällen jedoch der polizeirechtlich Verantwortliche (der sog. „Störer") für die Kosten der Gefahrenabwehr in Anspruch genommen werden. Hier gilt das Verursachungsprinzip: Um Kosten auf den Bürger überwälzen zu können, muss dieser eine Gefahr verursachen.

1 Zu diesen zwei Prinzipien eingehend *Götz*, in: Jachmann/Stober, Finanzierung der inneren Sicherheit unter Berücksichtigung des Sicherheitsgewerbes, S. 25 ff.; vgl. auch die Beiträge von *Schoch* bzw. *P. Kirchhof*, in: F.A.Z. Nr. 86 v. 11.4.2019, S. 7 (Staat und Recht).

2 Zu den verfassungsrechtlichen Hintergründen s. *Gusy*, DVBl. 1996, S. 722 (722 f.) und *Buchberger/Sailer*, in: Lisken/Denninger, Handbuch Polizeirecht, M, Rn. 143 ff.

3 Vgl. zu ähnlichen landesrechtlichen Vorschriften: § 63 BremPolG; § 81 HSOG; § 76 Abs. 1 SOG LSA; § 162 Abs. 1 LVwGSH.

4 *Buchberger/Sailer*, in: Lisken/Denninger, Handbuch Polizeirecht, M, Rn. 166.

5 Im Gefahrenabwehrrecht wird unterschieden zwischen der sog. Primärebene, also der Gefahrenabwehrhandlung (insb. der Störerauswahl und der Beseitigung einer Gefahr) und der Frage nach den Kosten der Gefahrenabwehr bzw. deren Erstattung als sog. Sekundärebene, s. hierzu *Kugelmann/Alberts*, Jura 2013, S. 898 (898 f.).

Bei der Frage nach dem Erheben von Kosten oder Gebühren *de lege lata* ist zunächst zwischen den unmittelbar im Polizeirecht wurzelnden Kostenersatzansprüchen (siehe hierzu II.) und Gebührenrecht (III.) zu differenzieren. Ferner sind auch gesetzlich nicht geregelte Anspruchsgrundlagen zu prüfen (IV.-VIII.)

II. Möglichkeit einer Beteiligung im Rahmen des Polizei- bzw. Verwaltungsvollstreckungsrechts

1. Grundlagen

Im Rahmen der Durchsetzung ordnungsrechtlicher Maßnahmen kommen als öffentlich-rechtliche Zwangsmittel nach § 62 Abs. 1 LVwVG RP[6] die Ersatzvornahme, das Zwangsgeld und der unmittelbare Zwang in Betracht. Taugliche Ermächtigungsgrundlagen für die Kostentragung für Polizeieinsätze bei (Sport-)Großveranstaltungen sind dabei insbesondere die unmittelbare Ausführung nach § 6 Abs. 1, Abs. 2 S. 1 POG RP[7] bzw. die Ersatzvornahme nach § 57 Abs. 1 POG RP i.V.m. §§ 63, 83 LVwVG RP[8]. Kennzeichen der Ersatzvornahme ist es, dass die eigentlich vom Vollstreckungsschuldner geschuldete Leistung auf Veranlassung der Polizei- oder Ordnungsbehörde durch diese selbst oder durch einen beauftragten Dritten erfolgt.[9] Im Unterschied zur Ersatzvornahme fehlt es bei der unmittelbaren Ausführung an einer vorausgegangenen Grundverfügung. Diese kommt nur in Betracht, wenn es keinen erklärten oder erkennbar entgegenstehenden Willen des Verantwortlichen gibt.[10] 6

Die Pflichtigkeit nach dem POG RP setzt in jedem Fall eine Gefahr voraus. Diese ist gegeben, wenn Tatsachen vorliegen, die bei ungehindertem Geschehensablauf mit hinreichender Wahrscheinlichkeit in absehbarer Zeit zu einem nicht nur völlig belanglosen Schaden an einem Schutzgut der öffentlichen Sicherheit oder Ordnung führen.[11] Bei Großveranstaltungen kommt es erfahrungsgemäß einerseits zu „normalen" Gefahren wie Verkehrsbehinderungen vor und nach Beginn der jeweiligen Veranstaltungen, andererseits aber auch zu Ausnahmesituationen wie Körperverletzungen und Sachbeschädigungen im Rahmen von Ausschreitungen und Krawallen von Fußball-Fans oder Hooligans. Das Bestehen einer Gefahr wird demnach regelmäßig gegeben sein.[12] 7

---

6 § 19 Abs. 1 BWVwVG; Art. 71 Abs. 1 BayPAG; § 8 Abs. 1 BlnVwVfG i.V.m. § 9 Abs. 1 VwVG; § 27 Abs. 2 VwVGBbg; § 13 Abs. 1 BremVwVG; § 11 Abs. 1 HmbVwVG; § 48 Abs. 1 HSOG; § 86 Abs. 1 SOG M-V; § 65 Abs. 1 NPOG; § 57 Abs. 1 VwVG NRW; § 45 Abs. 1 SPolG; § 19 Abs. 2 SächsVwVG; § 54 Abs. 1 SOG LSA; § 235 Abs. 1 LVwGSH; § 44 Abs. 2 ThürVwZVG.

7 § 8 BWPolG; Art. 9, 70 Abs. 2 BayPAG; § 15 ASOG Bln; § 7 HmbSOG; § 47 Abs. 2 HSOG; §§ 70a, 81 Abs. 1 SOG M-V; § 6 SächsPolG; §§ 9, 53 Abs. 2 SOG LSA; §§ 9, 51 Abs. 2 ThürPAG. Die Gesetzgebung in den Ländern Brandenburg, Bremen, Niedersachsen, Nordrhein-Westfalen, Saarland und Schleswig-Holstein sieht nur den Sofortvollzug vor.

8 § 49 Abs. 1 BWPolG, § 25 BWVwVG; Art. 72 BayPAG; § 8 BlnVwVfG i.V.m. § 10 VwVG; § 55 Abs. 1 BbgPolG, § 32 VwVGBbg; § 15 BremVwVG; § 13 HmbVwVG; § 49 Abs. 1 HSOG; § 89 Abs. 1 SOG M-V; § 66 Abs. 1 NPOG; § 52 PolG NRW, § 59 VwVG NRW; § 46 Abs. 1 SPolG; § 30 Abs. 1 SächsPolG i.V.m. § 24 Abs. 1 SächsVwVG; § 55 Abs. 1 SOG LSA; § 238 Abs. 1 LVwGSH; § 53 Abs. 1 ThürPAG, § 50 ThürVwZVG.

9 *Rühle*, Polizei- und Ordnungsrecht für Rheinland-Pfalz, S. 280.

10 *Roos/Lenz*, Polizei- und Ordnungsrecht für Rheinland-Pfalz, § 6 Rn. 3.

11 Zum Begriff der Gefahr statt vieler *Schenke*, Polizei- und Ordnungsrecht, Rn. 69 ff.

12 So auch *Wahlen*, Polizeikostenerstattung, S. 19.

Ersatzvornahme und unmittelbare Ausführung erfordern zudem als Tatbestandsvoraussetzung einen Verantwortlichen als Schuldner (s. hierzu 2.) sowie eine vertretbare Handlung (3.).

2. Polizeirechtliche Verantwortlichkeit

8 Die Kostenverantwortlichkeit knüpft an die Störerverantwortlichkeit an. Der Veranstalter muss also Störer i.S.d. Polizeirechts sein. Unterschieden wird zwischen dem Verhaltensstörer (§ 4 POG RP[13]), dem Zustandsstörer (§ 5 POG RP[14]) und dem sog. Nichtstörer (§ 7 POG RP[15]). Die Verantwortlichkeit als Zustandsstörer, die sich gegen den Inhaber der tatsächlichen Gewalt und zusätzlich den Eigentümer richtet[16], kommt vorliegend nicht in Betracht. Entscheidend für die Zustandshaftung ist, dass die Gefahr durch den Zustand der Sache entsteht. Dies ist bei einer Großveranstaltung aber nicht der Fall, da die Gefahren in aller Regel nicht von einer Sache ausgehen, sondern von den Besuchern der Veranstaltung.[17] Fraglich aber bleibt, ob der (Groß-)Veranstalter als Verhaltensstörer oder Nichtstörer anzusehen ist.

a) Verhaltensstörer

9 Verhaltensstörer ist, wer eine Gefahr verursacht. Die Ursächlichkeit wird dabei allgemein nach der Theorie von der unmittelbaren Verursachung bestimmt, wonach das „letzte Glied in der Kette" entscheidend ist.[18] Die Verhaltenshaftung ist verschuldensunabhängig und trifft denjenigen, der durch sein Verhalten die entscheidende Grenze überschreitet und dadurch die Gefahr unmittelbar begründet.[19] Eine Gefahr wird von Seiten des Großveranstalters in aller Regel jedoch nicht in eigener Person verwirklicht. Vielmehr entsteht diese erst durch die Beiträge Dritter.[20] Der Großveranstalter ist somit nicht (unmittelbarer) Verhaltensstörer.[21]

---

13 § 6 Abs. 1 BWPolG; Art. 7 Abs. 1 BayPAG; § 13 Abs. 1 ASOG Bln; § 5 Abs. 1 BbgPolG; § 5 Abs. 1 BremPolG; § 8 Abs. 1 HmbSOG; § 6 Abs. 1 HSOG; § 69 Abs. 1 SOG M-V; § 6 Abs. 1 NPOG; § 4 Abs. 1 PolG NRW; § 4 Abs. 1 SPolG; § 4 Abs. 1 SächsPolG; § 7 Abs. 1 SOG LSA; § 218 LVwGSH; § 7 Abs. 1 ThürPAG.

14 § 7 BWPolG; Art. 8 BayPAG; § 14 ASOG Bln; § 6 BbgPolG; § 6 BremPolG; § 9 HmbSOG; § 7 HSOG; § 70 SOG M-V; § 7 NPOG; § 5 PolG NRW; § 5 SPolG; § 5 SächsPolG; § 8 SOG LSA; § 219 LVwGSH; § 8 ThürPAG.

15 § 9 BWPolG; Art. 10 BayPAG; § 16 ASOG Bln; § 7 BbgPolG; § 7 BremPolG; § 10 HmbSOG; § 9 HSOG; § 71 SOG M-V; § 8 NPOG; § 6 PolG NRW; § 6 SPolG; § 7 SächsPolG; § 10 SOG LSA; § 220 LVwGSH; § 10 ThürPAG.

16 Statt vieler *Götz/Geis*, Allgemeines Polizei- und Ordnungsrecht, § 9 Rn. 53 ff.

17 *Wahlen*, Polizeikostenerstattung, S. 20.

18 Vgl. zur Zurechnungsproblematik allgemein *Gusy*, Polizei- und Ordnungsrecht, Rn. 335 ff.

19 OVG Koblenz, DVBl. 2012, S. 515 (519).

20 Vgl. *Deusch*, Sportgroßveranstaltungen S. 220; *Wahlen*, Polizeikostenerstattung, S. 23. *Schmidt*, ZRP 2007, S. 120 (120), geht sogar noch etwas weiter und spricht davon, dass der Veranstalter nicht als „Störer, sondern als Gestörter" erscheine. In diese Richtung auch *Buchberger/Sailer*, in: Lisken/Denninger, Handbuch Polizeirecht, M, Rn. 204.

21 Vgl. auch *Buchberger/Sailer*, in: Lisken/Denninger, Handbuch Polizeirecht, M, Rn. 203. Eine andere Auffassung vertreten hier *Broß*, DVBl. 1983, S. 377 (380); *Götz*, DVBl. 1984, S. 14 (17) und *Lege*, NdsVBl. 2018, S. 353 (355), die den Veranstalter als (unmittelbaren) Gefahrverursacher ansehen. Der Veranstalter locke eine Menschenmenge an; diese sei als Gefahr zu qualifizieren.

b) Veranstalter als Zweckveranlasser?

Naheliegend ist aber, dass es ohne die Großveranstaltung zu keinen Gefahren in der oben genannten Form kommen würde. Als Ausnahme von der Theorie der unmittelbaren Verursachung könnte eine Zurechnung daher über die Rechtsfigur des sog. „Zweckveranlassers" erfolgen. In dieser Situation steht der Zweckveranlasser, dessen Verhalten isoliert betrachtet noch keine Störung darstellt, am Beginn einer Kausalkette, die letztlich den Eintritt einer Gefahr durch das Verhalten eines Dritten zur Folge hat.[22] **10**

Im Einzelnen ist hier vieles ungeklärt. So stehen Teile des Schrifttums der Figur des Zweckveranlassers insgesamt ablehnend gegenüber.[23] Fraglich ist aber vor allem, unter welchen Voraussetzungen eine Verantwortlichkeit als Zweckveranlasser begründet wird. Nach der sog. subjektiven Theorie muss der Veranlasser die Herbeiführung einer Gefahr durch eine andere Person zumindest billigend in Kauf nehmen.[24] Vertreter eines objektiven Ansatzes fragen hingegen, ob die Gefahr aus Sicht eines unbeteiligten Dritten typischerweise durch die Veranlassung herbeigeführt wird.[25] Eine vermittelnde Ansicht kombiniert schließlich die beiden vorgenannten Theorien und sieht denjenigen als Zweckveranlasser an, der die Gefahr subjektiv bezweckt oder aus dessen Verhalten sich zwangsläufig eine Gefahr ergibt.[26] In Zusammenhang mit diesen Zurechnungsfragen ist im Rahmen der Veranstaltung von gewinnorientierten Großveranstaltungen umstritten, ob der Veranstalter überhaupt als Zweckveranlasser angesehen werden kann. Eine Ansicht verneint dies mit dem Hinweis auf das rechtmäßige Verhalten des Veranstalters und die Gefahr einer ansonsten zu weitgehenden Zurechnung.[27] Insbesondere könne sich der Veranstalter auf seine Grundrechte aus Art. 12 und 14 GG berufen.[28] Der entgegengesetzte Ansatz bejaht die Störereigenschaft des Veranstalters als Zweckveranlasser mit dem Hinweis darauf, dass für die polizeirechtliche Verantwortlichkeit schon die Verursachung einer Gefahr ausreiche.[29] Schon begrifflich sei zwischen Störung und Gefahrverursachung zu unterscheiden.[30] Zudem seien zwar die Grundrechte des Veranstalters **11**

22 *Schenke*, Polizei- und Ordnungsrecht, Rn. 244.

23 Vgl. *Erbel*, JuS 1985, S. 257 (257 ff.), der auf Widersprüche mit dem polizeirechtlichen Haftungssystem und Verstöße mit den Grundrechten der Beteiligten verweist. Nach *Gusy*, Polizei- und Ordnungsrecht, Rn. 336, besteht für den Zweckveranlasser wegen der möglichen Inanspruchnahme als Nichtstörer kein „praktisches Bedürfnis". Krit. auch *Kingreen/Poscher*, Polizei- und Ordnungsrecht, § 9 Rn. 29.

24 VGH Kassel, NVwZ 1992, S. 1111 (1113); VGH Mannheim, DVBl. 1990, S. 1044; *Gädeke*, Sportgroßveranstaltungen, S. 168; *Knemeyer*, Polizei- und Ordnungsrecht, Rn. 328 f.; *Selmer*, JuS 1992, S. 97 (99 f.).

25 OVG Lüneburg, NVwZ 1988, S. 638 (639); *Broß*, DVBl. 1983, S. 377 (383), *Schoch*, Jura 2009, S. 360 (363).

26 *Erbel*, JuS 1985, S. 257 (259 ff.); *Schneider/Kensbrock*, VBlBW. 1999, S. 168 (169).

27 *Braun*, Die Polizei 2013, S. 321 (322); *Deusch*, Sportgroßveranstaltungen, S. 220; *König*, VBlBW. 2018, S. 497 (500); *Leines*, Kostentragung für Polizeieinsätze, S. 118 ff.; *Rühle*, Polizei- und Ordnungsrecht für Rheinland-Pfalz, S. 96 f.; *Buchberger/Sailer*, in: Lisken/Denninger, Handbuch Polizeirecht, M, Rn. 204 f.; *Schenke*, NJW 1983, S. 1882 (1883); *ders.*, Polizei- und Ordnungsrecht, Rn. 246.

28 Vgl. *Schenke*, NJW 1983, S. 1882 (1883); *Stopper/Holzhäuser/Knerr*, SpuRt 2013, S. 49 (50).

29 *Broß*, DVBl. 1983, S. 377 (380); *Gädeke*, Sportgroßveranstaltungen, S. 170 f.; *Götz/Geis*, Allgemeines Polizei- und Ordnungsrecht, § 9 Rn. 32; *Lege*, VerwArch 89 (1998), S. 71 (81 ff.); *Wahlen*, Polizeikostenerstattung, S. 26 f.

30 *Wahlen*, Polizeikostenerstattung, S. 26 f.

tangiert, jedoch seien diese durch ein „allgemeines Gefahrverursachungsverbot"[31] beschränkt.[32]

12 Vorzugswürdig erscheint eine differenziertere Betrachtung. So dürften in der Tat zunächst gute Gründe für die Verantwortlichkeit des Veranstalters als Zweckveranlasser sprechen. Der Veranstalter nimmt Gefahren, die durch die Ansammlung von vielen Menschen entstehen, billigend in Kauf.[33] Als Gefahr im polizeirechtlichen Sinne sind nicht nur Ausschreitungen anzusehen, sondern beispielsweise auch Verkehrsbehinderungen. Wegen seiner Gewinnorientierung nimmt der Veranstalter diese hin. Auch wenn man einen objektiven Maßstab anlegt, führt dies zu dem Ergebnis, dass durch die Veranstaltung Störungen entstehen. Die Gefahren, angefangen von solchen für die Leichtigkeit und Sicherheit des Straßenverkehrs bis hin zu Fan-Ausschreitungen, begründen eindeutig einen Zurechnungszusammenhang, da sie Resultat des bezweckten Anlockens einer größeren Menschenmenge sind.[34] Nähme man an, der Veranstalter sei hier nicht Verhaltensstörer, sondern Nichtstörer, stünde ihm konsequenterweise auch der Entschädigungsanspruch des § 68 Abs. 1 POG RP[35] zu. Dies erscheint aber als unbillig.[36]

13 Eine generelle Veranstalterverantwortlichkeit ist jedoch abzulehnen. Diese ginge zu weit, wenn der Veranstalter seinen Sicherheits-, Informations- und Kooperationspflichten[37] in ausreichendem Maße nachkommt und es dennoch zu einer Gefahr durch das grob sachwidrige und vollverantwortliche Verhalten eines Besuchers (oder mehrerer Besucher) kommt. In diesen Fällen eines atypischen Veranstaltungsablaufes erscheint der Veranstalter eher als Nichtstörer, weshalb den Kritikern eines uferlosen Zurechnungszusammenhangs an dieser Stelle Recht zu geben ist.[38] Im Ergebnis bedeutet dies also einen Zurechnungsausschluss für das rechtswidrige Verhalten eines Dritten und der hierdurch entstehenden Gefahr. Der Veranstalter ist somit auf der Primärebene im Ergebnis nur teilweise als Verhaltensstörer zu qualifizieren.

---

31 *Lege*, VerwArch 89 (1998), S. 71 (82).

32 Vgl. auch *Wahlen*, Polizeikostenerstattung, S. 26.

33 So auch *Gädeke*, Sportgroßveranstaltungen, S. 170; *Lege*, VerwArch 89 (1998), S. 71 (82); *Buchberger/Sailer*, in: Lisken/Denninger, Handbuch Polizeirecht, M, Rn. 204; a.A. *Siegel*, DÖV 2014, S. 867 (869); *Stopper/Holzhäuser/Knerr*, SpuRt 2013, S. 49 (50). *Schmidt*, ZRP 2007, S. 120 (120) spricht davon, dass dem Veranstalter die Störung durch Dritte „höchst unerwünscht" sei. Für das „Billigen" der Gefahr ist dies aber unerheblich.

34 *Gädeke*, Sportgroßveranstaltungen, S. 170 f.

35 § 55 Abs. 1 BWPolG; Art. 70 Abs. 1 BayPAG; § 59 Abs. 1 ASOG Bln; § 38 Abs. 1 lit. a) BbgOBG i.V.m. § 70 BbgPolG; § 56 Abs. 1 BremPolG; § 10 Abs. 3 HmbSOG; § 64 Abs. 1 HSOG; § 72 Abs. 1 SOG M-V; § 80 Abs. 1 NPOG; § 39 Abs. 1 lit. a) OBG NRW i.V.m. § 67 PolG NRW; § 68 Abs. 1 SPolG; § 52 Abs. 1 SächsPolG; § 69 Abs. 1 SOG LSA; § 221 Abs. 1 LVwGSH; § 68 Abs. 1 ThürPAG.

36 S. auch *Lege*, VerwArch 89 (1998), S. 71 (85).

37 Näheres zu zivilrechtlichen Schutzpflichten s. *Braun*, Die Polizei 2013, S. 321 (322); zu Informations- und Kooperationspflichten *Deusch*, Sportgroßveranstaltungen, S. 155 f. und *Gädeke*, Sportgroßveranstaltungen, S. 179.

38 Für eine differenzierte Betrachtungsweise auch *Heise*, NVwZ-Extra 05/2015, S. 1 (5 f.); *Mayer*, Polizeikosten im Profifußball, S. 167 ff.; *Schenke*, NJW 1983, S. 1882 (1883 f.).

3. Vertretbarkeit der Handlung

Die Ermächtigungsgrundlage der Ersatzvornahme nach § 57 Abs. 1 POG RP i.V.m. §§ 63, 83 LVwVG RP[39] setzt zudem die Vertretbarkeit der Handlung durch den Störer voraus. Eine Handlung ist vertretbar, wenn die zuständige Behörde sie vornehmen kann und es für den Berechtigten rechtlich oder tatsächlich gleichgültig ist, ob der Verantwortliche oder ein Dritter die Handlung vornimmt.[40] Die Vertretbarkeit ist auch im Rahmen der unmittelbaren Ausführung einer Maßnahme nach § 6 Abs. 1, Abs. 2 S. 1 POG RP[41] Voraussetzung.[42] Eine solche vertretbare Handlung wird bei Großveranstaltungen aber regelmäßig nicht gegeben sein, da die typischen Maßnahmen der Polizei[43] wie z.B. die Regelung des Verkehrsaufkommens, Platzverweise oder Festnahmen ganz überwiegend hoheitlicher Natur sind und der private Veranstalter hierzu nicht befugt ist.[44] Es mangelt daher an der Vertretbarkeit der Handlung. 14

4. Zwischenergebnis

Obwohl die Pflichtigkeit auf der Primärebene und die Kostentragungspflicht auf der Sekundärebene miteinander korrespondieren, folgt aus der Qualifikation des Veranstalters als Verhaltensstörer noch nicht die Heranziehung zur Kostenerstattung.[45] Trotz des Wortlautes des § 4 Abs. 1 POG RP[46] obliegt den Behörden nämlich ein Auswahlermessen. Grds. soll derjenige Störer in Anspruch genommen werden, der die Gefahr oder Störung am schnellsten und wirksamsten beseitigen kann.[47] In erster Linie sind als Verantwortliche deshalb unmittelbar Verantwortliche wie z.B. Hooligans heranzuziehen. Zudem fehlt es zumeist, wie gezeigt, an einer vertretbaren Handlung, weshalb eine Kostentragung über Polizei- und Ordnungsrecht in der Regel ausscheidet. Eine Kostentragungspflicht über polizeirechtliche Ermächtigungsgrundlagen ist lediglich in den Fällen gegeben, in denen der Veranstalter seinen eigenen Verkehrssicherungspflichten auf dem Gelände des Veranstaltungsortes nicht nachkommt und die Polizei diese Aufgaben übernimmt.[48] 15

39 Vgl. zu anderen landesrechtlichen Vorschriften o. Fn. 8.
40 *Schenke*, Polizei- und Ordnungsrecht, Rn. 553.
41 Vgl. zu anderen landesrechtlichen Vorschriften o. Fn. 7.
42 *Roos/Lenz*, Polizei- und Ordnungsrecht für Rheinland-Pfalz, § 6 Rn. 16.
43 Zur Übersicht von möglichen Maßnahmen s. *Deusch*, Sportgroßveranstaltungen, S. 60 ff.; *Nolte*, NVwZ 2001, S. 147 ff.
44 *Braun*, Die Polizei 2013, S. 321 (322); *Schmidt*, ZRP 2007, S. 120 (120); *Stopper/Holzhäuser/Knerr*, SpuRt 2013, S. 49 (51).
45 *Lege*, VerwArch 89 (1998), S. 71 (85 ff.); *Buchberger/Sailer*, in: Lisken/Denninger, Handbuch Polizeirecht, M, Rn. 204.
46 Vgl. zu anderen landesrechtlichen Vorschriften o. Fn. 13.
47 *Schenke*, Polizei- und Ordnungsrecht, Rn. 285.
48 *Braun*, Die Polizei 2013, S. 321 (322).

III. Möglichkeit einer Beteiligung nach dem Gebührenrecht

16 Das Gebührenrecht sieht in § 2 Abs. 1 LGebG RP[49] vor, dass für Amtshandlungen, die zum Vorteil einzelner vorgenommen werden (sog. Vorteilsprinzip) oder wegen des Verhaltens einzelner erforderlich sind (sog. Verursachungsprinzip), Gebühren erhoben werden. Dies ist auch für Amtshandlungen der Polizei eine taugliche Ermächtigungsgrundlage.[50] § 2 Abs. 2 LGebG RP[51] bestimmt jedoch, dass die Amtshandlung, für die eine Gebühr erhoben werden soll, in einem Gebührenverzeichnis bestimmt sein muss. Neben dem Allgemeinen Gebührenverzeichnis, das für Amtshandlung wie beispielsweise Auskunftserteilung, Akteneinsicht oder Beglaubigungen gilt, ist dies vor allem das Besondere Gebührenverzeichnis der allgemeinen und inneren Verwaltung einschließlich der Polizeiverwaltung[52]. Hiernach sind u.a. Gebühren für Maßnahmen zur Gefahrenabwehr vorgesehen.[53] Amtshandlungen, die im Rahmen von Großveranstaltungen relevant werden, sind im Besonderen Gebührenverzeichnis jedoch nicht zu finden. Eine gebührenrechtliche Ermächtigungsgrundlage für die Kostenübertragung existiert damit zur Zeit nicht.

IV. Vertragliche Haftung

17 Denkbar erscheint es auch den Ersatz von Polizeikosten im Wege eines öffentlich-rechtlichen Vertrages zu regeln. Hier dürfte es aber regelmäßig schon an der Zustimmung des Veranstalters scheitern. Ferner bestehen auch Bedenken hinsichtlich der generellen Zulässigkeit der Vertragsform in Form eines möglichen Verstoßes gegen den Vorrang des Gesetzes bzw. ein nicht ausreichender Sachzusammenhang.[54]

V. Öffentlich-rechtliche Geschäftsführung ohne Auftrag §§ 670, 683 S. 1 BGB analog

18 Ein Anspruch der Polizei könnte sich aus öffentlich-rechtlicher GoA analog §§ 670, 683 S. 1 BGB ergeben. Hier liegt ein sog. „Auch-fremdes Geschäft" vor, da die Polizei neben der Aufgabe der Gefahrenabwehr auch im Interesse des Veranstalters handelt. Allerdings stellen die polizeirechtlichen Kostenersatzansprüche Spezialregelungen dar,

---

49 Vergleichbare andere landesrechtliche Regelungen: §§ 1, 3 f. GebG BW; Art. 1 BayKostG; § 2 Abs. 1 GebBeitrG Bln; §§ 1, 3 GebG Bbg; §§ 1, 3 BremGebBeitrG; § 3 Abs. 1 GebG Hmb; § 1 Abs. 1 HVwKostG; § 1 Abs. 1 VwKostG M-V; § 1 Abs. 1 Nds. VwKostG; § 1 Abs. 1 GebG NRW; § 1 Abs. 1 SaarlGebG; § 1 Abs. 1 SächsVwKG; § 1 Abs. 1 VwKostG LSA; § 1 Abs. 1 VwKostG SH; § 1 Abs. 1 ThürVwKostG.

50 Vgl. *Braun*, Die Polizei 2013, S. 321 (323); a.A. *Klein*, DVBl. 2015, S. 275 (277) und *Majer*, VerwArch 73 (1982), S. 167 (191), die die Polizeigesetze als abschließende Regelungen ansehen.

51 Vgl. auch § 4 GebG BW; Art. 5 Abs. 1 BayKostG; § 6 Abs. 1 GebBeitrG Bln; § 3 Abs. 1 GebG Bbg; § 3 Abs. 1 BremGebBeitrG; § 2 Abs. 1 GebG Hmb; § 2 Abs. 1 HVwKostG; § 2 Abs. 1 VwKostG M-V; § 3 Abs. 1 Nds. VwKostG; § 2 Abs. 1 GebG NRW; § 5 SaarlGebG; § 6 Abs. 2 SächsVwKG; § 3 VwKostG LSA; § 2 VwKostG SH; § 21 Abs. 1 ThürVwKostG.

52 Landesverordnung über die Gebühren der allgemeinen und inneren Verwaltung einschließlich der Polizeiverwaltung (Besonderes Gebührenverzeichnis) v. 11.12.2001, GVBl. 2002, S. 38.

53 Z.B. nach Nr. 14.1 für die unmittelbare Ausführung einer Maßnahme, nach Nr. 14.2 für die Ingewahrsamnahme einer Person oder Nr. 14.6 für polizeiliche Maßnahmen bei Transporten.

54 Vgl. *Würtenberger*, NVwZ 1983, S. 192 (194 ff.). *Wahlen*, Polizeikostenerstattung, S. 114 ff., hält hingegen den Abschluss eines sog. hinkenden Austauschvertrages für möglich.

die bei Anwendung der zivilrechtlichen Geschäftsführung ohne Auftrag unterlaufen würden.[55]

VI. Öffentlich-rechtlicher Erstattungsanspruch

Eine Erstattung der Polizeikosten könnte über das Institut des öffentlich-rechtlichen Erstattungsanspruches erfolgen, der ungerechtfertigte Vermögensverschiebungen im öffentlichen Recht ausgleichen soll. Erforderlich ist hierfür aber, dass erfolgte Vermögensverschiebung rechtsgrundlos vorgenommen worden sein muss. Ein Rechtsgrund ist hier aber wegen der polizeilichen Aufgabe der Gefahrenabwehr gegeben.[56] **19**

Ergebnis

Die Erhebung von Kosten und/oder Gebühren ist nach dem gegenwärtigen in Rheinland-Pfalz geltenden Recht nicht möglich. **20**

B. Frage 2

Hinweis zum Aufbau: Frage 2 zielt vor allem auf die verfassungsrechtliche Problematik des Sachverhalts ab. Die Bearbeiter sollen dabei vor allem auf die Gesetzgebungskompetenz eingehen und die Problematik aus verfassungsrechtlicher Sicht beleuchten. **21**

Dem Gesetzgeber könnte es aus (verfassungs-)rechtlichen Gründen verwehrt sein, eine gesetzliche Kostentragungspflicht zu begründen. So stellt sich neben der Frage nach der Gesetzgebungskompetenz des Landes in diesem Fall (s. hierzu I.) vor allem die Problematik eines möglichen Verstoßes gegen höherrangiges Recht (s. hierzu II. und III.). **22**

I. Gesetzgebungskompetenz

Die Auferlegung von Kosten oder Gebühren setzt voraus, dass das Land Rheinland-Pfalz auch die entsprechende Gesetzgebungszuständigkeit besitzt. Aus den Gesetzgebungskompetenzen der Art. 70 GG ff. ergibt sich jedoch keine Verteilungsnorm für das Gebiet des Gebührenrechts.[57] Die Gesetzgebungskompetenz bestimmt sich nach der übergeordneten Sachmaterie, hier also dem Polizei- und Ordnungsrecht.[58]Auf dem Gebiet des allgemeinen Polizei- und Ordnungsrechts haben grds. die Länder die Gesetzgebungskompetenz gem. Art. 70 GG.[59] Polizeigebühren und -kosten stellen demnach einen Annex zu **23**

---

55 Vgl. BGH, NJW 2004, S. 513 (514); *Moser*, Kostenbeteiligungsmodelle für Polizeieinsätze, S. 155; *Schmidt*, ZRP 2007, S. 120 (121).

56 *Moser*, Kostenbeteiligungsmodelle für Polizeieinsätze, S. 156; *Schmidt*, ZRP 2007, S. 120 (121). Zum Anspruch aus GoA auf dem Gebiet der Gefahrenabwehr ausführlich *Oldiges*, JuS 1989, S. 616 (620 ff.).

57 Eine Ausnahme ergibt sich für Straßenbenutzungsgebühren, welche nach Art. 74 Abs. 1 Nr. 22 GG der konkurrierenden Gesetzgebung unterfallen.

58 *Schaffarzik*, NJW 2003, S. 3250 (3251).

59 *Schenke*, Polizei- und Ordnungsrecht, Rn. 23; *Wahlen*, Polizeikostenerstattung, S. 56. Ausführlich zur Gesetzgebungskompetenz *Habermann*, Gebühren für Gefahrenabwehr, S. 307 ff.

den präventiven Maßnahmen des Gefahrenabwehrrechts dar, weshalb die Frage der Kostenerstattung auch der Gesetzgebungskompetenz des Landesgesetzgebers unterliegt.[60] Anders liegt der Fall für das repressive Handeln der Polizei: Hier besitzt der Bund die Gesetzgebungskompetenz gem. Art. 74 Abs. 1 Nr. 1 GG und hat mit den §§ 464 ff. StPO spezielle Kostenregelungen erlassen.[61] Das Land Rheinland-Pfalz wäre somit für die Erhebung von Kosten und/oder Gebühren auf dem Gebiet des Gefahrenabwehrrechts zuständig.

II. Verfassungsrechtliche Begrenzung für Kostenbeteiligung aus den Grundrechten

1. Begrenzung aus allgemeinen Staatsprinzipien

24 Versuche, auf dem Gebiet des Polizeirechts Kosten oder Gebühren zu erheben, haben in der Vergangenheit immer wieder Kritik dahingehend erfahren, dass hierin ein Verstoß gegen tragende Verfassungsprinzipien zu sehen sei.[62] In ihrem Kern bewegt sich diese Diskussion im anfangs angesprochenen Spannungsfeld zwischen Gemeinlast- und Verursacherprinzip.[63] Die dogmatische Verortung des Gemeinlastprinzips an sich wurde bisher weitgehend offen gelassen. Gute Gründe sprechen aber für eine Herleitung aus den Freiheitsgrundrechten (insbesondere Art. 2 Abs. 1 GG), da der Staat seine Einnahmen vorwiegend aus (an der finanziellen Leistungsfähigkeit ausgerichteten) Steuern erzielen muss. Knüpft er darüber hinaus an grundrechtlich geschütztes Verhalten an, kann auch die daraus resultierende Lenkungswirkung einen Eingriff darstellen, der über den Eingriff der Geldentziehung hinaus zu rechtfertigen ist. Dabei ist die Gewährleistung der öffentlichen Sicherheit und Ordnung wegen der verfassungsrechtlichen Verpflichtung des Staates zum Schutz von Leben und Gesundheit seiner Bürger in erster Linie Staatsaufgabe. Dem staatlichen Gewaltmonopol ist eine Kosten- oder Gebührenpflicht prinzipiell fremd.[64] Dies ergibt sich auch aus dem finanzverfassungsrechtlichen Steuerstaatsprinzip[65] und dem Konnexitätsgrundsatz des Art. 104a Abs. 1 GG, der Aufgabenzuständigkeit und Finanzierungsverantwortung miteinander verknüpft[66]. Freilich darf es von diesem Grundsatz Ausnahmen geben, und auch das Polizeirecht kennt eine Finanzierung über Gebühren.[67] Eine Gebührenfinanzierung ist jedenfalls dann gerechtfertigt, wenn das private Interesse des potentiell Begünstigten das öffentliche Sicherheitsinteresse überlagert.[68] Dies wird bei Großveranstaltungen angesichts der Gewinnerzielungs-

60 BVerwG, NVwZ 2019, S. 1444 (1445); *Braun*, Die Polizei 2013, S. 321 (324); *Schmidt*, ZRP 2007, S. 120 (122); *Wienbracke*, NordÖR 2018, S. 518 (521); *Würtenberger*, NVwZ 1983, S. 192 (197).

61 *Klein*, DVBl. 2015, S. 275 (278). Zum Spannungsfeld zwischen präventiver und repressiver Tätigkeit s. bereits *Albrecht*, FS Samper, S. 174 f.

62 Vgl. zu verschiedenen Fällen aus der Vergangenheit *Buchberger/Sailer*, in: Lisken/Denninger, Handbuch Polizeirecht, M, Rn. 143 ff.

63 Vgl. zur Diskussion *Schiffbauer/Wieland*, ZRP 2018, S. 90.

64 Sichtbar wird dies auch im regelmäßig fehlendenden Kostenersatzanspruch bei Anwendung von unmittelbarem Zwang durch die Polizei. Vgl. hierzu *Götz/Geis*, Allgemeines Polizei- und Ordnungsrecht, § 14 Rn. 41.

65 Vgl. hierzu *Tappe/Wernsmann*, Öffentliches Finanzrecht, Rn. 198 ff.

66 S. hierzu *Wahlen*, Polizeikostenerstattung, S. 8. Eingehend zum Grundsatz der Konnexität *Tappe/Wernsmann*, Öffentliches Finanzrecht, Rn. 99 ff.

67 *Götz*, DVBl. 1984, S. 14 (18).

68 *Buchberger/Sailer*, in: Lisken/Denninger, Handbuch Polizeireicht, M, Rn. 150 ff.

absicht des Veranstalters regelmäßig der Fall sein. Hier ist für die Geltung eines allgemeinen Gemeinlastprinzips kein Raum mehr. Stattdessen ist die Verfassungsmäßigkeit einer Gebührenpflicht an den konkret einschlägigen Freiheitsgrundrechten zu messen.

2. Art. 12 Abs. 1 GG

Fraglich ist, ob eine Kostenbeteiligung den Veranstalter in seinem Grundrecht aus **25**
Art. 12 Abs. 1 GG verletzen würde. Sofern der Veranstalter als juristische Person organisiert ist, findet die Berufsfreiheit über Art. 19 Abs. 3 GG Anwendung.[69] Eine teilweise Kostenüberwälzung greift auch in den Schutzbereich der Berufsfreiheit des Großveranstalters ein.[70] Im Rahmen der vom Bundesverfassungsgericht im Apotheken-Urteil[71] entwickelten Systematik der Drei-Stufen-Theorie dürfte ein Eingriff auf erster Stufe vorliegen.[72] Eingriffe sind also verfassungsrechtlich gerechtfertigt, soweit vernünftige Erwägungen des Allgemeinwohls diese Berufsausübungsregelung als zweckmäßig erscheinen lassen. Ein legitimer Zweck ist mit der (Teil-)Finanzierung des Polizeieinsatzes und der damit verbundenen Entlastung der Allgemeinheit unzweifelhaft gegeben.[73] Auch mit Blick auf die Geeignetheit der Regelung bestehen keine Bedenken. Im Rahmen der Verhältnismäßigkeitsprüfung werden seitens der Literatur jedoch vor allem Erforderlichkeit und Angemessenheit der Kostentragung problematisiert. So wird als milderes Mittel die Heranziehung von vorrangigen Verhaltensstörern, bspw. randalierenden Fans, genannt.[74] Dieses Mittel ist jedoch als nicht gleich geeignet zu erachten, da die Inanspruchnahme der Randalierer ein ungleich höheres finanzielles Risiko bergen würde.[75] Auch in anderen Maßnahmen wie Ticket-Limitierungen[76] kann wegen der vergleichbaren finanziellen Belastung des Veranstalters kein milderes Mittel gesehen werden. Ferner ist eine teilweise Kostenüberwälzung auch verhältnismäßig im engeren Sinne. Hier bedarf es einer Abwägung zwischen dem Interesse des Großveranstalters einerseits und der Öffentlichkeit andererseits, welche wegen der Zumutbarkeit für den Veranstalter zugunsten letzterer ausfällt. *Schiffbauer* trägt in diesem Zusammenhang vor, dass der Veranstalter „bereits beträchtliche Summen an Steuergeldern" entrichte, „von welchen auch die öffentliche Sicherheit profitiert".[77] Dieser vom Äquivalenzprinzip[78] geleitete Gedanke verkennt indes den fehlenden synallagmatischen Zusammenhang der Steuer und darf nicht in die Abwägung miteinfließen.[79] Die Gebühr darf den

69 Eingetragene Vereine können sich dagegen nur auf die Berufsfreiheit berufen, sofern sie die erforderliche Gewinnerzielungsabsicht besitzen, vgl. *Deusch*, Sportgroßveranstaltungen, S. 70 f.

70 Vgl. zum Schutzbereich der Berufsfreiheit in diesem Fall ausführlich *Wahlen*, Polizeikostenerstattung, S. 86 ff.

71 BVerfGE 7, 377 (403, 405 ff.).

72 Vgl. *Kempny*, DVBl. 2017, S. 862 (867); *Klein*, DVBl. 2015, S. 275 (280); *Moser*, Kostenbeteiligungsmodelle für Polizeieinsätze, S. 171 f.; *Schmidt*, ZRP 2007, S. 120 (121); *Wahlen*, Polizeikostenerstattung, S. 87 ff.

73 *Klein*, DVBl. 2015, S. 275 (280); *Schiffbauer*, NVwZ 2014, S. 1282 (1285).

74 *Schiffbauer*, NVwZ 2014, S. 1282 (1285). *Wahlen*, Polizeikostenerstattung, S. 114 ff., erachtet hingegen den Abschluss eines hinkenden Austauschvertrages als milderes Mittel.

75 *Klein*, DVBl. 2015, S. 275 (280).

76 Vorgeschlagen von *Schiffbauer*, NVwZ 2014, S. 1282 (1285), der auf das Beispiel in Hamburg verweist, vgl. OVG Hamburg, DVBl. 2012, 784.

77 *Schiffbauer*, NVwZ 2014, S. 1282 (1285). In diese Richtung auch *Klein*, DVBl. 2015, S. 275 (280).

78 S. hierzu unten.

79 Vgl. auch *Heise*, NVwZ 2015, S. 262 (267); *Kempny*, DVBl. 2017, S. 862 (867); *Mayer*, Polizeikosten im Profifußball, S. 214.

Veranstalter nicht übermäßig finanziell belasten.[80] Eine maßvolle Gebühr ist vertretbar. So kann der Veranstalter die Kosten auch in den Eintrittspreis einkalkulieren und auf die Besucher abwälzen.[81] Im Ergebnis erfolgt durch eine Kostenverpflichtung zwar ein Eingriff in den Schutzbereich der Berufsfreiheit, der jedoch verfassungsrechtlich gerechtfertigt ist[82].

3. Art. 14 Abs. 1 GG

26 Des Weiteren ist zu problematisieren, ob die Einführung einer (teilweisen) Kostentragungspflicht eine Verletzung der Eigentumsfreiheit des Großveranstalters bedeuten könnte. Nach herrschender Meinung umfasst der Eigentumsbegriff aber nicht das Vermögen als solches.[83] Schlagwortartig schützt Art. 14 Abs. 1 GG das Erworbene, nicht aber den Erwerb.[84] Letzterer genießt den Schutz der Berufsfreiheit.[85] Etwas anderes würde auch hier nur gelten, wenn die Gebühr eine „erdrosselnde Wirkung" auf den Veranstalter hätte.[86] Mit anderen Worten müsste die Kostentragung den Veranstalter also finanziell allzu sehr überfordern.[87] Die Regelung darf daher dem Veranstalter nicht die vollständigen Kosten überbürden, sodass ein potentieller Gewinn verzehrt werden würde. Im Ergebnis ist jedoch bereits der Schutzbereich der Eigentumsfreiheit im Falle einer maßvollen Gebühr in Form einer teilweisen Kostentragungspflicht nicht eröffnet.[88]

4. Art. 3 Abs. 1 GG

27 Neben Berufs- und Eigentumsfreiheit spielt der allgemeine Gleichheitssatz aus Art. 3 Abs. 1 GG die größte Rolle bei der Frage, ob eine Kostenpflicht für Veranstalter gewinnorientierter Großveranstaltungen einen Grundrechtsverstoß darstellen könnte. Nach der sog. neuen Formel des BVerfG ist dies dann der Fall, wenn eine Vergleichsgruppe im Vergleich zu einer anderen Gruppe anders behandelt wird, obwohl zwischen beiden Gruppen keine Unterschiede von solcher Art und solchem Gewicht bestehen, dass sie die ungleiche Behandlung rechtfertigen könnte.[89] Zunächst kommt ein solcher Verstoß in Frage, wenn die Regelung auf gewinnorientierte Veranstaltungen beschränkt wird.

80 Für einen Verstoß in diesem Fall auch *Lege*, VerwArch 89 (1998), S. 71 (89); *Schenke*, NJW 1983, S. 1882 (1887).

81 So für die Flugsicherheitsgebühr BVerfG, NVwZ 1999, S. 176 (177). Vgl. auch BVerwG, NVwZ 2019, S. 1444 (1451); *Schenke*, NJW 1983, S. 1882 (1887); *Schmidt*, ZRP 2007, S. 120 (121).

82 So auch *Hebeler*, JA 2019, S. 876 (878).

83 Vgl. zur Diskussion rund um die Definition des Eigentums statt vieler *Kingreen/Poscher*, Grundrechte, Rn. 1036 ff.

84 BVerfGE 30, 292 (335); 88, 366 (377); 126, 112 (135 f.).

85 Statt vieler *Epping*, Grundrechte, Rn. 456.

86 BVerfGE 30, 250 (272); 87, 153 (169); *Kingreen/Poscher*, Grundrechte, Rn. 985.

87 Vgl. *Deusch*, Sportgroßveranstaltungen, S. 234; *Wahlen*, Polizeikostenerstattung, S. 84.

88 So auch BVerwG, NVwZ 2019, S. 1444 (1451); *Lege*, VerwArch 89 (1998), S. 71 (89); *Moser*, Kostenbeteiligungsmodelle für Polizeieinsätze, S. 172 f.; *Schenke*, NJW 1983, S. 1882 (1887); *Wahlen*, Polizeikostenerstattung, S. 85; a.A. Bremische Bürgerschaft, Bericht des Senats zum Beschluss der Bremischen Bürgerschaft zur Finanzierung von Polizeieinsätzen bei gewinnorientierten Großveranstaltungen vom 10. Dezember 2013 (zu Drs. 18/1201) v. 22.7.2014, Drs. 18/1501, S. 32 und *Schmidt*, ZRP 2007, S. 120 (122), die die Auferlegung von Polizeikosten aber als zulässige Inhalts- und Schrankenbestimmung ansehen.

89 St. Rspr., vgl. etwa BVerfGE 107, 205 (214); *Ipsen*, Grundrechte, Rn. 805 ff.

Dies ist allerdings mit der Überlegung gerechtfertigt, dass nichtkommerzielle Veranstaltungen regelmäßig durch Art. 4 GG, Art. 5 GG oder insbesondere Art. 8 GG besonderen Schutz genießen.[90] Dem Gesetzgeber ist deshalb eine Differenzierung im Rahmen seiner Einschätzungsprärogative zuzubilligen.[91] Dasselbe gilt für das mögliche Tatbestandsmerkmal einer Mindestteilnehmerzahl an der Veranstaltung. Sachlicher Grund der Ungleichbehandlung ist hier das größere Gefahrenpotential.[92] Als problematischer erscheint die Auswahl des richtigen Kostenadressaten. In Zusammenhang mit der bremischen Regelung soll wohl vornehmlich die Deutsche Fußball Liga (DFL) als Adressat einer etwaigen Kostenforderung in Anspruch genommen werden[93], was in der Literatur auf große Bedenken hinsichtlich einer Verletzung von Art. 3 Abs. 1 GG gestoßen ist[94]. Eine Heranziehung des Großveranstalters an sich impliziert jedoch noch keinen Verstoß, da dieser nach dem oben gesagten (s. Rn. 13) als Störer im polizeirechtlichen Sinne angesehen werden kann und die Veranlasserhaftung auch dem Gebührenrecht nicht fremd ist.[95]

5. Art. 8 Abs. 1 GG

Gewinnorientierte Großveranstaltungen fallen in aller Regel nicht in den Schutzbereich der Versammlungsfreiheit, da es an den nötigen Elementen der Teilhabe an der öffentlichen Meinungsbildung bzw. der inneren Verbindung der Besucher fehlt.[96] **28**

6. Art. 9 Abs. 1 GG

Schiffbauer bejaht einen Verstoß gegen die Vereinigungsfreiheit in Form der externen Betätigungsfreiheit[97] mit der Begründung, dass sich eine mögliche Kostentragungspflicht auf die Geschäftsführung bzw. die Bestimmung des Vereinssitzes auswirke, da mit Ticketbeschränkungen oder sogar einer Sitzverlegung des Vereins zu rechnen sei.[98] Diese Auffassung überzeugt indessen nicht, zumal zumindest die Sitzverlegung in ein Bundesland ohne Kostentragungsregelung praxisfern sein dürfte. Schon der Schutzbereich des Art. 9 Abs. 1 GG ist nicht eröffnet, da dieser hinter den spezielleren Grundrechten (insbesondere Art. 12 Abs. 1 GG) zurückstehen muss. Der Veranstalter tritt **29**

---

90 *Gädeke*, Sportgroßveranstaltungen, S. 59 f.; *Wahlen*, Polizeikostenerstattung, S. 149 f.; *Würtenberger*, NVwZ 1983, S. 192 (197). Auch *Schmidt*, ZRP 2007, S. 120 (122) verneint einen Verstoß aus dieser Hinsicht.

91 Vgl. zur bremischen Regelung auch Bremische Bürgerschaft, Drs. 18/1501 (o. Fn. 87), S. 32.

92 Vgl. *Klein*, DVBl. 2015, S. 275 (281) und *Siegel*, DÖV 2014, S. 867 (871).

93 Vgl. Mitteilung des Senats an die Bremische Bürgerschaft, Drs. 18/1501 (o. Fn. 87), S. 33.

94 Vgl. *Klein*, DVBl. 2015, S. 275 (281); *Schiffbauer*, NVwZ 2014, S. 1281 (1285) und *Brüning*, NVwZ 2019, S. 1416 (1419). Auch *Lege*, VerwArch 89 (1998), S. 71 (89) weist auf das grds. Problem einer willkürlichen Auswahl hin.

95 Vgl. *Wahlen*, Polizeikostenerstattung, S. 148.

96 Ausführlich hierzu *Gädeke*, Sportgroßveranstaltungen, S. 55; *Moser*, Kostenerstattungspflicht für Polizeieinsätze, S. 170 f.; *Wahlen*, Polizeikostenerstattung, S. 80 f. Zur Problematik der Kostenerhebung bei Versammlungen *v. Brünneck*, NVwZ 1984, S. 273 ff.; krit. mit Blick auf die unterschiedliche Zurechnung von Gefahrentatbeständen *Brüning*, NVwZ 2019, S. 1416 (1418).

97 Ob die externe Betätigungsfreiheit vom Schutzbereich umfasst ist, ist schon umstritten. Mit der ganz h.M. ist davon auszugehen, dass nur die „interne Vereinsbetätigung“ und der „vereinssichernde Außenkontakt der Mitglieder“ durch Art. 9 Abs. 1 GG geschützt ist. Vgl. hierzu *Höfling*, in: Sachs, GG, Art. 9 Rn. 18 ff.

98 *Schiffbauer*, NVwZ 2014, S. 1282 (1285).

durch die Durchführung der Veranstaltung insoweit im Rechtsverkehr nicht anders auf als eine natürliche Person, weshalb es an einer besonderen Schutzbedürftigkeit durch Art. 9 Abs. 1 GG mangelt.[99]

7. Art. 2 Abs. 1 GG

30 Die allgemeine Handlungsfreiheit aus Art. 2 Abs. 1 GG ist gegenüber den anderen Freiheitsgrundrechten subsidiär und nur dann Prüfungsmaßstab, wenn der hier in Rede stehende Bereich nicht durch besondere Grundrechte geschützt ist. Wie gezeigt fällt die finanzielle Beteiligung an den polizeilichen Einsatzkosten aber in den Schutzbereich von Art. 12 Abs. 1 GG. Die allgemeine Handlungsfreiheit muss aus diesem Grund als subsidiär zurücktreten.[100]

III. Begrenzung für Kostenbeteiligung aus Europarecht

31 Der Veranstalter kann sich zwar im Anwendungsbereich der Verträge auf die Dienstleistungsfreiheit nach Art. 56 AEUV berufen, allerdings sind unionsrechtliche Hürden nicht ersichtlich. Im Gegenteil erwägt *Schmidt* in der Nichterhebung von Polizeikosten sogar eine unzulässige staatliche Beihilfe nach Art. 107 AEUV zu sehen.[101]

Ergebnis

32 Unter Beachtung der verfassungsrechtlichen Vorgaben wäre die Einführung einer entsprechenden Regelung durch den Landesgesetzgeber zulässig.

C. Frage 3

33 **Hinweis zur Bewertung:** Die dritte Frage weist den höchsten Schwierigkeitsgrad der Hausarbeit auf. Hier soll der Bearbeiter zum ersten Mal gestalterisch tätig werden. Inhaltlich baut die Frage dabei auf der vorherigen Frage auf. Gefragt ist nicht mehr nach den rechtlichen Problemen, sondern nach der Vermeidung derselben.

34 Aus den obigen Ausführungen ergibt sich, dass eine Kostentragungspflicht *de lege lata* nicht zu begründen ist. Fraglich ist, wie eine Kostenbeteiligung *de lege ferenda* aussehen könnte.

---

99 So auch *Deusch*, Sportgroßveranstaltungen, S. 234. Vgl. auch BVerfGE 70, 1 (25); *Höfling*, in: Sachs, GG, Art. 9 Rn. 21; *Jarass*, in: ders./Pieroth, GG, Art. 9 Rn. 9.

100 *Wahlen*, Polizeikostenerstattung, S. 145. Anders wäre dies zu beurteilen, wenn der Veranstalter nicht mit Gewinnerzielungsabsicht handeln würde.

101 *Schmidt*, ZRP 2007, S. 120 (122). *Moser*, Kostenbeteiligungsmodelle für Polizeieinsätze, S. 164 f., sieht hingegen keinen Verstoß hierin.

I. Eigener Regelungsvorschlag

Angesichts der dargestellten rechtlichen Vorgaben könnte eine Regelung wie folgt aussehen: 35

(1) Für Maßnahmen der Gefahrenabwehr soll eine Pauschalgebühr von bis zu 400 000 € von Veranstaltern erhoben werden,

1. die eine Veranstaltung mit Gewinnerzielungsabsicht durchführen,
2. an der voraussichtlich mehr als 5000 Personen zeitgleich teilnehmen werden und
3. wenn im Rahmen der Veranstaltung am Veranstaltungsort oder in dessen räumlichem Umfeld Straftaten von erheblicher Bedeutung zu befürchten sind, die den Einsatz von zusätzlichen Polizeikräften vorhersehbar erforderlich machen.

(2) Die Gebühr soll dabei den zu erwartenden Gewinn der Veranstaltung nicht überschreiten und sich an dem Mehraufwand orientieren, der aufgrund der zusätzlichen Bereitstellung von Polizeikräften entsteht. Der Veranstalter ist vor der Veranstaltung über die voraussichtliche Gebührenpflicht zu unterrichten.

(3) Von der Erhebung der Gebühr kann ganz oder teilweise abgesehen werden, wenn die Erhebung unbillig ist oder dem öffentlichen Interesse widerspricht.

II. Erläuterungen zum Regelungsvorschlag

1. Rechtsnatur und Regelungsstandort der Vorschrift

Wie gezeigt bedeutet eine Kostentragungspflicht einen Eingriff in die Rechte des betroffenen Veranstalters. Der Vorbehalt des Gesetzes macht es demnach erforderlich, dass Grundlage der Gebührenpflicht ein formelles oder materielles Gesetz sein muss.[102] Konkret möglich wäre die Begründung einer Kostentragungspflicht deshalb über die Erweiterung eines Besonderen Gebührenverzeichnisses um den Tatbestand „Polizeieinsätze bei Großveranstaltungen, die zugleich der Erzielung wirtschaftlichen Gewinns dienen".[103] Eine Literaturauffassung hält diese Art der Regelungstechnik wegen des Ausnahmecharakters der Kostentragung von Polizeiansätzen dagegen für unzulässig.[104] Um dem Rechtsstaatsprinzip und dem Demokratiegebot Rechnung zu tragen, müsse eine solch wesentliche Entscheidung vom Gesetzgeber getragen werden.[105] Dagegen spricht jedoch, dass der Gesetzgeber mit den Regeln des LGebG bereits wesentliche Entscheidungen bezüglich einer Gebührenpflicht getroffen hat und der Verordnungsgeber ausdrücklich in § 2 Abs. 2 LGebG RP[106] dazu ermächtigt wird, kostenpflichtige Amtshandlungen in Rechtsverordnungen auszunehmen. Inhalt und Ausmaß der Ermächtigung 36

102 *Deusch*, Sportgroßveranstaltungen, S. 230.

103 Konkret käme in Rheinland-Pfalz eine Aufnahme in die Anlage zur Landesverordnung über die Gebühren der allgemeinen und inneren Verwaltung einschließlich der Polizeiverwaltung (Besonderes Gebührenverzeichnis) v. 11.12.2001 in Frage. Die Abs. 2 und 3 des Regelungsvorschlags wären dann als Anmerkung zu fassen.

104 *Siegel*, DÖV 2014, S. 867 (869); *Würtenberger*, NVwZ 1983, S. 192 (196).

105 *Leines*, Kostentragung für Polizeieinsätze, S. 247; *Schmidt*, ZRP 2007, S. 120 (122).

106 § 4 GebG BW; Art. 5 Abs. 1 BayKostG; § 6 Abs. 1 GebBeitrG Bln; § 3 Abs. 1 GebG Bbg; § 3 Abs. 1 BremGebBeitrG; § 2 Abs. 1 GebG Hmb; § 2 Abs. 1 HVwKostG; § 2 Abs. 1 VwKostG M-V; § 3 Abs. 1 Nds. VwKostG; § 2 Abs. 1 GebG NRW; § 5 SaarlGebG; § 6 Abs. 2 SächsVwKG; § 3 VwKostG LSA; § 2 VwKostG SH; § 21 Abs. 1 ThürVwKostG.

werden dagegen durch die §§ 3 ff. LGebG RP[107] konkretisiert. Einer auf Verordnungsebene eingeführten Kostentragungspflicht steht deshalb nichts entgegen.[108] Ferner erscheint auch ein Sondertatbestand im POG denkbar.[109]

2. Begriff des Veranstalters

37 Als Veranstalter bzw. potentieller Gebührenschuldner kommt bei Fußballspielen unstreitig der austragende Heimverein in Betracht, dem die organisatorische Verantwortung vor Ort obliegt.[110] Strittig ist jedoch, ob darüber hinaus auch die DFL (Mit-)Veranstalter und damit Gebührenschuldner sein kann. In Bezug auf die bremische Regelung wird dies in Teilen der Literatur abgelehnt. So sei die DFL nicht in der Lage Einfluss auf die Sicherheitslage zu nehmen, sondern schaffe lediglich die Rahmenbedingungen für die Spielaustragung.[111] Zudem entstehe ein finanzieller Vorteil durch den Polizeieinsatz im Wesentlichen nur bei den Vereinen, nicht aber bei der DFL.[112]

38 Richtiger erscheint es aber, auch die DFL als Veranstalter anzusehen. Der gebührenrechtliche Grundsatz des Vorteilsausgleichs stellt auf einen erlangten Vorteil aus einer staatlichen Handlung als Auslöser für die Gebühr ab. Ein monetärer Vorteil besteht angesichts der beträchtlichen Einnahmen (insb. aus der von der DFL organisierten Vermarktung der Verwertungsrechte) auch für die DFL.[113] Erst durch das arbeitsteilige Zusammenwirken von Vereinen und DFL wird dieser Nutzen finanziell maximiert. Deshalb ist es folgerichtig, dass Heimverein und DFL im Ergebnis als Gesamtschuldner nach § 13 Abs. 2 LGebG RP[114] haften.[115]

3. Beschränkung auf Maßnahmen der Gefahrenabwehr

39 Durch die Beschränkung auf Maßnahmen der Gefahrenabwehr soll klargestellt werden, dass der Veranstalter nicht für die Kosten repressiver Polizeitätigkeit herangezogen

107 §§ 5 ff. GebG BW; Art. 2, 6 ff. BayKostG; §§ 8 ff. GebBeitrG Bln; §§ 4 ff. GebG Bbg; §§ 5 ff. BremGebBeitrG; §§ 6 ff. GebG Hmb; §§ 3 ff. HVwKostG; §§ 3 ff. VwKostG M-V; §§ 4 ff. Nds. VwKostG; §§ 3 ff. NRW; §§ 6 ff. SaarlGebG; §§ 2 ff., 14 ff. SächsVwKG; §§ 4 ff. VwKostG LSA; §§ 3 ff. VwKostG SH; §§ 1 ff. ThürVwKostG.

108 Hierfür auch *Braun*, Die Polizei 2013, S. 321 (323); *Deusch*, Sportgroßveranstaltungen, S. 230 f.; *Lege*, VerwArch 89 (1998), S. 71 (90); *Schiffbauer*, NVwZ 2014, S. 1282 (1285); *Stopper/Holzhäuser/Knerr*, SpuRt 2013, S. 49 (51).

109 In diese Richtung auch *Klein*, DVBl. 2015, S. 275 (277) und *Würtenberger*, NVwZ 1983, S. 192 (196).

110 *König*, VBlBW. 2018, S. 497 (502); *Leines*, Kostentragung für Polizeieinsätze, S. 203; *Mayer*, S. 232; *Weill*, NVwZ 2018, S. 846 (850 f.).

111 *Leines*, Kostentragung für Polizeieinsätze, S. 199 ff.; *Schiffbauer*, NVwZ 2014, S. 1282 (1284). Zweifelnd auch *Buchberger/Sailer*, in: Lisken/Denninger, Handbuch Polizeirecht, M, Rn. 216.

112 *Mayer*, Polizeikosten im Profifußball, S. 236.

113 Vgl. BVerwG, NVwZ 2019, S. 1444 (1453); *Lege*, NdsVBl. 2018, S. 353 (355); *Weill*, NVwZ 2018, S. 846 (851 f.).

114 § 5 Abs. 2 GebG BW; Art. 2 Abs. 4 BayKostG; § 10 Abs. 4 GebBeitrG Bln; § 13 Abs. 2 GebG Bbg; § 13 Abs. 4 BremGebBeitrG; § 9 Abs. 7 GebG Hmb; § 11 Abs. 2 HVwKostG; § 13 Abs. 2 VwKostG M-V; § 5 Abs. 1 S. 2 Nds. VwKostG; § 13 Abs. 2 GebG NRW; § 12 Abs. 2 SaarlGebG; § 2 Abs. 4 SächsVwKG; § 5 Abs. 1 S. 2 VwKostG LSA; § 13 Abs. 2 VwKostG SH; § 6 Abs. 3 ThürVwKostG.

115 Ebenso OVG Bremen, NVwZ 2018, S. 913 (919 f.); *Kempny*, DVBl. 2017, S. 862 (866); *Lege*, NdsVBl. 2018, S. 353 (356); *Weill*, NVwZ 2018, S. 846 (851 f.). Auch das BVerwG hat die Inanspruchnahme der DFL als Mitveranstalter als rechtmäßig angesehen, vgl. BVerwG, NVwZ 2019, S. 1444 (1454).

wird.[116] Hierfür hätte nach Art. 74 Abs. 1 Nr. 1 GG allein der Bund die Gesetzgebungskompetenz.

4. Mindestteilnehmerzahl

Die Kostenregelung soll erst ab einer gewissen Teilnehmerzahl Anwendung finden, da die Risiken mit steigender Teilnehmerzahl steigen.[117] Dies ist vor dem Hintergrund von Art. 3 Abs. 1 GG gerechtfertigt (s. Rn. 27) und dürfte zudem zur Wahrung der Verhältnismäßigkeit der Gebührenregelung beitragen.[118] **40**

5. Erfahrungswerte

Entgegen der bremischen Regelung sieht die hier vorgeschlagene Regelung nicht vor, dass es „erfahrungsgemäß" zu Gewalttaten kommen wird. Dies hat seine Begründung darin, dass dies vor dem Hintergrund des allgemeinen Gleichbehandlungsgrundsatzes aus Art. 3 Abs. 1 GG als problematisch erscheint. So werden hier regelmäßig stattfindende Veranstaltungen schlechter gestellt als Veranstaltungen, die zum ersten Mal stattfinden. Im letzteren Fall mangelt es nämlich an Erfahrungswerten.[119] **41**

6. Höhe und Art der Gebühr

Eine zentrale Frage einer Kostenregelung ist die der Höhe und Art der Gebühr. Einen einheitlichen Gebührenbegriff gibt die Verfassung nicht vor.[120] Verfassungsfestes Merkmal einer Gebühr ist allein, dass sie – im Gegensatz zu Steuern[121] – eine Gegenleistung für die Erbringung staatlicher Leistung sein muss.[122] Gebühren sind demnach grds. bemessungsoffen. Gleichwohl gibt es tragende Prinzipien, teilweise von der Rechtsprechung entwickelt, die regelmäßig bei der Gebührenerhebung Anwendung finden. Diese Prinzipien müssen jedoch einfachgesetzlich festgeschrieben werden, erst dann erwachsen sie zu einer Bemessungsgrundlage.[123] So schreibt das Äquivalenzprinzip ein ange- **42**

---

116 Vgl. auch die Kritik von *Klein*, DVBl. 2015, S. 275 (278) an der fehlenden Klarstellung der bremischen Regelung diesbezüglich.

117 Der Regelungsvorschlag von *Schmidt*, ZRP 2007, S. 120 (122 f.) enthält dagegen keine Mindesteilnehmerzahl.

118 Vgl. auch OVG Bremen, NVwZ 2018, S. 913 (918).

119 Vgl. zu diesem Problemkreis auch *Klein*, DVBl. 2015, S. 275 (281) und *Schiffbauer*, NVwZ 2014, S. 1282 (1286). Nach OVG Bremen, NVwZ 2018, S. 913 (917) und BVerwG, NVwZ 2019, S. 1444 (1449), verstößt der Begriff „erfahrungsgemäß" dagegen nicht gegen das Bestimmtheitsgebot.

120 *Kirchhof*, Die Höhe der Gebühr, S. 17.

121 Vgl. zur Abgrenzung von Steuern und den sog. Vorzugslasten (Gebühren und Beiträge) *Tappe/Wernsmann*, Öffentliches Finanzrecht, Rn. 267 ff. Die Erhebung einer „Großveranstaltungs-Steuer" bzw. einer Sonderabgabe scheitert am Tatbestandsmerkmal der fehlenden Gegenleistung, da die Geldleistung als Gegenleistung für die Inanspruchnahme einer staatlichen Leistung – nämlich des Polizeieinsatzes – anzusehen wäre. Vgl. zu diesen Finanzierungsmöglichkeiten auch Bremische Bürgerschaft, Drs. 18/1501 (o. Fn. 87), S. 30.

122 Vgl. *Tappe/Wernsmann*, Öffentliches Finanzrecht, Rn. 269 f.

123 Vgl. bspw. § 3 LGebG RP. Entsprechend: § 7 GebG BW; Art. 5 Abs. 3 BayKostG; § 8 GebBeitrG Bln; § 4 GebG Bbg; § 4 Abs. 2 und 3 BremGebBeitrG; § 6 Abs. 1 GebG Hmb; § 3 Abs. 1 HVwKostG; § 3 VwKostG M-V; § 3 Abs. 2 Nds. VwKostG; § 3 Abs. 1 GebG NRW; § 6 Abs. 3 SaarlGebG; § 6 Abs. 2 SächsVwKG; § 3 Abs. 2 VwKostG LSA; § 3 Abs. 1 VwKostG SH; § 21 Abs. 4 ThürVwKostG.

messenes Verhältnis zwischen in Anspruch genommener Leistung und Gebühr vor.[124] Wegen des Kostendeckungsprinzips müssen die erhobenen Gebühren zwar die Kosten decken, die Gebühr darf aber den erwarteten Gewinn nicht überschreiten.[125] Eine willkürfreie Absenkung unter die Kostendeckung ist in diesem Zusammenhang aber zulässig. [126] Erforderlich ist zudem, dass aus der Norm ersichtlich wird, in welcher Höhe eine Belastung erfolgt. Um dem Rechtsstaatsprinzip bzw. dem Bestimmtheitsgebot Rechnung zu tragen, sollte die Höhe der Gebühr deshalb im Voraus mitgeteilt werden.[127]

43 Hinsichtlich der Ausgestaltung der Gebühr ist zwischen einer Pauschalgebühr und einer Gebühr, die nach den tatsächlichen Mehrkosten berechnet wird, zu unterscheiden. Die bremische Regelung sieht eine Wahlmöglichkeit vor. Vorzugswürdig erscheint jedoch die Wahl einer Pauschalgebühr, da der entstandene Mehraufwand nur äußerst schwierig zu berechnen sein dürfte.[128] Angesichts der erheblichen Polizeikosten[129] ist eine Höhe von bis zu 400 000 € vertretbar.

7. Beschränkung auf kommerzielle Veranstaltungen bzw. Veranstaltungen mit erhöhtem Konfliktpotential

44 Würde man die Regelung auch auf nichtkommerzielle Veranstaltungen ausweiten, würde dies gegen Art. 4 GG, Art. 5 Abs. 1 GG oder Art. 8 GG verstoßen. Dies ist auch mit Hinblick auf Art. 3 Abs. 1 GG gerechtfertigt (s. Rn. 27).

45 Auch bei der Beschränkung auf Veranstaltungen mit erhöhtem Risiko ist Art. 3 GG betroffen.[130] Kritik hat die bremische Regelung hier bezüglich des Abstellens auf den Begriff der „Gewalthandlung“ erfahren. So sei dieser Begriff zu unbestimmt und als Tatbestandsmerkmal deshalb untauglich.[131] Vorgeschlagen wird stattdessen eine Beschränkung auf die „Gefahr erheblicher Straftaten“.[132]

---

124 BVerfGE 20, 257 (270); BVerwGE 22, 209 (305); 26, 305 (308 f.). Vgl. auch *Tappe/Wernsmann*, Öffentliches Finanzrecht, Rn. 226 f.

125 *Schmidt*, ZRP 2007, S. 120 (120); *Braun*, Die Polizei 2013, S. 321 (324); *Siegel*, DÖV 2014, S. 867 (871). Für die Gebührenbemessung gilt im Übrigen auch § 9 LGebG RP. Vgl. entsprechend § 7 GebG BW; Art. 6 BayKostG; § 8 GebBeitrG Bln; § 4 GebG Bbg; § 4 Abs. 2 und 3 BremGebBeitrG; § 6 GebG Hmb; § 3 HVwKostG; § 9 VwKostG M-V; § 9 Nds. VwKostG; § 3 GebG NRW; § 6 SaarlGebG; § 6 SächsVwKG; § 10 VwKostG LSA; § 9 VwKostG SH; § 21 Abs. 4 ThürVwKostG.

126 Vgl. zum Kostendeckungsprinzip ausführlich *Tappe/Wernsmann*, Öffentliches Finanzrecht, Rn. 280 ff.

127 So auch *Braun*, Die Polizei 2013, S. 321 (324); *Deusch*, Sportgroßveranstaltungen, S. 233; *Gusy*, DVBl. 1996, S. 722 (727). *Leines*, Kostentragung für Polizeieinsätze, S. 251, hält eine Vorabinformation dagegen nicht für erforderlich. Zur Vorhersehbarkeit der konkreten Gebührenhöhe vgl. BVerwG, NVwZ 2019, S. 1444 (1450).

128 Vgl. *Götz/Geis*, Allgemeines Polizei- und Ordnungsrecht, § 14 Rn. 45. Für diese Lösung auch *Gädeke*, Sportgroßveranstaltungen, S. 178 f.; *Lege*, VerwArchiv 89 (1998), S. 71 (89 f.); *Siegel*, DÖV 2014, S. 867 (871). Gegen eine Pauschalgebühr *Leines*, Kostentragung für Polizeieinsätze, S. 264.

129 S. zu detaillierteren Berechnungen Bremische Bürgerschaft, Drs. 18/1501 (o. Fn. 87), S. 32 oder *Moser*, Kostenbeteiligungsmodelle für Polizeieinsätze, S. 99 ff.

130 Vgl. die Prüfung im Rahmen von Frage 2 und *Siegel*, DÖV 2014, S. 867 (870 f.).

131 *Klein*, DVBl. 2015, S. 275 (281); *Mayer*, Polizeikosten im Profifußball, S. 223 ff. Dagegen aber OVG Bremen, NVwZ 2018, S. 913 (916) und BVerwG, NVwZ 2019, S. 1444 (1448).

132 Ähnlich *Klein*, DVBl. 2015, S. 275 (281).

8. Ermessen und Billigkeitsregelung

Während die bremische Vorschrift weder eine Ermessensvorschrift darstellt noch eine Härtefallregelung enthält, sind diese beiden Elemente im hier dargestellten Regelungsvorschlag vorgesehen.[133] So erscheint eine Soll-Vorschrift wegen des Grundsatzes der Gesetzmäßigkeit der Verwaltung und dem haushaltsrechtlichen Gebot der Wirtschaftlichkeit und Sparsamkeit einerseits als sinnvoll.[134] Andererseits muss es auch möglich sein in atypischen Fällen von einer Gebühr abzusehen.[135] **46**

Literaturverzeichnis

47

Albrecht, Karl-Dieter	Probleme der Kostenerhebung für polizeiliche Maßnahmen, in: Schreiber, Manfred (Hrsg.), Polizeilicher Eingriff und Grundrechte. Festschrift zum 70. Geburtstag von Rudolf Samper, Stuttgart 1982, S. 165 ff.
Braun, Frank	Polizeikostenerstattung bei Fußballbundesligaspielen?, in: Die Polizei 2013, S. 321 ff.
Broß, Siegfried	Zur Erstattung der Kosten von Polizeieinsätzen, in: DVBl. 1983, S. 377 ff.
Brüning, Christoph	Gebührenpflicht für Polizeieinsätze bei Hochrisiko-Fußballspielen, in: NVwZ 2019, S. 1416 ff.
Deusch, Florian	Polizeiliche Gefahrenabwehr bei Sportgroßveranstaltungen, Berlin 2005
Epping, Volker	Grundrechte, 8. Aufl. 2019
Erbel, Günter	Forum – Zur Polizeipflichtigkeit des sog „Zweckveranlassers", in: JuS 1985, S. 257 ff.
Gädeke, Henning	Sportgroßveranstaltungen als staatliche Herausforderung, Frankfurt am Main 2012
Götz, Volkmar	Kostenrecht der Polizei und Ordnungsverwaltung, in: DVBl. 1984, S. 14 ff.
ders./Geis, Max-Emanuel	Allgemeines Polizei- und Ordnungsrecht, 16. Aufl., München 2017
Gusy, Christoph	Polizeikostenüberwälzung auf Dritte, in: DVBl. 1996, S. 722 ff.
ders.	Polizei- und Ordnungsrecht, 10. Aufl., Tübingen 2017
Hebeler, Timo	Gebührenpflicht für besonderen polizeilichen Aufwand bei Hochrisikoveranstaltung, in: JA 2019, S. 876 ff.

133 Der Wortlaut des Regelungsvorschlags ist in diesem Punkt dem Vorschlag von *Schmidt*, ZRP 2007, S. 120 (123) nachempfunden, der ebenfalls intendiertes Ermessen bzw. eine Billigkeitsklausel vorsieht.

134 Vgl. zum Begriff der Wirtschaftlichkeit und Sparsamkeit *Tappe/Wernsmann*, Öffentliches Finanzrecht, Rn. 564 ff.

135 Bspw. bei Fußball-Länderspielen.

Heise, Svend	Überwälzung von Einsatzkosten der Polizei bei Spielaustragungen im Profifußball. Der polizeikostenrechtliche Ansatz, in: NVwZ-Extra 05/2015, S. 1 ff.
ders.	Überwälzung von Einsatzkosten der Polizei bei Spielaustragungen im Profifußball. Der gebührenrechtliche Ansatz, in: NVwZ 2015, S. 262 ff.
Ipsen, Jörn	Staatsrecht II. Grundrechte, 21. Aufl., München 2018
Jachmann, Monika/ Stober, Rolf (Hrsg.)	Finanzierung der inneren Sicherheit unter Berücksichtigung des Sicherheitsgewerbes, Köln u.a. 2003
Jarass, Hans D./ Pieroth, Bodo	Grundgesetz für die Bundesrepublik Deutschland, Kommentar, 15. Aufl., München 2018
Kempny, Simon	Steuerstaat oder Gebührenstaat? – Zur Finanzierung von Polizeieinsätzen bei Fußballspielen, in: DVBl. 2017, S. 862 ff.
Kingreen, Thorsten/ Poscher, Ralf	Grundrechte Staatsrecht II, 34. Aufl., München 2018
dies.	Polizei- und Ordnungsrecht, 10. Aufl., München 2018
Kirchhof, Ferdinand	Die Höhe der Gebühr, Berlin 1981
Klein, Nicolas	Fußballveranstaltungen und Polizeikosten – Die Verfassungsmäßigkeit einer kostenrechtlichen lex-Fußball in Bremen, in: DVBl. 2015, S. 275 ff.
Knemeyer, Franz-Ludwig	Polizei- und Ordnungsrecht, 11. Aufl., München 2014
König, Marco	Polizeikostenersatz bei kommerziellen Großveranstaltungen, insbesondere bei Fußballspielen, in: VBlBW. 2018, S. 497 ff.
Kugelmann, Dieter/ Alberts, Cornelia	Kosten der Gefahrenabwehr und ihre Erstattung, in: Jura 2013, S. 898 ff.
Lege, Joachim	Polizeieinsätze bei Fußball-Bundesligaspielen, in: VerwArch 89 (1998), S. 71 ff.
ders.	Polizeikosten bei Fußball-Bundesligaspielen, in: NdsVBl. 2018, S. 353 ff.
Leines, Marcel	Die Kostentragung für Polizeieinsätze anlässlich von Fußballspielen, Baden-Baden 2018
Lisken, Erhard/Denninger, Frederik (Hrsg.)	Handbuch des Polizeirechts, 6. Aufl., München 2018
Majer, Dietmut	Die Kostenerstattungspflicht für Polizeieinsätze aus Anlaß von privaten Veranstaltungen, in: VerwArch 73 (1982), S. 167 ff.
Mayer, Marius	Polizeikosten im Profifußball, Berlin 2018
Moser, Christian	Kostenbeteiligungsmodelle für Polizeieinsätze bei sportlichen Großveranstaltungen, Hamburg 2009
Nolte, Martin	Aufgaben und Befugnisse der Polizeibehörden bei Sportgroßveranstaltungen, in: NVwZ 2001, S. 147 ff.
Oldiges, Martin	Kostenerstattung einer Gemeinde für polizeiliche Gefahrenabwehr, in: JuS 1989, S. 616 ff.
Roos, Jürgen/Lenz, Thomas	Polizei- und Ordnungsbehördengesetz Rheinland-Pfalz (POG), 5. Aufl., Stuttgart 2018

Rühle, Dietrich G. Polizei- und Ordnungsrecht für Rheinland-Pfalz, 6. Aufl., Baden-Baden 2018

Sachs, Michael (Hrsg.) Grundgesetz, Kommentar, 8. Aufl., München 2018

Schaffarzik, Bert Zuständigkeit und Verhältnismäßigkeit im Gebührenrecht, in: NJW 2003, S. 3250 ff.

Schenke, Wolf-Rüdiger Erstattung der Kosten von Polizeieinsätzen, in: NJW 1983, S. 1882 ff.

ders. Polizei- und Ordnungsrecht, 10. Aufl., Heidelberg 2018

Schiffbauer, Björn Unhaltbar? Zum Bremer Vorstoß einer Kostentragungspflicht für Polizeieinsätze im Profifußball, in: NVwZ 2014, S. 1282 ff.

ders./Wieland, Joachim Pro & Contra: Polizeieinsatzkosten bei Großveranstaltungen reine Staatssache?, in: ZRP 2019, S. 90

Schmidt, Thorsten Ingo Der Anspruch auf Ersatz der Polizeikosten bei Großveranstaltungen, in: ZRP 2007, S. 120 ff.

Schneider, Tobias/ Kensbrock, Karsten Aktion saubere Stadt - Der Freier als Zweckveranlasser, in: VBlBW. 1999, S. 168 ff.

Schoch, Friedrich Der Zweckveranlasser im Gefahrenabwehrrecht, in: Jura 2009, S. 360 ff.

Siegel, Thorsten Erneut auf dem Prüfstand: Kostentragung für Polizeieinsätze bei Fußballspielen?, in: DÖV 2014, S. 867 ff.

Stopper, Martin/Holzhäuser, Felix/Knerr, Florian Kostenpflicht der Vereine für Polizeieinsätze im Fußballstadion, in: SpuRt 2013, S. 49 ff.

Tappe, Henning/ Wernsmann, Rainer Öffentliches Finanzrecht, 2. Aufl., Heidelberg 2019

v. Brünneck, Alexander Die Kostenerhebung der Polizei bei Demonstrationen, in: NVwZ 1984, S. 273 ff.

Wahlen, Swantje Polizeikostenerstattung kommerzieller Großveranstalter – zugleich ein Beitrag zur „Beamtenüberlassung“ –, Saarbrücken 2008

Weill, Tim Die DFL als „Veranstalterin“ und Schuldnerin von Verwaltungsgebühren im deutschen Profifußball, in: NVwZ 2018, S. 846 ff.

Wienbracke, Mike § 4 Abs. 4 BremGebBeitrG: Gebührencharakter und Gesetzgebungskompetenz, in: NordÖR 2018, S. 518 ff.

Würtenberger, Thomas Erstattung von Polizeikosten, in: NVwZ 1983, S. 192 ff.

Sachregister

E bezieht sich auf die Einführung, **G** auf die Gestaltungsrichtlinien, **S** auf Sprache und Stil und **1**, **2** usw. auf die entsprechende Hausarbeit; die mager gedruckten Zahlen beziehen sich auf die Randnummern.